근대 동아시아 국제관계의 변모

The Modern Transformation of The Chinese World Order

근대 동아시아 국제관계의 변모

하정식 | 유장근 엮음

혜안

글 싣는 차례

CONTENTS

CONTENTS

근대 동아시아 국제관계의 변모

The Modern Transformation of The Chinese World Order

하정식

도론 19세기 동아시아 국제질서의 갈등과 모색

1.

격변의 19세기에 들어오면서 동아시아의 전통적 세계질서는 근대 국제질서로 변용(變容)을 시작한다. 이 변용은 동아시아 세계가 그 사회 내부 모순의 노정으로 갈등이 증폭되고 있었고, 여기에 서양 열강의 침략이 더해지는 가운데 시작되었다. 청조(淸朝) 지배의 이완과 열강의 아시아 침략은 중국은 물론 그 주변의 여러 민족과 국가에게 있어서 새로운 사태였다. 동아시아 여러 나라들은 시기와 정도를 약간 달리할 뿐 모두 내우외환에 시달리게 된다. 종래의 지배체제와 국제질서 모두 내외의 도전에 직면하게 되어 더 이상 전통질서 속에서 안주가 불가능하게 된 것이다. 이 변혁의 시기에 전통의 뿌리는 깊고 질겼으며 외부의 도전은 거셌다. 증폭되는 갈등 속에서 새로운 모색이 필요했다.

우리는 이 책에서 격동하는 19세기에 동아시아 세계 안에서 일어나는 변혁에 주목하였다. 전통시기에 있어서 동아시아 세계의 질서는 중국의 '천하대일통'(天下大一統)의 천하관(天下觀)에 바탕을 둔 화이질서(華夷秩序)였다. 이 화이질서는 19세기에 와서 서양의 만국공법(萬國公法)적 국제질서과 조우하면서 심각한 갈등 양상을 드러내게 된다. 동아시아 세계의 여러 나라가 겪어야 했던 갈등의 양상은 어떠했으며, 이 새로운 사태를 어떻게 대처하고 극복하려 했던가에 대한 모색과 대응에 대하여 조명하고자 하였다.

고찰 지역과 국가는 중국, 청조가 직접 지배했던 몽골과 타이완, 간접 지배했던 티베트, 조공국이었던 조선, 베트남, 류큐, 그리고 17세기 이후 책봉체제에서 이탈해 호시국(互市國)의 지위에 있던 일본을 대상으로 삼았다. 간접 지배에서 직접 지배로 전환된 신장(新疆) 지역의 변모 양상도 고려의 대상이었으나 여건이 허락하지 않아서 다루지 못하였다. 여기서 알 수 있듯이 우리는 국제관계만을 대상으로 삼지 않았다. 따라서 주제의 보다 정확한 의도는 중국과 그 주변에 있는 민족이나 국가를 포함한 지역과 지역 사이의 관계에서 나타나는 변모의 양상이고 그 변천의 모습을 가급적 해당 지역의 시야에서 보자는 것이다. 이러한 여러 지역과 중국의 관계에서 나타난 변모를 살펴봄으로써 화이질서 안의 다양한 모습을 포괄적으로 이해할 수 있으리라는 기대에서였다.

우리가 새삼스럽게 이 주제에 접근하게 된 것은 두 가지 이유에서이다. 그 하나는 기왕의 연구가 주로 중국에 초점을 맞추어 고찰되어 온 데 대한 반성에서이다. 그동안 화이질서의 근대적 변용에 관한 과제는 서양의 충격과 이에 대한 중국과 아시아 국가들의 대응이라는 시각에서 주로 연구되어 왔다. 이 경우에도 제국주의 열강의 침략에 대한 중국의 모색과 대응에 초점이 맞추어지면서 주로 중국의 변강(邊疆)정책에 많은 관심이 모아졌다. 또 하나는 화이질서가 동아시아의 근대가 극복해야 할 봉건잔재임을 전제로 연구되어 온 점이다. 천하대일통이라는 화이질서 본래의 이상이 서양의 국민국가 논리에 매몰되어 그 역사성이 고려되지 않은 결과였다.

아시아 특히 동아시아 지역 내의 국가간 민족간 상호관계에서 나타나는 새로운 갈등과 모색 자체에 대해서도 좀더 본격적인 검토가 필요하다고 믿는다. 서양 여러 나라들은 국민국가를 형성하고 국제관계에서도 만국공법적 질서를 강요해 왔다. 내외의 위기에 직면했던 중국이나 동아시아의 여러 민족과 국가들이 구체적으로 어떻게 대응하면서 새로운 시대를 열어 가려 했던가, 또 조공 질서는 어떻게 작동하고 있었는가, 전통적 화이질서와 근대국제질서가 충돌하는 속에서 종주국 중국의 위상과 역할은 어떤 것이었는가? 명 왕조의 조공국이었다가 청왕조의 호시국이었던 일본의 변신은 '소서양'(小西洋)으로 여겨졌다. 그 일본의 대응책은 어떤 것이었고 이것이 동아시아의 국제질서를 어떻게 규정해 갔는가 하는 등의 문제에 대한 폭넓은 토론과 정리가 요구되는 것이다.

2.

동아시아의 전통적인 세계질서는 화이질서였다. 이 질서의 특징적 구현양상인 조공(朝貢)을 들어 조공체제라고도 한다. 화이질서는 중화사상(中華思想)이라는 이념에 바탕을 둔다. 중화=문명의 중국이 이적(夷狄)=야만인 주변의 여러 민족이나 나라를 교화(敎化)시켜 중화의 이념을 구현한다는 것으로, 애초부터 차등적인 구조였다. 이는 천자(天子)의 덕(德)으로써 중화세계를 실현하는 것이니 곧 왕도정치(王道政治)였다. 따라서 지배는 힘에 의한 지배가 아니라 왕화(王化)가 된다. 교화의 내용은 유교이념의 실천강령인 예(禮)였다. 이는 국내 통치에서는 물론 국제관계로 확대되면서 적용되었다. 중국왕조가 주변의 국가 혹은 민족의 지배세력을 포섭하여 중국의 관작(官爵)을 주어 간접 지배를 하는 방식, 주변국의 군주를 책봉하여 상하관계를 설정하고 영향력을 행사하는 방식이 취해졌으며, 이 울타리 밖에 화외(化外)의 세계를 인정하였다. 또 왕화가 미치는 지역과 화외의 지역 사이에 호시국이 두어졌다. 그리하여 적어도 관념상으로는 하늘 아래 모두가 중국이니 말을 바꾸면 중국이 곧 천하인 것이다. 따라서 국제관계도 애초부터 일방적이고 차등적이어서 대등한 관계는 존재하지 않았다. 외교 전담 부서가 없고 교화를 담당하는 예부(禮部)가 외교 업무를 관장한다는 점에서도 그 차등성을 알 수 있다. 그러나 그 차등성은 엄격한 지배와 복종을 의미하지도 않았다.

화이질서는 이미 중국 고대에 형성되어 중화제국의 지배영역의 확대와 함께 점차 그 외연이 넓어져 왔고, 그 이념이나 틀 짜기도 점점 정교해지기도 했지만, 실제에 있어서는 그 경계가 모호해서 시대의 변화와 정치적 역학관계에 따라 그 내용은 실로 다양하고 복잡하게 변천하면서 전개된다. 화이질서는 송조(宋朝)나 명조(明朝)처럼 한족(漢族) 정권일 때는 보다 교과서적이고 경직된 모습을 보이며 수·당조(隋·唐朝)처럼 이민족 성격이 강하거나 청조 같은 이민족정권일 때는 보다 유연하고 다양한 모습으로 나타난다 하겠다.

다민족국가 청조의 출현은 화이관념에 대한 다양한 논의의 계기가 되었다. 종래 이(夷)로 여기던 만주족이 중화질서의 주재자가 된 것이다. 앞에서 말한 대로 화이의 구별은 문명과 비문명 즉 예의 유무에 두었다. 그러나 역사의 전개와 함께 화와 이의 구별은 화=한족 혹은 중국과 이=중국 주변의 민족과 국가로 여겨지게 되었다. 명조의 멸망이 중화의 멸망과 동일시되었던 것은 이 때문이다.

중국 역사상 드물게 보는 넓은 판도를 실현하고 소수민족으로서 절대다수의 한족은 물론 많은 소수민족을 지배해야 했던 청조는 이념이나 틀 짜기, 그리고 이의 운영에 더욱 정성을 들여 모범답안을 만들어야 했다. 그래서 우선 화이의 구별이 예에 있음을 강조했다. 청조의 지배가 천명(天命)에 따른 것임을 선언한 것이나, 강희제(康熙帝)가 타고난 능력과 부단한 노력으로 성인(聖人) 군주를 지향했던 점, 옹정제(雍正帝)가 한족대관에게 반역을 권한 한 시골선비를 불러다 예의 실현이 곧 중화임을 설득하고 이 내용을 『대의각미록』(大義覺迷錄)으로 간행하여 보급한 것은 그러한 노력의 하나라 하겠다. 건륭제(乾隆帝)가 『대의각미록』의 보급을 중단시키고 많은 문자옥으로 지식인을 탄압한 것은 이제 화이의 구별을 논하는 자체가 금기시될 만큼 청조가 곧 중화이며 화이질서의 주재자라는 자신감의 발로라고도 볼 수 있을 것이다.

그런데 청조의 화이질서는 농경사회는 물론 유목적 질서를 지닌 중앙아시아지역을 포괄해야 했다. 따라서 화의 기준인 예는 아주 추상적이고 자의적인 것이 되었다. 청조의 황제는 중국과 그 영향권에서는 황제였으며 유목민족에게는 한이었고 티베트 민족에게는 문수보살이었던 것이다. 제도상으로도 종래의 예부는 그대로 유지하면서 이번원(理藩院)을 설치하였다. 이번원은 내륙의 번부(藩部)와 네팔, 러시아와 중앙아시아 제국을 관할했다. 명목상으로만 존재했던 명대의 많은 조공국들도 청대에 와서 실질적인 교류에 바탕을 두고 정리되고 있다.

국제관계에서 화이질서를 구현하는 구체적인 방법은 책봉(冊封)과 조공이었다. 종주국의 천자가 번속국의 군주를 책봉함으로써 조공관계가 성립한다. 이후 번속국은 정해진 시기에 조공을 하고 이에 대하여 천자는 회사(回賜)를 한다. 화이질서의 안에 있는가 밖에 있는가를 알려 주는 가장 확실한 기준은 책봉과 조공이라는 의례의 실행 여부에 있었다. 흔히 책봉체제 또는 조공체제라고도 부르는 까닭이다.

중국적 세계질서를 형성하고 유지해 가는 힘은 정치력과 경제력, 그리고 문화의 힘의 총합이었다. 그러나 화이질서에서는 언제나 문화의 힘을 가장 앞에다 내세운다. 천자의 덕과 위엄을 통한 교화로 구체화하여 정치와 경제까지도 문화로 포장한다. 유교 이념이 정착하는 한대(漢代) 이래 중국의 역대 왕조가 실제로는 법가적 통치를 하면서도 언제나 유교주의를 표방했던 것과 상통하는 부분이다.

조공과 회사라는 화이질서 안의 기본 의례는 실제로는 통상이었다. 조공무역 또는 공무역(公貿易)은 이를 일컫는다. 경제행위인 무역이 조공과 회사라는 의례로 포장된 것이다. 여기서도 일시동인(一視同仁)이라는 천자의 덕이 강조되면서 조공보다는 회사의 의미를 부각시켰다. 실제의 이익은 접어두고 언제나 적게 받고 후하게 준다고 선전되었다. 공무역에는 사무역이 수반되었다. 사행(使行)의 수행원(허가받은 상인이 포함된다)과 현지인 사이에 이루어지는 교역이 그것이다. 이 사무역은 공무역이 갖는 경직성을 보완할 수 있었다. 동아시아 여러 나라의 생산력 발전은 무역 수요의 필연적 증가로 이어지는데, 여기서 야기되는 모순과 갈등은 사무역의 확대를 눈감는 것으로 호도될 수 있었다.

조공국이 국내 정치상황이나 무역의 필요 등 화이질서를 받아들이는 사정은 한결같지 않았다. 갈등은 존재하기 마련이었고 이에 따라 분쟁이 발생하기도 했다. 종주국은 필요시에 군사력을 행사하기도 했다. 군사력은 이념을 관철시켜 질서를 유지할 수 있는 가장 확실하고 궁극적인 힘이었다. 중국적 세계질서가 동요를 보이지 않고 그 명과 실을 명확한 형태로 유지할 수 있었던 때는 중국 왕조의 군사력이 실제로 확인되거나 이에 대한 회의가 없을 때였다. 그러나 군사력은 양성과 운용 모두 엄청난 비용을 수반하는 데다 항시적일 수가 없었다. 따라서 경제까지를 포함하는 문화의 힘으로 국제질서를 유지하는 것은 더 경제적이고 항구적일 수 있었다.

한편 책봉과 조공은 그 차등성에도 불구하고 양쪽 모두의 정치적 권위와 체제의 정당성으로 연결되었다. 조공국이 많고 적음은 중국 왕조의 위광과 권력의 정당성에 대한 척도로 여겨졌다. 그래서 자신들이 선전하는 대로 적게 받고 후하게 주는 경우에도 이를 감수하였다. 또 경우에 따라서는 조공이라는 명목으로 막대한 재화를 제공하는 비싼 대가를 치르고 평화를 사는 경우도 있었다.

번속국은 책봉을 받고 조공을 하는 의례의 수행만을 감수한다면, 정치적 간섭을 최소화할 수 있었다. 외교의례의 준수를 통하여 국내에서 집권의 정당성을 확보하고 국제적으로 안전을 보장받아 정치적 안정을 기할 수 있었다. 또 선진문화를 적극적으로 수용함으로써 지배층의 정치 문화적 우월성을 확보할 수 있었으며, 공·사 무역의 독점을 통하여 지배층은 경제적 부를 확보할 수 있었다. 그러나 민족주의가 강한 정권일 때 화이질서는 질곡이었고, 보수화 되거나 무기력한 정권일 때는 의존의 언덕이었다.

조공국과 중국의 관계, 조공국 사이의 상호관계는 매우 다양하고 복잡했다. 군사력이 뒷받침된 경제, 문화의 우월한 지위는 강한 흡인력으로 작용했지만 항시적이거나 일률적이지는 않았다. 중국과 주변 국가 사이의 거리, 쌍방의 국내 정치 상황, 서로의 의존도를 포함한 여러 요소가 실제의 화이질서 속에서 다양한 형태로 드러났던 것이다. 조선과 베트남, 류큐는 전형적인 조공국으로 분류된다. 전형적인 조공국이라 해도 화이질서의 이념과 그 의례의 실천에 모범적이었던 조선이 있는가 하면, 류큐와 같이 청조와 일본에 조공하는 이중조공(二重朝貢 : 兩屬이라고도 한다)의 경우도 있었다. 베트남에서는 '내제외왕'(內帝外王)으로 변용되기도 했다.

또 조공은 책봉 절차 없이도 이루어지는 다양성도 지닌다. 단순한 무역행위도 조공에 포함되었다. 정치행위인 조공 의사와 상관없이 파견한 사절단이라도 중국의 왕조들은 이를 조공으로 여겼다. 상인들이 무리를 이루어 무역을 목적으로 외교문서를 위조하여 외교사절을 사칭할 때도 이는 대부분 그대로 조공으로 간주되었다. 무스림에서 '비신자(非信者)로부터의 약탈'인 무역행위도 중국에서는 조공으로 간주되고 있는 것이다.

3.

이러한 동아시아의 국제질서는 18세기 말부터 19세기에 들어오면서 서양세력의 진출과 침략 앞에서 중대한 시련에 직면하게 된다. 서양의 도전으로 이 조공질서는 흔들리게 되었다. 그 출발은 청조가 조공국으로 여기는 서양국가들의 침략이었다. 『가경회전』(嘉慶會典)에는 청조가 조공국으로 분류해 놓은 서양 나라들(로마교황청, 영국, 포르투갈 등)이 있다. 여기서 화이질서의 일방성은 선명하게 드러난다. 1793년, 영국은 매카트니(G. Macartney)를 사절로 특파하여 통상과 외교관계의 수립을 요구했다. 청조는 이를 조공사절로 맞이했다. 삼궤구고두(三跪九叩頭)라는 의례를 놓고 약간의 실랑이는 있었지만 건륭제(乾隆帝)는 특유의 자신감으로 영국 사신의 알현을 허락했다. 그러나 이 사절단은 "바다 멀리서 국왕이 국위(國威)와 문화를 흠모하여 사신을 보내 항해하여 조정에 와서 표장(表章)을 바치고 만수(萬壽)를 빌고 토산물을 진상하니 지극한 정성이로다. 표문(表文)에 너 국왕의 간절한 뜻과 성의가 나타나 있는바, 가상할 일이로다"라거나, "짐은 성덕이 사해(四海)에 미치고 만방을 통어하여 만백성을 편안케 하고 은덕을 중외(中外)에 널리 미치게 했으며, 진상을 적게 받고 하사를 후하게 하니 이 은혜는 회유에 뜻이 있음이니라. 이에 공순의 성심을 가장(嘉奬)하는 뜻에서 총수(寵綏)의 명을 내리게 하노라"라는 건륭제의 칙유(勅諭)를 받고 귀국해야 하였다. 지대물박(地大物博)의 천조(天朝)에 통상은 필요치 않으나 멀리서 조공해 온 뜻이 가상하니 앞으로도 요구하는 물자는 언제든지 하사하겠다는 것이었다.

영국은 두 번의 사절을 더 보낸 후에 포함(砲艦)을 동원하여 중국의 문을 열었다. 제1차 아편전쟁이다. 도광제(道光帝)는 불평등한 조약을 받아들이면서도 이를 영이(英夷)에게 베푼 일시동인(一視同仁)의 시혜로 여겼다. 영국에 대한 화이질서의 적용은 건륭제나 도광제 모두 일방적이었지만, 그러나 이를 무력으로 지켜낼 수 없음이 판명된 도광제에게 있어서는 껍데기일 뿐이었다. 아편전쟁의 패배는 질서 유지의 힘을 수반하지 못한 19세기 중엽의 화이질서가 처한 상황을 적나라하게 드러낸 사건이라 할 수 있다.

제2차 아편전쟁과 태평천국과 염군이라는 내우외환을 겪으면서 서양의 우수성을 인정하게 된 청조는 서양 나라들과의 대등한 지위를 인정해야 했고 종래의 이무(夷務)를 양무(洋務)로 개칭하고 서양 각국과 통상교섭을 위하여 총리각국사무아문(總理各國事務衙門)이란 기구를 설치했다. 그러나 예부와 이번원도 여전히 대외업무를 담당했다. 이 세 기구의 병존은 19세기 중엽에 화이질서가 처한 갈등의 구조를 상징한다 하겠다.

양무운동의 성과를 바탕으로 일어난 중흥의식(中興意識)은 화이질서 주재자의 모습을 변모시킨다. 문명 즉 예(禮)를 통한 화이질서의 주재를 외쳐 왔던 중국은 이 주장을 접지 않으면서도, 힘이 미치면 직접 지배도 마다않는 제국주의자의 모습도 함께 드러냈다. 행성(行省)의 설치와 그 논의 과정에서, 자신이 서양 나라로부터 강요당했던 불평등관계를 조공국에 적용하는 데서 제국주의자의 얼굴은 확인된다. 그러나 서양의 침략으로 인한 변경의 위기가 부각되어 제국주의자의 모습은 가려져서 잘 드러나지 않았다. 그리하여 '변경의 위기'와 이에 대한 대응인 해방(海防)과 새방(塞防)은 중국 근대사에서 큰 비중을 차지하였다. 우리는 이러한 근대중국사상(近代中國史像)에 상당히 익숙해져 있기도 하다. 그러나 이른바 변경의 위기는 중국의 위기였다. 그렇다면 해방과 육방(陸防)의 대상이 되는 지역의 국가나 민족에게 있어서 화이질서는 무엇일까? 변경에서 보는 서양과 중국은 어떤 존재였을까.

만국공법적 질서가 강요되자 화이질서의 차등성과 일방성, 그리고 다양성은 이제 통용될 수 없게 되었다. 청조 지배의 이완과 열강의 아시아 침략은 화이질서의 위기이기도 하였다. 그렇다면 그 위기는 '서양으로부터의 충격'에서만 기인하는가. 이 세계질서의 중심에 있는 종주국 중국은 어떻게 대응하는가. 청조와 그 뒤를 이은 근대 중국은 청조가 직접 지배했던 민족이나 혹은 주변 국가에 대하여 어떤 정책을 취했는가? 동아시아의 여러 민족은 어떤 모색과 대응을 하였는가? 이때 조공질서는 조약체제와 격돌하면서 어떻게 변용되어 가고 있었는가? 발빠른 변신을 거치며 '소서양'으로 등장하는 일본의 모색과 대응은 어떤 것이며, 이것이 동아시아의 국제질서를 어떻게 규정했는가 하는 문제들이 고찰되어야 할 것이다.

4.

이 책은 '갈등과 모색－근대 동아시아 국제관계의 변모'라는 주제로 중국근대사학회가 1999년 11월에 개최한 제1회 연구토론회 결과를 바탕으로 엮었다. 이때 발표된 내용은 지정 토론과 종합 토론과정을 거치고 나서, 발표자들이 이를 보완하고 고쳐서 쓴 7편의 글과 이미 발표된 글 가운데서 주제를 보완할 수 있는 성격을 지닌 글 한 편을 골라서 엮었다.

8인의 연구자들은 다양한 시각과 방법으로 맡은 지역을 고찰하였다. 애초 우리의 의도는 19세기 중엽을 전후하여 중국 주변의 각 지역이나 민족 또는 국가들이 새로운 도전 앞에서 전통적인 화이질서에 대하여 어떠한 모색과 대응을 하는가를, 중국의 관점이 아닌 각 지역의 시점에서 알아보자는 것이었다. 그러나 각 연구자의 관심 범위와 시각이 이러한 우리의 요청과 반드시 일치하지 않았고, 또 공동연구의 기회를 갖지도 못하였기 때문에 반드시 위에 제시한 범위와 시각의 일치는 이루어지지 못하였다. 그래서 관련된 범위의 일부만 다룬 경우도 있고, 그 시기에 있어서도 20세기를 다룬 것도 있다.

유장근(兪長根)의 「동아시아 근대에 있어서 중국의 위상」은 이 주제의 총론적 성격을 지니고 있다. 이 글은 그가 연구토론회를 준비할 무렵에 발표했던 터라, 그가 어떤 문제의식을 가지고 이 토론회를 기획하고 조직했는가를 알게 해준다. 유장근은 한국에서의 중국사 연구가 학문적 정체성에 바탕을 둔 투철한 문제의식을 갖고 이루어진 것인가를 물으면서, 그 한 예로 시대구분에서 근대라는 개념에 관한 문제를 제기하고 있다.

이어서 근대에 들어와 중국과 그 주변의 민족이나 국가들과의 관계 진전을 중국 영역의 확대라는 관점에서 개관하였다. 그 결과 동아시아의 근대는 아편전쟁으로부터 시작된 것이 아니라 청제국의 팽창이 극도에 달한 18세기 중기부터 이미 시작되었고, 또 근대기의 민족주의 역시 서양 열강의 침입에 대응한 중국적 형태 이전에 중국의 팽창에 대한 소수민족의 저항에서 시작되었다고 본다. 즉 근대중국은 조공국과 소수민족의 희생 위에서 발전했다 볼 수 있다는 것이다. 그가 제시한 문제나 관점이 앞으로 보다 활발한 토론과 연구로 이어져야 할 것이다.

김선호(金鮮浩)는 내몽골자치구의 성립 과정을 조명하였다. 몽골민족은 신해혁명 이후 독립국가 수립을 모색하지만 그 모색 단계에서 중국 역사의 복잡한 전개에 따른 외부의 압력과 몽골 내부의 분열로 말미암아 독립은 외몽골에 한정되었고 내몽골 지역은 내몽골자치구가 성립되어 중국 영토의 일부로 편입되었다. 김선호는 몽골 근·현대사의 전개에 대한 연구가 대부분 몽골 공산정권 수립과 자치구의 성립이 이상적이고 성공적이었다고 결론짓는 연구경향을 비판한다. 신해혁명으로 독립된 집합체를 모색했던 내몽골인들은 외몽골이 독립하자 정체성 문제에 직면하게 되었고 그들의 모색은 분열 상황을 맞게 된다. 중국은 내몽골을 계속 중국 안에 묶어두려 했고, 내몽골의 지정학적 중요성을 중시한 다양한 세력들이 내몽골에 세력기반의 건설을 시도하게 되면서 내몽골의 새 미래를 준비하는 세력의 분열은 가속화되었다. 여기에 30년대부터 중국공산당의 영향이 강화되면서 결국 대내・외의 주적(主敵)을 국민당과 일본으로 인식하게 되었다. 중국공산당은 내몽골의 기존 통치세력이 더 이상 내몽골을 이끌어나갈 수 없다는 인식 하에 공산당이 지원하는 새로운 구조의 형성을 시도하게 되었고, 그 결과가 자치정부 수립이었다고 결론짓고 있다.

중국은 청불전쟁(清佛戰爭)에서 패하여 베트남에 대한 종주권을 잃게 된다. 강판권(姜判權)은 「19세기 말 중국의 베트남 인식」에서 청조가 베트남에 대한 종주권을 포기하게 되는 19세기 말, 청조가 베트남을 어떻게 인식하고 있었는가 하는 문제를 다루었다. 그는 먼저 프랑스가 베트남을 식민지화해 가는 과정에서 보인 청조의 대응을 정리한 후, 청불전쟁 시기에 양무(洋務) 관료와 청류파(清流派)의 베트남 인식과 함께 중국 언론에 비친 베트남 상(像)을 정리함으로써 청조의 베트남에 대한 종주권 포기라는 사태의 배경을 이해할 수 있게 해주었다. 번속국 모두를 지킬 수 있는 군사적 외교적 역량을 갖추지 못한 상황 아래에서 베트남과 조선 가운데 하나를 선택할 수밖에 달리 길이 없었던 청조는 결국 일본의 위협 하에 놓인 조선을 선택하면서 베트남을 방기하지 않을 수 없었던 배경을 읽어낼 수 있다. 베트남의 모색과 대응을 베트남 내부로부터 볼 수 없었음은 아쉬움으로 남지만, 위기에 처한 조공국을 종주국이 어떻게 인식하는가를 통하여 종주국의 실체를 드러낸 점에서 의의를 찾을 수 있을 것이다.

양수지(楊秀芝)는 류큐 왕국(琉球王國) 흥망의 역사를 국제관계에 역점을 두어 개관하고 류큐 멸망이 지닌 동아시아사상의 의미를 추구하고자 하였다. 류큐 왕국은 중화질서에 편입되면서 분열된 왕국을 통일하고 중개무역을 통하여 해상무역왕국으로 급격한 발전을 이루었지만, 사쓰마번(薩摩藩)의 류큐 정토(征討)와 류큐인의 저항, '양속'(兩屬)이라는 기묘한 체제를 강요하며 무역의 이익을 수탈하는 일본의 억압과 이를 묵인하는 중국의 사정 등을 기술하였다. 류큐 왕국의 멸망은 사쓰마 번의 류큐 정토에서 비롯되었다고 주장하는 양수지는 류큐 왕국의 멸망이 중국 중심의 동아시아질서가 본격적으로 해체되어 나가는 신호탄이라고 보고 있다.

손준식(孫準植)은 청조의 타이완(臺灣)에 대한 정책과 그 정책의 바탕이 되는 지배층의 타이완 인식을 추적하고, 근대에 들어와 청조가 그 지배권을 포기하게 되는 과정을 정리하였다. 그는 먼저 중국 역대왕조의 타이완 인식이 천박했던 결과, 경제적 효용 가치가 미미한 상황에서 청조가 타이완을 영유한 것은 전향적이었지만, 항청(抗淸) 활동의 근거지였던 타이완에 대한 청조의 개발정책은 근저에 민족모순까지 내재하고 있어서 이민의 제한과 관리인사정책, 반병(班兵)제도 등 방어적이고 소극적인 정책으로 일관함으로써 청조의 통치력이 한계를 노정하고 각종 사회불안을 야기했음을 지적했다. 청조의 타이완 통치 전 시기를 종합적으로 개관한 점은 평가되어야 할 것이다. 또 청조가 타이완 영유라는 결단에도 불구하고 그 개발에서는 방어적이고 소극적이었던 점은 그만큼 중국화가 철저하지 못하였으며, 이 사실은 결과적으로 타이완 사회가 독자성을 유지하면서 발전하는 데 유리한 조건이었다고 밝힌 점은 타이완 역사의 인식 지평을 확대하여 주었다고 하겠다.

청조가 토사(土司)를 통하여 간접적으로 지배하였던 티베트는 근대에 들어와서 청조가 직접 지배를 시도하게 되지만, 일시적이긴 해도 독립을 유지하게 된다. 박장배(朴章培)는 티베트 동부에 위치하는 캄(Kham) 지역에 주목하였다. 티베트 중앙부보다 티베트의 색깔이 약한 반면 청조의 영향이 상대적으로 강하여 '토사들의 왕국'이라 불리며 중간지역의 특색을 지닌 데다, 19세기에 들어오면서 영국의 영향까지 받게 되는 캄 지역이 어떻게 변모하고 있는가를 중심으로 청과 티베트의 관계를 개관하였다. 그는 청조 말기 티베트의 제반 변화를 '행성'이라는 핵심 단어로 규정하고,

황제의 '태평의 행복'과 민국의 '오족공화의 행복'이 티베트인에게 무엇이었는가를 알려준다. 우리는 캄 지역의 변모를 통하여 이른바 중국의 번부였던 티베트와 청조의 특수한 관계를 이해할 수 있을 것이다.

한규무(韓圭茂)는 「19세기 청(淸)·조선간 종속관계의 변화와 그 성격」에서 한일수호조약 이전과 이후의 종속관계를 둘러싼 논쟁을 정리한 후 이 종속관계가 한중상민수륙무역장정(韓中商民水陸貿易章程)에서 다시 명문화되고 갑신정변 이후에 종속관계가 변질되는 과정을 추적하였다. 이에 따르면 청조는 조선과의 종속관계를 열강으로부터 불평등조약을 강요당하면서 체득한 만국공법상의 속국 지배방식으로 전환시키려고 시도한 반면, 조선 지배층은 자주적으로 체제를 지켜낼 수 없는 위기상황에서 '속방'이란 지위를 방패로 이용하여 정권을 유지하려는 고식적인 방법으로 대응하였다. 청조는 조공체제를 이용하여 조선을 근대적 의미의 속국으로 삼으려 했고, 조선의 집권층은 바로 이 조공체제에 기대어 정권을 유지하려 한 것이다.

조선과 청이 조공체제를 붙들고 동상이몽의 모색을 이어 가는 가운데 종속관계의 성격 논쟁은 계속될 수밖에 없었고, 이 와중에서 군사적 우위를 확보하지 못한 청조의 외교력과 국방력을 갖추지 못한 조선의 안이하고 무기력한 대응은 결국 조선의 입지를 더욱 좁히면서 식민지로 전락해 갔다고 할 수 있다. 종주국의 보호 기능에 마지막까지 기대며 난국을 타개해 보려 했던 조선은 청조에의 예속 강화를 자초하였고, 이렇게 강화된 예속은 청일전쟁에서의 청조의 패배로 일본에의 예속으로 바뀌게 되었고, 일본은 보다 용이하게 조선의 식민화를 추진할 수 있었다고 하겠다.

최석완(崔碩莞)은 「근대일본과 동아시아의 조공체제」를 통하여 강화도조약으로부터 청일전쟁에 이르는 기간에 조선 침략을 위하여 일본이 청조종속관계를 어떻게 인식하고 대응했는가를 추적하였다. 일본이 동아시아에서 전통적인 화이질서를 붕괴시키고 일본 중심의 근대적인 국제관계를 창출할 수 있었던 결정적인 사건을 영일항해통상조약의 체결과 청일전쟁의 승리라고 보았기 때문이다. 종래 이에 대한 일본의 연구는 청과의 군사대결 노선의 수립과 전개, 조선에 대한 세력확대정책을 비판적으로 검토하여 일본의 팽창주의를 부각시키거나, 이를 비판하여 일본의 동아시아정책이 비팽창주의였음을 강조하여 일본의 조선침략을 사실상 부정하려는 새로운 경향을 지적하고, 두 경향의 연구가 지닌 문제점을 비판하면서 종속관계에 대한 일본의 인식과 대응문제를 정리하였다. 이에 따르면 일본정부는 청일전쟁 전까지 조선에 대한 일본의 단독 보호권을 지향하면서도 밖으로는 청일협조를 외치는 정도에 머물다가, 청일전쟁기에 접어들면서 내적 지향이던 조선보호국화를 본격적으로 추진한다는 것인데, 이 과정은 일본의 조공체제에 대한 인식과 대응의 변화과정이기도 하다는 것이다. 일본이 근대적 국제관계의 창출을 모색하는 과정에서 전통적인 화이질서에 상당 부분 의존하고 있다는 사실을 통하여 화이질서의 또 하나의 변용을 볼 수 있다.

유장근

동아시아의 근대에 있어서 중국의 위상

1. 우리의 중국사상(中國史像)

최근 들어 학계의 주요 관심사 중의 하나는 우리가 중국사 혹은 동아시아사를 무슨 목적으로 또 어떤 관점에서 바라보아야 할 것인가에 대해서다. 이 글은 이러한 관심에서 촉발된 것이다. 사실 자신의 위치에서 남의 나라 역사를 본다는 것이 말처럼 쉬운 일은 아니다. 그것은 어떤 이에게는 객관성을 상실한 역사학으로 비칠 수도 있기 때문이다. 그러나 현재의 우리에게는 오히려 자신의 관점을 갖는 것, 정다산 식으로 말하자면 자신이 우주의 중심이 되는 것[1]이 더 절실한 과제가 아닐까 한다.

우리는 냉정하게 중국을 분석해 볼 기회를 제대로 갖지 못하였다. 조선시대에는 사대주의와 조공관계 때문에 중국에 대해 객관적인 접근이 어려웠다. 국가를 상실한 일제시대의 지식인들은 근대 중국에 대해 한국 독립의 가능성을 투사하면서 중국 연구를 시작하였다. 우리가 독립하기 위해서는 중국에 어떤 정치권력이 등장하는 것이 유리한가, 중국사회의 변혁은 우리 사회에 어떤 의미가 있는가 하는 것이 연구자들의 관심이었

1) 정약용 지음, 허경진 옮김, 『다산 정약용 산문집』, 한양출판사, 1994, 56~58쪽.

다. 이러한 관점은 한국전쟁 이후 중국이 적성국으로 바뀌면서 더 이상 이어지지 않았다.[2] 반공사회에서 공산국가의 역사를 연구하는 데는 이념적인 제약이 따랐고, 이 때문에 자신의 입장을 드러내기보다는 많은 인용문으로 그것을 대신하는 연구풍토가 지배적이었다.[3] 한국의 중국 연구는 일본이나 미국과는 달리 현실로부터 거리를 두는 쪽으로 기울었던 것이다.[4]

일부 역사가들에게는 연구대상에 대해 시간상 일정한 거리를 두고 관찰하는 것이 바람직한 역사 연구태도일 터이지만, 현실문제와 고투를 벌였던 사마천 같은 역사가에게 그러한 태도는 받아들이기 어려웠을 것이다. 더구나 인문학의 위기를 말하는 요즈음, 그 위기의 근원이 외적 환경의 변화 못지 않게 학문적 정체성을 갖지 못했다는 내부적 요인에서 비롯된 것이라면, 이제 우리의 중국사상(中國史像) 문제를 진지하게 검토해 볼 때가 온 것이 아닌가 한다.[5]

또한 우리를 곤혹스럽게 만드는 것 중의 하나로 근대의 개념과 그에 따른 시기구분 문제가 있다. 흔히 하는 질문이지만, 중국의 근대는 언제부터 시작되었으며 그 기준은 무엇인가, 혹은 근대와 현대는 어떻게 다른가. 또는 근세와 근대는 무엇이 다르며 최근세란 또 어떤 시대인가? 왜 유럽적 시대구분론을 따르면서도 일본학자들은 중국사에 '근세'라는 시대를 끼

2) 김태승, 「중국 근현대사 인식의 계보와 유산-탈근대적 중국사 인식의 전망을 위한 문제제기」(한국역사연구회 발표 요지, 1998. 9. 26) 참조.
3) 하세봉, 「한국 동양사학계에 대한 비판적 검토」, 『역사비평』 계간 5호 1989년 여름호, 224～238쪽.
4) 연구대상과 일정한 거리를 두어야 한다는 논의는 민두기 교수의 글에서 본격적으로 시작되었다. 민두기, 「'민국혁명'시론」, 『중국국민혁명의 분석적 연구』, 지식산업사, 1985, 5～6쪽. 최근 이 주장을 강력하게 비판하고 나선 것은 김희교, 「동양사 연구자들의 '객관주의' 신화 비판」, 『역사비평』 통권 51호 2000년 여름, 148～170쪽.
5) 이 문제에 대한 최근의 큰 성과는 백영서의 『동아시아의 귀환』, 서울 : 창작과비평사, 2000이다.

워 넣었는가? 이러한 질문들은 이미 답이 나온 것도 있지만 그렇다고 해서 수긍할 만한 답도 아닌 듯하다. 예를 들면, 중국의 근세가 송대부터 시작된다는 주장의 단서를 연 나이토(內藤虎次郞)의 '당송변혁론'은 일본 역사상 무로마치(室町) 막부의 중기에 있었던 오닌의 난(應仁亂 : 1467~1477)에서 아이디어를 얻은 것이었다.[6] 우리는 일본의 중국사 연구가 중국의 현실에 따라 우왕좌왕한다는 비판을 하면서도[7] 일본사의 경험에서 나온 이러한 '송 이후 근세설'을 거의 그대로 수용하는 모순 속에 빠져 있다. 여기에다 1940년대를 넘어서지 못하면서도 근대사와 구분하는 현대사 연구나, 1949년 이후를 현대사에서 따로 독립시켜 서술하는 최근의 상황까지 시야에 넣는다면, 역사의 이해를 위해 설정한다는 시대구분 개념들이 오히려 역사의 이해를 가로막는 장애가 되는 것은 아닌가 하는 의문까지 든다.

물론 중국의 역사교과서에 나와 있는 것처럼, 아편전쟁 이후부터 신해혁명 때까지가 중국의 근대이며, 그 이유는 이른바 구민주주의 시대 혹은 서구의 침략에 대응하면서 진전되었던 부르주아지들의 개혁의 시대였기 때문이라고 간단히 설명할 수도 있다. 그러나 이런 설명은 아편전쟁이 갖는 침략성과 공산혁명이 갖는 반제국주의적 의의를 강조하기 위한 정치선전의 성격이 강하기 때문에 받아들이기 어렵다. 또 이미 드러난 바와 같이 이는 타자에게 자기를 강제하는 입장으로서, 중국이 자체적으로 새로운 사회로 성장할 수 없었다는 근대화론의 한계를 보여주는 것이기도 하다.

그러나 중국의 근대를 대응-충격론으로 설명할 경우 문제가 되는 것은 오히려 다음과 같은 점이다. 곧 서구의 침략과 이에 대한 중국의 대응이

---

6) 宮川尙志 저, 이개석 역, 「內藤, 宮崎 時代區分論」, 『중국사시대구분론』, 서울 : 창작과 비평사, 1984, 29~30쪽.

7) 박원호, 「한국동양사학의 방향」, 『제30회 전국역사학대회 발표요지』, 1987, 54쪽.

지나칠 정도로 부각되면서, 그 과정에서 중국 주위의 여러 민족이 어떻게 식민지로 전락해 갔고, 중국은 어떤 역할을 했는지 하는 문제들이 종합적으로 규명되지 않고 있다는 사실이다. 조선이나 류큐, 타이완, 베트남이 식민화되는 데 중국은 어떤 역할을 하였는가? 또 서북의 위구르족이나 몽골족, 티베트족들은 어떻게 '중국의 일부'로 편입되어 갔는가. 민족국가의 성립이 최대의 과제였던 근대기에 그러한 희망을 갖고 있던 주변 민족에게 청정부는 어떤 정책을 취했는가. 다시 말해 19세기와 그 전후 시기에 중국이 동아시아라는 지역 속에서 어떤 성격을 지닌 국가였는가. 또 오늘날의 중국은 과거와 어느 면에서 연속성을 가지고 있는가 하는 점 따위가 분명하지 않다.

2. 조공체제와 중국의 안보

우리는 흔히 청국과 영국 사이에 체결된 남경조약을 기점으로 중국의 대외관계가 변하기 시작하였다고 말한다. 사실 1842년의 남경조약은 중국과 그 이웃 국가가 책봉과 조공으로 상징되는 상하관계 혹은 군신관계에서 벗어나 각 국은 대등하다고 하는 만국공법적인 근대관계로 전환하는 데 중요한 계기였다. 그러나 이러한 해석은 엄격히 말한다면 구미 국가와 일본에게만 해당된다. 조약체계로 돌입했음에도 불구하고 주변 국가와의 조공관계는 여전히 유지되었기 때문이다. 오히려 청의 황제는 "프랑스나 영국이 우리의 속국을 괴롭혀선 안 된다. 만약 그런 일을 중지하지 않고 계속한다면, 분명히 외번(外藩)들을 위무하고 관리하는 우리의 주요 이념을 무시하는 것이 될 것"[8]라고 경고하였다.

8) John K. Fairbank, "The Creation of The Treaty System," *The Cambridge History of China* Vol. 10, part 1, Cambridge Univ. Press, 1978/정성일 역, 『중국사연구』 3, 1998. 2, 138쪽.

청조가 구상하고 실천에 옮긴 화이질서는 대체로 이런 것이었다. 천자가 직접 지배하는 중앙지역을 중심으로 하여 그 곳에서부터 물결과 같이 밖으로 확장되면서 ① 소수민족 지도자를 토사(土司)나 토관(土官)으로 임명하는 간접통치, ② 이번원(理藩院)에 의해 관할되는 몽골 등의 이민족 통치, ③ 그보다 더 느슨한 관계인 조공에 의한 통치, ④ 그 밖에 있는 상호적 관계의 색깔이 강한 호시국(互市國), ⑤ 그 외측에 교화가 미치지 않는 땅 등으로 체계화되어 있다. 이 구조 속에서 구미는 대등한 입장에서 교역을 하는 호시국이었다.[9)]

이러한 호시국적인 관계는 네르친스크 조약(1689)과 카흐타 조약(1727)을 통해 이미 러시아가 향유하고 있었던 것이므로 청과 영국의 관계도 새삼스러운 것은 아니었다. 영국이 요구했던 것은 조공제도의 철폐보다는 그 틀 속에서 무역을 하는 청나라의 태도 변화였다. 러시아의 요구보다 훨씬 앞서 있었던 셈이다. 당시 러시아는 신장의 서북에 자리한 이리와 타얼바하타이(塔城)를 통한 무역의 확대를 요구하고 있었고, 실제로 양국 상인들의 무역은 이 곳에서 보편화되어 있었다. 단 의례 문제만 타결을 보지 못하고 1851년까지 기다리고 있었던 것이다.[10)] 청나라도 사실은 대외무역을 통해서 많은 이득을 얻고 있었다. 그들이 우려한 것은 군사적 안전이었다. 북경에서 가장 멀리 떨어진 카흐타와 광주에서 대외무역을 하도록 허락한 것은 자신들을 방어하는 데 그곳이 매우 유리하였기 때문이다.

1842년 영국과 청나라 사이에 체결된 남경조약은 적어도 외형상으로는 영국의 무역확대와 국가 간의 공식관계를 수립하려는 목적에 부합하는 것이었다. 그러나 후일 드러났듯이 영국을 비롯한 구미 국가들의 기대는

---

9) 浜下武志, 『近代中國の國際的契機』, 東京 : 東京大學出版會, 1990, 32～33쪽.
10) 厲聲, 『新疆對蘇貿易史, 1600～1990』, 烏魯木齊 : 新疆人民出版社, 1993, 42～51쪽.

제대로 충족되지 못했다. 그것은 청조가 조공체제의 틀에서 조약국들을 인식하였기 때문이다. 구미 국가와의 외교업무를 담당하기 위해 신설된 '총리각국통상사무아문'도 자문기관에 불과하여 실권이 별로 없었다. 공식적인 외교권은 여전히 종래 조공국가를 다루던 예부에 속해 있었다. 1860년대에 잠시 협조관계가 된 청조와 구미 열강이 1870년대에 들어 다시 갈등관계로 들어선 까닭도 대체로 여기에서 비롯되었다.11)

이 조공관계는 서구 국가에 의해서가 아니라 종래 책봉을 받은 적이 있던 일본에 의해 붕괴되기 시작하였다. 조공관계가 공식적으로 해체된 것은 일본의 타이완 침략(1874)과 뒤이은 류큐 강제합병 때부터였다. 독립왕국이면서도 청과 일본에 신속했다고 하여 이른바 '양속'(兩屬)체제라고도 불리는12) 류큐와 청, 일본 간의 관계는 외견상 일본이 류큐를 공식으로 강제병합한 1879년에 종결을 맞았다. 물론 일본은 이미 1875년에 류큐에 대해 다음과 같은 명령을 내려놓고 있었다. 더 이상은 청조에 사절을 보내지 말 것, 푸젠 푸저우(福建 福州)에 설치한 류큐관(琉球館)을 폐쇄할 것, 일본의 메이지 연호를 사용할 것, 앞으로 류큐인이 청나라에 갈 때는 일본정부의 허락을 받을 것 등등. 이에 류큐의 조공사절은 사실상 1875년에 단절된 상태였다. 따라서 중국을 중심으로 전개된 조공관계의 해체는 남경조약 이후가 아니라, 일본이 강제로 류큐를 합병한 때로부터 시작하였다고 말하는 것이 정확하다.

청 정부는 망명 류큐인들의 요구를 수용하고 자신의 안전도 확보할 목적으로 류큐왕국을 재건하려고 하였다. 그 방식이란 남북으로 길게 누운 류큐를 3분하여 북은 일본, 중부는 류큐, 남부는 청에 속하게 한다는 것이었다. 그러나 류큐를 자국 영토로 병합하려던 일본이 이 제안을

11) John K. Fairbank, "The Creation of The Treaty System," 145~146쪽.
12) 茂木敏夫, 「中華世界の'近代'的變容」, 『アジアから考える(2) 地域システム』, 東京 : 東京大學出版會, 1993, 270쪽.

받아들일 리 없었다. 대신 류큐를 남북으로 분할하여 북쪽 섬은 일본이 지배하고, 타이완 부근의 섬 몇 개는 청이 지배하는 것으로 하자고 제안하였다. 그러나 암초로 구성된 몇 개의 돌섬은 류큐인들에게 아무 소용도 없는 땅이었기 때문에 류큐인들이 다시 거절하였다.

두 가지 방식이 모두 불발로 끝났으니, 청조로서는 책봉국의 의무를 다하지 못한 셈이었고 거기다 동남 연안의 안전까지 위협받게 되었다. 요컨대 조공관계를 유지하기 위해서는 전통적인 왕조들이 그랬던 것처럼, 청도 군사적으로 압도적인 우위를 점해야 했다. 그러나 당시 청은 일본을 누르고 류큐를 회복할 만한 군사력이 없었다. 일부에서는 조공관계에서는 무엇보다도 무역이 중요했다는 점을 들어 조공무역에 더 큰 비중을 두기도 한다.[13] 그러나 군사력을 바탕으로 한 힘의 관계를 전제하지 않으면 역시 조공관계는 유지되기 어려웠다.

류큐인들은 어쨌든 청조가 자신들의 고국을 일본으로부터 되찾아줄 것이라는 희망을 버리지 않았다. 심지어 그들은 청군이 임오군란을 계기로 조선에 군대를 보내는 것을 보고, 왜 우리나라에는 그런 정책을 취하지 않는가 하고 청 정부를 힐난하였다. 그 덕택에 청 정부는 거의 10여 년간 일본과 이 문제를 가지고 씨름하였으나, 일본의 입장은 확고부동하였다. 그리고 청일전쟁의 패배와 함께 청은 더 이상 류큐문제를 왈가왈부할 수 없게 되었다. 그러나 타이완의 장치슝(張啓雄) 교수가 지적하였듯이, 국제법상 류큐는 '아직'도 미해결 상태로 남아 있다.[14]

그런 의미에서 책봉·조공관계가 분명하게 종결된 것은 오히려 베트남과 조선, 미안마, 네팔 등이었다. 우선 이 곳에서 청국의 종주권을 둘러싸고 전쟁이 벌어졌고, 이 전쟁에서 패배한 청조가 더 이상 책봉이니 조공이니

---

13) 하마시타 다케시 저, 하세봉·정지호·정혜중 공역, 『홍콩』, 서울 : 신서원, 1997, 68쪽.

14) 西里喜行, 「清國(洋務派)の對日外交と琉球問題」, 『琉球大學教育學紀要』 45-Ⅰ, 1994, 34~38쪽 참조.

하는 의례들을 요구할 수 없었기 때문이다. 그러나 청조의 조선정책에서 보듯이 전쟁에서 졌다고 해서 청조가 조선의 독립을 인정한 것 같지는 않다. 청일전쟁 후 '조청상민수륙통상장정'(1882년 체결)을 파기하긴 했지만, 그에 대신하는 조약이 체결된 것은 1899년에 이르러서였다. 아무리 전쟁에서 패배했다고 해도 속국과 대등한 관계를 맺는다는 것은 체면이 깎이는 일이라고 생각한 까닭이다.[15] 1899년에 맺어진 한청조약이란, 결국 대한제국이 성립하고 또 '조청상민수륙통상장정'에 따라 이미 진출한 중국상인들을 법적으로 보호하기 위해 청 정부가 취한 부득이한 조처였다.[16] 이렇게 보면 조선과 청과의 대등관계는 '한청조약'이 맺어진 1899년에 이르러서야 비로소 시작되었던 것이다.

이러한 일련의 과정은 사실 청조에게도 쓰라린 일이었을 것이다. 임오군란 이래로 조선에 군대를 주둔시키면서 이 곳을 지키려고 그렇게 애썼던 청 정부였다. 심지어 왕의 부친까지 잡아가면서 조선에 대한 지배권을 유지하고 싶어했다. 류큐에서 일본에게 당한 전철을 되풀이하지 않기 위해서 왕이나 왕의 일족을 북경에 잡아 두면 괜찮을 것이라 생각했던 것이다. 그렇기 때문에 청 말의 유명한 개혁가 쉐푸청(薛福成)은 "만약 왜병이 먼저 조선에 도착하면 조선왕을 포로로 잡아 그 수도에 앉힐 것이며, 이는 류큐의 고사를 되풀이하는 것"이라는 판단을 내렸고, 청군의 행동은 대체로 그가 제시한 방식에 따라 움직였던 것이다. 조선을 차라리 몽골이나 티베트처럼 내지의 군현으로 만들자는 말까지 서슴없이 하는 관료도 있었다. 청조의 주일공사 허루장(何如璋)은 1880년 「주지조선외교의」(主持朝鮮外交議)라는 글에서 조선정책의 상책을 다음과 같이 제시하

15) 실제로 대한제국기에 발행된 일간지에는 청을 무시하는 기사가 많이 등장하였다. 백영서, 「대한제국기 한국언론의 중국 인식」, 『역사학보』 153, 1997. 3, 105~139쪽 참조.

16) 小原晃, 「日清戰爭後の中朝關係-總領事派遣をめぐって-」, 『史潮』 新37, 1995, 45~59쪽.

고 있다. "조선은 아시아의 요충이다. …… 만약 조선이 망한다면 우리의 왼쪽 어깨가 끊어져 나가는 것과 같이 그 피해는 이루 말할 수 없다. …… 그렇기 때문에 청나라도 먼저 조선을 평정한 뒤 명나라를 정벌했고, 강희 · 건륭조 때에는 내지의 군현과 다름이 없었던 것이다. …… 지금 중국의 세를 논한다면, 조선에 주차판사대신(駐箚辦事大臣)을 두어 몽골과 티베트처럼 만드는 것이 좋다. 그리하여 내국의 정치와 외국의 조약은 모두 중국을 거쳐 이를 주지하도록 하며, 이렇게 되면 무릇 외국인이 감히 넘보지 못할지니, 이것이 상책이다."[17)]

청 정부의 고위 관료들이 강조한 것처럼, 조선은 다른 조공국들과 비중이 달랐다. 우선 임오군란 때 청군을 이끌고 서울에 온 마젠중(馬建忠) 등이 대원군에게 청조 황제로부터 책봉을 받은 조선왕을 무시하고 자의로 명령을 내린 데 대한 책임을 물어 그를 납치한 것이 한 예이다. 청조에서 볼 때 가장 우려되는 것은 새로 집권한 대원군 일파가 일본과 제휴할 가능성이었고, 이 때문에 조선에 도착하기 전부터 김윤식으로부터 정보를 얻어 대원군 납치계획을 세워놓고 있었던 것이다.[18)] 청으로서는 어떻게 해서든 류큐의 실수를 되풀이해서는 안 되었다. 아니, 오히려 그 때문에 일본이 류큐에서 행한 과정을 그대로 재현한 셈이었다. 결국 일본의 조선진출을 제어하고 속방을 보호한다는 명목으로 전개된 북양 육군 3천 명의 조선 진주는 조공체제를 바탕으로 청국의 조선지배를 실질적으로 강화하는 직접적인 계기가 되었다. 그 과정은 허루장의 지적대로 진행되어, 위안스카이는 '주차조선총리교섭통상사의'(駐箚朝鮮總理交涉通商事宜)라는 자리를 이용하여 조선에 대한 간섭을 강화하였다. 이제 조선은 청조의 군사식민지와 같은 상황이 된 것이다.

---

17) 中央硏究院近代史硏究所 編,『淸季中日韓關係史料』2-342, 臺北 : 中央硏究院近代史硏究所, 1972, 439~440쪽.

18) 권석봉,「大院君의 被囚」,『淸末 對朝鮮政策史 硏究』, 서울 : 일조각, 1986, 211~245쪽.

이로부터 재정권과 해관 및 외교도 청군 주둔 이후 청의 손으로 넘어가 버렸다. 이러한 가운데 대등한 국가끼리 체결하는 '조약'이 아니라, 종주국과 번속국 간에 맺은 '조청수륙상민무역장정'(朝淸水陸商民貿易章程)에는 조공국이라는 위상을 이용한 경제침탈(상무위원 파견, 치안법권 확대, 서울 양화진 개시, 연안무역권, 내지통상권), 군사보호(병선의 조선국방대임, 병선내왕권), 차등장치(리홍장과 고종의 대등 위치, 공사가 아닌 상무위원 파견, 최혜국 조관 부인, 치외법권 확대) 따위와 같은 근대 자본주의의 식민지 수탈 개념이 용해되어 있었다. 서구 열강과 맺은 불평등조약체계를 서구 국가들 이상으로 조선에 강요한 것이다.[19] 우리나라의 한 학자는 이러한 청조를 일컬어 아류 제국주의라고 하였으나,[20] 내가 보기에 그것은 아류가 아니라 정통 제국주의로 보인다.

당시 조선에 왔던 영국의 한 외교관은 해외에 파견된 조선의 외교사절을 독립국가의 사절로 볼 것인지 말 것인지의 문제로 고민하였다. 이는 서울에 파견된 외국의 사절들도 마찬가지였다. 서울에서 진정한 실력자는 누구인가? 리홍장인가, 위안스카이인가, 아니면 조선국왕인가. 이러한 이유 때문에 영국에게 조선은 주목할 만한 가치도 없는 나라였다. 다만 러시아의 남하를 방지하기 위한 하나의 버림돌 정도였다고나 할까. 마치 축구공과 같다는 것이다. 그래서 이 외국인은 조선의 독립이란 실현 불가능하며, 미래에는 더 큰 불행의 씨앗이 될 것이라 예고하고 있는 것이다.[21] 실제로 그렇게 되었던 것이 우리에게는 매우 큰 불행이었다.

류큐를 분할하려는 청·일 양측의 시도에 대해서는 이미 서술하였지

---

19) 김정기, 「청의 조선종주권 문제와 내정 간섭」, 『역사비평』 3호 1988년 겨울, 111~112쪽.

20) 김기혁, 「이홍장과 청일전쟁-외교적 배경의 고찰-」, 유영익 외, 『청일전쟁의 재조명』, 춘천 : 한림대학교 아시아문화연구소, 1996, 48쪽.

21) 조지 커즌 지음, 라종일 옮김, 『100년 전의 여행, 100년 후의 교훈』, 서울 : 비봉출판사, 1996, 148~178쪽.

만, 분할을 통한 안전지대의 확보는 베트남에서도 반복되었다. 프랑스가 1882년 봄에 통킹 지방으로 군대를 파견하여 하노이를 점령하자, 청조는 이전의 서산당(西山黨) 반란 때 흥멸계절(興滅繼絶)의 명분과 여조(黎朝)의 요청으로 출병(1788~1789)한 방식을 그대로 좇아 파병하였다.[22] 그러나 대국끼리 직접 접경하는 것은 바람직하지 않으므로 벨기에나 스위스처럼 베트남을 완충화하는 것이 좋겠다는 제안을 하였다. 결국 프랑스와 청조는 이 문제를 가지고 1883년 10월에 교섭을 시작하여 각서가 교환되는 단계에까지 이르렀다. 그 요지는 통킹 지방을 송코이 강과 청·월 국경(운남과 광서 경계 밖) 사이에서 남북으로 양분하여 북쪽은 청나라가, 남쪽은 프랑스가 각각 '순사보호'(巡査保護)한다는 것이었다. 다만 청나라는 보호할 지역이 넓으면 부담스러우므로 그 영역을 최소화하는 것이 좋겠다는 방침이었다.

베트남의 분할 명분은 '종래 조선이나 류큐와 달리 청국에 공손하지 않은 데'서 찾았다. '베트남은 당우 때부터 오대에 이르기까지 모두 중국의 판도였으므로 중국에 복귀시킬 수 있는 기회'지만, 자강할 때까지 기다리는 수밖에 없었다. 이것 역시 개혁가인 쉐푸청의 주장이었다.[23] 군사력이 뒷받침되지 않은 이 제안을 프랑스가 거부하는 바람에 청의 베트남 분할안은 수포로 돌아갔지만, 결국 베트남 구원의 필요성도 류큐나 조선과 마찬가지로 청국이라는 책봉국을 위한 것이었다.

청국의 동부로부터 남부에 걸쳐 있던 조선, 류큐, 베트남이라는 조공국들은 이렇게 해서 하나 하나 지상의 독립국 명단에서 사라져 갔다. 동아시아 지역에서 근대란 메이지 유신과 같이 서구의 문물을 받아들이면서 내부개혁을 단행하고 대외적으로 팽창주의 방식으로 진전된 경우도 있을

22) 유장근, 「18세기말 월·중 관계의 일 연구-서산당 사건을 중심으로-」, 『경대사론』 창간호, 1985, 95~131쪽.
23) 西里喜行, 앞의 논문, 51~52쪽.

터이나, 청조의 조공국들에게는 기나긴 식민화의 길을 의미하였다. 그런 와중에서 청조는 보호국인 조공국의 안위보다, 어떻게 하면 조공국을 이용해서 자신의 안전을 도모할 수 있을까에 가장 신경을 쓰고 있었다. 결국, 조공국가가 수행해 왔던 동남 연안의 방파제들이 무너지면서, 청조는 이제 본격적으로 강대국과 전면적으로 대면하지 않으면 안 되었다. 청말의 개혁은 이러한 울타리가 무너진 뒤에 나온 이른바 과분의 위기 속에서 촉발된 것이었기 때문에, 개혁가들의 주변 국가관도 중화질서의 유지라는 구도 속에서 전개될 수밖에 없었다.

정관응과 같은 개혁가는 조선이나 미얀마, 타이 등 주변의 여러 독립국가들과 조약을 맺어 중화세계를 대신하는 '공회'(公會)를 만드는 것이 어떻겠는가 하는 구상을 하였다. 그럼에도 '가장 부강하고 요충에 자리잡은' 대국 중국이 '맹주'로서 이들 국가를 지도하여야 한다는 점에서는 여전히 중화세계의 그림자가 짙게 남아 있었다.[24] 중화적 국가관은 20세기에 어떻게 이어질까. 중국의 국부로 숭앙받는 쑨원은 장래에 중국이 강대국이 된다면 이전의 조공국들이 다시 중국에 복속할 것이라는 기대를 갖고 있었다. 그는 한국의 독립에는 관심이 없었고, 일본의 침략으로부터 중국을 보호하기 위해서는 조선을 완충국으로 만들어도 좋다는 정도였다.[25] 한국전쟁에서 마오쩌둥도 이를 충실히 따랐다. 따라서 역사적 맥락에서 볼 때, 한국의 분단은 중국의 안전을 고려한 두 가지 방책 중 하나였다고 할 수 있다.[26]

---

24) 茂木敏夫, 「中華世界の近代的變容」, 270~271쪽.

25) 배경한, 「손문의 중화의식과 한국독립운동」, 『역사비평』 통권 46호, 1999년 봄호, 141쪽.

26) 이러한 상황은 타이완도 유사할 것이다. 중국은 타이완을 동남 연안의 방어막으로 생각하고 있다. 이는 과거에 류큐가 맡았던 역할이다. 따라서 타이완의 독립은 이 지역의 방어에 치명적인 셈이다.

3. 티베트와 신장의 식민화

그렇다면 청 정부는 이쯤 해서 제국주의 침략으로부터 자신을 지키기 위해 조공국가만을 희생했는가? 눈을 청국의 서쪽으로 돌려보면 오히려 영토가 더 넓어져 가고 있음을 보게 된다. 바로 신장과 티베트가 그것을 증명해 준다.

투르크인들의 땅이라는 뜻을 지닌 투르키스탄은 청조의 강희시대부터 시작해서 건륭시대에 이르기까지 끊임없이 청조의 침입을 받으면서 청말에 이르러 마침내 청조의 한 성인 신장성(新疆省)이 되었다. 지금은 거의 한인들이 차지해 버려, 마치 한족의 본거지처럼 되어 버린 하미는 17세기 말에 청조에 복속된 뒤 청조의 대중가르 전략의 최전선으로 바뀌었다. 이제부터 청조는 차츰 청해로, 중가르로, 티베트로 군대를 이동시키면서 정복지를 확장해 나갔다. 티베트의 내분을 고리 삼아 그랬던 것처럼, 18세기의 한복판이었던 1750년에 중가르 내부의 분란을 이유 삼아 대군을 파견하고 중가르의 중심지인 이리를 공격하여 이 왕국을 붕괴시켰다. 당시 북경으로 잡혀 온 이 곳 종교·귀족 가문의 한 처녀가 후일 향비라는 이름으로 허베이성 동릉에 건륭제와 같이 묻혀 있으나, 투르크인들의 비극은 한 처녀만의 문제로 끝날 일이 아니었다.[27] 이 곳은 이제 죄를 지은 한인들이 유배되거나, 범죄자들이 도망가거나, 혹은 돈 좀 벌려고 기웃거리는 한인들이 점차 늘어나면서 '주변화'되고 '식민화'되기 시작하였던 것이다.

대부분의 중국사가들은 신장성 건립의 계기를 코칸드의 장군 출신으로서 이슬람 국가를 건설하려고 했던 야쿱 벡의 반란(1872)과 그에 뒤이은 러시아의 중가르 침입 등에서 찾고 있다. 그러나 투르키스탄의 동쪽

---

27) 위구르 사회의 내분과 향비에 관한 이야기는 김호동, 『황하에서 천산까지』, 서울 : 돌베개, 1999, 190~204쪽 참조.

지역은 청 정부가 형사처벌의 유배지로서 결정한 1758년 이래, 인구과잉으로 고통을 겪고 있는 본토의 인구압력을 줄이고, 형 집행으로 범죄자들에게 새로 태어나는 기회를 주기 위해 고안된 한인들의 강제 이주방식을 통해 식민화되어 가고 있었다. 또 이 곳은 러시아와 카자흐 등의 영토확장 계획을 저지할 수 있는 곳이었다. 그렇기 때문에 청 정부는 이 지역을 단순한 유배지가 아니라 군사적·경제적 요충지로 건설하려는 의도를 갖고 있었던 것이다.[28] 이를 위해 둔전을 두어 자급자족적인 경제체제를 확립하고 문관을 새로이 설치하는 한편, 유배 관료를 해당 지역의 관료로 임명하면서 행정지배를 확대해 나갔다.[29] 그것의 최종적 결과가 중앙정부의 직접 지배가 관철되는 성의 건설이었다.

청 정부는 또 강희제 때부터 시작되어 건륭제 때까지 계속된 티베트 침략의 결과, 주장대신(駐藏大臣)을 새로 두어 이 곳에 간섭하였다.[30] 물론 실질적인 지배권을 행사한 시기는 아주 짧았던 까닭에 청조의 영향력은 매우 제한되어 있었으며, 그것조차도 청말에 이르러서는 현실적으로 별다른 의미를 갖지 못하였다.[31] 특히 청말에 이르러 영국과 티베트의 주권을 둘러싸고 외교전이 벌어졌을 때, 청은 내부적으로는 티베트가 자국의 지배지라고 하면서도 외국에 대해서는 티베트의 일이기 때문에 주장대신조차 함부로 간섭할 수 없다는 이중적 태도를 보여주었다. 청조의 관리는 영국의 티베트 입경 목적이 쓰촨(四川) 침입에 있다고 판단하였다. 그래서 서부의 요지인 쓰촨을 방어하기 위해서는 반드시 티베트를 봉쇄하는 것이 필요하다고 보았다. 티베트도 조선과 마찬가지로 청조 안전의 울타리로 인식하였던 것이다. 결국 청은 영국에 대해 티베트의

28) Joanna Waley-Cohen, *Exile in Mid Qing China : Banishment to Xinjiang, 1758-1820*, New Haven : Yale University Press, 1991, 52~77쪽, 138~162쪽 참조.
29) 片岡一忠, 『清朝新疆統治研究』, 雄山閣出版, 1991, 89~90쪽.
30) 魏源, 「答人問西北邊域書」, 賀長齡 編, 『皇朝經世文編』 卷80, 兵政, 1가~2가.
31) 김한규, 『티베트와 중국』, 서울 : 소나무, 2000, 130~131쪽.

종주권은 청에 있다는 것을 주장하면서, 1910년에 라싸에 군대를 보냈다.

신해혁명은 중국 내에서 황제지배체제가 붕괴되었다는 점에서 의미가 있지만, 다른 한편 티베트나 몽골과 같은 주변 민족이 독립하는 계기가 되었다는 점에서도 역시 중요하다. 물론 이 독립의 계기는 두 민족 내부의 요구에 영국과 러시아라는 제국주의 국가의 욕구가 겹쳐진 것이었다는 점에서 불안한 것이기도 하였다.[32] 어쨌든 1912년 티베트가 독립을 선언한 이후, 중화민국 정부는 여러 차례에 걸쳐 이 곳을 침략하거나 공개적인 전투를 통해 강제로 합병하려 하였다. 중화인민공화국 역시 1949년에 티베트를 중국의 일부로 선언하면서 이 곳을 침공하여 직접 지배로 나아갔기 때문에, 결국 티베트의 법왕 달라이 라마 14세는 1959년에 인도에 망명하여 오늘에 이르고 있다.[33]

이렇게 확장된 '변경지역'은 자원이 많은 반면 인구는 지극히 적은 곳이었다. 근대기의 서구 열강이 그랬던 것처럼 팽창주의자들에게 이런 지역은 하늘이 내린 축복의 땅이었다. 청조는 어떠했는가? 감당할 수 없을 정도로 늘어나는 인구를 부양하는 데, 또 자원을 개발하는 데 변경이란 정말 매력적인 곳이었다. 군사력에 의한 영토팽창이 이루어지자, 인구폭발로 삶의 근거지에서 밀려날 수밖에 없던 중심부의 한인들은 인구는 희박하지만 자원이 풍부한 '변경'으로 몰려가기 시작했다. 문제라면, 그 곳에는 한족과는 다른 원주민들이 먼저 뿌리를 내리고 있었기 때문에 이들과 충돌할 수도 있다는 것이었다. 그러나 이미 한인 관료나 군인들이 먼저 가서 중국식 체제로 바꾸어 놓았고, 또 모험적인 상인들이 개척해 놓은 교두보들이 있었으므로 그렇게 우려할 바는 못 되었다. 또 몽골과

32) 배경한, 「19세기말 20세기 초 중화체제의 위기와 중국 민족주의-티베트 · 몽골의 독립요구와 중국의 대응-」, 『역사비평』 51호 2000년 여름호, 234~249쪽.

33) '양국'의 역사적 관계를 설명한 최상의 저술은 김한규, 『티베트와 중국』이다. 아울러 朴壯載, 「西藏獨立運動의 近 · 遠因 분석과 전망」, 『중국연구』 1995년 봄, 82~91쪽도 참조.

같은 민족은 이미 티베트 불교를 통해 호전성을 버리고 상당한 정도로 '순화'되어 있었다. 이것 역시 청 정부가 꾸준히 공을 들인 결과였다. 게다가 티베트 불교를 숭배한 몽골이나 티베트 지역의 인구는 제 자리 걸음이었다. 그것은 우수한 인재들 혹은 아이가 여럿일 경우 그 중 몇 명을 승려로 만드는 종교제도나 일처다부와 같은 사회제도 탓이었다.[34)]

더구나 한인들이 보기에 이들 '소수민족'들은 이익에도 어둡고 자원을 이용하는 정도 역시 원시적인 수준에 머물러 있었다. 일부 한인들은 대규모 자본을 투자하고 유민화한 한인 노동자를 이 곳에 끌어들여 개발하기 시작하였다. 저 유명한 린쩌쉬(林則徐)나 궁쯔전(龔自珍), 웨이위안(魏源)과 같은 선진적인 개혁가들도 앞장을 섰다. 웨이위안이 보기에 신장은 한 마디로 샹그리라와 같은 이상향이었다. 편벽하긴 하지만 '사람 같지 않은 사람'들이 사는 이 외진 곳에 죄인들을 보내 개발한다는 것[35)]이 크게 잘못일 수 없었다. 궁쯔전도 베이징 등지의 무업민과 인근의 산시, 즈리, 허난, 산시(陝西), 간쑤 지방민들을 모집하여 신장에 이주시킨 다음 토지를 주어 경작하게 하면서, 이를 뒷받침할 수 있는 행정조직으로서 성을 두자고 하였다. 내지의 인구압박과 경작지 부족을 신장에서 해소하자는 방안이었다.[36)] 성을 두자는 그의 논의는 결국 쭤쭝탕(左宗棠) 시대에 신장 건성으로 나아갔다. 번부(藩部)를 폐지하고 성(省)을 두었다는 사실은 청조의 군사식민지로부터 행정식민지, 혹은 문화식민지로서의 성격이 첨가되었음을 의미하였다. 이후 청조의 대신장 정책은 한족과의 문화적 일체감을 강조하는 쪽으로 진행되었는데, 이는 결국 위구르 문화가 한족 문화의 일부로서 자리를 잡아가는, 이른바 주변화의 길을 걷게 된 결정적

---

34) 佐藤長, 「モンゴリアと清朝」, 『岩波講座 世界歷史(13)』, 東京 : 岩波書店, 1971, 111~113쪽.

35) 최소자, 「清朝의 對新疆政策」, 『梨大史苑』 28, 1995. 9, 18~19쪽.

36) 龔自珍, 「西域置行省議」, 賀長齡 編, 『皇朝經世文編』 卷80, 兵政, 臺北 : 世界書局, 1964, 6나~9가.

인 과정이었다.

또 캉유웨이(康有爲)도 내지에는 빈궁과 무업의 무리들이 없는 곳이 없기 때문에 이들을 서북의 여러 성—동삼성, 몽골, 신장 등—으로 보내면 여러 가지 이득을 볼 수 있을 것이라고 주장하였다. 이 곳은 인적이 드물고 땅의 이익은 많은 반면, 아직 개간이 이루어지지 않았으므로 빨리 이주시켜 이원을 개발하여야 하며, 이렇게 되면 변방도 방어할 수 있을 것이라고 생각하였다. 그가 생각한 이주방식은 3종이었으니, 하나는 죄견(罪遣)이고, 둘은 인경(認耕)이고, 셋은 무천(貿遷)이었다.[37] 그의 주장은 청 중기 이래 정부가 꾸준히 추진해 온 방식의 결정판이라고 할 수 있다.

청말의 상황은 중화인민공화국 체제에서도 거의 그대로 계승되고 있다. 중화인민공화국 정부는 소수민족의 자치권을 인정한다는 큰 가닥 속에서 이들의 정체성을 존중하는 듯했으나, 실상은 그렇지 않다. 티베트의 경우, 1964년부터 1982년까지 티베트족의 인구증가율이 73.44%인데 비해 한인은 121.2%를 기록하여 순수 티베트 사회에서 민족혼합 사회로 바뀌고 있다. 더구나 중국 당국은 한인들의 이주를 장려하고 한인과 티베트인과의 결혼을 권장하고 있으며, 티베트인들에게 중국어와 한족의 문화를 강요하면서 동화정책을 추진하여[38] 티베트 사회가 공통의 공간과 혈통, 문화를 중심으로 발전시켜 온 역사적 공동체[39]를 붕괴시켜 나가고 있다.

한인들을 소수민족 지역으로 끌어들여 이 지역을 민족융합이라는 이름 아래 식민화한 예는 티베트로만 그치지 않았다. 1884년부터는 신장이

37) 허핑티 저, 정철웅 역, 『중국의 인구』, 서울 : 책세상, 1994, 328~329쪽.
38) 그러나 달라이 라마 측은 1950년 이후 약 750만 명의 한인이 티베트 전 지역으로 이주하였고, 이에 따라 600만 명의 티베트인이 티베트 지역에서 소수로 몰리고 있다고 비판한다. 박장재, 앞의 논문, 91쪽.
39) 김한규, 『티베트와 중국』, 467쪽.

된 동투르키스탄에서, 또 내몽골 지역에서도 마찬가지였다. 한인들은 동투르키스탄에서 1949년에 단지 20만 명에 지나지 않았다. 그러나 오늘날은 이 곳 1,300만 주민 가운데에서 무려 700만 명을 차지하며 규모에서 원주민을 압도하고 있다.[40] 근대란 숫자가 무게를 갖는 시대라고 한 브로델의 말을 상기해 보면, 대규모 한인이 갖는 중압감을 금방 느낄 것이다. 도시 내의 행정이나 거주지 구조를 보면 한인들의 지배적 위치와 소수민족의 피지배적 위치가 금방 드러난다. 이른바 비단길의 천산남로와 서역남로가 만나는 곳에 위치한 신장 서부의 야르칸드(샤처) 같은 도시가 그렇다. 한인 거주지역은 도로와 가로수가 말끔하고 정부기관 등이 모여 있으며 상업과 교통의 중심지로서 번영하는 모습이 눈에 뜨일 정도로 분명하다. 반면 위구르족 지역은 작은 민가들이 복잡하게 밀집해 있는데다가 포장된 도로도 거의 없다. 외국인 관광객이 보기에도 민족차별이 눈에 확 들어오는 것이다.[41] 내몽골 지역에서도 한인은 850만 명으로 250만 명의 몽골인들을 압도한다. 그 중심지인 후허하오터는 사실상 한인들의 도시이다. 또 소득이나 복지의 중요성도 한인들에 비해 크게 떨어진다. 소수민족의 빈곤율은 한인의 두 배에 해당하며, 1992년도의 유아사망률도 상하이(上海)는 1,000명당 9.9명인 데 비해 티베트는 200명이다.[42]

청말의 개혁가들이나 중화인민공화국 모두 변경지를 '실변식민'(實邊植民)의 대상으로 인식하고 있었고, 그것은 성공하였다. 식민지가 본국에게 이익을 제공하는 장소였을 뿐만 아니라 감당하기 어려운 '방탕아들', 곧 범죄자, 빈민, 그 밖의 바람직하지 않은 과잉인구를 보내는 장소로서

---

40) 新免康, 「'邊境'の民と中國-東ツルキスタンから考える」, 『アジアから考える(3) 周緣からの歷史』, 東京：東京大學出版會, 1994, 136쪽.
41) 김찬삼, 『실크 로드를 건너 히말라야를 가다(2)』, 디자인 하우스, 1998, 185쪽.
42) 레스터 브라운 외 지음, 김범철 · 이승환 옮김, 『지구환경보고서 95년』, 따님, 1996, 236~240쪽 참조.

유용한 곳이었다면,[43] 위와 같은 개혁가와 정부를 식민주의자 외에 어떤 이름으로 부를 수 있을 것인가. 이 점에서 청조와 중화인민공화국 사이에는 놀라울 정도의 연속성이 있다.

4. 소수민족의 민족주의

소수민족 지역에 대한 개발이 시작된 지 얼마 지나지 않아 산들은 점차 민둥산이 되어 가고 풀밭도 한인들의 손으로 넘어가기 시작하였다. 과연, 몇 십 년이 지나자 산사태가 자주 일어나고 자원도 줄어갔다. 결정적으로 그들은 과거 자유롭게 이용하던 산지들을 더 이상 이용할 수 없게 되었다. 이제 원주민들은 요즘에 종종 쓰는 말처럼, 대지에서 뿌리를 뽑히면서 점차 주변화되기 시작했다. 원주민들은 이 외래 약탈자들을 더 이상 방관할 수 없었다. 구이저우(貴州)지방에서는 이미 1794년 말에 이 지역의 원래 주인이었던 먀오족(苗族)들이 자신의 토지를 앗아간 한족들을 죽이고 땅을 되찾아 오기 위해 반란을 모의하였고, 이것이 발각되자 다음 해 정월에 8만~9만 명이 봉기하여 청군을 공격하였다. 1820년 윈난 북부에 살던 리스족의 반란도 위의 먀오족들과 마찬가지로, 한족들이 이주해 들어와 원주민들의 자급적 생산방식을 무시하고 자본과 노동력을 대규모로 투자하는 약탈적 방식으로 전환한 데서 비롯되었다. 그러나 소수민족의 반란은 규모도 작은데다 조직이나 전투능력에서 청군에 비해 매우 취약했기 때문에 쉽게 진압되었다.[44]

그러나 좀더 큰 규모의 민족운동은 사정이 달랐다. 1862년부터 시작된

43) 강상중 지음, 이경덕 · 임성모 옮김, 『오리엔탈리즘을 넘어서』, 서울 : 이산, 1997, 89~90쪽.

44) 兪長根, 「중국 근대에 있어서 생태환경사 연구」, 『中國現代史硏究』 3, 1997. 6, 149~150쪽.

산시와 간쑤 지역의 회민 반란은 한족 이주민과 이 곳의 토박이인 위구르인들 사이에서 벌어진 계투가 발단이었고, 이 반란은 점차 신장지역으로 확대되었다. 이것은 결국 1872년 카슈가르에서 이슬람왕국을 건설한 야쿱 벡의 반란에서 절정에 이르렀다.[45] 여기서 주목해야 할 것은 그 반란의 뿌리가 이미 18세기 중엽 청조의 중가르 정복 직후부터 내리기 시작했다는 사실일 것이다. 1765년부터 시작된 위구르인들의 반항은 19세기 초로 이어지면서 규모도 커지고 횟수도 잦아졌으며, 이것이 결국 야쿱 벡에 의한 독립국가 건설로 이어졌다. 이 반란 직후 청조는 바로 번부를 통한 지역지배를 철회하고 성을 설치하여 행정적 지배를 완결하였을 뿐만 아니라, 한인식 교육방식과 교육내용을 도입하면서 문화적으로도 빠르게 한화시켜 나갔다.

우리는 여기서 다시 근대의 문제로 돌아간다. 근대란 '소수민족'들에게 식민화되는 과정이었다. 또 소외되고, 주변화되고, 자신의 민족적·문화적 정체성을 상실해 가면서 지배민족에게 동화되는 과정이기도 하였다. 이런 일은 아프리카에서 동남아시아에서 또는 러시아가 팽창해 가던 중앙아시아 지방과 시베리아 동부에서 공통적으로 겪은 일이었다. 북아메리카에서도 소수 인디언들이 바로 그런 입장에 처해 있었으며, 심지어 섬나라인 일본에서도 홋카이도의 아이누족이 메이지 유신 시대의 '근대화 과정'에서 종족성을 잃어 가고 있었다.[46] 이들과 중국의 '변경'에 살던 소수민족들의 위상은 어떻게 다른가?

소수민족 지역을 관광하는 한국인들도 실은 대국적 관점에 의존하여 이들을 본다. 중국에도 이렇게 유별난 문화를 가진 사람들이 있던가라는 정도의 흥미, 아니면 신장 사람들은 왜 이리 가난할까라는 동정심, 아니면

---

45) 김호동, 「좌종당의 신강 원정과 이슬람 정권의 붕괴」, 『동아문화』 29, 1991, 51~63쪽.

46) 강상중, 앞의 책, 86쪽.

실크로드의 영화는 어디 가고 이렇게 폐허의 성만 남아 있는가 하는 회고가 대부분이다. 티베트도 인간을 속박하는 문명세계를 종교적으로 순화시켜 줄 수 있는 영혼의 구원처 정도로 보는 인상이 강하다. 이보다 좀더 나가면, 티베트의 독립에 귀를 기울이지만 신장에 대해서는 그런 관심을 거의 드러내지 않는다.[47] 티베트 독립은 미국이 관심을 가지고 있고 게다가 달라이 라마라는 티베트의 지도자가 전 세계에 '티베트적 영감'으로 영향력을 행사하고 있어서 그럴지도 모른다. 미국이 티베트 독립에 관심을 가지는 진짜 이유는, 중국이 주장하는 것처럼 티베트의 독립운동을 지레로 삼아 중국을 견제하려는 외교전의 일부일 수도 있다. 이는 웨이징셩(魏京生)과 같은 중국내 반체제 인사들의 주장과 유사하다. 이들은 중국정부와 중국인의 일반적 인식과 달리 티베트 인민들에게 선택의 자유를 부여하여야 한다고 보기 때문이다.[48] 이 점에서 중국의 티베트 문제는 중국내 반체제운동과 연결되어 있기도 하다.

이와는 달리 신장은 기독교인들이 거부해마지 않는 이슬람의 땅이다. 게다가 그 서쪽에 있는 서투르키스탄은 제정러시아시대에 정복된 뒤 소련이 붕괴하기 전까지 러시아와 소련의 지배 아래 있었고, 동투르키스탄도 단기간이나마 러시아의 영향 아래 있었다고 생각해서 무관심한 것일지도 모른다. 미국의 중국사 연구전통이 영국의 그것을 계승한 탓일 수도 있고, 또 동투르키스탄의 독립운동이 카자흐나 터키에서 진행되고 있기 때문에 정보가 제한된 탓일 수도 있다.[49]

우리는 세계의 근대가 식민주의에 저항한 민족주의로 표상된다고 말한

---

47) 김찬삼, 앞의 책, 238~239쪽 참조. 이 곳에서는 티베트의 독립운동에 대해 관심을 보여주었으나, 신장 지역을 여행할 때는 동투르키스탄의 독립문제가 언급되어 있지 않다.

48) 김한규, 『티베트와 중국』, 431~432쪽.

49) 오늘날의 티베트족, 신장 위구르족, 몽골족, 회족이 안고 있는 문제들을 역사적인 시각에서 다룬 김호동, 『황하에서 천산까지』는 이 점에서 가치 있는 책이다.

다. 그러나 여기서 식민주의란 주로 유럽의 식민주의에 한정되며, 민족주의 역시 그에 대항한 지역의 경우로 제한된다. 그러나 청조 때 혹은 중화민국이나 중화인민공화국 때 '중국' 내에 존재하였던 소수민족의 저항에 대해서는 단지 '소수민족의 반란' 정도로만 치부해 버리고 만다. 이들의 반란을 청조의 변경개발과 한인 이주에 대한 저항으로 단순화시켜 보기보다는, 세계사적인 시각에서 또는 동아시아라는 지역에서 전개되는 민족주의의 한 유형으로 보아야 하지 않을까. 이렇게 본다면 청말 혹은 중화민국시대의 한족은 민족주의를 표상하기도 하지만, 다른 한편으로는 식민주의적인 혹은 제국주의적인 상징일 수 있을 것이다.

중국사를 연구하는 데 있어서 폴 코헨이 강조한 바와 같이 중국 내부적 관점에만 집착할 경우,[50] 우리는 동아시아의 소수민족 지역에 대한 한인의 진출을 중국의 발전으로 규정하기 쉽다. 또 동아시아 지역을 한국과 중국, 일본이라는 단일 국가들을 중심으로 보는 경우,[51] 이미 일본의 일부로 강제 편입되어 버린 류큐인이나 아이누인, 또는 만주인, 몽골인, 티베트인, 또는 타이완 원주민[52]이나 서남부의 소수민족들, 심지어는 연해주나 동부 시베리아에 흩어져 있는 퉁구스 계통의 원주민들[53]은

---

50) 폴 코헨 지음, 장의식 외 옮김, 『미국의 중국근대사 연구』, 서울 : 고려원, 1995, 241쪽 이하.

51) 국내 동아시아 담론을 이끌고 있는 서남동양학술총서의 일련의 저서들, 곧 정문길·최원식·백영서·전형준 엮음, 『동아시아, 문제와 시각』(민음사, 1995), 최원식·백영서 엮음, 『동아시아인의 '동양' 인식 : 19~20세기』(민음사, 1997), 정문길 외 엮음, 『발견으로서의 동아시아』(민음사, 2000)에서 다루는 동아시아 세계는 한·중·일 삼국의 국가 경계선 내에 묶여 있다.

52) 최근 타이완의 탈식민화 문제를 타이완인에 의한 정치체제 확립이나 타이완 민족주의, 타이완사의 성립 등에서 찾는 시도가 있다. 吳密察 著, 帆刈浩之 譯, 「臺灣史の成立とその課題」, 『アジアから考える(3) 周緣からの歷史』, 東京 : 東京大學出版會, 1994, 228쪽. 그러나 이러한 논의 과정에서 타이완 원주민들은 배제되고 있다. 원주민 중심으로 타이완 현대사를 바라본 글은 린샤오밍, 「대만 소수민족의 민족해방운동」, 제주4·3연구소 엮음, 『동아시아의 평화와 인권』, 역사비평사, 1999, 316~330쪽.

53) 김성례, 「시베리아 소수 유목민의 민족자결운동과 문화부흥」, 『지역연구』 제4권

눈에 잘 안 들어 올 것이다. 이런 시각을 견지하지 못하면, 소수민족을 정체성을 가진 독자적인 문화단위가 아니라 중국의 일부로만 간주하는 잘못을 저지르기 쉽다. 다양한 생물종이 존중되어야 할 궁극적인 가치라면, 당연히 자신의 문화를 가진 민족의 다양성도 존중되어야 할 것이다. 식민지배를 받았으면서도 식민주의자처럼, 대국도 아니면서 마치 대국인 것처럼 중국을 보아 온 우리의 시각이 이제는 교정되어야 할 것이다.

다시 말해 동아시아적 근대는 아편전쟁으로부터 시작된 것이 아니라 청제국의 팽창이 극도에 달한 18세기 중기부터 이미 시작되었고,[54] 또 근대기의 민족주의 역시 서구 열강의 침입에 대응한 중국적 형태 이전에 중국의 팽창에 대한 소수민족의 저항에서 시작되었다고 할 수 있다. 또 바로 이 점에서 근대중국은 조공국과 소수민족의 희생 위에서 발전한 측면이 있는 것이다. 그리고 그 국가와 민족 중, 한반도는 한국과 조선으로 분단되어 있으며, 류큐는 일본의 일부이고, 베트남은 격심한 전화 속에서 벗어나 이제서야 새 길을 모색하고 있다. 또 티베트 민족과 동투르키스탄인들은 독립국가를 건설하기 위해 고투를 벌이고 있으며, 몽골족 역시 내외 몽골로 분단되어 있다. 현재의 동아시아 지역이 안고 있는 핵심적인 문제 중의 하나가 이미 두 세기 이전부터 시작되었던 것이다.

이 글은 『경대사론』 제10집(1997. 12)에 실린 것을 새로이 가다듬었다.

제1호 1995년 봄, 217~277쪽.

54) Joshep Fletcher, "Ch'ing Inner Asia C.1800," *The Cambridge History of China* Vol. 10, Part 1, Cambridge : Cambridge University Press, 1978, 35쪽. 플레처는 19세기 초에 이르러 청조의 영토와 인구가 청초에 비해 두 배 정도 증가한 것에 큰 의미를 부여한다.

강판권

19세기 말 중국의 베트남 인식

1. 머리말

면적 960만 km^2, 인구 13억의 중화인민공화국과 면적 33만 km^2, 인구 8천만의 베트남사회주의공화국은 이 지구상에 얼마 남지 않은 사회주의 국가라는 공통점을 지니고 있다. 지금 두 나라 모두 다른 나라의 간섭을 받지 않는 주권국가이다. 따라서 양국 간의 관계는 대등하다. 베트남이 중국과 대등한 관계를 유지한 기간은 프랑스로부터 독립한 제2차 세계대전 이후부터이다. 물론 이 기간 중에도 베트남은 1979년 2월 '국경에 대한 도발'이라는 명분을 내세운 중국의 침략을 받았다. 중국의 이런 식의 침략은 베트남을 비롯한 중국 주변국가들을 지배할 때 사용한 상투적인 수법이었다. 이는 양국 간의 관계가, 아니 국제질서가 힘의 논리로 결정된다는 사실을 보여주는 것이다. 베트남이 2천년 동안 중국의 지배와 간섭을 받았던 것도 베트남보다 우세한 중국의 힘 때문이었다.

중국과 베트남 간의 관계가 얼마나 밀접한가는 우선 베트남 최후의 왕조인 우옌조(阮朝, Nguyen : 1802~1945)에서 유래한 베트남, 당나라가 베트남을 지배하면서 설치한 '안남도호부'(安南都護府)에서 유래한 안남이라는 용어에서 확인할 수 있다. 중국은 939년 베트남이 독립하여 여러 왕조가 교체되었는데도 한 번도 대등한 국가라고 생각하지 않았다. 중국의 베트남에 대한 이러한 인식은 베트남뿐 아니라 주변 국가에 대해서도 마찬가지였다. 중국의 이러한 인식은 이른바 중화사상의 산물이지만, 주변 국가들이 이러한 중화사상에 대해 전적으로 동의한 것은 아니다. 따라서 중국의 자기중심적 사고인 중화사상은 '얼마간' 기만적이다. 특히 저항정신이 강했던 베트남은 중국의 자기중심적 사고에 결코 동의하지 않고 끊임없이 저항했다. 그러나 베트남은 한 번도 자력으로 중국의 자기중심적 사고를 무너뜨릴 수는 없었다.

진(秦)나라에 의해 광둥(廣東)의 관리로 임명된 조타(趙佗, Trieu Da)가 건국한 남월(南越, Nam Viet)에서 시작한 중국과 베트남 간의 관계는 크게 두 단계, 즉 939년 베트남이 독립하기 전과 이후로 나눌 수 있다. 독립하기 전까지 베트남은 중국의 식민지였으며, 그 이후는 조공관계를 유지했다. 물론 베트남의 독립은 다른 나라의 간섭을 허락하지 않는 주권국가의 개념에서가 아니라 간접적인 지배를 받는 조공관계 내에서의 독립이었다. 중국의 조공관계를 통한 베트남에 대한 지배방식도 일곱 차례에 걸쳐 무력침공을 한 사실에서도 알 수 있듯이 중국의 힘과 무관하지 않았다.[1] 그러나 베트남의 독립 이후 900년 이상 지속된 중국과 베트남 간의 전통적인 관계는 프랑스의 베트남 침략으로 흔들리기 시작하였다. 특히 프랑스의 베트남 침략은 중국의 베트남지배에 대한 강한 도전이었다. 중국이 베트남과의 관계를 힘으로 유지했던 것처럼 프랑스도 힘을 통해 베트남을 지배하고자 하였고, 따라서 프랑스가 스스로 물러나지 않는 한 청·불 간의 힘의 맞대결은 피할 수 없었고, 베트남에 대한 지배 여부도 힘 대결의 결과에 달려 있었다. 청불전쟁은 중국과 베트남이

---

1) 劉仁善, 「中越關係와 朝貢制度」, 全海宗 外, 『中國의 天下思想』, 서울 : 민음사, 1988, 161쪽.

2천여 년 동안 맺은 관계를 일거에 허물어뜨릴 수 있는 중대한 사건이었다. 실제로 중국은 이 전쟁에서 패배함으로써 2천여 년 동안 지켜온 베트남에 대한 종주권을 상실하였다.

개항 이후 서구 열강의 중국 주변국 침략은 중국이 일찍이 경험하지 못한 도전이었다. 특히 중국 변경과 마주하고 있는 베트남에 대한 프랑스의 침략은 일본의 타이완과 류큐 침략과는 성격을 달리하는 것이었다. 조선과 더불어 중국의 울타리로 생각해 온 베트남이 프랑스의 침략을 받았다는 사실은 곧 중국변경이 위험에 놓인다는 것을 의미하기 때문이다. 중국이 프랑스의 베트남침략에 위기를 느낀 것은 바로 이 때문이었다. 그러나 중국의 베트남에 대한 인식 정도는 베트남이 중국의 안위에 어느 정도 주요한가, 프랑스의 베트남침략을 무력으로 물리칠 수 있느냐가 주요 변수였다. 왜냐하면 이 당시 베트남은 중국의 안위에 중요한 위치를 차지하고 있었지만, 베트남이 중국을 방어해줄 수 있는 유일한 울타리는 아니었기 때문이다. 베트남은 중국의 울타리 중 남쪽 울타리에 지나지 않았다. 비슷한 시기 중국이 조공국가 중에서 가장 중요한 울타리로 생각했던 조선마저 역시 중국의 조공국쯤으로 여기던 일본의 침략을 받고 있었다. 일본의 조선진출은 중국에 대한 베트남의 비중과 프랑스의 베트남침략에 대한 무력 사용의 가능성을 저하시키는 데 큰 역할을 하였다. 중국의 베트남에 대한 인식과 대처방안의 분화와 차이도 이러한 국제정세의 변화에 크게 영향 받았다.

중국의 베트남에 대한 인식에는 북경정부 내의 권력을 둘러싼 각 집단 간의 이해관계도 작용하고 있었다. 특히 태평천국 진압 과정에서 형성된 상군(湘軍)과 회군(淮軍) 간의 갈등, 그리고 서태후를 비롯한 주요 정책 결정자의 시국에 대한 인식과 프랑스 군대에 대한 평가의 차이도 베트남 인식에 한몫 하였다. 당시 중국은 두 울타리를 방어할 수 있을 만큼 군사력과 외교력을 갖추고 있지 못했다. 따라서 중국은 베트남과 조선

중 어느 한쪽을 선택할 수밖에 없는 처지였다. 그런데 중국의 외교를 담당하고 있었던 이홍장은 베트남보다는 북경의 안위와 직결된 조선을 선택하였다. 이는 이홍장의 베트남에 대한 인식이자 북경 권력 핵심자들의 베트남에 대한 인식이기도 했다. 아울러 이홍장의 조선선택은 베트남이 더 이상 중국의 울타리가 아님을 선언한, 사실상의 베트남 포기였다. 청불전쟁은 중국의 베트남지배를 포기하는 하나의 과정이자, 그동안 중국과 베트남 사이에 유지되어 온 조공관계의 마무리였다.

이 글에서는 개항 이후 청불전쟁 기간까지 중국이 베트남을 어떻게 바라보고 있는지를 검토하고자 한다. 개항 이전 시기의 중국과 베트남 관계도 검토해야 하지만 이는 필자의 역량을 벗어나는 일이다.[2] 그리고 청불전쟁 이후의 중국과 베트남 관계는 청불전쟁으로 중국이 베트남의 종주권을 포기한 상태였기에 고찰대상에서 제외하였다.

2. 프랑스의 베트남 식민지화와 중국의 대응

19세 중엽 산업혁명이 유럽 각국으로 파급되고 자본주의가 고도로 발달하자, 선진자본주의 국가들은 후진지역으로 진출하였다. 이들은 본국의 공업생산에 필요한 원료와 식량, 또는 기타 생활에 필요한 물자의 확보와 식민 또는 이민의 대상으로 식민지를 획득하고자 했다.

신항로 발견 이후 포르투갈과 에스파냐가, 그 뒤를 이어 네덜란드, 영국, 프랑스가 인도로부터 동남아시아와 태평양 방면으로 진출하였고, 19세기에 이르면 진출범위는 더욱 넓어지고 식민지화도 본격적으로 진행되었다. 영국은 7년전쟁 때 인도에서 프랑스에게 승리하여 그 경영에

---

2) 18세기 말 중국과 베트남 관계에 대해서는 유장근, 「18세기말 越·中관계의 一硏究-西山黨 사건을 중심으로-」, 『慶大史論』 창간호, 1985 참조.

힘써오다가 1876년 인도제국을 세우고 빅토리아 여왕이 황제를 겸하게 되었다. 영국은 다시 네팔을 점령하고 아프가니스탄을 보호국화하는 동시에 미얀마를 점령하고, 싱가포르와 말레이시아 반도의 요지를 점령하여 말레이 연방을 설립하였다. 한편 영국에 의해 인도에서 밀려난 프랑스가 식민지의 대상으로 새로이 눈을 돌린 대상은 베트남이었다. 프랑스의 베트남침략은 1850년대에 시작하여 1885년에 완성되었다. 물론 프랑스의 상인과 선교사들은 이 이전부터 베트남에 진출하였다. 그러나 프랑스와 베트남 간의 통상관계는 1825년 쉐뇨와 바니에가 본국으로 돌아온 후 몇 차례 프랑스가 베트남에 통상을 요구했으나 실패함으로써 단절되었다.

프랑스가 베트남을 본격적으로 침략한 이유는 서구열강이 일반적으로 침략의 구실로 삼았던 선교사 박해 때문이었다. 민 망(明命 : 1820~1840)제의 가톨릭 금령은 1825년에 처음 내려졌다. 그러나 베트남 정부의 가톨릭 박해는 1833년 레 반 코이의 반란에 가톨릭 교도들이 지원한 이후 시작되었다. 베트남정부는 1833년까지 8명의 선교사를 비롯해 상당수의 베트남인 신자를 처형했다. 민 망의 이러한 정책은 뜨 득(嗣德)제 때에도 계속되었다. 그는 영국·미국·스페인·프랑스 등이 제기한 통상요구를 하나도 수용하지 않았다. 이와 동시에 기독교에 대한 탄압도 점차 강화되어 계속 박해명령이 내렸다. 1853년 홍 바오(洪保) 반란 후 탄압은 더욱 거세졌다. 1848년부터 1860년까지 처형된 사람은 유럽인 선교사가 25명, 베트남인 사제가 300명, 평신도가 3,000명이었다.[3)]

베트남정부의 기독교 선교사 박해는 당시 해외팽창을 시도하고 있던 나폴레옹 3세에게 침략을 위한 좋은 구실이 되었다. 1857년 프랑스 정부는 샤를 드 몽티니(Charles de Montigny)를 파견하여 베트남정부에 기독교 자유보장, 프랑스의 통상대표부 설치, 프랑스영사 임명 재가 등 세 가지를

3) 劉仁善, 『베트남사』, 서울 : 민음사, 1984, 225~228쪽.

요구했다. 프랑스의 이러한 요구는 베트남정부가 수용할 것이라는 가능성 때문에 제기한 것이 아니라, 베트남침략을 정당화하기 위한 일종의 명분용이었다. 예상대로 베트남정부는 프랑스의 요구를 거절하였다. 1858년 중국과 체결한 톈진(天津)조약을 배경으로 중국 방면에서 해군의 이동이 가능해진 프랑스는 15척의 전함과 1,500명의 병력을 다 낭(沱瀼)으로 보냈다. 그리고 1857년 통킹(東京)에서 디아즈(Diaz) 주교의 처형에 보복하기 위해 마닐라에 와 있던 스페인 군대와 연합하여 1858년 9월 1일 다 낭 항을 점령하고, 그 곳에 5개월 동안 머물렀다. 프랑스의 베트남 식민지화의 첫 발을 내딛는 순간이었다. 물론 프랑스가 베트남의 식민지화를 본격화하는 1862년(동치 원년) 6월 5일 베트남과 제1차 사이공 조약을 체결하기까지는 풍토병과 베트남군의 저항 등 적지 않은 어려움이 있었다.[4)]

프랑스는 베트남 남부지역 침략에 이어 1870년대에는 북부로 침략의 범위를 확대하였다. 프랑스 페리(Jules Ferry) 정부의 '동방제국' 건설을 위한 대대적인 베트남침략은 1873년과 1882년 하노이 침략에서 절정에 달했다. 1883년(광서 9) 급기야 베트남은 아르망 조약(Harmand 條約, 癸未條約)으로 프랑스의 보호를 받는 식민지로 전락하였다.[5)]

프랑스와 베트남 간에 체결된 조약이 중국에 알려지자,[6)] 중국은 민감하

---

4) J. F. Cady, *The Roots of French Imperialism in Eastern Asia*, Cornell University Press, 1954, 1～13쪽 ; 劉仁善, 위의 책, 225～241쪽 ; 坂野正高, 『近代中國外交史』, 東京 : 東京大學出版會, 1973, 343～344쪽.

5) 이 조약으로 베트남은 프랑스의 보호국이 되었으며, 프랑스 駐箚官이 통킹 지방의 주요 도시에 임명되어 베트남 관리를 통제했다. 한편 이 조약으로 베트남 군대는 즉시 철수했으며, 프랑스 군대가 주둔하여 홍 호아(紅河)의 개방을 보장하며 대내적인 반란을 진압하고, 외국의 침입을 방어했다. 아르망 조약은 이듬해 6월 후에에서 중국주재 프랑스 공사 빠뜨노뜨르(patenôtre)와 우옌 왕조와 맺은 새로운 조약 즉 빠뜨노뜨르 조약(혹은 갑신조약)에 의해 약간 수정되었다. 개정 조약에서는 빈 투언, 타인 호아, 예 안, 하 띤 4省이 안남에 편입되었다. 프랑스의 베트남 식민지화에 대해서는 송정남, 「프랑스의 베트남 식민지화에 대한 고찰」, 『부대사학』 21, 1997 참조.

게 반응했다. 중국은 자신들이 승인하지 않은 조약은 무효라고 선언하고, 조약 후에도 베트남의 흑기군(黑旗軍)과 연합해서 프랑스군에 대항하였다. 광시(廣西) 상쓰(上思) 출신 유영복(劉永福 : 1837~1917)이 오풍전(吳風典), 황수충(黃守忠) 등과 광시와 윈난(雲南) 변경에서 조직한 흑기군은 1873년 하노이 전투에서 승리를 거둔 것은 물론 프랑스군 지휘자 자르니에(Marie Joseph Garnier, 安鄴)를 사살하는 등 프랑스의 베트남침략 방어에 큰 공을 세웠다. 프랑스의 베트남침략에 대해 비정규군인 흑기군이 올린 이러한 혁혁한 성과는 다른 한편으로는 베트남의 정규군의 한계를 의미한다. 더욱이 중국 측에서도 흑기군에게 상당한 기대를 걸고 있었다. 이러한 흑기군의 높은 비중은 역으로 흑기군이 프랑스의 베트남침략을 제대로 방어하지 못할 경우 언제든지 위기에 빠질 수 있음을 의미한다.

이 위기는 1883년 말 프랑스가 대규모로 군대를 파견하여 베트남의 산시(山西)・베이닝(北寧)을 점령하면서 현실로 나타났다. 이 싸움에서 중국 군대마저 패하자, 청조의 충격은 정계개편을 낳을 만큼 컸다. 청조의 최고권력자 서태후는 산시・베이닝 전투의 패배 책임을 물어 공친왕(恭親王 : 1832~1898)을 비롯한 군기대신 및 총리아문 대신 대부분을 경질하였다. 서태후의 이러한 문책인사는 전쟁이 권력강화의 중요한 수단임을 잘 보여준다. 전쟁의 승패 여부는 늘 정계에 영향을 주기 마련이다. 전쟁을 주도한 자들이 전쟁에서 패할 경우에는 입지가 약화되지만, 전쟁을 회피한 자들에게는 입지를 강화할 수 있는 절호의 기회가 된다. 산시・베이닝 전투에서의 중국의 패배는 중국 내의 권력관계에 커다란 영향을 주었다. 우선 이 사건으로 양무파 관료 중 상군(湘軍)을 비롯한 주전론자들의

---

6) 프랑스가 베트남을 보호국으로 삼은 사실이 중국에 알려진 것은 9월이었다. 조약내용이 며칠 뒤에야 전해진 것은 8월 26일과 27일 양일간 큰비가 내려 중국과 베트남 사이에 설치된 전선이 훼손되었기 때문이다. 따라서 이홍장은 조약 사실에 대해 정확하게 알지 못했다(『李文忠公全集』, 臺北 : 文海出版社, 1962(이하 『李鴻章全集』으로 약칭), 「譯署函稿」 권14, 29쪽).

입지가 약화된 반면, 회군(淮軍)을 비롯한 주화론자의 입지가 강화되었다. 주화론을 주도한 이홍장(李鴻章 : 1823~1901)이 산시 · 베이닝 전투의 패배를 주전론자의 잘못으로 돌린 것은 그의 기회주의적 태도라기보다는 권력관계에서 흔히 발견할 수 있는 현상에 지나지 않는다.

산시 · 베이닝 사건 이후 베트남문제를 둘러싼 중국과 프랑스 간 교섭의 성공 여부는 프랑스의 강경한 입장을 중국이 어느 정도 수용하느냐에 달려 있었다. 그러나 베트남 종주권 문제, 윈난무역 문제 등 프랑스가 중국에 요구한 사항은 중국 측으로서는 쉽게 받아들이기 어려운 것들이었다. 그러나 협상 책임자였던 이홍장의 입장은 대다수 관료들과는 달랐다. 그는 가능한 한 빠른 시일 내에 협상을 마무리짓는 것이 자신의 입장과 정국 안정에 유리하다고 판단했다. 그의 이러한 입장은 정신(廷臣)회의에서 논의된 협상의 전제조건[7]마저 무시할 만큼 분명했다. 그런데 정신회의에서 논의된 협상의 전제조건은 중국의 입장에서는 최선의 조건이지만 프랑스로서는 최악의 조건이었다. 다시 말해 정신회의에서 제시한 협상의 전제조건은 중국의 전쟁패배를 인정하지 않음과 동시에 프랑스의 베트남 지배를 인정하지 않겠다는 것을 의미했다. 이는 중국이 바라는 바이지만 전쟁의 승리자였던 프랑스로서는 도저히 받아들일 수 없는 조건이었다. 이홍장이 정신회의에서 논의된 전제조건을 무시한 채 프랑스와 협상을 진행한 것은 중국이 제시한 협상조건으로는 프랑스와 원만한 협상을 이끌어 낼 수 없다는 현실인식도 작용했을 것이다. 그러나 설령 이홍장이 그러한 외교적 판단에 따라 협상에 임했더라도, 국내 지도층과 국민의 정서는 그의 외교적 판단을 수용할 만큼 관대하지는 않았다.

7) 정신회의에서 결정된 교섭의 전제조건은 첫째 베트남에 대한 종주권을 양보하지 말 것, 둘째 흑기군을 인도하는 데 동의하지 말 것, 셋째 배상금 요구를 거절할 것, 넷째 윈난무역을 승인하지 말 것 등이다(『淸德宗(光緒)實錄』 卷181, 臺北 : 華文書局, 1964, 10~11쪽 ; 『淸季外交史料』 卷40, 臺北 : 鼎文書局, 1978, 15쪽).

따라서 양국 관계는 체결된 조약이 실행되는 과정에서 불거진 철병문제 등과 얽히며 오히려 악화되었다.

이홍장의 이러한 협상태도는 우선 국제법에 대한 무지와 무관하지 않다. 중국인들은 1870년 이전까지는 조공관계가 서양국제법 체계와 양립할 수 없다는 사실을 정확하게 알지 못했다. 1864년 국제법의 번역이 이루어지고[8] 그간 중국의 조공국과 서양 제국 사이에 맺어진 조약을 목격했는데도 프랑스와 베트남 간의 조약체결에 대한 반응에서 볼 수 있듯이 국제법에 대한 이해는 여전히 부족하였다. 당시 국제법의 중요성을 누구보다도 먼저 인식했던 이홍장도 국제법을 중국과 서양과의 대등한 관계가 아니라 중화적 국제질서, 즉 조공체제 속에서 이해하고 있었다.[9] 그러나 이홍장과 함께 당시 외교문제를 담당하고 있었던 증국번(曾國藩 : 1811～1872)의 아들이자 영국과 프랑스 공사였던 증기택(曾紀澤 : 1839～1890)은 국제법의 실상을 이홍장보다 잘 이해하고 있었다. 그는 "국제법이 약소국의 독립을 주장하고 있으나 강대국은 그것을 빌미로 이익을 취한다."[10]는 사실을 정확히 알고 있었다.

이홍장은 협상을 마무리짓기 위해 철병문제마저 청조에 알리지 않는 대담성을 보였다. 중국정부에 알리지 않고 몰래 현지 사령관에게 철수를 명령한 것이다.[11] 또한 이홍장은 프랑스가 중국 해군 군수기지인 복주의 마미선창(馬尾船廠)을 공격할까 우려한 나머지[12] 프랑스의 병비 요구까지 긍정적으로 받아들였다.[13] 그러나 이 와중에 이홍장과 푸르니에가 맺은

---

8) Immauel C. Y. Hsü, *China's into the Family of Nation : The Diplomatic, 1850～1880*, 臺北 : 虹橋書店, 1972, Part Ⅱ, 121～145 ; 丘宏達, 『中國國際法問題論集』(臺北, 商務印書館, 1972(2)), 3～4쪽.

9) 『李鴻章全集』 卷13, 奏稿, 34～36쪽.

10) 『曾惠敏公使西日記』 卷2, 臺北 : 文海出版社, 1962, 8쪽.

11) 『李鴻章全集』 卷2, 奏稿, 19쪽 ; 『李鴻章全集』 卷20, 朋僚函稿, 52쪽.

12) 『李鴻章全集』 卷20, 朋僚函稿, 54쪽.

13) 『李鴻章全集』 卷3, 電稿, 5쪽. 이홍장과는 달리 당시 증국번의 동생 兩江總督

철병 기일이 지남에 따라 프랑스가 다시 타이완의 기륭을 공격하여 양국 간에 전쟁이 재개되었다. 프랑스는 1884년(광서 10) 8월 23일 복건 해군을 공격하였다.[14] 프랑스의 공격에 중국군의 저항도 거세 1884년 8월 이후 전세가 반드시 중국에 불리한 것은 아니었다. 특히 중국군은 흑기군(黑旗軍)·베트남군과 연합하여 광시 쩐난관(鎭南關)에서 프랑스군을 대파했다. 그러나 청조는 주전론보다는 주화론을 지지하기 시작하였다. 반드시 불리한 것도 아니었던 전세 속에서 청이 주화론을 지지할 수밖에 없었던 것은 진남관대첩을 이용한 청조의 외교적 판단에 따른 것이지만, 서양의 각국 조정도 한몫 하였다. 영국의 총세무사 하트(Hart)는 총리아문의 양해 아래 해관 총세무사 런던주재 사무소의 캠벨(Campbell)을 파리에 파견, 청조를 대표해서 프랑스와 소위 '파리의정서'를 조인케 했다. 이 의정서는 다시 이홍장과 주화공사 빠뜨로뜨르 간에 확정조약으로 6월 9일 천진에서 조인되었고, 이로써 양국 간에 베트남문제를 둘러싼 분쟁은 일단락되었다. 이 조약으로 중국은 이제 더 이상 베트남에 대해 종주권을 주장할 수 없었을 뿐 아니라 윈난·광시 등 중국의 남쪽 문호까지 개방할 수밖에 없었다.

이 조약은 18세기 말에 본격화하여 19세기 말에 마무리된 프랑스의 베트남침략 결정판이자 2천여 년 동안 중국과 베트남 간에 유지되어 온 관계에 마침표를 찍은 최종문서였다. 더욱이 이 조약으로 중국은 그동안 거대한 영토의 한 모퉁이를 보호해 준 울타리를 잃어버렸다. 베트남 역시 이 조약으로 중국의 명목상의 보호가 아니라, 프랑스의

曾國筌(1824~1890)은 駐華公使 빠뜨노뜨르와의 교섭에서 프랑스의 병비 요구에 반대한 바 있다(『清季外交史料』 卷42, 8쪽).

14) 프랑스 페리 내각은 마미전투가 19세기 최대의 1차 정벌이 될 것으로 예상하였으나(『中國海關與中法戰爭』, 北京 : 中華書局, 1983, 文件74, 47~48쪽), 장쑤(江蘇) 충밍(崇明) 출신 駐佛代理公使 李鳳苞(1834~1887)는 프랑스가 마미선창을 공격하지 않으리라 예상했다(『李鴻章全集』 卷3, 電稿, 34쪽).

실질적인 보호라는 새로운 관계에 직면하지 않을 수 없었다.

3. 개항 이후~청불전쟁 이전 중국의 베트남 인식

프랑스가 베트남 남부(혹은 南圻)를 침략한 시기에 중국은 태평천국, 염군(捻軍) 등과 국가의 운명을 건 싸움을 치르고 있었다. 중국은 중요한 시기에 내란에 시달리고 있었던 것이다. 따라서 이 시기 중국의 내란은 중국의 베트남지배에 대한 중대한 공백기였다. 즉 중국과 베트남은 16년간 조공관계를 유지할 수 없었다.[15] 또한 중국은 이 시기 내란뿐 아니라 1860년 영·불 연합군의 북경 공격으로 일찍이 경험한 바 없던 위기를 맞이하였다. 함풍제(咸豊帝 : 재위 1851~1861)는 황제의 여름별장이 위치한 열하(熱河)로 몽진하고, 원명원(圓明園)이 불타고 북경은 연합군에 점령되었다. 이 위기는 황제로부터 사태의 수습을 명 받은 공친왕이 구미 각국의 외교사절 북경 상주, 11개 소의 조약항 추가 개항, 기독교의 포교권 허용, 배상금 지불 등 연합군의 요구사항을 수용함으로써 수습되었다. 그러나 연합군의 철수 후에도 열하에 남아 있던 함풍제가 그 곳에서 죽자, 5세의 동치제(同治帝 : 재위 1862~1874)가 즉위하면서 정국은 다시 혼란에 빠졌다. 즉 황제를 수행하여 열하에 온 이친왕(怡親王), 정친왕(鄭親王), 숙순(肅順) 등 주전론자들이 찬양정무왕대신(贊襄政務王大臣)으로서 정권을 장악하려 하자, 북경의 공친왕이 동치제의 어머니인 서태후와 결탁하여 11월 재궁(梓宮)의 회경(回京)과 함께 그들을 체포하여 처형하는 쿠데타, 즉 신유정변(辛酉政變)이 발생하였다.[16]

---

15) 『大淸文宗(咸豊)實錄』(臺北 : 華文書局, 1964), 咸豊 6년 4월 丙辰條, 11월 10일 辛未條 ; 『大淸穆宗(同治)實錄』(臺北 : 華文書局), 1964, 동치 8년 8월 丙子條 ; 同治 9년 8월 甲寅條 ; 葛士濬, 『淸朝續文獻通考』 臺北 : 國風出版社, 1964, 권33.

16) 신유정변에 대해서는 표교열, 「서태후정권의 성립과정에 대하여 : 신유정변의

쿠데타에 성공한 공친왕과 서태후는 내란과 외세의 침략이라는 절대절명의 위기를 극복하기 위한 선택의 기로에 놓여 있었다. 쿠데타의 주역 공친왕은 만주 정홍기인(正紅旗人) 출신 계량(桂良 : 1785~1862)과 만주 정홍기인 문상(文祥 : 1818~1876) 등과 연명으로 올린 상주문[17]에서, 영국은 통상에 뜻을 두고 있기 때문에 심복(心腹)의 해가 아니라고 판단하고, 심복의 해인 태평천국과 염군을 우선 진압하기로 선택하였다. 그런데 쿠데타 주역들의 고민은 심복의 해인 태평천국과 염군을 진압하기 위해서는 자체 내의 힘으로는 감당할 수 없다는 데 있었다. 중국은 내외의 문제를 동시에 해결할 수 있는 역량을 이미 상실했기 때문이다. 따라서 이들은 내부의 적을 진압하기 위해 영국과의 관계를 안정시킬 수밖에 없었다. 이른바 양무운동은 이런 상황에서 시작되었다.

대외관계에서 일단 안정을 찾은 청조가 심복의 해로 생각한 태평천국과 염군을 진압하는 데 심혈을 기울인 것은 당연한 순서였다. 그러나 상당한 조직을 갖춘 태평천국과 염군의 저항도 결코 만만하지 않았다. 태평천국은 1864년 증국번 휘하의 상군이 태평천국의 수도 난징을 점령함으로써 진압되었지만, 허난(河南)과 안훼이성(安徽省) 경계지대에서 활동하던 염군은 1868년에 진압되었으며, 윈난과 산시(陝西), 간쑤, 신장(新疆)의 회교도 반란은 1870년대 후반에 가서야 진압되었다. 이처럼 프랑스가 베트남을 식민지화하는 기간 동안 중국은 서구열강의 침략과 민중반란의 대응에 여념이 없었다. 따라서 이 기간 동안 민중반란을 진압하기 전에 베트남문제에 적극적인 관심을 갖는다는 것은 사실상 불가능했다. 중국 관료들이 19세기 말에 이르러서야 베트남에 대해 관심을 갖기 시작한 것도 바로 이러한 상황 때문이었다.

국내의 민중반란이 거의 진압되면서 청조 관료는 베트남문제에 서서히

재검토」, 『東洋史學硏究』 23, 1985 참조.

17) 楊家駱, 『洋務運動文獻彙編』 卷1(臺北 : 世界書局, 1963), 6쪽.

관심을 갖기 시작했다. 그렇다면 19세기 말 청조에서 누가 베트남문제에 관심을 가졌던가. 그 대표적인 인물이 유장우(劉長佑 : 1818~1887)였다. 후난(湖南) 신닝(新寧) 출신인 그는 태평천국 진압에 참여했으며, 1860년 광시순무가 되었다. 천지회(天地會)를 궤멸시키는 데도 큰 공을 세운 산둥순무와 윈구이(雲貴)총독을 역임한 그가 베트남에 관심을 갖게 된 시기는 산간(陝甘)총독 좌종당(左宗棠 : 1812~1885)과 제독 유금당(劉錦棠 : 1844~1894)의 집요한 작전으로 산시・간쑤 지역의 회민(回民) 반란세력이 일소된 1873년(동치 12)이었다.

광시순무였던 유장우가 이 시기 베트남에 관심을 가진 것은 자신의 관할지역이 베트남과 국경을 마주하고 있다는 점과 무관하지 않을 것이다. 당시 유장우는 베트남의 근심을 세 가지, 즉 프랑스의 해빈(海濱) 잠식, 여예(黎裔)들의 횡산(橫山) 호시(虎視), 백묘(白苗)와 황영(黃英) 등을 지적하였다.[18] 그런데 유장우는 베트남의 근심 중에서도 프랑스의 해빈 침략을 가장 중요한 문제로, 여예들의 횡산호시를 그 다음 문제로 파악하고 있으나, 백묘와 황영에 대해서는 크게 염려할 문제가 아닌 것으로 파악하고 있다. 결국 유장우가 파악하고 있는 베트남문제는 프랑스의 베트남침략과 레(黎) 황실의 후예들이 일으킨 반란이었다.

그는 베트남이 안고 있는 두 문제 가운데, 1833년 므엉(Muong) 족의 도움을 받아 한때 홍 호아(洪河)에 이르는 델타 서북지역을 거의 전부 점령한 레 황실의 후예로 자처한 레 주이 르엉(黎維良)이 주도한 난에 대해서는 해결 가능한 것으로 보았다. 이 반란은 오래지 않아 레 주이 르엉의 체포와 살해로 일단락 되었지만,[19] 레 주이 르엉 난이 진압된 후에도 베트남 각지에서 1870년까지 반란이 이어졌다. 그럼에도 불구하고 유장우가 국내반란보다 프랑스의 베트남침략을 더 우려한 것은 국내반

---

18) 『道咸同光四朝奏議』 6冊(臺北 : 商務印書館, 1970), 2461쪽.
19) 유인선, 앞의 책, 218쪽.

란은 중국을 위협할 정도로 위험하지는 않지만, 프랑스의 경우는 언제든지 중국을 위협할 수 있다고 보았기 때문이다. 그가 베트남문제에 대해 중국이 대비책을 강구해야 한다고 주장한 근거도 바로 여기에 있었다. 특히 베트남은 월서(粵西 : 광시성)와 손이 닿을 정도로 가까웠기 때문에 군사활동을 통해서라도 방어할 것을 주장하고 있다.[20)]

유장우는 1년 뒤 동치시대의 마지막 해인 1874년(동치 13), 청불전쟁 동안 중국이 베트남문제를 해결하는 중요한 방법의 하나로 생각했던 유영복(劉永福) 군대의 적극적인 활용을 제기하고 있다. 그가 베트남의 민중반란 진압에 활용코자 한 유영복은 광둥 친조우(欽州)에서 태어나 태평천국 실패 후 광시와 윈난 변경에서 흑기군을 조직하여 1866년 청나라와 대항하기 위해 베트남으로 들어간 사람이다. 그가 청나라의 통치에 저항하고 있는 유영복 군대를 황숭영(黃崇英) 군대와 함께 베트남 민중반란에 활용코자 한 것은 하노이(河內)와 하즈엉(河陽)에서 각각 서양세력과 싸워 이긴 경험이 있었기 때문이다.[21)] 유장우의 이 전략은 프랑스가 꺼리는 유영복 군대를 이용하여 베트남문제를 해결한다는 것으로, 중국의 전통적인 대외전략인 '이이제이'(以夷制夷)책이기도 하였지만,[22)] 역으로 그만큼 중국군대가 허약해졌음을 의미하는 것이었다. 실제로 당시 중국이 베트남문제를 무력으로 해결하지 못한 것은 유장우가 뒷날 고백한 것처럼 군사력과 병비가 부족했기 때문이다.[23)]

유장우의 베트남문제에 대한 보다 구체적인 인식은 1881년(광서 7)의 글에서 확인할 수 있다. 그의 주장은 결코 새로운 것은 아니지만 베트남이 중국에 대해 어떤 위치에 있고, 다른 조공국과 비교했을 때 어느 정도의 비중을 차지하고 있는지 잘 보여주고 있다. 그는 "변방의 성(省)은 중국의

---

20)『道咸同光四朝奏議』6冊, 2462쪽.
21)『道咸同光四朝奏議』6冊, 2597쪽.
22)『道咸同光四朝奏議』6冊, 2598쪽.
23)『道咸同光四朝奏議』10冊, 4341쪽.

문호이며, 외번(外藩)은 중국의 울타리이다. 울타리를 세우는 이유는 문호를 지키기 위해서이다. 문호를 지키는 이유는 당실(堂室)을 굳게 하기 위해서이다. 울타리가 무너지면 문호가 위험하고, 문호가 위험하면 당실이 진동한다"[24]라고 하여 조공국의 기능을 '울타리 역할'로 인식하고 있다. 이 같은 조공국의 '울타리 역할론'은 중국의 전통적이면서 일관된 주장임과 동시에 조공국의 안위 여부를 중국 왕조의 안위 여부로 연결시키는 이른바 '도미노이론'식 논리이다.

베트남은 사방의 중국 울타리 중 하나에 지나지 않는다. 그렇다면 유장우는 베트남을 중국의 여러 울타리 중 어느 정도 위치로 평가하고 있었을까. 그는 중국의 조공국을 "친하기는 조선만 같지 않고, 순하기는 류큐만 같지 않고, 공손하기는 베트남만 같지 않다. 조선은 펑톈(奉天 : 盛京)의 문호이며, 베트남은 더욱이 전월(滇粤 : 윈난, 광시 · 광둥)과 순치(脣齒)가 된다"[25]고 파악하고 있다. 베트남을 공손한 조공국, 윈난, 그리고 광둥과 광시의 이빨을 지키는 입술로 파악하면서도 조선보다 오히려 높은 비중을 두고 있다. 물론 그가 베트남에 높은 비중을 둔 것은 아직 조선에는 프랑스의 베트남침략과 같은 위기가 없었을 뿐 아니라, 그 자신이 베트남과 인접한 윈난과 구이저우(貴州)를 책임지고 있는 윈구이(雲貴)총독이었기 때문일 것이다. 더욱이 그가 변방의 정세를 논하는 글에서 다른 변방에 대해서는 언급하지 않고 베트남문제를 집중 거론한 것은 프랑스 의회의 프랑스 해군력 강화에 자극받은 바 컸다.[26]

유장우가 다른 조공국보다 베트남을 중시한 또 다른 이유는 중국이 베트남문제를 해결하지 못하면 다른 울타리들도 결코 지킬 수 없다는 강한 위기의식이 깔려 있었기 때문이다.[27] 유장우가 베트남문제 해결에

---

24) 『道咸同光四朝奏議』 10冊, 4341쪽.
25) 『道咸同光四朝奏議』 10冊, 4341쪽.
26) 『道咸同光四朝奏議』 10冊, 4342쪽.
27) 『道咸同光四朝奏議』 10冊, 4344~4347쪽.

고민하고 있던 시기는 이미 중국의 조공국이었던 류큐와 타이완을 일본에게, 이리를 러시아에게 침략당한 상태였다.[28] 그는 만약 중국이 베트남을 지키지 못한다면 조선을 비롯한 중국의 다른 조공국들도 서양의 침략에서 온전할 수 없다는 점을 분명히 인식하고 있었다.[29]

중국과 러시아가 이리 교섭을 끝낸 1881년에 이르러 베트남문제를 한층 심각하게 받아들이고 있었던 것은 유장우만이 아니었다. 유장우가 베트남문제를 심각하게 받아들이고 있던 때는 중국의 변방 곳곳이 위협을 받고 있었던 터라, 베트남문제는 유장우 같은 변방의 책임자만이 고민할 수준을 넘고 있었다. 따라서 유장우가 베트남문제를 고민하고 있던 거의 같은 시점에 쿠데타의 성공으로 양무운동을 총괄하고 있던 공친왕을 비롯한 관료들도 베트남문제에 대해 고민하기 시작했다. 이는 베트남문제가 이미 중국의 안위를 위협할 정도로 심각하게 진행되었음을 의미한다.

공친왕 등이 우려한 것은 프랑스가 베트남을 침략한 사실이 아니라 베트남 침략을 넘어 윈난과 통상하려 하는 데 있었다. 즉 프랑스가 윤선을 이용해 윈난 난창강(瀾滄江) 하류인 홍 호아를 통해 들어올 것을 우려한 것이다. 공친왕 등의 이러한 우려는 윈난과의 통상을 프랑스 의회가 승인했다는 정보에 근거한 것이다. 물론 이러한 정보는 1878년 영국과 프랑스 공사로 나간, 태평천국의 진압으로 1860년대 양무운동을 주도한 증국번의 장남 증기택(曾紀澤)이 제공한 것이다. 이에 대해 공친왕 등은 프랑스가 홍 호아를 경유하여 윈난으로 들어오는 것을 막거나, 미리 무거운 세금을 정해 통상에 이익이 없게 만드는 방법을 강구하고 있다.[30]

---

28) 타이완 문제에 대해서는 崔熙在, 「洋務派의 臺灣事件對策論과 '淸議'」, 『歷史教育』 39, 1986. 이리문제에 대해서는 崔韶子, 「伊犁事件에 대한 고찰-사건발생과정 전후의 경위 및 新疆出師를 중심으로-」 ; 강판권, 「伊犁交涉期(1879～1881) 洋務官僚와 淸流의 伊犁事件對策論」, 『九谷黃鍾東教授停年紀念史學論叢』, 1994 참조.

29) 『道咸同光四朝奏議』 10冊, 4346쪽.

30) 『道咸同光四朝奏議』 10冊, 4348～4349쪽.

공친왕 등이 올린 상주문이 변방을 책임지고 있는 독무들에게 전달되면서 지방 독무들의 베트남문제 해결방안이 제시되었다. 그 중 유장우와 같이 후난(湖南) 신닝 출신이면서 태평천국 진압 당시 유장우 부대에 속해 있었던 량장(兩江)총독 유곤일(劉坤一 : 1830~1902)은 중국이 베트남을 보호해야 할 이유로서, 베트남은 중국의 속국이며 또한 프랑스・영국이 각각 스페인과 필리핀을 이웃이라는 이유로 힘써 유지했다는 사실을 들고 있다.[31] 이런 인식 아래 유곤일은 프랑스의 위난 진출을 막기 위한 대책으로 두 가지를 제시하고 있다. 우선 그는 이홍장・증기택・정일창(丁日昌 : 1823~1882) 등에게 요청하여 병선을 베트남 근해에 파견하여 시위할 것을 제시하고 있으나, 토비 제거를 명분으로 삼고 있다. 다른 하나는 첫 번째 방법이 실현되지 않을 경우이지만, 이미 공친왕 등이 제시한 프랑스 상선에 대한 중과세를 제시하고 있다.[32] 같은 시기 이홍장과 같은 안후이 합비(合肥) 출신이자 이홍장 밑에서 태평군을 진압한 량광(兩廣)총독 장수성(張樹聲 : 1824~1884)도 유곤일과 거의 비슷한 인식과 대책을 제시하고 있으나, 베트남 박끼(北圻)의 양산(諒山)과 까오방(高平) 등지의 방어를 특별히 강조하고 있다.[33]

지방 독무들과는 달리 한림원시강(翰林院侍講) 장패륜(張佩綸)의 베트남 인식과 대책은 좀더 구체적이고 강경하다. 그는 프랑스가 베트남을 장악할 경우 바다와 육지 모두 중국과 접하기 때문에 전쟁은 불가피할 것으로 판단하였다.[34] 즉 그는 프랑스가 베트남을 장악한 목적이 베트남 지배를 넘어 중국과의 통상에 있다면 양국 간의 충돌은 불가피할 것이라 생각한 것이다. 이런 인식 하에 그는 중국이 취해야 할 방법은 기존의 방법이 아니라 새로운 방법이어야 함을 강조하고 있다. 그가 제시한

31) 『道咸同光四朝奏議』 10冊, 4374쪽.
32) 『道咸同光四朝奏議』 10冊, 4374~4375쪽.
33) 『道咸同光四朝奏議』 10冊, 4403~4404쪽.
34) 『道咸同光四朝奏議』 10冊, 4411~4412쪽.

새로운 방법은 앞서 살펴본 윈구이총독 유장우, 량광총독 장수성 등을 교체하는 것이었다. 베트남문제를 직접 관장하고 있는 지방독무들의 교체를 주장한 이유는, 이들이 모두 군에서 관료로 임명된 사람이지만, 유장우는 늙었으며 윈난과 광시의 무신(撫臣)은 모두 무신이 아닌 문신으로서 변방 일에 익숙하지 않다고 보았기 때문이다. 따라서 그는 병(兵)을 잘 아는 사람으로 교체할 것을 주장하고, 해군 기병(奇兵)과 육군 정병(正兵)의 중요성을 강조하고 있다.[35]

장패륜의 이 같은 주장은 지방독무들의 베트남문제에 대한 안일한 태도와 중국군대가 안고 있는 근본적인 문제를 지적한 것이다. 특히 군사전문가의 기용을 주장한 것은, 현지 사정에 밝지 않은 문관들을 군 지도자로 임명한 데서 오는 문제점을 고려하면 중요한 지적이 아닐 수 없다. 더욱이 베트남을 비롯한 인접 지역은 대부분 산악지대이고, 전략·전술이 군사활동에서 중요한 역할을 한다는 점을 감안하면, 이 지역에서의 군사전문가의 필요성은 어느 곳보다 높았다고 볼 수 있다. 그러나 그의 지적은 중국을 포함한 관료사회가 안고 있는 근원적인 문제였기 때문에 결코 간단히 해결될 수 있는 문제가 아니었다. 그가 대책으로 제시한 해군력 강화문제를 보더라도, 그의 비판을 받은 장수성 등이 재정문제를 이유로 어려움을 호소하고 있다.[36] 또한 베트남문제에 대해 강경한 입장을 견지한 장패륜 자신도 군사전문가가 아닌 문신관료로서 역시 청불전쟁에서 도망할 수밖에 없었다. 그렇다 해도 그의 지적은 중국이 베트남문제에 대처하는 방식을 비판한 것으로서 보다 적극적인 대응책을 강구하라고 요구하고 있는 점은 분명 지방의 독무들과는 다른 점이다.

장패륜의 베트남에 대한 입장은 지방독무들의 교체에 이은 다음과

35) 『道咸同光四朝奏議』 10冊, 4411쪽.
36) 『道咸同光四朝奏議』 10冊, 4434~4437쪽.

같은 주장에서 더 한층 분명하게 드러난다. 그는 베트남문제를 해결하기 위해 의강신(議疆臣), 해방(海防), 변군(邊軍), 항장(降將), 월불가기(越不可棄), 법부족외(法不足畏), 공여수지난이(攻與守之難易), 화여전지이해(和與戰之利害) 등 여덟 가지 방안의 강구를 주장하고 있다.[37] 위의 '항장' 부분은 유영복을 이용하는 것으로, 중국의 관료들이 공통적으로 지적하는 부분이기도 하다. 그리고 베트남을 포기하지 말 것과 화의인지 전쟁인지를 논의해야 한다는 부분은 양무관료 중에서도 화의론자인 이홍장을 염두에 둔 발언으로 볼 수 있다. 그런데 프랑스를 두려워하지 말 것을 주장한 부분은 장패륜의 프랑스 군대에 대한 인식을 단적으로 보여주는 대목이다. 그가 프랑스를 두려워하지 말 것을 주장한 이유는 베트남에 주둔한 프랑스의 함대가 10여 척밖에 되지 않는다는 사실에 근거하고 있다. 청불전쟁 때 프랑스군대와 중국군대의 싸움에서 결코 중국이 불리하지 않았다는 사실로 미루어 볼 때 장의 주장에는 일리가 있다.

장패륜의 강경한 입장과는 달리 외교문제를 총괄한 공친왕은 프랑스 병선이 사이공을 경유해서 하이펑(海防)에 이르고, 다시 베트남의 옛 수도인 통킹을 취하려는 순간까지도 분명한 정책을 제시하지 못하고 있다. 무엇보다도 프랑스가 중국의 속국인 베트남을 침략했다면 군대를 보내는 것이 마땅하지만, 당시로서는 중국의 힘이 거기까지 미치지 못하였기 때문이다.[38] 공친왕의 이러한 인식은 이홍장을 비롯하여 당시 양무운동을 주도한 사람들 사이에서도 발견되지만, 외교관계를 책임지고 있는 사람이 이러한 견해를 갖고 있었다는 사실만으로도 중국이 향후 베트남문제에 어떻게 대처할 것인지를 짐작케 한다.

---

37) 『道咸同光四朝奏議』 10冊, 4467～4475쪽.
38) 『道咸同光四朝奏議』 10冊, 4428～4429쪽.

4. 청불전쟁기 양무관료의 베트남 인식

청말 중국의 정국을 주도했던 양무관료의 베트남 인식은 처한 위치에 따라 달랐다. 양무관료의 이러한 대외인식 분화는 이미 1874~75년에 일어난 이홍장의 해방우선론과 좌종당의 육방우선론, 즉 해방·육방논쟁[39]에서 그 실체가 확인되었다. 이러한 양무관료의 대외인식 분화는 한편으로는 양무관료의 이해관계에 기인하고, 다른 한편으로는 침략세력의 다양화에 기인하고 있다. 베트남에 대한 양무관료의 인식의 차이도 크게는 해방·육방논쟁의 연장선상에서 볼 수 있다. 따라서 양무관료의 베트남에 대한 인식 차이에는 베트남지역을 방어하고 있는 상군과 북경지역을 방어하고 있는 회군 수뇌부들 간의 이해관계와 대외인식의 차이가 깔려 있었다. 프랑스의 베트남침략은 그동안 잠재해 있던 양무관료 간의 이해관계를 첨예화시켰을 뿐 아니라, 대외인식의 분화를 촉진시켰다.

양무관료의 갈등은 청불전쟁 동안에도 계속되었다. 여기서는 중국외교를 책임지고 있었던 이홍장과 당시 영국·프랑스 공사였던 증기택을 중심으로 양파 간의 베트남인식을 살펴보고자 한다.

청불전쟁 동안 프랑스와의 교섭을 책임지고 있던 이홍장은 거의 일관되게 프랑스와의 직접 충돌을 피하는 노선을 견지하였다. 그는 1883년(광서 9) 5월 조정에 올린 글에서 "베트남을 중국의 속국으로서 보호해야 하지만 프랑스와 베트남 간의 승패와 관계없이 화국(和局)만 유지된다면 더 이상 바랄 것이 없다"[40]고 주장하고 있다. 이홍장은 공연히 중국이 베트남을 원조해서 프랑스에게 구실을 줄 필요가 없다는 점을 분명히 하고 있다. 또한 그는 1883년(광서 9) 3월 청정부가 베트남문제 해결을 위해 그를 광둥에 파견하려 하자,[41] 이를 거절하였다. 즉 청 정부는 1883년 2월

39) 최희재, 「1874~1875년 海防·陸防論爭의 性格」, 『東洋史學硏究』 22, 1985.
40) 『中法交涉史料』 卷4, 臺北 : 鼎文書局, 1978, 22쪽.

프랑스 페리 정부가 베트남의 식민지화를 본격적으로 시도하기 위해 통킹에 원병을 파견하자, 그를 광둥으로 파견하려 했다. 그러나 이홍장은 청 정부의 요청을 대체로 세 가지 이유를 들어 거부하였다. 첫째, 베트남은 도로가 험하고 물이 나빠 풍토병이 심하다, 둘째, 회군이 소멸하여 남아 있는 군대가 적어 대규모의 군대를 파견하기 어렵다, 셋째, 북방 출신인 회군 장병은 베트남의 기후에 적합하지 않다.

이홍장이 중국군대의 베트남 파견을 거부한 것은 위에서 언급한 이유 외에도 다음과 같은 이유가 더 있었다. 우선 그는 중국군이 프랑스군을 이길 수 없다는 생각을 갖고 있었다. 이는 "중국의 병선은 그 수도 적을 뿐 아니라 실전에도 경험이 없다"[42]고 한 그의 말에서 잘 나타난다. 이홍장은 1882년(광서 8) 당시 중국 해군을 다음과 같이 평가하고 있었다. "남양에는 장닝(江寧)과 우쑹(吳淞)에 각각 3선(船), 저장에 3선, 푸젠・타이완・샤먼(廈門)에 5선, 옌타이(煙臺)에 1선, 뉴좡(牛莊)에 1선이 있었다. 그리고 북양의 태안(泰安)・조강(藻江)・미운(湄雲) 함대는 싸울 수 없고, 다만 양계(糧械)를 운반할 수 있을 뿐이다. 어원(馭遠)은 노후하여 선창에서 수리중이며, 오직 초용(超勇)・양위(揚威) 두 척과 남양의 초무(超武)・양무(揚武)・징경(澄慶)만이 비교적 힘을 낼 수 있다."[43] 물론 이러한 중국해군에 대한 부정적 평가는 베트남전에 군대를 파견하지 않으려는 일종의 명분이라는 측면을 완전히 배제할 수는 없다. 그렇다고 단순히 회군을 보호하기 위한 핑계로만 받아들일 수는 없다. 왜냐하면 중국해군에 대한 이홍장의 평가는 이홍장의 반대파인 청류 인사 가운데에서도 발견할 수 있기 때문이다.

후기 청류인 공부상서 옹동화(翁同龢 : 1830~1904)도 "민(閩)・월(粤)에

41) 『淸德宗(光緒)實錄』 권161, 16쪽 ; 『淸季外交史料』 권32, 6쪽.
42) 『中法交涉史料』 卷4, 22쪽.
43) 『李鴻章全集』 卷44, 奏稿, 17쪽.

병이 있으나 뛰어 건널 수 없으며, 남・북양에 배가 있으나 나누어줄 수 없다. 본지의 번(番)을 모집하더라도 나누어줄 화기(火器)가 없다"[44]고 평가하고 있었다. 또한 펑톈(奉天) 톄링(鐵嶺) 출신 푸젠도감찰어사(福建都監察御使) 조이손(趙爾巽 : 1844～1927)도 "현재 프랑스와의 싸움에서 믿을 수 있는 것은 병선이 진구(進口)하지 못하도록 포대를 굳게 하는 길밖에 없다"[45]고 하였으며, 청류인 장쑤 우현(吳縣) 출신 오대징(吳大澂 : 1835～1902)도 중국 해군이 프랑스 군대에 대적하기에는 어려움이 많다는 사실을 인정하고 있었다.[46] 청불전쟁 당시 주전론의 선두에 섰던 청류 장패륜도 중국해군을 낮게 평가하기는 이홍장과 마찬가지였다. 즉 "중국은 아직 수사(水師)가 확립되지 않았으며, 베트남을 원조한 것은 단지 이름에 불과하고, 실제로는 민・월을 굳게 하기 위한 것이었다. 또한 중국은 군대를 수륙에 함께 사용할 수 없어 겨우 방어에 주의를 기울일 뿐, 전월(滇粵)에도 전력을 기울일 수 없어 유영복 군대에게 힘을 빌리고 있다."[47]

이홍장을 비롯한 양무관료 혹은 일부 청류의 중국해군에 대한 부정적인 평가는 곧 25여 년 동안 실시한 양무사업에 대한 평가이기도 했다. 결국 중국해군이 프랑스해군과 대결할 수 없다는 것은 양무사업의 중점사업인 해군력 강화정책에 한계가 있었음을 의미한다. 해군력 강화의 핵심인 함대 건조에 엄청난 비용이 든다는 점을 감안하면, 30년도 안 된 시점에서 서양 열강에 견줄 만큼 충분한 함대를 갖춘다는 것은 결코 쉽지 않다. 당시 중국함대와 서양함대의 성능을 분석해 봐도 중국함대는 보잘것 없었다. 특히 중국의 병선 11척 가운데 2척을 제외한 나머지는 모두 목선이었다.[48]

---

44) 『淸季外交史料』 卷48, 16쪽.
45) 『道咸同光四朝奏議』 12冊, 5124쪽.
46) 『道咸同光四朝奏議』 12冊, 5336쪽.
47) 『道咸同光四朝奏議』 12冊, 4793～4794쪽.

이외에도 포의 성능은 물론이고 병사들의 자질 등에서도 중국해군이 안고 있는 문제점은 많았다.[49] 물론 전쟁의 승패가 해군력의 강약만으로 결정되는 것은 아니다. 그러나 중국이 전쟁에서 진 것은 양무사업을 책임지고 있던 이홍장을 포함한 양무관료의 정책 실패 탓이기도 하지만, 중국이 안고 있는 구조적 문제 때문이기도 했다. 이홍장의 양무사업 성과에 대한 근본적 회의는, 그것이 일정 부분 이홍장의 책임일지라도 중국군대의 베트남 파견을 가로막는 가장 중요한 요인으로 작용하였다. 더욱이 양무사업은 이 사업의 책임자인 이홍장의 권력기반임과 동시에 중국정부의 권력기반이자 주요 경제기반이었다. 따라서 이홍장이 중국군대를 베트남에 파견하려면 베트남이 양무사업을 대체할 정도의 비중을 지닐 때만 가능한 일이었다. 그러나 이홍장은 물론 중국정부에서도 베트남을 양무사업의 성과와 맞바꿀 만큼 중요한 비중을 갖고 있다고는 보지 않았다. 이 점이 이홍장이 많은 비난과 굴욕, 그리고 엄청난 배상금을 감수하면서까지 전쟁보다 평화를 선택한 이유였다.

이홍장이 베트남을 포기하면서까지 전쟁을 피하고, 결코 유익하지 않은 평화를 선택한 것은 전쟁이 양무사업에 큰 지장을 초래한다는 판단 때문만은 아니다. 이홍장의 베트남 포기는 단순한 포기가 아니라 일종의 선택일 만큼 당시 중국은 열악한 상황에 처해 있었다. 즉 이때의 국제정세는 중국을 절박한 상황으로 몰아넣었을 뿐 아니라 외교를 책임진 이홍장의 선택을 강요하였다. 당시 중국은 베트남뿐만 아니라 이리, 류큐 등 주변지역에 대해서도 중국의 안위와 관련하여 보호가 필요한 상황이었다. 특히 일본의 조선침략은 청조로 하여금 베트남을 적극 보호할 수 없도록 만들었다. 물론 청조는 이리사건이 발생한 1879년(광서 5)경에 이미 조선의 안위를 심각하게 고려하고 있었다. 그런데 중국에서 조선이

48) 楊東梁,『左宗棠評傳』, 湖南人民出版社, 1985, 90～100쪽.
49)『中法交涉史料』卷16, 29쪽 ;『淸季外交史料』卷43, 10쪽.

차지하는 높은 비중에 대해서는 이홍장뿐 아니라 청류인 만주 양람기인(鑲藍旗人) 보정(寶廷 : 1840~1890)도 공유하고 있었다. 보정은 베트남의 상실 정도가 아니라 윈난과 광둥을 잃을지언정 조선만은 잃을 수 없다[50]고 할 정도로 조선보호에 큰 비중을 두었다. 이홍장도 1882년 12월 "조선에서 일어나고 있는 문제는 청조의 당면과제인 청불전쟁의 조속한 타결을 통해서 해결할 수 있다"[51]는 점을 분명히 했다.

이처럼 이홍장의 베트남 포기와 유화적인 태도는 조선을 비롯한 이리, 류큐 등 중국 주변국의 위협과 중국의 '외번진삭'(外藩盡削 : 울타리가 모두 사라짐)이라는 위기의식에서 나타난 자구책이기도 했다. 더욱이 1880년대 서양의 침략이 심했던 연안지역의 배외운동[52]도 이홍장으로 하여금 중국 군대의 베트남 파견을 주저하도록 만들었다. 이 배외운동은 청불전쟁 동안 이홍장에게 군대파견을 강력히 요구함으로써 일약 저명인사가 된 장지동까지 우려할 정도였다.[53]

이홍장이 베트남을 포기한 또 하나의 이유는 속국에 대한 인식과도 무관하지 않다. 즉 중국은 베트남을 그간 속국으로 생각해 왔지만, 베트남은 자신들을 중국의 속국으로 생각하지 않고 자주국으로 생각하였다는 점을 이홍장은 분명하게 인식하고 있었다. 더욱이 그는 그동안 중국이 월남의 정치・외교에 대해서는 일체 간섭을 행하지 않고 단지 조공만 받았을 뿐이라는 사실도 강조하고 있다. 그는 중국이 베트남의 속국이기 때문에 방어해야 한다는 논리와, 서양이 속국에 대신을 보내 감독하는 것과는 성격을 달리하는 것이라고 생각했다.[54] 이 같은 이홍장의 이해는,

---

50) 『中法交涉史料』 卷3, 6쪽.

51) 『李鴻章全集』 卷16, 譯署函稿, 10쪽.

52) 領木智夫, 「洋務運動と帝國主義」, 『講座中國近現代史』, 東京 : 東京大學出版會, 1978, 40쪽 ; 里井彦七郎, 『近代中國における'民衆運動'とその思想』, 東京 : 東京大學出版會, 1972, 제2장.

53) 『淸季外交史料』 卷48, 5쪽 ; 『中法交涉史料』 卷8, 15쪽.

54) 『道咸同光四朝奏議』 11冊, 4716~4718쪽.

당시 중국의 절대다수의 관료들이 서구열강이 말하는 속국과 중국의 속국을 같은 의미로 이해한 것과는 차별성을 보이는 것이다. 이홍장의 이러한 인식은 국제관계에 대한 정확한 이해이면서, 동시에 월남을 보호할 수 없는 명분이기도 했다.

한편 이홍장과 함께 당시 외교를 담당했던 증국번의 아들 증기택의 베트남 인식은 이홍장과는 달랐다. 증기택이 베트남문제에 적극적인 관심을 보인 것은 1879년(광서 5) 5월 사이공(西貢)에 영사를 설치할 것을 총리아문에 요청하면서부터였다.[55] 증기택이 베트남의 종주권문제를 본격 거론한 것은 사이공에 영사 설치를 요구하고 7개월이 지난 뒤였다. 당시 그는 중국의 속국을 서양열강의 침략으로 인해 '천고(千古)의 지난(至難)'으로 인식했으나, 1880년(광서 6) 중반까지는 베트남문제에 대해 적극 대응하기보다는 신중히 대응하고 있었다. 그는 서양 공사들의 베트남에 대한 이야기를 적극적으로 신뢰하지 않았다. 따라서 1880년 상반기까지도 베트남에 대한 정보 부재 탓인지 프랑스의 베트남침략을 심각한 문제로 받아들이지 않았다. 그가 베트남 문제에 강경한 자세를 보인 것은 프랑스가 베트남을 식민지화한 것을 확인한 1881년(광서 7)부터였다.[56]

증기택은 이홍장과는 달리 중국해군력에 근거해서 프랑스와의 전쟁까지도 주장하였다.[57] 그는 프랑스와 베트남 간에 체결된 조약 자체를 부정함과 동시에 베트남에 대한 종주권도 주장하였다.[58] 증기택의 이러한 주장에는 유럽 정세에 대한 판단도 작용하였다. 그는 프랑스가 국내정치의 불안과 극동에서의 군사력 부족 등으로 쉽게 중국과 일전을 벌일 수 없다고 판단하였다.[59] 증기택이 강경한 입장을 견지한 또 하나의

---

55) 『曾惠敏公文集』(이하 『曾紀澤全集』으로 줄임) 卷3, 臺北 : 文海出版社, 1962, 5~7쪽.

56) 『曾紀澤全集』 卷4, 15쪽.

57) 『曾紀澤文集』 卷5, 8쪽.

58) 『曾紀澤文集』 卷4, 16쪽.

이유는 유럽 가운데 군사력이 약한 프랑스에게 밀릴 경우 그 어떤 나라와도 대결할 수 없다는 판단 때문이었다.[60] 아울러 그는 이홍장과 일부 청류와는 달리 중국 양무사업의 성과에 대해서도 긍정적으로 평가하고 있었다. 즉 그는 "중국의 해방수사도 점점 일어날 기색이 있어 만약 수척의 배를 베트남에 파견하면 프랑스가 꺼리는 바 있을 것이다"[61]라고 판단하였다. 그러나 양무사업에 대한 이러한 긍정적 평가는 국내사정에 다소 어두운 외교관의 판단에 지나지 않았다. 양무사업과 중국군대에 대한 피상적인 이해는 베트남문제를 둘러싼 중국과 프랑스 간의 분쟁이 한층 격화된 1883년 5월 상군의 수뇌이자 이홍장과는 달리 대불 강경론자였던 좌종당에게 보낸 편지[62]에 잘 나타나 있다. 그는 중국군대의 파견을 요청하기보다는 언론을 통해 영국과 프랑스의 신민(紳民)에게 중국 사정을 호소하는 쪽으로 방향을 바꾸었다.

결국 베트남 종주권을 확보하려 한 증기택의 노력도 산시 · 베이닝 전투에서 중국군이 패하면서 더 이상 계속될 수 없었다. 증기택 역시 이홍장이 체결한 조약을 사실상 인정하지 않을 수 없었으며, 이는 사실상 중국의 베트남에 대한 종주권 포기를 인정한 것이었다. 단지 그는 외교관답게 조약 체결 과정에서 병비를 줄이는 데 심혈을 기울였다.

5. 청불전쟁기 청류의 베트남 인식

프랑스의 베트남침략은 청류가 활동할 수 있는 좋은 계기였다. 양무운동기, 즉 1874년의 타이완 사건, 1879년의 이리 사건, 1894년의 청일전쟁

---

59) 『曾紀澤文集』 卷5, 12쪽.
60) 『曾紀澤文集』 卷5, 12쪽.
61) 『曾紀澤文集』 卷5, 8쪽.
62) 『曾紀澤文集』 卷5, 8쪽.

등에서 활동한 청류[63]의 베트남 인식은 베트남을 중국의 속국으로 보는 전통적인 이해에 기초하고 있었다. 그렇다고 해서 베트남에 대한 인식이 모두 일치한 것은 아니었다. 중국과 프랑스군에 대한 이해 정도와 중국 주변 속국의 비중에 따라 차이를 보였다.

대다수 청류는 베트남이 중국의 속국이기 때문에 당연히 보호해야 하고, 프랑스의 베트남침략에 대해 단호히 대처할 것을 주장하였다. 대외 문제에 대한 청류의 강경론은 원칙을 중시하는 이들의 애국적 성격과 무관하지 않지만, 반드시 무조건적인 애국적 발언은 아니었다. 이들 역시 유화적인 대외정책을 이끌고 있는 이홍장 등과 같은 정치관료였다. 정치 관료의 행동은 언제나 정치적 목적을 그 배경에 깔고 있다. 특히 국가의 안위문제와 관련해서는 강경론이 애국적인 모습으로 비치기 쉽다. 청류의 대불강경론의 이면에도 이러한 이해관계가 깔려 있었다.

즈리(直隷) 난피(南皮) 출신의 장지동(張之洞 : 1837~1909)은 40대 중반의 나이에 프랑스의 베트남침략에 대해 서태후가 군대를 파견하지 않은 사실을 강력하게 비판했다.[64] 장지동의 대불 강경발언은 당시 사태에 대한 낙관적인 분석에 기초하고 있었다. 그는 프랑스의 경우 도울 수 있는 병사와 이웃이 없지만, 중국은 싸움에 익숙한 군인이 많다고 생각했다. 그리고 프랑스는 후환은 있으나 변방이 없고, 베트남군을 통해 그들의 세력을 분산시킬 수도 있다고 지적하고 있다.[65] 그의 이러한 자신감은 1883년의 중국을 1840년의 제1차 중영전쟁 때와 1879년의 이리사건 때의 중국과 달리 평가한 데서 나온 것이지만, 그의 자신감을 뒷받침하는 것은 베트남군과 유영복 군대, 그리고 프랑스군에 대한 과소평가 외에 달리 특별한 것을 찾을 수 없다.

---

63) 강판권, 「清佛戰爭期 清流의 對佛對策論」, 『大丘史學』 40, 1990, 169~203쪽 참조.
64) 『中法交涉史料』 卷9, 문건 298.
65) 『中法交涉史料』 卷9, 25쪽.

장지동의 강경 발언은 그 실현 가능성의 여부를 떠나 당시 최고 권력자에 대한 정면 비판이었기에 많은 사람들에게 강한 인상을 주었다. 특히 그의 서태후 비판은 애국적인 행동이면서도 정치적인 행동이기도 했다. 그는 청불전쟁 기간 동안 줄곧 강경론자였지만, 실제 전투에서 중국의 패배가 분명해지자 강경한 주장을 철회하였다. 또한 그는 양무운동을 비판하면서도 청불전쟁 이후 서태후에게 발탁되어 후기 양무운동을 이끈 지도자로 변신하였다.

장지동 같은 청류의 이중적 행동은 사태변화에 따른 뛰어난 적응력으로 이해할 수 있지만, 대외문제를 책임지고 있는 사람들의 눈으로 보면 그들은 사태를 악화시키는 장본인이 될 수 있었다. 청불전쟁을 실질적으로 책임지고 있던 이홍장과 증기택의 청류 공격은 이러한 견해에 바탕을 두고 있다. 이홍장의 경우 프랑스와 베트남 간의 실제 사실을 무시하는 청류의 태도를 비판하고, 이들이 사태를 악화시켰다고 공격했다.[66] 물론 이홍장의 청류 비판에도 다분히 자신에게 쏠린 비판의 예봉을 피하고, 전쟁패배의 책임을 면해 보려는 정치적 목적이 깔려 있었지만, 양자 간의 대립은 중국 측에 대외문제를 다루는 기술에 문제가 있음을 보여주는 예이다.

전쟁 당사국인 프랑스의 공사로 활동한 증기택의 눈에도 청류는 애국적 존재로서만이 아닌 이해관계에 민감한 정치집단으로 비쳤다. 그는 이홍장보다 훨씬 강경한 논조로 청류를 비판했다. 그는 청류를 당우상주(唐虞商周), 즉 요와 순, 그리고 은나라와 주나라의 찌꺼기로 매도했다.[67]

1883년(광서 9) 말 프랑스의 베이닝·산시 침공과 중국의 대패 이후 청류의 수뇌부였던, 무정부주의자 이욱영(李煜瀛 : 李石曾, 1881~1973)의 아버지이기도 한, 즈리 가오양(高陽) 출신 이홍조(李鴻藻 : 1820~1897)와

---

66) 年子敏 編,『李鴻章致潘鼎新書札』, 臺北 : 文海出版社, 1962, 4674~4676쪽.
67)『曾惠敏公使西日記』卷1, 15~16쪽 ;『曾紀澤文集』卷3, 14쪽.

장쑤 창수(常熟) 출신 옹동화의 군기처 면직은 청류의 발언을 약화시켰다. 그러나 청류는 1884년(광서 10) 3월 이홍장이 제시한 대불 교섭조건을 논의한 정신(廷臣)회의에서 강력히 주전을 주장하였다. 그런데 청류의 대불 강경론이 베트남의 보호에만 초점을 맞춘 것은 결코 아니었다. 대체로 청류가 관심을 가졌던 문제는 베트남문제를 비롯해서 병비문제, 이홍장의 협상태도, 통상문제, 교당(教堂)문제, 프랑스 공사의 전권문제 등이었다.

청류의 대부분도 앞에서 살펴본 중국 관료들처럼 베트남의 유영복 군대를 신뢰하고 있었다. 예컨대 유은박(劉恩溥)은 대불 대책 중에서 유영복 군대의 보존을 가장 우선적으로 언급하였다.[68] 이처럼 청류가 베트남의 유영복 군대를 신뢰한 이유는 연락을 원활하게 하고 지휘계통을 일원화하기 위해서였다.[69] 오대징은 1884년 베트남이 외번(外藩)이기 때문에 도의상 보호해야 한다고 주장하였다.[70] 오대징의 이러한 주장은 대다수 청류의 주장과 다를 바 없다. 그런데 오대징의 베트남에 대한 인식은 단순히 베트남 보호가 중국의 안보에 중요하다는 차원을 넘어서고 있다. 즉 그는 "프랑스를 막는 것은 영국을 막는 것이고, 베트남을 막는 것은 미얀마를 보호하는 것이다"[71]라고 하여, 베트남 보호가 중국 속국을 서양의 침략으로부터 보호할 수 있는 중요한 고리가 된다는 점을 강조하고 있다. 또한 유은박은 "프랑스의 침략을 막지 못하면 타국이 또 많이 일어나 중국을 멸시할 것이다"[72]고 하여, 베트남 보호를 중국의 위상을 확인하는 하나의 잣대로 인식하고 있었다. 그러나 베트남이 중국의 속국

---

68) 『中法交涉史料』 卷15, 4쪽.
69) 胡傳釗 編, 『循默留芬(2)』 卷7, 臺北 : 學生書局, 1970, 16쪽 ; 『中法交涉史料』 卷9, 18~20쪽.
70) 『中法交涉史料』 卷15, 1~2쪽.
71) 『中法交涉史料』 卷5, 37~38쪽.
72) 『中法交涉史料』 卷6, 14쪽.

이라는 청류의 베트남에 대한 기본 인식은 전쟁의 전개와 함께 조금씩 흔들릴 수밖에 없었다.

청류의 베트남 인식에 변화를 가져온 것은 크게 두 가지였다. 하나는 청류의 중국해군에 대한 인식변화이고, 다른 하나는 열강의 중국 속국에 대한 전방위 공격이었다. 청류의 중국해군력에 대한 긍정적인 평가는 양무운동에 대한 긍정적인 평가이기도 했다. 예컨대 유은박은 "20여 년에 걸친 양무사업으로 중국이 제조·구입한 윤선이나 창포로 프랑스를 충분히 이길 수 있다"[73]고 보았다. 3개월 뒤 유은박은 중국해군력의 긍정적인 평가와 함께 통상 각국의 견제도 프랑스와의 대결에 유리하다는 점을 지적하였다.[74] 광둥 구이산(歸善) 출신 등승수(鄧承修 : ?~1891)도 "조정이 철함을 구입하고 기계를 제조하여 전수(戰守)를 강구한 지 20여 년이 되었기 때문에 전쟁에서 승산이 있다"[75]고 하였다. 중국해군에 대한 청류의 긍정적인 평가는 곧 프랑스 군대에 대한 과소평가와 맞물려 있다. 장쑤 자딩(嘉定) 출신 서치상(徐致祥 : ?~1899)은 프랑스 군대가 수적으로 많지 않을 뿐 아니라, 본국에서 원조를 받는 데 1개월 정도 걸리기 때문에 프랑스 군대를 물리칠 수 있다고 보았다.[76]

청류의 중국해군력에 대한 이러한 긍정적 평가는 전쟁이 본격화하는 1884년에 이르러 부정적인 평가로 바뀌기 시작했다. 장패륜은 광서 10년 4월 중국해군을 인재의 부족, 경비의 부족, 남·북양군의 훈련부족 등을 통해 비판하였다.[77] 중국해군력에 대한 부정적인 평가는 등승수와 유은박, 그리고 푸젠 민현(閩縣) 출신 진보침(陳寶琛 : 1852~?) 등의 지적[78]에서

73) 『中法交涉史料』 卷4, 30쪽.
74) 『中法交涉史料』 卷6, 14쪽.
75) 『中法交涉史料』 卷5, 39쪽.
76) 夏震武 編, 『嘉定(徐致祥)·長白(寶廷)二先生奏議(卷上)』, 臺北 : 文海出版社, 1962, 21~22쪽.
77) 『澗于集』 卷4, 奏議, 2~5쪽 ; 『中法交涉史料』 卷16, 3쪽.
78) 『道咸同光四朝奏議』 12冊, 4784~4786, 5401~5402, 5334쪽 ; 『中法交涉史料』

도 발견할 수 있다. 특히 1884년 진보침은 중국의 해군력으로는 베트남을 구할 수 없다고 판단하였다.[79]

청류의 중국해군력에 대한 부정적인 평가는 교섭 과정에서 베트남 보호를 일관되게 최우선 과제로 삼을 수 없게 만들었다. 즉 청류는 청불교섭 과정에서 베트남의 보호를 주장했지만, 그들이 보다 관심을 가진 것은 중국의 보호와 통상, 병비 문제였다. 장패륜의 경우는 이미 1883년 8월에 "이름은 베트남을 원조하기 위해서였지만 실제는 윈난과 광둥을 공고히 하기 위해서였다. 이름은 박끼(北圻)를 다스리기 위해서였지만 실제는 산시・베이닝 등 여러 성을 지키기 위해서였다"[80]고 고백하였다. 유은박은 이홍장의 협상 내용이 국체를 훼손하고 후한을 남긴다고 전제한 뒤, 협상할 내용을 다섯 가지로 제시하였다.[81] 즉 첫째, 유영복을 마땅히 보전해야 한다. 둘째, 병비보상을 허락해서는 안 된다. 셋째, 윈난 통상을 허락해서는 안 된다. 넷째, 증기택을 철회해서는 안 된다. 다섯째, 윈난을 버려서는 안 된다. 오대징도 유은박과 거의 같은 협상 내용을 제시하였다.[82] 이들 청류는 베트남 보호, 흑기군 유지, 윈난시장 개방 반대, 병비배상 반대 등을 공통으로 지적하고 있다. 그러나 청류의 모든 사람이 베트남 보호를 주장한 것은 아니었다.

열강의 중국 속국에 대한 침략은 청류의 베트남에 대한 인식도 바꾸어 놓았다. 즉 청류도 이홍장과 마찬가지로 중국에 대한 속국의 비중을 감안하지 않을 수 없었던 것이다. 특히 보정(寶廷)은 1882년에 조선을 베트남은 물론, 1875년 중국과 영국 간에 일어난 이른바 '마가리(Margary) 사건'의 현장이기도 했던 윈난보다 중시하였다.[83] 물론 보정의 주장이

卷6, 4쪽 ;『中法交涉史料』卷20, 7~8쪽.

79)『道咸同光四朝奏議』12冊, 538쪽.

80)『中法交涉史料』卷5, 30쪽.

81)『中法交涉史料』卷15, 문건 513.

82)『中法交涉史料』卷15, 1~2쪽.

반드시 베트남의 포기를 전제한 것은 아니지만, 이미 청불전쟁 기간 동안 청류의 속국에 대한 인식도 명분보다는 실리 쪽으로 바뀌어 가고 있음을 보여준다.

청류의 대불 강경론은 대불 협상을 유화적으로 이끈 이홍장의 입장을 상당 부분 제약하였다. 그러나 청류의 강경론은 프랑스가 기륭 공격에 이어 1884년 5월 중순부터 푸젠성의 수도 복주에 위치한 중국 최대의 선박 제조・수리 공장인 푸저우선정국(福州船政局)을 공격하자 점차 설득력을 잃어 갔다. 프랑스군의 공격으로 1866년 후난 상양(湘陽) 출신 좌종당(左宗棠 : 1812~1885)이 세운 푸저우 마미선창에서 생산한 함대 7척이 훼손되었다. 프랑스와의 전쟁을 주장한 장패륜은 프랑스 함대의 마미강 진입에 대해 그 위험성을 지적[84]했지만, 이 곳의 책임자이기도 했던 그는 도망갔다. 그는 프랑스함대가 마미공장을 공격하기 얼마 전까지만 해도 "프랑스 함대 3척은 구외(口外)에 있고, 내선은 중국보다 겨우 많아 함대의 부대가 전부 언덕으로 올라와도 두렵지 않다"[85]고 호언한 사람이었다. 그의 이러한 행동은 군 책임자로서 군인들에게 용기를 북돋우기 위한 일종의 전술일 수도 있고, 중화제국의 신하로서의 자존심일 수도 있다. 그러나 결과적으로 그의 강경론은 미숙한 정세분석과 행동으로 평가받을 수 있는 빌미를 제공했다. 이러한 예는 또 다른 대불 강경론자인 장지동에서도 발견된다. 그 역시 후난 헝양(衡陽) 출신 팽옥린(彭玉麟 : 1816~1890)과 함께 사태가 불리해지자 속히 화의할 것을 주장하였다.[86]

청군의 패배는 강경론자들의 입지를 급속히 약화시켰다. 1884년경부터 유은박의 상소문은 용사지권(用舍之權)에 간여했다는 이유로,[87] 서치상

83) 『中法交涉史料』 卷3, 6쪽.
84) 『中法交涉史料』 卷22, 10~12쪽.
85) 『中法交涉史料』 卷22, 19쪽.
86) 『清季外交史料』 卷44, 7쪽.
87) 『清光緒實錄』 卷197, 1쪽.

의 상주문은 그 내용이 거짓이라는 이유로[88] 청 정부에 받아들여지지 않는 등, 청류의 발언은 거의 신뢰를 잃고 말았다. 더욱이 청조는 서치상의 품계를 3등급이나 강등하는 처벌을 내렸다.[89] 물론 청조가 등승수가 선처를 바라는 글을 올렸는데도 청류의 발언을 수용하지 않고 처벌까지 내린 데는 강경 발언을 잠재워 국면을 전환하려는 정치적 고려도 있었겠지만, 청류의 명분을 앞세운 비현실적인 주장에 대한 비판이기도 했다.

6. 청불전쟁기 언론의 베트남 인식

청불전쟁 기간 동안 신문도 베트남문제에 많은 관심을 가지고 있었다. 당시 간행된 신문 중 『신강신보』(申江新報, 『신보』로 줄임)[90]를 통해 언론의 베트남인식을 검토해 보자. 『신보』는 약 3개월 동안 베트남을 보호해야 한다는 대전제 하에 「보호안남십책」(保護安南十策)을 통해 베트남에 대해 관심을 표명하고 있다. 구체적인 내용은 다음과 같다.[91] 첫째 병제(兵制)의 정돈, 둘째 연병(練兵), 셋째 대원속진(大員速鎭), 넷째 변방을 굳게 지킬 것, 다섯째 헛되이 조정을 말하지 말 것, 여섯째 안남사(安南事)가 고려사(高麗事)보다 뒤가 아니다.

『신보』의 베트남대책 중에서 특히 마지막 대책 즉 베트남문제를 조선문제 만큼 중시하고 있다는 점에 주목할 필요가 있다. 『신보』의 베트남

---

88) 『淸光緖實錄』 卷198, 9쪽.

89) 『述報』(臺北 : 學生書局, 1965), 381쪽.

90) 『申報』(臺北 : 學生書局, 1965)는 同治 11년(1872) 4월 30일 상해에서 창간되었다. 창간 당시에는 격일로 간행되었으나 4개월 뒤부터는 일간지로 바뀌었다. 이 신문은 咸豊 11년(1861) 1월 1일에 간행된 『上海新報』와 치열한 경쟁을 벌였다. 이에 대해서는 王鳳超 編著, 『中國的報刊』, 北京 : 人民出版社, 1988, 42～49쪽 참조.

91) 필자가 참고한 『申報』 34의 「保護安南十策」의 게재 순서가 제5책이 제 6책보다 앞서 있는 등 일부 오류가 있다.

대책에서 베트남을 중시한 것은 당연한 일이지만, 이렇게 베트남을 조선 이상으로 중시한 이유는 무엇일까. 『신보』에서 베트남을 조선 못지 않게 중시한 이유는 베트남이 류큐와 달리 중국의 광시・윈난 등과 지리적으로 가깝기 때문이었다.[92] 『신보』의 이러한 지적은 상군 수뇌였던 유장우의 "베트남은 전월(滇粵)과 입과 입술의 관계"[93]라는 지적과 다를 바 없다. 단지 『신보』의 베트남 중시는 프랑스가 위난성과 광시성 등 베트남과 인접한 중국 남쪽지역을 공격대상으로 삼았다는 점과 관련해서 생각해볼 필요가 있다. 그리고 『신보』의 베트남에 대한 강경한 입장은 이 신문의 성격과도 무관하지 않다. 즉 이 신문은 영국인이 투자했으며, 청불전쟁 초기에 영국이 중국을 지지한 것과 무관하지 않을 것이다. 다시 말해 프랑스에 의해 베트남을 상실하고, 나아가 프랑스가 중국 남부지역을 공격할 경우 영국은 이 지역에서 이집트를 둘러싼 경쟁만큼 프랑스와 경쟁하지 않으면 안 되었을 것이다.

7. 맺음말

19세기 말 중국은 더 이상 동아시아의 국제질서를 주도적으로 이끌 수 없었다. 서북지역에서는 러시아와 이리 문제로, 남쪽에서는 프랑스와 베트남 문제로, 동쪽에서는 일본과 조선 문제로 중국의 안위를 심각하게 고민해야 했다. 그런데 이 시기 중국의 더 큰 고민은 중국이 외부의 적으로부터 속국을 보호할 수 있는가가 아니라, 외국의 공격으로부터 중국영토를 보호할 수 있는가에 있었다. 베트남은 중국의 남쪽을 보호해 주는 중요한 울타리였지만 프랑스의 베트남 침략과 지배라는 엄연한

---

92) 『申報』 34, 22613쪽.
93) 『道咸同光四朝奏議』 10冊, 4341, 4418, 4456쪽.

사실 앞에서 베트남에 대한 종주권만을 외치거나 프랑스와 무력으로 상대하기엔 주변 정세가 복잡했다. 따라서 이 시기 중국은 중국의 힘이 어느 정도인지, 그리고 어느 속국을 보호하는 것이 중국의 안위에 유리할지를 '고려'하는 것이 아니라 '선택'해야 하는 순간에 놓여 있었다. 그러나 선택은 쉽지 않았다. 중국의 힘을 어떻게 평가하느냐, 그리고 어느 쪽을 선택할 것인가의 문제는 청조 권력자들의 대외인식과 이해관계에 따라 달랐기 때문이다.

양무관료의 베트남에 대한 인식은 외교문제를 담당하고 있던 이홍장과 증기택 간에 차이가 있었다. 이홍장은 현실적으로 베트남에 대한 중국의 종주권 주장이 불가능하다는 점을 인정하고 있었다. 그러나 증기택은 이홍장과는 달리 종주권을 강경하게 주장하였다. 양자 간의 입장 차이는 국제정세에 대한 이해 정도와 각자의 이해관계와 관련되어 있지만, 이는 궁극적으로는 중국 외교체제의 난맥상이었으며 외교역량의 한계였다. 그러나 증기택도 결국에는 중국의 군사력으로는 베트남을 중국의 속국으로 묶어둘 수 없다는 현실을 인정하고, 협상과정에서 실리를 얻는 쪽으로 방향을 바꾸지 않을 수 없었다,

청류도 기본적으로 베트남의 종주권을 강력하게 주장했다. 그러나 청류의 베트남 보호 주장은 그들의 정치력 한계 때문에 실현 가능성이 별로 없었다. 더욱이 청류의 베트남 보호 주장도 중국군과 프랑스군에 대한 평가, 그리고 속국의 비중에 대한 인식의 차이 때문에 일관성을 결여하고 있었다. 청류의 베트남 보호 주장은 청불전쟁이 본격적으로 진행되면서 점차 베트남의 보호 자체보다는 개방에 따른 우려로 바뀌기 시작했다. 청류의 이 같은 인식전환은 이홍장과 마찬가지로 현실적으로 베트남 보호가 어렵다는 점을 인정했기 때문이다.

청불전쟁기 중국은 베트남을 보호해야 한다는 원칙에는 모두 동의하고 있었지만, 현실적으로는 베트남 보호가 불가능하다는 사실을 인정할

수밖에 없었다. 이는 중국의 남쪽 울타리 역할을 담당했던 베트남에 대한 종주권 포기이자, 2천여 년 동안 유지된 중국과 베트남 간의 관계에 종지부를 찍는 순간이기도 했다. 북경 정권담당자들은 베트남 대신 같은 조공국가이면서도 북경의 안위에 보다 중요한 조선을 선택하였다. 중국 정부의 이 같은 선택은 청불전쟁에 소극적이었던 이홍장은 물론 적극적이었던 청류조차도 동의하고 있었다. 특히 일본의 조선침략은 일본의 위험성을 그 누구보다 일찍 예견했던 이홍장에게 큰 충격이었을 것이다. 이홍장의 적극적인 조선보호 노력, 그리고 청정부의 각종 대조선정책도 조선이라는 조공국의 보호, 즉 울타리 보호를 통해 위기를 극복하려는 중국의 마지막 몸부림이었다. 중국의 이러한 몸부림도 청불전쟁의 패배로 중국과 베트남 간의 관계를 완전히 상실한 뒤에 얻은 값비싼 교훈으로 이루어진 것이었다.

박장배

근대 캄(Khams) 지역의 변화를 통해서 본 중국과 티베트의 관계

1. 머리말

티베트 동부와 사천 서부에 해당하는 캄 지역은 청대에는 토사들의 세상이었고 청 말기에는 '천전변무대신'(川滇邊務大臣)이 설치된 지역이었다. 캄은 청대 이전에는 매우 자립성이 강한 지역으로 티베트 공동체를 구성하는 주요 성분 중 하나였다. 따라서 캄 지역은 크게 보면 티베트 불교공동체의 권역 내에 있지만, 좁은 의미의 '서장'(西藏)과는 그 문화와 전통을 상당히 달리한다. 물론 그것이 크게 부각된 적은 없다고 할 수 있지만, 캄과 암도 지역에서 주로 유통되는 영웅담인 '게싸르 이야기' 같은 것은 최근 중국대륙에서는 꽤 유명해졌다고 할 수 있다.

중국(티베트어로는 갸나)과 티베트의 관계라는 측면에서 본다면, 캄은 '서장'과 '내지' 사이의 교류통로 역할을 하는 지역이었다.[1] 이 지역은

---

1) 티베트어의 한글표기는 여러 연구자들이 제시한 견해가 있다. 여기에서는 좀더 논의가 필요하다고 보지만, 일단 전재성의 견해를 따르도록 하겠다. 전재성, 「티벳어의 음성론-티벳어 한글표기의 정립을 위하여-」, 『中央僧伽大學論文集』

청대 들어 두 번의 큰 동요를 경험하였다. 18세기에 이른바 '십전무공'(十全武功)의 악역을 담당한 것과, 청말에 천전변무대신 조이풍(趙爾豊)의 '토사 사냥'에서 '견양'(犬羊) 노릇을 한 것이 그것이다. 18세기의 경우는 천조체제(天朝體制)의 한 성분이라 할 '토사제도'를 구축하기 위한 것이었다. 청말의 경우는 이른바 현대 국민국가를 만들어내기 위한 토사 제거조치였다. 이렇게 보면 캄 지역은 중국의 정치체제가 전반적으로 변할 때 그 영향으로 극심한 변화를 겪었다고 할 수 있다.

중국과 서장의 중간자라는 캄의 특성상, 캄에서 발생한 일은 중국과 서장의 관계를 살필 수 있는 좋은 자료가 된다. 따라서 캄의 입장에서 중국과 서장의 관계를 보는 것도 동아시아의 역사를 좀더 깊이 있게 이해할 수 있는 하나의 방법이 될 수 있다. 근현대 캄 지역에 대한 개별 연구들은 주로 개별 사안의 해명에 초점을 맞추어 왔다. 주장대신이나 달라이 라마제도 등에 대한 개별 연구들은 중국과 서장의 관계를 보여주는 데 중요한 기여를 하였지만, 주로 제도 그 자체만을 다룬다는 한계를 안고 있다.

그러나 티베트 · 중국의 관계에서 무엇보다도 문제가 되는 것은, 이들 개별 사안에 대한 연구와 티베트 · 중국의 '일반적 관계' 인식 사이에 보이는 불협화음이다. 개별 사안에 대한 연구는, 티베트 · 중국의 '일반적 관계'에 대한 상이한 인식에 제약되어 사실 규명작업이 지나치게 경직된 논리에 따라 움직인다는 것을 문제점으로 지적할 수 있다.[2] 이러한 상황은 '논리'와 '사실' 두 차원 모두에서 별로 도움이 되지 않는다.

중국과 서장의 관계를 살펴보는 접근법에는 여러 가지가 있겠으나, 필자는 '행성'(行省)이란 제도의 확대 과정에 주목하고자 한다. 좀더 정확

1, 佛紀2536(1992. 3).

2) 이러한 국제학계의 티베트 이해에 대해서는 다음의 책에 깔끔하게 정리되어 있다. 김한규, 『티베트와 중국-그 역사적 관계에 대한 연구사적 이해-』, 서울 : 조합공동체 소나무, 2000, 5장과 6장.

히 말하면, 중국의 행성 설치가 의미하는 티베트와 중국의 제도적 관계의 변화에 주목하고자 한다. 청조는 처음에는 기본적으로 국방상의 필요에 따라 본부(本部) 18성(省) 이외에도 행성을 설치하기 시작하였다. 신장성과 타이완성의 설치가 그 출발점이었다. 청말 신정기(新政期)에는 이른바 '동삼성'(東三省)을 정식으로 설치하고 북삼성(北三省)과 서삼성(西三省)의 설치를 계획하였다. 북삼성은 찰합이(察哈爾)·열하(熱河)·수원성(綏遠省)을 말하고, 서삼성은 서장성(西藏省)·청해성(靑海省)·서강성(西康省)을 말한다. 서삼성은 바로 티베트 민족의 땅이다. 청말 천변(川邊)의 개토귀류(改土歸流)란 바로 토사(土司)를 폐지하고 그 자리에 행성의 핵심 부품이라 할 현(縣)을 설치하는 과정이다. 1906년 '천전변무대신'의 설치로부터 1939년 '서강성'의 설치에 이르기까지 캄 지역에서 행해진 일련의 작업이 바로 그것이다.

그동안 중국에서 나온 주장이나 연구성과는, 주로 티베트의 '독립'이 영국의 사주에 의한 것이며 실상 독립국의 지위를 확보한 적이 없다는 것을 논증하는 데 초점을 두고 있다. 그러나 1912년에서 1950년까지 티베트는 사실상 '독립국'의 상태를 유지하고 있었다. 물론 국제적으로 '티베트'가 광범위하게 독립국으로서 승인을 받은 것은 아니나, '독립국' 상태를 유지한 것은 사실이다. 따라서 티베트가 '자립' 상태를 유지한 주·객관적인 요인이 무엇인가를 밝히는 일은 20세기 전반기 티베트와 중국의 관계뿐만 아니라 동아시아 역사를 이해하는 데에도 일정한 도움이 될 것이다.

티베트는 17세기 중반에 청의 조공국으로 초청되었다가, 18세기 20년대에는 청의 판도에 귀속되기는 하였으나 그와 동시에 '외번'(外藩)의 지위를 유지하였다. 티베트의 자율성은 시기에 따라 상당히 차이가 있기 때문에, 어느 한 시기를 티베트의 확고한 국제적 지위와 역할을 대변한다고 보는 것은 무리다. 티베트의 국제적 지위와 역할을 변화시키는 요인으로는 크게 티베트 내부의 상황, 중국의 대응, 서구열강의 자극과 개입, 티베트 인접지역의 움직임 등으로 요약할 수 있다.

기존의 연구들은 대개 '중국'과 '서구열강'이 티베트에 미친 영향을 중심으로 하여 티베트와 중국의 관계를 정리해 왔다. 달라이 라마가 있는 서장조차도 종종 외교주체로서 인정받지 못했던 상황에서 캄 지역의 정치세력들은 외교게임에는 결코 참여하지 못했다. 그러나 캄 세력이 티베트와 중국의 관계에 전혀 영향을 주지 못한 것은 아니었다.

2. 청의 티베트 경영과 티베트-중국의 상호이해

티베트와 몽골과 신장을 포괄하는 '천조체제'의 성립은 18세기에 행해진 '정복전쟁'의 결과였다. 정복전쟁의 완결과 함께 드러난 천조체제의 구축은 만주족과 한족 지배층 사이에 역대 어느 왕조보다도 더 위대한 업적, 즉 전통적인 중국통일과 이민족 제어뿐만 아니라 이민족 통치라는 이중의 업적으로 평가되곤 한다. 이민족 지역에 대한 경영은 청조의 자부심과 정당성의 핵심부위라고 할 수 있다.

청대에도 중국인들 사이에서 중국은 온 천하에 존재하는 유일한 문명국이었다. 이러한 사고를 떠받치는 전통적인 사상은 두말할 나위도 없이 중화사상 또는 화이사상이다. 중화사상은 중국문명이 지상의 유일한 문명이라는 자기중심적 확신에 기초를 둔 신념체계로, 중국인들은 자신들보다 우월한 자를 인정하지 않았다. 마찬가지로, 청 황제가 주변 세계에 대해 행하는 모든 행위는 당연히 시혜적인 '은덕'이라는 고상한 용어로 표현되어야 했다. 물론 황제의 은덕은 절대 공짜가 아니다. 실제의 현실은 이런 자기중심적인 인식과는 미묘한 차이를 보인다. 청과 제정러시아가 평등한 자격으로 맺은 네르친스크 조약(1689)은 사실 청이 유일한 문명국은 아니라는 사실을 은연중에 보여주는 일종의 역사적 복선(伏線)이라고 할 수 있다. 실제로 청은 러시아라는 거인을 경쟁자로서 의식하고 있었고, 그 결과 18세기 내내 내부의 경쟁자들을 숙청하는 데 힘을 기울였다. 그리고 '십전무공'(十全武功)은 바로 이 내부 숙청작업이 완료되었다는 공개선언이랄 수 있다.[3] 그러나 그것은 너무나 일방적이었던지, 청조의 내부통합을 유지하는 것 자체도 기본적으로 과중한 부담이었음이 드러나기 시작했다.

어쨌든 정복국가로 출발한 청은 유일한 문명의 계승자임을 자부하였고 따라서 청의 천조체제에 편입된 티베트는 기본적으로 피정복자의 위치에 있었다. 그러므로 티베트와 중국의 관계는 불평등한 관계일 수밖에 없었다. 티베트가 중국황제와 사이좋게 지내는 한 중국 측은 막대한 국가적 이익을 누릴 수 있었다. 사실 청조는 몽골지배와 사천과 청해 지배와 관련하여 막대한 전략적 이익을 누렸다. 이러한 상황에서 출발하여 티베트와 중국은 각기 특수한 관계와 지위를 인정하고 있었지만, 그에 대한 상호인식에는 미묘한 차이가 있었다. 즉 청은 천명사상에 입각하여 티베트 지배권을 강조하였던 반면, 티베트 측에서는 전통적으로 '대시주'의 역할을 하는 '문수보살대황제'(文殊菩薩大皇帝)와 '불교성지'의 관계를 강조하였다. 티베트에서는 중국과 티베트의 관계를 법주와 시주의 관계로 인식한 것이다. 여기에서 청 황제는 '복전시주'(福田施主)이면서 동시에 '문수보살대황제'라는 이중의 역할을 하는 존재로 등장한다. 이는 현지지배자와 황제의 관계로 인식하는 것과는 미묘한 차이가 있는 것으로, 중국 측은 티베트 측의 '자율성'을 완전히 제거할 수는 없었다. 티베트의 입장에서 보면, 티베트 불교계의 지도자와 중국황제의 불교적 유대를 빼면 차와 말을 무역하는 유대 정도밖에는 없었다.

---

3) '십전무공'에 대해서는 다음 책을 참고할 수 있다. 莊吉發, 『淸高宗十全武功硏究』, 北京 : 中華書局, 1987.

티베트에게 티베트 · 중국의 관계란 '천하'라는 거대한 불교연맹을 지탱하는 두 부처님의 연합체였다. 이러한 인식은 공문서에 대개 청조황제가 '문수보살대황제'라고 호칭된 데서도 충분히 입증된다. 청 황제를 '문수보살대황제'라고 부르는 티베트인의 수사법은 달라이 라마와 대청황제의 관계가 부처님 상호관계임을 함축하는 것이다. 티베트인들은 내심 중국과 티베트의 관계가 불교공동체의 양대 수장의 관계라고 믿고 싶어했고, 중국황제가 하나의 거대한 사원인 티베트에 시주를 한다는 것은 상호간에 영광이라고 생각하였다. 그러면서 티베트인들은 어떻게든 청조의 직접 지배를 희석시키려고 했고, 중국인들은 달라이 라마의 실체를 축소시키고 싶어하였다.

그러나 관음보살의 화신인 달라이 라마와 문수보살대황제는 대등한 관계를 유지하지 않았다. 달라이 라마는 황제에게 직접 상주할 수 있는 권한을 갖고 있지 못했으며, 티베트 측이 공식문서에서 달라이 라마를 관음보살의 화신이라고 내세운 예는 쉽게 찾아볼 수 없다. 중국 · 티베트라는 불교연맹의 형식적인 대표자는 '대황제'였을 뿐만 아니라, 티베트에는 주장대신이라는 황제의 수족도 있었다. 청조가 구축하려 한 티베트의 지배체제란 달라이 라마와 주장대신, 판첸 라마가 협의하여 정책을 결정하는 '권력공유체제'였다. 중국 측은 공식적으로 티베트의 땅을 탐내지 않는다고 공언했으나, 기본적으로 정복자와 피정복자의 관계라는 큰 틀에 갇혀 있었다. 청조는 언제나 티베트의 정책결정 과정에서 발언권을 가지고자 했고, 티베트는 행동의 자유를 제약하는 경향이 있는 중국의 개입을 달가워하지 않았다. 그래서 티베트인들은 중국의 지배력을 '유야무야'하게 만들곤 했다. 그러나 청조의 지배력이 전혀 무의미한 것은 아니었다.

근대 이전 동아시아 각 국가나 지역 간의 상호교류는 대체로 제왕 혹은 지역지배자 사이의 관계를 중심으로 하는 것이었고, 티베트 지역과 중국과의 상호교류도 그러하였다. 최상층부 사이의 호칭은 이러한 상호교류 관계의 양상을 파악하는 데 적지 않은 도움을 준다고 여겨진다. 전통적으로 중국황제는 '천명'을 받아 '천하'를 지배한다고 인식되고 있었다. 명(明) 황제는 자신들을 '봉천승운황제'(奉天承運皇帝)라고 자칭하며[4] 그들이 천하의 사람들에게 '인은'(仁恩)을 넓혀서 "영원히 태평의 복을 누리게" 할 수 있는 존재라고 하였다.[5] 그러나 명제국은 기본적으로 한족이 주로 거주하는 농경지역을 통일한 왕조였다. 이에 반해, 청조는 중국통일과 이민족 제압에서뿐만 아니라 이민족 지역에 대한 지배라는 면에서 두드러진 업적을 자랑하였다. 사실상 이민족 지역에 대한 지배는 청조의 비상한 자부심의 핵심적인 근거가 된다고 할 수 있다. 물론 청조가 처음부터 동아시아 지역에서 타의 추종을 불허하는 우월한 지위를 과시한 것은 아니었다. 대략 1720년 무렵 건륭제 재위기간에 그 지배의 틀을 잡고, 18세기 말에 천조체제의 완성을 보았다.

그런데 갸나와 티베트의 관계를 이해하는 방식에는 갸나와 티베트 사이에 상당한 차이가 내포되어 있었다. 공식적으로 갸나·티베트 커넥션은 '은혜'와 '선행'의 토대라고 할 수 있다. 티베트 측은 갸나 황제를 '대시주'(大施主) 또는 '대은주'(大恩主)로 이해하고 있었다. 물론 갸나 황제권력도 자신을 은혜를 베푸는 주체로 인식하고 있었고, 수시로 '격외시은'(格外施恩)의 시행자임을 강조하였다. 청대에는 '은혜'라는 공안이 사라진 적이 없었다.

기존의 연구에서는 이 '은혜' 문제에 대한 정리가 미흡하다고 생각되기 때문에, 필자는 그 기본내용을 정리해 보고자 한다. 중국이 티베트를

4) 장회편 1, 洪武 6년 2월, 80쪽. '장회편'은 中國藏學研究中心·中國第一歷史檔案館·中國第二歷史檔案館·西藏自治區檔案館·四川省檔案館 合編, 『元以來西藏地方與中央政府關係檔案史料匯編』, 北京 : 中國藏學出版社, 1994를 말한다.
5) 장회편 1, 成化 5년(1469) 정월 辛巳, 137쪽, "所以推仁恩而安遠人也," "永享太平之福".

경영하는 방법론적 원칙은 ‘은혜와 위력의 겸용’이었다. 갸나황제와 관리들은 자신들의 문서에서 늘 그 같은 원칙을 강조하였다.[6] 그들은 ‘토착인’을 묶어놓는 방식으로 늘 은혜와 채찍을 사용하였지만, 갸나와 티베트의 관계에서 더욱 강조된 것은 은혜였다.

갸나황제와 관리들은 ‘태평’의 유지, 곧 천조체제의 구축과 방어를 황제국가의 은혜로 보았다. 나아가 그 ‘은혜’는 천조체제를 구성하는 모든 성분에 각각 자기의 역할을 부여해 준다.[7] 이는 기본적으로 이름을 내리는 데서부터 관직임명까지를 포함하는 매우 광범위한 의미를 갖고 있었다. 청조 관리들은 황제의 임명을 ‘은혜’로 표현한다. “제[臣]가 성은을 입어 천강(川疆)의 중임을 맡았으니, 어찌 감히 숙계(熟計)를 생각하지 않겠습니까?”[8] 달라이 라마도 그러한 ‘융숭한 은혜’에 감사를 표현했다. “대황제는 천지의 대부대모(大父大母)이고 만물을 포용하고 있으며 나 달라이 라마는 여러 자녀 중에서 은(恩)을 받은 것이 가장 무거운 제1인이다.”[9] “본 라마[11세 달라이 라마]가 만 18세에 이르렀을 때, 자재범천문수법왕황제(自在梵天文殊法王皇帝)는 특별히 융은(隆恩)을 내려, 전장정교이법(全藏政教二法)의 주(主)로 책봉하고, 금책 · 금인을 사여하였다.”[10] 은혜를 받는 것은 사천의 토사들도 마찬가지였다.[11]

---

6) 예컨대 다음과 같은 원칙 확인들이 나타나고 있다. ① 外夷를 제어하는 道는 늘 恩威弁濟, 剿撫兼施이다(장회편 3, 함풍 5년(1855) 12월 12일, 994~995쪽) ② 經權兼用과 寬猛兼施(장회편 3, 광서(1885) 11월 25일, 1077쪽) ③ 恩威弁用(장회편 4, 광서 22년(1896) 12월 초5일, 1311쪽) ④ 恩威弁濟(장회편 4, 광서 23년(1897) 10월 초9일, 1319쪽) ⑤ 위협과 혜택을 함께 시행하여 법도 있게 조종해야 地利가 일어날 수 있고 변경의 말썽이 일어나지 않는 법이다(威惠弁行 操縱得法 庶幾地利可興 邊釁不啓) (청말천변사료, 광서 29년(1903) 9월 28일, 2쪽).

7) 장회편 2, 康熙 30년(1691) 6월 초1일, 276쪽, “朕統御寰區 澄清海宇 以仁育爲本 撫養是先 雖末陲異域之民 有窮困而歸命者 必受而養之 使各得其所”.

8) 장회편 4, 광서 22년(1896) 10월 13일, 1302쪽.

9) 장회편 2, 건륭 16년(1751) 2월 초3일, 533쪽.

10) 장회편 5, 藏曆木兎年(1855), 1823쪽.

11) “각 토사에게 新疆지역(回部) 토착수령(벡)의 예에 따라 輪流入覲하도록 하고

이러한 황제의 은혜에 대해 갸나황제와 관리들은 잊지 말고 보답할 것을 요구하였다. 황제는 "드넓은 해내외(海內外)의 일개 소민(小民)도 모두 (황제의) 혜택을 입었다. 달라이 라마는 위장(衛藏)을 관리하고 있으므로 비록 감히 천조와 비교할 수는 없지만, 작은 것을 가지고 큰 것을 깨우쳐 주는 것이니, 달라이 라마도 중외(中外)를 인자하게 널리 보살피고 어루만져 키우는 성심(聖心)을 체득하여, 조금이라도 (세금감면을) 아까워 해서는 안 된다"[12]고 훈계하고 있었다. 그런데 영국 등 서구 열강이 티베트에 관심을 표시하면서부터 갸나 측은 티베트가 중국의 '속지'임을 강조하게 되었다.[13] 증기택(曾紀澤)은 "대개 중국의 속국에 대한 관례는 국내의 정치와 경외의 외교를 간섭하지 않으니, 본래 서양 각국이 속국을 대우하는 관례와 매우 다르다(盖中國之于屬國 不問其國內之政 不問其境外之交 本與西洋各國之待屬國 迥然不同). 서장(西藏)과 몽골은 함께 중국의 속지이지 속국이 아니다. 그러나 우리가 시짱을 관할하는 것은 서양이 속국을 통제하는 것에 비해 훨씬 너그럽다"라고 하였다. 청조의 관리들은 점점 은혜보다는 이익을 중심으로 문제를 보고자 하였고 그에 따라 '은혜'는 이제 '국가이익'의 양념처럼 나타나게 된다.

민국시대의 공문서에는 청대의 문서에 숱하게 나오는 은혜라는 말을 찾아보기 힘들다. 오히려 '이익'과 '행복'을 함께 누리자는 수사법이 이를 대체하였다. '황제천하' 시대건 '공화주의' 시대건 공통되는 것은 '행복'이었다. 물론 표현만 황제권력이 만드는 '태평의 복'이 이제 '공화의 행복'으로 바뀐 것뿐이다. 이른바 정치는 공식적으로 '행복'을 위한 것이

이번원에서 그들의 전속을 담당하여, 지식을 확충시키고 천조예법을 볼 수 있게 하도록" 한다. "지금 칙지를 받들어 最熟(가장 잘 교화된) 明正 · 鄂克什 등의 토사는 먼저 서울에 가서 알현하고 은혜를 받도록 하고, 다음으로 稍疏(교화가 좀 미진한) 三雜谷 등은 한 덩어리로 차례에 따라 朝覲하도록 한다"(장회편 2, 건륭 40년(1775) 윤10월 초8일, 558～559쪽).

12) 장회편 3, 건륭 57년(1792) 11월 초2일, 782쪽.

13) 장회편 3, 광서 11년(1885) 9월 초5일, 1067쪽.

라는 점에는 예나 지금이나 변함이 없다고 봐야 할 것이다.

상하차등적인 은혜 · 보답 관계로 이루어진 문화 · 정치의 교류관계는 민국시대에는 이른바 각 민족 간의 '호혜평등'의 교제관계로 바뀌었다. 은혜의 논리는 황제의 주도권과 달라이 라마의 자율권을 함께 담고 있는 개념이라고 할 수 있다. 이른바 '서고지우'(西顧之憂)는 서변의 주도권 상실에 대한 우려, 그리고 서변 챙기기 숙제의 고뇌라고 할 수 있을 것이다. '은위겸시'라는 방법론적 원칙은 갸나황제가 은덕과 위엄을 베풀고 과시하는 주도권을 장악하고 있어야 한다는 깊은 의도를 갖고 있었다.

그러나 한편으로는 황제의 은덕은 그저 형식적인 것이 아니라 천조통합의 원리였다. 그것은 일방적인 것일까. 갸나황제는 천명황제와 문수보살이라는 이중적 존재였다. 당대(唐代)의 천가칸이 중국과 북쪽의 이민족을 통합하는 명칭이었듯이, 문수황제도 같은 존재였다. 기본적으로 '거창한 칭호'는 상호간에 주고받은 것이었다. 상호간에 주고받은 공식문서에는 '문수대황제'와 '달라이 라마'라는 분명한 명칭이 나온다. 은덕의 시대에는 은덕을 베푸는 주체가 필요하고 그 주체는 이른바 '은주'(恩主)라고 할 수 있다. 황제가 대은주(大恩主)라면, 암반[奴才 : 주장대신]과 달라이 라마도 은주였다.

지금까지 살펴본 바를 토대로 하여 청대의 '은혜'의 의미와 역할을 짚어 보도록 하겠다. 두말할 필요도 없이 청조는 '정복비용'보다 '정복편익'이 크기 때문에 티베트를 접수하였다. 군사적 정복 다음에는 '은덕'과 '포상'이 있곤 했다. 그리고 장정(章程)이 만들어져 티베트인들에게 제시되었다. 그 장정은 언제나 실행되었을까? 그것들은 제대로 시행되었다기보다는 오히려 1972년의 남북공동성명이나 1991년의 남북기본합의서처럼 그다지 실효성을 갖지 못했다. 그리고 당연히 주고받아야 하는 무역관계를 가지고도 무슨 은덕이니 보답이니 감사 운운하는 것은 한편에서는 '형식적인 예절'이랄 수 있을 것이다. 그러나 '정복'과 지배의 유지는 공문서에서 냉정한 '이익'과 '효과'의 논리가 아니라 '은혜'와 '선행'의 논리로 표현되었다. 그것은 냉정한 손익계산을 넘어서 다양한 심리적 효과를 일으킨다고 생각된다.

우선 은혜의 가장 기본적인 의미는 관련자들이 상호관계를 맺었다는 사실이다. 그런데 상호관계의 존재 그 자체는 황제가 있기 때문에 가능한 것이므로 황제의 은혜라는 것이다. 국가를 일으켜 국경을 확정하고 치안을 확보하고 경제유통을 조절하는 것, 그 자체가 은혜인 것이다. 국가의 긍정적이고 유익한 측면을 지칭하는 것이 '은혜'라면, 유익한 효과 쪽을 강조하는 용어는 '행복'이라고 할 수 있다. 어떤 '체제' 안에서 배를 채우고 추위를 막고 강도의 위협을 느끼지 않는 것이 행복이랄 수 있다.

그런데 '은혜'라는 정치용어 속에는 대부분 수혜자와 시혜자라는 심한 불평등관계를 담고 있다. 은혜를 베풀었다고 생각하는 순간, '보답'의 정치가 시작된다. 은혜의 정치는 '배은망덕'의 대책을 요구한다. 그것이 바로 '위력'이다. 은혜로운 황제가 마냥 친절한 황제인 것은 아니었다. 은혜는 언제나 '위력'과 동시에 존재하는 쌍둥이 개념이었다. 은혜를 매개로 한 관계가 이루어졌다고 하더라도, 은혜란 일방적인 것이 아니다. '시은'이 '보은'이라는 윤리적 · 정치적 부담과 의무를 지우는 것이라면, 언제나 문제가 되는 것은 은혜의 성분이다. 이름뿐인 은혜라면 그 은혜는 수혜자에게 이름뿐인 보답이라는 부담을 지울 뿐이다. 은혜는 코러스 또는 배경음악과 같이 구체적인 내용이 있다기보다는 매우 추상적인 것이다. 주 선율은 언제나 '황제는 언제나 은혜를 베푸신다'였다. 영화에서 배경음악과 실제 장면은 반드시 필연적인 관계를 갖지는 않는다. 그러나 잘 만든 배경음악은 영화의 주제를 강하게 부각시킨다.

'은혜정치'에는 '현실적인 이유'가 있다고 봐야 한다. 책봉조공제도에도 현실적인 이유가 있었다. 유일한 문명국이라는 오만은 지나친 것이라 하더라도, 중국은 동아시아 문화의 융합공장이었다. 그러한 독과점 상황이 만들어 낸 것이 '은혜문화'다. 은혜의 핵심은 '문명의 혜택'을 나눈다는 것이다. '문명'에는 부정적인 면과 긍정적인 면이 있지만, 은혜의 논리에서는 되도록 부정적인 면이나 원한은 숨기고 긍정적인 면을 드러낸다. 청조 측의 은혜 논리는 일종의 고리대금업자의 논리라고 할 수 있다. 하늘같은 은혜, 큰 강과 같은 은혜를 강조하는 것은 적은 통치비용으로 큰 효과를 거두고자 한 것이랄 수 있다.

아무튼 은혜란 갸나 측에서나 티베트 측에서나 모두 관용적으로 입에 올린 정치적 용어이다. 단 은혜라는 용어를 이해할 때도 반드시 기억해야 할 점은, 은혜에 대한 갸나 측과 티베트 측의 이해방식이 다르다는 것이다. 갸나 측은 '은혜와 위력의 겸용'이라는 통치방법론으로 이해하고 있었고, 또한 은혜와 보답을 긴밀히 결부된 개념으로 이해하고 있었다. 반면 티베트 측은 법주·시주 관계라는 불교적 논리로 '은혜'를 이해하고 있었다. 티베트 측도 '은혜'란 용어를 애용하고 있었고 '보답'의 논리까지 인정하고 있었다. 그러나 티베트 측이 이해하는 은혜란 법주·시주 관계에 입각한 은혜였다. 이러한 이해는 티베트 측이 은혜를 절대 강자인 황제가 일방적으로 내려주는 것으로 이해하지 않았다는 것을 의미한다. 티베트인들이 이해하는 은혜는 두 부처님을 전제한 것으로, 문수대황제가 관음보살인 달라이 라마와 그 백성들에게 주는 것이었다.

우리가 근대 동아시아 역내의 상호관계 속의 티베트와 중국의 관계를 따져보고자 하는 마당에 티베트의 역할도 함께 거론하고자 하는 이유는 티베트도 분명히 의미있는 '세력'으로 존재했다는 사실 때문이다. 기존의 티베트·중국 관계에 대한 논의에서 법주(法主)·단월(檀越) 관계 문제에 대한 검토는 어느 정도 이루어졌지만, 캄이나 암도 지역의 제도적 지위나 역할에 대해서는 티베트의 국제적 관계를 검토하는 학문적 논의의 장에서만 매우 미미하게 언급되어 온 것이 사실이다.

천조체제는 1689년의 네르친스크 조약과 1727년의 캬흐타 조약 이후 그 내부와 외부를 비교적 명확히 구분한다. 어쩌면 18세기 천조체제의 완성은 양자를 명확히 구분할 필요성에서 추진된 것이라고 할 수 있다. 그러나 천조체제는 여전히 여러 구성성분의 매우 다양한 결합에 의해 구성되는 것이다. 예컨대 티베트 주변의 경우, 서장의 달라이 라마 제도, 사천의 토사제도,[14] 그리고 본부지역의 행성제도 등이 그것이다.

3. 아편전쟁 이래 티베트 사회의 '자립' 경향

19세기의 역사는 서양세력의 본격적인 등장이라는 촉매 요인에 의해 새로운 양상으로 전개된다. '천조' 질서의 완성 공간이랄 수 있는 사천 서부와 캄 지역, 그리고 청장(青藏)고원에도 '서양인'들의 발길이 미치기 시작하였다. 그러한 사례는 『청실록』에도 종종 등장한다. 이 지역의 질서에 실제로 영향을 준 것은 인도와 네팔 쪽으로 접근하는 영국의 활동이었다고 할 수 있다. 캄 지역에는 아직 본격적으로 이들의 발길이 미치지는 않았다. 그 영향이 분명하게 작용하기 시작한 것은 1880년대부터였다.

서양세력과 접촉하게 된 상황에서, 18세기의 총결론이라 할 수 있는 거창한 '천조'체제는 19세기에 들어오면 갑자기 비현실적이고 초라해 보이는 것이 사실이다. 사실 '천조'체제를 세우는 과정은 동시에 그것이 무너지는 과정이기도 했다. 그만큼 내실이 약했다고 할 수 있다. 그러나 18세기에 형성된 지리인식이나 역사의식 등은 여전히 현대인, 특히 중국인들에게 많은 영향을 끼치고 있는 것으로 보인다.

1792년 구르카에 대한 전쟁은 건륭제가 천조체제를 완성시킨 사건이었다. 주장대신은 밸뽀(巴勒布) 측에게 "올해에도 타이완 적비(賊匪)를 전부

14) 토사제도에 대해서는 다음의 연구를 참고할 만하다. 高士榮, 『西北土司制度研究』, 北京 : 民族出版社, 1999 ; 李世愉, 『淸代土司制度論考』, 北京 : 中國社會科學出版社, 1998.

생포하여 지방을 숙청했다. 천조의 병위를 알지도 못하고 듣지도 못했는가!"라고 하는 기세등등한 편지를 보냈다.[15] 건륭제는 자신만만하게 이렇게 말한다. "이번 용병은 오로지 티베트[衛藏]를 보호하기 위한 것으로, 군무오랍(軍務烏拉 : 군수품을 운반하는 무상노역)은 모두 특별히 탕금(帑金)을 사용하여 넉넉하게 가격을 쳐주었으며, 결코 조금도 상상(商上)[16]에게 누를 끼치지 않았다."[17] 그리고 천하 신민에게 자신의 전쟁이 부득이한 것이었다고 말하였다.

> 짐은 57년 동안 재위하면서 준부(准部)·회부(回部)·대소양금천(大小兩金川)을 평정하고 강토를 개척한 것이 2만여 리이다. 구구한 구르카는 후장(後藏) 변외(邊外)의 탄환(彈丸) 같이 조그마한 땅인데, 짐이 어찌 그 토지에 이익이 있다고 보고 궁색하고 더러운 전쟁을 벌이겠는가? 다만 티베트[위장]는 황조(皇祖)·황고(皇考)가 평정(勘定)한 땅이고, 승속인중(僧俗人衆)이 은덕을 입고 교화를 받고 있는 것이 100여 년인데, 보잘것없는 무리[小醜]의 침해를 어찌 용납하고 묻지 않을 수 있겠는가. 이것은 짐이 부득이하게 고심 끝에 용병한 것이니, 마땅히 천하신민이 함께 알아보아야 할 것이다.[18]

그런데 건륭제의 용병은 겉으로는 매우 자신만만하지만 그 속내를 들여다보면 미묘한 측면을 가지고 있음을 알 수 있다. 티베트 측에 대해서는 누누이 티베트에 이로운 전쟁이라고 설득하고 있었다.

> 암반 경림(慶林)·아만태(雅滿泰)는 달라이 라마와 판첸 에르데니 및

---

15) 장회편 2, 건륭 53년(1788) 8월 초3일, 623쪽.
16) 清朝에서 商上이라 한 것은 달라이 라마의 금고, 즉 까삭[噶厦]의 재정을 관장하는 기관 또는 관원을 의미한다. 또한 어떤 경우에는 '섭정'이라는 의미로 쓰이기도 한다.
17) 장회편 3, 건륭 57년(1792) 9월 초4일, 766쪽.
18) 장회편 3, 건륭 57년(1792) 8월 22일, 761쪽.

까륀 등에게 이해관계로 계몽하고 깨우쳐 주었다. 이번에 내지의 관병을 파견하는 것은 사실 달라이 라마와 판첸 에르데니와 황교인들을 보호하기 위한 것이다. 그대들이 만약 병정들에게 곡식을 판매한다면 그 값을 받을 수 있을 뿐만 아니라 또한 산업을 보호할 수 있다.[19]

이렇게 설득하고 나서, 구르카왕과의 전투가 종결되자 시짱 '정돈'을 시도한다. 이에 대해 복강안(福康安) 등은 이렇게 말한다.

오직 장중(藏中) 사무는 종래에 제도가 없었는데, 달라이 라마는 좌선을 알 뿐으로 바깥 일을 깊이 알지 못한다. 까륀 등은 평시에 임의로 폐단을 일삼다가 유사시에는 제압하지 못하니, 반드시 일체의 장정을 갱정하여 준수해야 한다. …… 만약 누적된 악습(積習)을 바로잡기라도 하면, 대황제는 주장대신 및 관병 등을 철회할 것이고, 이후 만일 사고가 있어도 천조는 다시 관리하지 않을 것이다. 화복이해(禍福利害)는 무엇이 무겁고 무엇이 가벼운가. 스스로 선택하는 것이다.[20]

역시 청조의 구르카에 대한 전쟁은 오로지 티베트를 위한 전쟁이었다고 설명되고 있다. 그러나 이 전쟁에 대해 구르카 왕 라나 바하두르(拉特納巴都爾)는 청조 당국의 개입을 다음과 같이 강력히 비난하고 있었다. "티베트[탕구트]와 구르카는 변계가 서로 접하고 있고, 마치 한집안 친형제와 같다. 설사 친형제간이라도 한때의 구설과 쟁론이 있는 것이다."[21] 청조의 개입을 지역질서에 개입하는 역외국가의 간섭이라고 본 것이다. 청조가 남의 집안일에 끼여든다는 이러한 지적에 대한 건륭제의 입장은 잘 알려진 바와 같이 '부득이한 용병'이라는 것이었다.

또한 청조 군사력의 성분도 유심히 볼 필요가 있다. 청조 지휘관은

---

19) 장회편 2, 건륭 53년(1788) 8월 22일, 625쪽.
20) 장회편 3, 건륭 57년(1792) 10월 16일, 773쪽.
21) 장회편 3, 건륭 57년(1792) 6월 18일(5월 28일), 742쪽.

다음과 같이 황제에 보고하였다.

현재 데게[德爾格特]・작사가포(綽斯嘉布)・삼잡곡(三雜谷)・혁포십찰(革布什咱)・악극포(鄂克布) 등의 토사 내에서 토병 5천 명을 동원하려고 한다. 이 밖에 명정(明正)・바탕・리탕 등, 오랍(烏拉)을 부담해야 하는 토사, 그리고 명정 등의 부근에서 오랍을 도와야 하는 호르(霍爾) 등의 토사는 대략 꼭 동원할 필요가 없고, 노일(勞逸)을 균등하게 해야 한다[均勞逸].[22]

그리고 이렇게 동원된 병력을 합하면, "암반[奴才] 등이 현재 데리고 있는 병력까지 합치면 총 8천여 명이 있으니, 군사의 위세는 극히 왕성하다"[23]고 했다. 즉 청조 병력은 캄 지역 토사들의 병력을 최대다수로 하고 있는 것이다.

구르카와의 전쟁 후 청조 당국은 서장의 군사적 취약성을 절감하고 매우 광범위한 티베트 '정돈' 정책을 시행하였다. '금병추첨제도'[24]의 창안과 3천 명의 티베트 정규군[25] 창설은 그 핵심적인 내용이다. 티베트 '정돈'의 첫 번째 항목은 "티베트 내의 모든 일은 주장대신의 관리로 돌려야 한다"는 것이었다. 티베트 정돈 항목에서 주목되는 점은 이전에는

22) 장회편 2, 건륭 56년(1791) 11월 16일, 682쪽.
23) 장회편 2, 건륭 56년(1791) 11월 16일, 683쪽.
24) 장회편 3, 건륭 58년(1793), 欽定藏內善後章程29條, 825쪽. "① 달라이 라마와 판첸 에르데니는 황교교주이다. 몽골과 서장지방의 활불 및 후톡투가 靈童으로 轉世할 때 西藏의 舊俗에 따르면 항상 四大護法神에게 問卜하는데, 口傳에 따라 지정하기 때문에 반드시 확실하지는 않으므로, 대황제는 널리 황교를 펴기 위해서 특별히 金瓶을 반포하였다."
25) 장회편 3, 건륭 58년(1793), 欽定藏內善後章程29條, 827쪽, "④ 前後藏은 종래 정규군대가 없었고 전쟁이 일어나면 임시로 동원하여 대부분 응전할 수 없었고 또 항상 백성에게 해를 끼쳤다." "3천 番兵"을 설치하여 前後藏에 각각 1천 명씩 주둔하게 하고, 江孜・定日에 각각 5백 명씩 주둔하게 하였다. 5백 명마다 1명씩의 代本을 두어 병력을 통솔하게 한다. 라싸 주둔병은 라싸 遊擊이 통제하고, 日喀則・江孜・定日의 番兵은 駐日喀則都司가 통제한다. 병력의 명부는 주장대신衙門과 까삭公所에 각각 1부씩 보관한다. "위에 설명한 番兵은 모두 달라이 라마와 판첸 에르데니의 호위병이 된다."

관여하지 않았던 티베트의 외교에 개입하여 이를 주장대신의 감독 하에 두려 한 것이다.

이런 식으로 천조의 범위를 확정한 청조 당국은 19세기에 들면 '변경 끝'[邊末][26]이며 '천조 끝'[天末][27]인 서장 바깥의 일에는 관여하지 않는다는 태도를 보인다. 즉 "구르카는 천조의 속국이다"[28]라고 하면서도 "대황제는 만국을 어루만지고 키우기를 똑같이 하고[一視同仁], 종래 한 나라를 편드는 일이 없었다"[29]며 구르카의 병력지원 요청을 거절하였다. 20여 년 전과는 달리 매우 방어적인 태도로 바뀌어 있다.

1835년에는 뽀메(波密) 지방의 박와(博窩 : 博番 또는 博夷)가 번관(番官)을 살해하는가 하면 꽁뽀(工布)·좀다(江達) 지역의 백성들까지 강탈하고 있다고 하여, 까뢴 책점탈결(策墊奪結) 등이 소란을 일으킨 박와를 토벌하였다. 이 토벌에는 주장대신이 지휘하는 전후장의 티베트군이 동원되었다.[30] "그 곳의 경계는 동쪽으로는 강마곡미(江麻曲未)에 이르고, 서쪽으로는 납옥정(納沃頂)에 이르며, 남쪽으로는 야인국(野人國)과 경계를 맞대고, 북쪽으로는 탕구트의 비비(批批) 지방과 연접하고 있었다."[31] 티베트군이 이 지역의 토벌에 나섰을 때 지휘를 맡은 것은 형식적으로는 주장대신이었지만, 실제 작전과 보고는 모두 티베트군과 관리들이 맡고 있다. 토벌 후의 지방관리도 티베트 측에서 맡았다. 우선 토병(土兵)을 폐지하고 번병 50명을 교대로 근무하게 하였다.[32] 이 변란의 평정을 사실상 총지휘한 섭정 살마제파극십(薩瑪第巴克什)은 원래의 연종익교선사(衍宗翊教禪

26) 장회편 2, 건륭 11년(1746) 7월 25일, 484쪽.
27) 장회편 2, 건륭 15년(1750) 5월 초5일, 514쪽.
28) 장회편 3, 嘉慶 21년(1816) 8월 19일, 863쪽.
29) 장회편 3, 嘉慶 20년(1815) 4월 21일, 842쪽. "구르카와 披楞의 피차 쟁투는 邊境之外에 있는 것이니 대략 불문에 부친다"는 것이다.
30) 장회편 3, 道光 16년(1836) 10월 28일, 874~878쪽.
31) 장회편 3, 도광 16년(1836) 12월 17일, 881쪽.
32) 장회편 3, 도광 18년(1838) 8월, 887쪽.

師) 명호 내에 '정원'(靖遠)이란 글자를 덧붙이는 상을 받았다. 그리고 작얍 대후톡투(乍丫大呼圖克圖) 도포단제묵취제가목참(圖布丹濟墨吹濟加木參)은 병력을 동원하고 700여 냥의 은을 출연한 데 대한 대가로 '칙서'를 상으로 받았다.[33] 이것은 티베트 섭정과 작얍 대후톡투의 역량이 강화되어 가는 모습을 여실히 보여준다.

1830년대에 작얍의 대소 후톡투의 분쟁은 청조의 티베트 장악력의 실상을 알려주는 좋은 자료가 된다. 분쟁의 한 당사자는 뽀메 지방의 박와의 소란을 평정하는 데 힘을 보탰던 작얍의 두 후톡투로, 도광 12년(1832) 이후 분쟁을 벌였다. "작얍 지방은 종래 탕구트 소속으로 돌리지 않고 일체의 사무를 그 곳의 두 후톡투가 모두 관장해 왔으며, 모든 두목(頭目)과 창저파(倉儲巴) 등을 이들 후톡투가 자체적으로 임용해 왔다." 이들 사이의 분쟁에 대한 청조 당국의 입장은 "피차의 분쟁은 원래 만촉(蠻觸)의 상쟁에 속하는 것으로 다 불문에 부칠 수 있다"는 것이었다.[34] "그 곳은 사천성에서 2,900여 리나 떨어져 있고 일체의 상황은 내지와 다르다" "이들 지역은 내지 소속이 아니기 때문에 이전에 관에서 담당하지 않았다"[35] "이들 후톡투의 만촉 상쟁은 진실로 그냥 두고 관여하지 않을 수 있지만, 작얍 · 아족(阿足) · 왕잡(王卡) 일대의 지방은 전장(前藏)의 통로가 되니, 그 길이 막히도록 내버려 둘 수 없다."[36] 이러한 인식에 따라 청조 당국은 1846년에 "작얍 지방은 공도(孔道)에 해당하고 서장 진출의 요로이니, 단연코 경색을 그대로 놔둘 수 없다. 염경(廉敬) 등은 속히 기선(琦善)과 회동하여 방법을 의논하고 유능한 인물을 뽑아서 파견하여 대의(大義)로 깨우쳐 주어 쟁단을 멈추게 하라"는 지시를 내렸다.[37]

---

33) 장회편 3, 도광 19년(1839) 2월 초9일, 891쪽.
34) 장회편 3, 도광 20년(1840) 11월 28일, 892~893쪽.
35) 장회편 3, 도광 23년(1843) 정월 19일, 895쪽.
36) 장회편 3, 도광 21년(1841) 9월 13일, 894쪽.
37) 장회편 3, 도광 26년(1846) 11월 초6일, 898쪽.

그러나 이 사안을 조사하기 위해 파견된 사천위원 선영(宣瑛)·요영(姚瑩)은 문서를 전달하는데 한문서찰을 써서 의심받을 빌미를 만들었다 하여 징계를 받았다.[38] 정작 이 사건은 티베트의 '토속'에 따라 처리되었다. "까륀(噶布倫) 왕곡결포(汪曲結布)가 밝힌 바에 따르면, 이들 번목(番目)은 데게[德爾格特] 토사 및 참도 후톡투[察木多呼圖克圖]·각 대두목(各大頭目)과 탕구트 번변[唐古特番弁]을 대동하고, 4월 작얍에 이르러 칙서·경전에 따라 그들 대소 라마와 두인(頭人)·백성 등을 엄히 힐문하였다고 한다. 그들 라마 등은 천은에 감격하고 다 깨우침을 알아 이전의 잘못을 통렬하게 고치기를 원하며 한마음으로 공순하게 서약서를 제출하여 맹서를 하고 죄를 인정하였다."[39] 까륀 등은 12년이나 묵은 안건을 병력과 탕금을 소모하지 않고 해결했다고 하여 포상을 받았다. 당시의 서리 사천총독장군 염경과 신임 사천총독 기선은 이러한 해결방법을 타당하게 여긴 듯하다. 당시 티베트의 중대사건은 기본적으로 '토속'에 따라 처리되었다.

티베트의 '자립' 경향에 대해 청조 당국은 아편전쟁의 패배로 곤혹스런 처지에 빠진 가운데서도 제동을 걸려는 시도를 하였다. 주장대신 기선의 정돈 대책도 그러한 성격의 것이었다고 할 수 있다. 판첸 에르데니 등은 상상(商上) 사무를 보는 섭정 살마제파극십의 처사가 '광망탐간'(狂妄貪奸)하다고 호소하였다.[40] 이에 황제는 기선에게 판첸 등과 함께 조사하여 이를 처리하도록 한다. 이 사건의 성격은 주장대신이 판첸을 내세워 섭정의 세력을 꺾고 티베트의 내정을 정돈하려는 조치라고 할 수 있다. 이 문제를 처리하면서 기선과 종방(鍾方)은 "그 라마는 제 잘난 줄만 알고, 망령되게 권세가 자기로부터 나온다며 마침내 하지 못할 일이

38) 장회편 3, 도광 27년(1847) 10월 26일, 903쪽.
39) 장회편 3, 도광 27년(1847) 10월 초3일, 899쪽.
40) 장회편 3, 도광 23년(1844) 6월 초7일, 926쪽.

없다고 말할 지경이었다. 대신들은 말이 통하지 않고 문자를 알지 못하고 상상(商上)의 출납은 전부 오랑캐의 풍속을 따르므로 형세는 달리 처리할 수 없는 것이었다"라고 하였다.[41]

우선, 기선은 건륭 57년(1792)에 수립된 규정, 즉 주장대신이 지나치게 '겸손'해서는 안 되며 "주장대신과 달라이 라마와 판첸 에르데니는 평등하다"는 규정을 재확인하였다. 그 규정은 가경 19년에도 전(前) 대신 호도례(瑚圖禮)가 재확인하였다고 하였다.[42] 그리고 섭정을 견제하기 위해 "달라이 라마는 나이 18세에 이르면, 팔기세직(八旗世職)의 예에 따라 주장대신이 상주하여 유지(諭旨)를 청하고 곧 일을 맡아야 하며, 섭정은 물러나야 한다"고[43] 지적하였다. 기선은 파직된 섭정에게서 몰수한 은 14만여 냥의 재산을 각 사묘(寺廟)를 수리하는 데 쓰고 또 라마들에게 상급으로 주고, 곡식은 병사들에게 주도록 하였다. 그리고 각 지방[宗谿]에 이 같은 조치를 다음과 같이 알리게 하였다. "이것은 황제가 널리 황교를 펴고 악을 버리고 선을 돕는 커다란 은혜임을 알아야 한다."[44] 이러한 조치들은 한편으로 섭정의 견제라는 목적에 치우쳐, 달라이 라마가 명실상부한 티베트의 지도자로 부상하는 길을 닦은 것이라고 할 수 있다.

암반 기선은 이번원(理藩院)에 대해 재정권을 서장 측으로 돌려줄 것을 요청하였다. 즉 복강안(福康安)은 회강(回疆)의 예에 따라서 주장대신이 서장의 일체의 출납을 처리하게 하였으나, "상상(商上)의 모든 출납은 전적으로 오랑캐의 습속을 따르고 줄곧 국탕(國帑)이 아니었으므로 형세상으로 (주장대신이) 대신 장악하여 계산할 수 없었다"는 것이다. 전후장(前後藏)에 한 명씩 있는 양원(糧員)은 출납을 처리할 능력이 없어 주장대신이 다 처리해야 하는데, 티베트 말과 글을 모르기 때문에 "그대로 모방만

41) 장회편 3, 도광 24년(1844) 9월 26일, 928~929쪽.
42) 장회편 3, 도광 24년(1844) 9월 26일, 929쪽.
43) 장회편 3, 도광 24년(1844) 9월 26일, 930쪽.
44) 장회편 3, 藏曆木蛇年(1845) 6월 12일, 946쪽.

할 뿐 유명무실한 것이다."[45] 이러한 기선의 보고에 따라 이번원에서는 상상(商上)과 짜시뢴뽀[扎什倫布]가 일체의 출납을 자체적으로 처리하도록 할 것을 다음과 같이 결정하였다. "이후 상상 및 짜시뢴뽀의 일체 출납은 그 라마에게 자체적으로 처리하게 하고 주장대신은 경영할 필요가 없다."[46]

서장이 갸나 권력으로부터 공식적으로도 상당한 '행동의 자유'를 확보한 시점을 대략 '도광(1821~1850) 말년'으로 간주할 수 있다. 이는 다음의 기록에 잘 요약되어 있다.

> 서장지방의 경우 옛 조종(祖宗)이 정한 제도에 보면, 참도・작얍에서 전후장(前後藏)까지, 그리고 걍쩨(江孜), 정일(定日)의 각 애구(隘口)는 모두 유격(遊擊)・도(都)・수(守)・병정(兵丁)을 설치하여 제어에 활용하며, 주장대신은 그 중간에서 통제한다. 장중(藏中)의 사무는, 작아서 쉽게 처리할 수 있는 것이면 해당 번관(番官)이 처리하고 층층으로 올려보내 해당 장왕(藏王)으로부터 결재를 받는다. 사무가 커서 처리하기 어려운 것이면 장왕이 주장대신에게 송부하여 처리한다. 곧 번관의 인사는 모두 주장대신이 주도하여 처리하는데, 그 체통이 매우 존엄하고 권한은 넘을 수 없다. 이렇게 장(藏)을 통제하는 법은 지극히 정밀하여 200년 동안 번관은 자못 한관(漢官)의 규제를 받고 번인은 감히 경시하지 못하였으며, 한번(漢番)의 체계적인 처리와 일체의 지시와 금지가 극히 순조로웠다. 그런데 도광 말년 이후 제어가 좀 느슨해지자, 번관은 한관과 나뉘어 둘이 되어 각기 서로 통합되지 못하고, 번관의 기염은 점점 팽창하여 후대의 관례는 옛날의 법[故常]이 되고 이후에 다시는 한관(漢官)의 규제를 존중하지 않았으며, 한관의 호응도 뚜렷하게 원활하지 못하였다. 오로지 주장대신에 관한 규정은 일체 규정된 사항을 존중하고 감히 위배하지 못하였으나, 또한 그 실태는 상황을 간접적으로 통제하는 기미(羈縻)에 불과하였다.[47]

---

45) 장회편 5, 도광 24년(1844) 12월, 2298쪽.
46) 장회편 5, 도광 24년(1844) 12월 27일, 2300쪽.
47) 장회편 3, 광서 5년(1879) 윤3월 초7일, 1055~1056쪽.

이제 청조에서 믿을 대상은 주장대신밖에 없게 되었고, 황제의 '노재'인 주장대신이 '기염'을 토하던 시대가 끝났다는 것을 보여준다.

태평천국운동이 진행되고 있던 상황에서 사천군의 티베트 동원은 사실상 불가능한 것이었다. 그래서 다음과 같이 원칙을 더욱 내세우고 있다. 1855년 "현재 중원의 적비(賊匪)가 평정되지 않아서, 병향(兵餉)이 모두 결핍되어 있는데, 이번 장속(藏屬)의 용병은 진실로 어쩔 수 없이 (티베트군을 동원하게) 된 것입니다. 그러나 외이(外夷)를 제어하는 도는 원칙[道]은 은덕과 위압을 아울러 사용하고 토벌과 포용을 함께 시행해야 합니다."[48] 통제가 먹혀들지 않는다면 권력의 속성상 당연히 응징을 가해야겠지만, 청조 당국은 기본적으로 공격을 일삼지 말고 조심조심 대응할 것을 지시하고 있다.

티베트의 '자립' 추세가 진행되는 상황에서 동치 원년(1862)에는 '라쳉(熱振) 구축사건'이 발생한다. 주장대신은 '포시쟁송'(布施爭訟)으로 "현재 서장의 승중(僧衆)은 성질이 오만해져서 각기 무기를 잡고 함부로 병위(兵威)를 드러내어 일제히 총포를 쏘아대고 서로 요란하게 공격하여 각기 손상이 있다. …… 서장에 주재하고 있는 관군은 수가 많지 않아서 사실상 이를 누를 수 없다"[49]고 보고하고 있다. 티베트에는 "내부 분쟁으로 서로 충돌을 벌여도 한관이 제지하지 못하는" 상황이 연출된 것이다.[50] 이처럼 서장의 상황도 한관이 제대로 통제를 할 수 없는 상황인데, 캄의 상황은 이전의 노상강도[작빠]가 설치던 상황을 이미 넘어서고 있었다. "냐롱[瞻對]의 반역자 괸뽀남개[工布郎結]가 리탕을 점거하고 공문서가 오갈 때마다 꼭 꺼내보곤 했다."[51]

이후 냐롱의 귀속 문제는 갸나·티베트 관계의 한 잣대가 되었다.

48) 장회편 3, 함풍 5년(1855) 12월 12일, 994~995쪽.
49) 장회편 3, 동치 원년(1862) 6월 20일, 1010쪽.
50) 장회편 3, 동치 원년(1862) 6월 22일, 1011쪽.
51) 장회편 3, 동치 원년(1862) 10월 28일, 1018쪽.

이 사건의 경과는 대략 다음과 같다. "반역자의 두목 궨뽀남걔는 도광 28년(1848) 이래 흉폭하게도 각 토사의 땅을 침범하여 빼앗고 다시 리탕을 포위하여 서장을 엿보았다." 티베트군이 이 문제를 해결한 후에 청조는 "전체 냐룽 상·중·하 세 지방은 달라이 라마에게 상급으로 주어 캔뽀[堪布 : 사원 주지]를 파견하여 관리하고 사원을 세우고 수리하게" 하였다.[52] 장경(長庚)의 상주문에는 이 상황이 이렇게 묘사되고 있다.

> 탕구트는 비록 호르(霍爾) 토사를 구하는 것이 절실하기 때문이라고 하지만, 실은 궨뽀남걔가 리탕을 포위하고 압박하여 차 유통로[茶道]가 통하지 않고 침해가 서장으로까지 미쳤기 때문에, 그 상황을 해결하지 않을 수 없었으므로 각 토사와 함께 도모하고 협력하여 그 인도(引導)를 받아 길을 나누어 포위 공격하고 궨뽀남걔의 난을 평정할 수 있었다. 동치 4년(1865)에 유지(諭旨)를 받들어, 상·중·하 냐룽 지방을 달라이 라마에게 상급으로 주고 감포를 파견하여 관리하도록 하였다. 다만 어떻게 관리할 것인가, 냐롱민이 부요(賦徭)를 납부해야 하는가 하는 방안을 정할 수 없었고, 또한 냐롱지역과 인근 토사의 접경지대를 분명하게 나누어 구분하지 않았고, 비록 각 토사는 모두 침범당한 지역을 되돌려받았지만, 냐롱 지역과 연접하여 초기에 침범당한 땅은 냐량에 있는 번관(番官)의 소유가 되었다. 각 토사는 궨뽀남걔의 평정을 다행으로 여기고 또 탕구트의 위엄을 두려워하여 모두 번관에게 붙어 의지하였고, 번관도 냐룽 지방이 티베트에서 4천여 리나 떨어져 각 토사 가운데 외롭게 매달려 있기 때문에, 연합하여 그 세력을 견고하게 하지 않을 수 없어 혼인을 맺어 맹서를 요구하였다. 각 토사는 번관에 붙기도 하고, 그 위력을 후원으로 삼기도 하고, 그 위협을 두려워하면서 안녕을 구하기도 하였다.[53]

티베트는 이처럼 이 지역을 토속에 따라 통치했다. 냐롱을 평정하는

52) 장회편 4, 동치 4년(1865) 12월, 1264쪽.
53) 장회편 4, 광서 16년(1890) 10월 11일, 1279쪽.

일이 서장 측에게만 중요한 일이었다면 이후 그 지역을 놓고 갸나와 티베트가 그렇게 오랫동안 갈등을 일으키지는 않았을 것이다. 1862년에 "중첨대야추(中瞻對野酋) 괸뽀남개가 번중(番衆)을 데리고 토사 소속의 각처에서 소란을 피우고 있고, 명정토사(明正土司) 갑목참령경(甲木參齡慶)은 괸뽀남개 등과 원한관계를 맺어, 움직이면서 참(站)을 없애고 왕래하는 차역(差役)을 막고 있었다."[54] 청조 당국자는, "현재 천중(川中) 군무가 완결되지 않았고 군비도 형편없는데다가, (사천군이 : 인용자) 이번의 토병 1만 3백여 명의 소탕작전에서는 힘을 쓰지 못하고 있으니, 어떻게 유한한 탕금(帑金)을 무익한 변비(邊費)로 사용할 수 있겠으며 또한 (서장 측이 : 인용자) 꼬투리를 잡아 말썽을 일으켜 지방을 그르칠까 두렵다"며 토병을 철수시키자고 하였다. 나아가, "냐롱과 리탕 토사가 말썽을 일으키는 것은 본래 만촉상쟁이니" 먼저 계도해 봐야 한다며 "만일 도리로 설득하여 듣지 않으면, 반드시 병위(兵威)로써 압박해야 하는데, 사천총독 낙병장(駱秉章 : 사천총독 재임 1861~1867)에게 병력동원을 맡겨 빨리 해결하도록 위임한다"고 하였다.[55]

그러나 냐롱은 30만 냥의 군비를 소모한 티베트군에 의해 평정되고 청조는 그 비용을 지급할 수 없었기 때문에 이 지역의 관할권을 서장 측에게 주었다.[56] "역대에 임명된 주첨번관(駐瞻番官)은 모두 수행원을 데리고 그 곳에 이르러 공문서를 나누어주고 대소 영관(營官)의 칭호를 유지하였다."[57] 냐롱인들이 서장 측의 관할을 고분고분하게 받아들이기만 한 것은 아니었다. 서장 관리들은 그 지역의 갈등에 개입하여 분쟁에 휘말리기도 했다. 예컨대, "번관 팽요파(膨饒巴)는 그 땅이 멀고 군사가 강하다는 것을 믿고, 토사를 침어하여 리탕 승속이 복종하지 않는 상태에

54) 장회편 4, 동치 원년(1862) 10월 초7일, 1261쪽.
55) 장회편 4, 동치 2년(1863) 5월 초7일, 1262쪽.
56) 장회편 4, 광서 22년(1896) 4월 19일, 1290쪽.
57) 장회편 4, 광서 16년(1890) 10월 11일, 1280쪽.

이르게 되었다."[58] 암반 장경(長庚)은 이러한 상황을 "번관이 냐롱 주민[瞻民]을 대하는 태도를 보면, 표호(豹虎)의 고장으로 여겨서 오로지 건장하고 엄혹한 사람에게 위임하여 가혹한 형벌과 고된 노역으로 심하게 거두어들여 난을 빚었다"[59]는 식으로 표현하고 있다.

사실 청조 관리들은 시간이 갈수록 냐룡의 '수복'을 주장하였다. 먼저 서장의 관리가 사천 토사지역을 '잠식'한다는 것이 문제가 되었다. 1881년의 경우에, "파견된 번관은 대의를 드물게 알고 그 중지(重地)를 얻어서 우리[丁寶楨 등]에게 대항하는데 늘 솔개가 날개를 편 듯이 방자하여 점점 잠식을 돕고 있다." 그 대책은 "계지(界址)를 분명하게 긋고 계비(界碑)를 나누어 세워야 한다"는 것이었다.[60]

1880년대 중반 신장과 타이완 같은 변경지역에 행성이 신설되고 난 다음부터는 '냐롱' 회수 주장이 더욱 강력히 제기되었다. 냐롱 사람들은 냐롱의 번관을 쫓아내고 사천에 붙어 내지판도에 예속하겠다고 했다. 1890년에는 냐롱의 수복이냐 현상유지냐를 놓고 청조 관리들 사이에서 논쟁이 벌어지기도 하였다. 암반 장경은 "냐롱은 본래 천성(川省) 문정(門庭)이 접하고 있는 땅인데 티베트가 관할하고 있어서, 결국 티베트 세력이 너무 커져서 통제할 수 없게 될 수 있다[尾大不掉之患]"고 하였다. 그는 이렇게 상주하였다. "지금 만회하여 구조할 것을 생각하여 만일 병비(兵費)를 보상하고 강토(疆土)를 회수하여 영원히 갈등을 끊는다면, (그것은) 사실 일로영일(一勞永逸)의 계책이다. 그럴 수 없다면, 멋대로 공격하고 정벌하는 것을 엄금하는 것이 중요한 대책이다."[61]

1890년에는 결국 "조정은 일시동인하여, 변강이 안정되기를 바랄 뿐, 결코 그 땅을 탐내는 마음이 없다"는 쪽으로 달라이제도 · 토사제도의

58) 장회편 4, 광서 원년(1875) 7월 초5일, 1265쪽.
59) 장회편 4, 광서 16년(1890) 10월 11일, 1280쪽.
60) 장회편 4, 광서 7년(1881) 정월 초7일, 1270쪽.
61) 장회편 4, 광서 16년(1890) 10월 11일, 1279~1280쪽.

교과서적인 결론이 내려졌다. 즉 티베트에서 계속 냐롱을 관리하도록 하겠다는 것이다. 그 이유는 이러하였다.

> 티베트는 천(川)・전(滇)・진(秦)・농(隴)의 울타리이고 신장과는 서로 가리개가 되어, 중외의 전국(全局)에 관련되는 바가 매우 깊으므로, 조정은 밤낮없이 걱정하여 사신을 변경에 보내 거센 물결의 힘을 애써 되돌리고 온갖 방법으로 만회하여 지금 비로소 일의 실마리가 풀리기 시작하고 있다. 만일 냐롱 사안 하나가 장번(藏番)의 구실이 된다면, 이후의 일은 편하지 않은 경우가 많을 것이다. 장번은 오랫동안 성명(聖明)의 통찰중에 있다시피, 논리로 깨우칠 수 없고 이익으로 움직여야 한다.[62]

그러나 1896년에 또 한 번 '냐롱 회수' 주장이 불거져나왔다. 이유는 냐롱 문제가 '변경의 큰 근심'이라는 것이었다. 즉 "냐롱은 사천 소속 토사였는데, 고쳐서 서장에 소속되었다. 이후 사천성은 통할권이 없는데 해마다 그 땅이 넓고 사람이 드센 것을 믿고 토사부락을 잠식하고 또 감히 경계를 넘어 명정(明正)토사와 군사충돌을 벌이고 있다. 부근의 토사가 그 세력을 두려워하고 또 은밀히 그들에게 의지하는데, 이것은 진실로 변경의 큰 근심이다."[63] 더욱 절박한 이유는 "만일 서장에 일이 있으면, 냐롱 땅은 묻지 않아도 남에게 속하는 것이며 사천성도 지킬 수 있는 문호가 없으니, 멸망의 위기는 서서 기다릴 것이다"[64]라는 것이었다. 이 말은 서장을 믿을 수 없고 서장에 사고가 일어날 수 있다는 것이다.

드디어 냐롱의 내변(內變)을 틈타서 나이례(羅以禮) 등은 냐롱을 공격하였다. 이에 냐롱의 장관(藏官)은 주굴(朱窟) 토사와 함께 대항한다. "나이례 등이 탐문해 보니, 냐롱 사람들은 해마다 번관의 가혹한 학대를 받아 모두 진저리를 치고 있고 내속을 원하였다. 이번에 장중(藏中) 번병 수백

62) 장회편 4, 광서 16년(1890) 3월 초2일, 1274쪽.
63) 장회편 4, 광서 22년(1896) 4월 초4일, 1288~1289쪽.
64) 장회편 4, 광서 22년(1896) 4월 19일, 1291쪽.

명 이외에, 데리고 나온 냐룽 병사[瞻兵]는 티베트에서 파견된 관리의 위력에 밀려 억지로 몰려나온 것이므로 그 틈을 이용할 만한 기회가 있을 것이다."[65] 그리고 그들은 '간첩'을 보내 번관을 잡아 바치도록 냐룽 주민[瞻民]을 설득한다. 사천총독 녹전림(鹿傳霖) 등은 주굴 토사와 장곡라마사(章谷喇嘛寺) 승중(僧衆)이 냐룽 번관을 도왔다며, 승중을 징계하고 "만일 전과 같이 항거한다면 나이례에게 병사를 나누어 토벌하여 주굴을 공격하고 개토귀류해야 할 것"이라고 주장하였다.[66] 녹전림은 "냐롱을 회수하고 유관(流官)을 개설(改設)해야 한다"[67]고 주청한다. 청일전쟁 이후에는 이러한 개토귀류의 주장이 점점 대세를 이루게 된다.

근대 티베트와 중국의 관계는 '냐롱' 문제를 중심으로 전개되었다고 해도 과언이 아닐 정도로, 그것은 매우 민감한 문제였다. '냐롱 문제가 이렇게 부각된 것은 당시 국제관계의 영향이 컸다. 1880년대에 들어서면, 청조 관리들 안에서는 티베트 정부가 영국세력과 부딪혀 영국세력권으로 떨어져 나가는 것은 아닌가 하는 우려가 일었다.[68] '냐롱' 사건과 함께 근대 티베트와 중국의 관계를 적나라하게 보여주는 것은 '영국'과의 관계였다고 할 수 있다. 청조에서는 "서장 번중(番衆)은 라마를 장성으로 의지하고 양인(洋人)을 원수처럼 여기므로, 만약 통상협상이 잘 진행되지 않으면 이후에 분명히 일이 생길 것이다"라고 인식하기도 하였다.[69] 그것은 군사적 충돌이 끊임없이 일어나서 티베트가 빨리 '패망'할 것이라는 생각이었다.[70] 티베트의 우둔함을 우려하는 목소리는 사실 청조 조정의 착잡한 상태를 반영하는 것이다.

---

65) 장회편 4, 광서 22년(1896) 7월 15일, 1294~1295쪽.
66) 장회편 4, 광서 22년(1896) 7월 15일, 1297쪽.
67) 장회편 4, 광서 22년(1896) 9월 초1일, 1300쪽.
68) 『淸實錄』 光緒 14年 4月 丙戌(1888. 5. 15), 4498쪽, "殊不思藏爲中國屬地 斷無聽其自主之理 且以藏番之愚蠢豈知西國體例?"
69) 『淸實錄』 光緒 11年 9月 庚子(1885. 10. 12), 4449쪽.
70) 『淸實錄』 光緒 14年 5月 庚申(1888. 6. 18), 4501쪽.

서양세력의 접근에 대한 티베트 측의 대응은 '서약'으로 결의할 정도로 매우 심각하고 강경한 것이었다. 함풍 연간에 "온 티베트의 공의(公議)"에 따라 피차 교도가 다르기 때문에 "양인과는 교접하지 않는다"고 '서사'를 함께 세웠다.[71] "본 달라이 라마는 함풍 연간에 소속을 거느리고 공동(公同)으로 상의하여 외국인을 티베트에 들여놓지 않도록 하자고 서약문을 만들었는데, 티베트 사람들이 다 알다시피 대신아문에 보고하여 입안하였다."[72] 서양인 거절은 '서약' 사항이었다.

외국인의 티베트 진입은 중국의 개방과 함께 진행되고 있었다. 1887년 암반 문석(文碩)은 "통상으로 논하면, 도광 22년(1842)에 남양의 다섯 항구를 개방한 이후에 함풍 10년(1860)에 북양의 세 항구를 개방하였으며, 이어서 장강(長江)에까지 미쳐 번화한 부두가 다 침점되어, 화민(華民)의 실업이 이미 많고, 양상이 이미 이익을 적지 않게 얻고 있으니, 뜻이 있고 안목이 섰다면 어찌 장지(藏地) 한 구석이겠는가?"[73]라고 하였다. 문석은 티베트 측의 영국에 대한 항전의지에 동조하여 이 같은 말을 한 것이지만, 함풍 10년의 중요성은 정확히 지적하고 있다고 할 수 있다. 함풍 10년에 천주교의 내륙포교권이 인정된 이후 티베트에도 천주교 선교사들이 본격적으로 들어오기 시작하였다. 예컨대 1864년에는 암반 "만경(滿慶) · 이옥포(李玉圃)는 냐롱 천주교를 빙자하여 각종 속임수를 쓰려고 하니, 잠시 '상황에 따라 자체적으로 처리'[權宜辦理]하길 청한다"[74]는 식의 언급이 나오고 있다. 1886년에는 "바탕 등지의 양인이 교당을 세우고 사탁(司鐸=신부)의 왕래가 잦으니 이목이 미치는데 어찌 가리고 꾸밀 수 있겠는가"[75]라는 소식이 있었다.

---

71) 장회편 3, 광서 15년(1889) 3월 21일, 1175쪽.
72) 장회편 4, 광서 25년(1899) 3월 16일, 1370쪽.
73) 장회편 3, 광서 13년(1887) 10월 초7일, 1107쪽.
74) 장회편 3, 동치 3년(1864) 정월 초3일, 1039쪽.
75) 장회편 3, 광서 12년(1886) 6월 26일, 1085쪽.

중국 측은 영국의 강경한 통상요구와 티베트 측의 완강한 문호 폐쇄방침에 직면해 있었다. 티베트 측의 대응은 매우 강경하여 이미 중국 측의 입장과는 다소 차이를 드러내고 있었다. 티베트 측은 함풍 연간의 '서약'을 실천하기 시작하였다. 즉 "양인의 성품은 선량한 무리가 아니고 불교를 모멸하고 우인(愚人)을 속여먹고 사실 얼음과 숯의 관계 같은 것이니, 단연코 서로 상대하기 어렵다. 이에 전체 티베트인[闔藏僧俗]이 함께 서사(誓辭)를 정하여 오가지 못하게 하고 서약서를 만들어 지금부터 대대로 생사를 돌보지 않고 영원히 입경(入境)하지 못하게 한다"[76]라고 하였다. 서장의 티베트인들은 1880년의 시점에서 "늘 양인의 습교(習敎)가 다르다고 얼음과 숯처럼 보고, 함께 서사를 정하여 서약서를 만들고 입경하지 못하게 하였는데 10년을 헤아리는 지금까지 의지가 매우 견고하며, 주장대신이 외국을 비호할까 의심하고 있었다."[77] 따라서 청조 당국의 태도 여하에 따라서는 이 문제는 티베트와 청조당국 간에 심각한 의견불일치도 나타낼 여지를 안고 있었다. 사천총독 정보정(丁寶楨)이 "서장 번중은 라마를 장성으로 의지하고 양인을 원수처럼 여기므로, 만약 통상협상이 잘 진행되지 않으면 이후에 분명히 일이 생길 것이다"[78]라고 하였듯이, 이러한 상황은 매우 절박한 문제로 다가오고 있었다.

영국의 통상개방 요구가 더욱 거세진 데는 영국과 러시아의 경쟁관계가 작용하고 있었으며, 그 점은 청조의 관리들도 인지하고 있었다. 암반 문석은 이렇게 말하고 있다. "이전에 영국・러시아 등이 잇따라 티베트를 탐험하겠다고 하였는데, 그때 연대조약(煙臺條約 : 1876)이 바뀌지 않았기 때문에 완곡한 말로 막을 수 있었다. 지금 이미 조약을 바꾸었으니, 이후의 상황은 예전 같지 않을 것이다. 그러나 서장 번중의 승속이 엄격하게

76) 장회편 3, 광서 5년(1879) 7월 11일, 1059쪽.
77) 장회편 3, 광서 6년(1880) 2월 27일, 1063쪽.
78) 장회편 3, 광서 11년(1885) 10월 26일, 1070쪽.

거절하고 있고, 작년에는 서약서를 작성하여 보냈는데 서사가 매우 단호하였다. 근년에는 태도가 점점 교만하고 사나워진다고 하여 다방면으로 지도하였지만 끝내 깨닫게 할 도리가 없을 것이다."[79] 청조는 이미 조약체제 속에서 움직이고 있는데, 티베트는 조약체제로 편입되는 것을 단호하게 거부하고 있는 것이다.

1886년에 영국 외교관은 또다시 이홍장에게 서장 유람을 위한 여행증[護照]을 받아 티베트에 진입하려 했지만 티베트인들에게 저지당했다. 당시 청조 당국은 "각 항구의 통상 이래 관세수입이 자못 국과(國課)에 도움이 되었으므로, 통상호시는 또한 안변(安邊)의 권술(權術)이기도 하다"[80]라고 인식하고 있었다. 청조 당국이 보기에 최대의 문제는 "장속(藏俗)이 한 자락[方隅]에 매여 있다가, 근래 점차 완고해져서 주장대신을 겉치레로 존중하고 실속없이 떠받들 뿐, 세력이 너무 커서 통제할 수 없는"[81] 사정이었다. 이전에 서장 측을 설득하러 가던 사천 위원은 입경을 거부당했으며 주장대신 문석도 겨우 100명의 호위병을 데리고 서장에 들어갈 수 있었다.

1888년 제1차 티베트 · 영국 전쟁에서 주장대신은 "장번을 설득하여 통상을 하게 하려고 하는 데 혀가 닳고 입술이 탔다." 승태는 장번이 어리석고 완고해서 설득하려 하다가 입만 아팠다는 말을 입에 달고 살았다.[82] 그렇다면 그동안의 관례로 보건대 당연히 채찍으로 다스려야 할 터인데, 승태(升泰)의 혀와 입술만 바빴지 그 행위는 실제 위력을 발휘하지는 못했다.

제1차 티베트 · 영국 전쟁이 끝나고 1894년 5월 1일 서장 측은 통상을 위해 '아동관'(亞東關 : 靖西關)을 개방해야 했다. 서장 정부는, 1888년의

79) 장회편 3, 광서 11년(1885) 12월 23일, 1078쪽.
80) 장회편 3, 광서 12년(1886) 11월 21일, 1090쪽.
81) 장회편 3, 광서 12년(1886) 11월 21일, 1092쪽.
82) 장회편 3, 광서 17년(1891) 7월 초8일, 1216쪽.

전쟁이 전체 티베트인의 총의를 대표하는 '서장공의회'(西藏公議會)의 결정이었음을 강조하였다.[83] 특히 13대 달라이 라마는 "무자년(1888)에 영국과 프랑스가 전쟁을 일으켜 장지(藏地)를 침략하여, 인심이 두려워하고 백성이 원망을 품었다. 본 달라이 라마는 함풍 연간에 소속을 거느리고 공동으로 상의하여 외국인을 티베트에 들여놓지 않도록 하자고 서약문을 만들었는데, 장인(藏人)이 다 알다시피 대신아문에 보고하여 입안하였다"고 강조하였다.[84] 그리고 그는 "우리가 보기에 영국남녀는 황교를 훼손하려고 하고 있고, 탐심(貪心)은 매우 심한데", "주장판사대신은 은밀히 영국과 화의를 주장하며 현저히 서장을 해치고 있다"[85]고 하였다. 이런 상황에서 서장 측은 다음과 같은 요구를 청조 측에 제기하였다. "천신의 후은을 입어, 호주(怙主) 달라이 라마와 복전시주(福田施主) 관계를 수립한 이래로, 서방중생을 위해 후한 하사품을 주셔서 가르침을 감당하기 어렵다" "① 군대는 서장에서 자체적으로 운영하고, 그 군향(軍餉)·군계(軍械)와 탄약 등은 국고에서 내려주기 바란다. ② 달목팔기(達木八旗)·호르(霍爾) 39족의 영역에서는 병정과 군향을 서장이 징발하고 동원한다. ③ 호주 섭정 정선선사 후톡투(靖善禪師呼圖克圖)가 광서 15년에 보낸 문서에 따라, 천신의 홍은을 널리 베푸시고 두루 자비를 하사하시고 아동(亞東)에 상부(商埠)를 설치할 것을 고맙게 허락했는데, 5년 후의 상세(商稅)는 상상(商上)이 징수하도록 해주십시오."[86] 요컨대 서장 측은 체제 정비를 위해서 일종의 개혁조치를 취하려고 한 것이다. 이런 입장에 반대하는 녹전림은 "하물며 장중(藏中)의 달목팔기와 39족은 모두 우리쪽 소속이지 티베트에 속하지 않으니, 만약 주장대신이 그들을 불러서 잘 쓰면 더더욱 달라이를 제어할 수 있고 감히 뜻대로 하지 못하게 할 것이다"[87]라고 주장하였다.

---

83) 장회편 3, 藏曆水龍年(1892), 1246쪽.
84) 장회편 4, 광서 25년(1899) 3월 16일, 1370쪽.
85) 장회편 4, 광서 25년(1899) 3월 16일, 1373쪽, 1377쪽.
86) 장회편 3, 藏曆水龍年(1892) 12월 17일, 1245~1246쪽.

티베트 측의 시도는 거부되었다. 총리아문은 오히려 "장번은 주견을 견지하고 백 번 꺾어도 돌아오지 않으니 거의 결렬되어 수습할 수 없는 형세에 있다"고 하였다.[88] 이런 상황에서 티베트 '자위'의 여망을 안고 1895년에 달라이 라마가 정권을 장악하였다. 즉 "모든 장번의 정치 · 종교의 업무는 달라이 라마가 관장하게 되었다."[89] 달라이 라마는 암반에 이렇게 말한 바가 있다. "황인(皇仁)을 느끼자니 끝이 없다. 대비책을 말하면, 서장은 공장(工匠)을 고용하여 장하(藏河) 남안(南岸)에서 총포를 제조한 지가 이미 수년이 되었는데, 본래 영국이 사변을 일으키는 것을 예방하기 위한 것이다."[90]

청조 관리들은 "달라이는 어리석고 어둡고 무지하여, 근래에는 특히 교만하게 반항한다"고 인식하고 있었다.[91] 이 즈음에 캄 지역에서는 '개토귀류'의 풍조가 일어나고 있었다. 사천총독 녹전림은 냐롱의 회수와 데게[德爾格忒] 토사의 개토귀류를 강력하게 주장하였다.[92] 이 주장은 "만일 한 구석을 내속으로 하고 티베트 전체가 요동치면 얻은 것이 잃은 것을 보상하지 못하는데, 총독은 어찌 깊이 생각하지 않는가?"[93]라는 '보천보장'(保川保藏)의 입장에 밀려 채택되지는 않았다. 사실 그의 시도는 좀 무리한 것이었다. "데게 토사의 개토귀류 항목은, 녹전림이 경솔하게 위원 장계(張繼)의 일면적인 말을 듣고, 갑자기 그 토사가 땅을 헌납하기를 원한다고 하여 그 부자(父子)를 성(省)에다 감금했다고 한다."[94] 이러한 '개토귀류' 풍조는 티베트의 인심을 흔들고 있었다.

---

87) 장회편 4, 광서 22년(1896) 10월 15일, 1304쪽.
88) 장회편 4, 광서 21년(1895) 7월 19일, 1352쪽.
89) 장회편 4, 광서 21년(1895) 8월 29일, 1353쪽.
90) 장회편 4, 광서 27년(1901) 2월 28일, 1388쪽.
91) 장회편 4, 광서 22년(1896) 12월 초5일, 1311쪽.
92) 장회편 4, 광서 22년(1896) 12월 초5일, 1313쪽.
93) 장회편 4, 광서 22년(1896) 12월 20일, 1313쪽.
94) 장회편 4, 광서 23년(1897) 9월 초3일, 1314쪽.

20세기에 들어와 청조가 막 '신정'(新政)을 시행하려고 하고 있을 때, 아동세무사(亞東稅務司) 파르(Parr, 巴爾)는 암반 유강(裕鋼)·안성(安成)에게 영국의 입장을 알리는 서신을 보냈다. 주요 내용은 "① 인도정부는 중국관리(華官)에게는 서장을 통치할 수 있는 권한이 없다고 보고, 권한을 가진 티베트 관리[藏官]와 다시 약장(約章)을 체결하려고 하며, 이후 중국관리에게는 서장을 통치할 권한이 없다" "③ 아마 러시아가 북방에서 진군하여, 남쪽의 인도와 북쪽의 러시아가 양면에서 협공하여 서장을 억지로 자주하게 하고, 조선[고려]과 같이 만들고자 하는 것 같다"[95]는 것이었다. 이에 대해 유강(裕鋼) 등은 "또 3조 내에 서장을 억지로 자주하게 하고, 조선과 같게 하려고 한다는 구절은 매우 중요하다"고 하였다. 즉 달라이라마가 '자주'적으로 영국과 조약을 맺는 것은 '번복'(藩服)이 없어지는 것이라며 매우 중요시하고 있다.[96] 그러면서 유강 등은 "영국인은 세력이 강하고 장번은 교활하게 속이니, 노재(奴才) 등은 양난(兩難) 상태에 처하여 변방을 생각할 방법이 없다"[97]고 한탄하였다.

필자는, '천변'(川邊) 또는 캄의 행성 설치 추진이 서장의 '독립'에 결정적인 영향을 준 조치였다고 본다. 캄에 대한 '행성화' 조치는 1905년의 리탕 사건 이후에 본격적으로 개시되어, "청말 조이풍이 서강을 힘껏 경영하였을 때가 극성시대였다."[98] 캄 지역의 현상을 변경시키기 위해서는 토사세력과 사원세력을 누르는 것이 필수 불가결한 조건이었다. 근·현대 캄 지역의 갈등은 바로 국가의 권위를 확립하려는 중국권력과 토사 중심의 토착세력 간의 갈등이었다. 서양세력의 간여도 있지만, 이 지역의 판도에 영향을 줄 만한 세력은 역시 중국권력과 토사·사원 세력이었다. 토사·사원 세력은 기본적으로 티베트 불교와 기맥을 통하고 있었다.

95) 장회편 4, 광서 28년(1902) 5월 27일, 1390쪽.
96) 장회편 4, 광서 28년(1902) 6월 초4일, 1393쪽.
97) 장회편 4, 광서 28년(1902) 8월 초1일, 1397쪽.
98) 장회편 6, 민국 21년(1932) 5월 28일, 2574쪽.

서장 측은 기본적으로 캄 지역을 자신들의 역사적 범위로 생각하고 있었기 때문에, 캄 지역의 분위기는 서장에 큰 영향을 주었다.

실제로 '개토귀류'가 시도된 것은 1890년대 후반이었다. 그때는 서장 측의 반발을 고려하여 '개토귀류' 조치가 유보되었는데, 역시 '개토귀류'에 대해 심각한 논의가 이루어졌다. 녹전림은 "토사가 장번에게 외부하면 후환은 실로 크다. 그러나 토사가 내속으로 돌려지면, 무슨 후환이 있겠는가?"[99]라고 주장하였다. 그러나 실제로 받아들여진 것은 문해(文海)의 다음과 같은 견해였다. "각 토사는 모두 서장과 호흡이 서로 통하고, 풍속과 언어도 같으며, 라마를 존숭하는 것도 장번과 다름이 없다. 현재 데게를 이유없이 개토귀류한다면, 데게 부중(部衆)이 복종하지 않을 뿐만 아니라, 각 토사도 의심하여 달라이는 대신 불평할 것이니, 드러나지 않는 근심[隱患]이 날로 깊어지고 점차적인 통제력 상실[潛消]이 일어나게 될 것이다."[100]

이러한 '개토귀류 신중론'은 1905년의 바탕 사건을 수습하는 과정에서 개토귀류 추진 쪽으로 바뀌었다. 티베트 측의 입장에서는 서장군이 영국군에게 쓰디쓴 패배를 맛본 상황에서 청조의 개입은 매우 불편한 것이었다. 바탕 사건 자체는 1905년 3월에 바탕의 토사와 정림사(丁林寺) 사람들 3천여 명이 프랑스 선교사와 교회당을 불태우고 주장방판대신 봉전(鳳全)과 그 수행원 100여 명을 살해한 사건이다. 종실의 일원이자 흠차대신인 봉전이 살해된 이 사건은, 사건의 내용에서나 그 후에 끼친 영향에서나 당시 캄 지역의 향배를 엿볼 수 있는 중요한 사건이다.

사건의 내용은 대략 다음과 같다. 1904년 주장방판대신으로 임명된 봉전은 바탕(巴塘)에 이르러 청조 군대와 서장 군대의 전투 때문에 더 이상 전진할 수 없었다. 바탕에 머물게 된 봉전은 그 곳에서 개간사업을

99) 청말천변사료, 광서 23년(1897) 10월, 32쪽.
100) 청말천변사료, 광서 23년(1897) 9월 초1일, 26쪽.

벌여 농장을 만들었다. 1905년 초엽, 봉전은 불교사원의 라마 인원을 제한할 것을 건의하고, 곳곳에서 프랑스 선교사와 천주교 교회당을 비호하였다. 바탕의 토착세력은 1905년 3월 프랑스 교회당을 불태우고 두 명의 프랑스 선교사를 죽이고 양서(糧署)와 칠촌구(七村溝)의 농장을 불태웠으며 봉전과 100여 명의 수행원을 살해하였다.[101)]

바탕사건 소식에 접한 사천총독 석량(錫良)은 건창도(建昌道) 도원 조이풍을 군무도독으로 삼아 사천제독 마유기(馬維騏)와 함께 토벌하도록 했다. 조이풍은 석량에게 '개토귀류'를 핵심으로 하는 '평강3책'(平康三策)을 올려 재가를 받았다. 이 토벌의 공적을 높이 산 청조는 1906년 8월에 조이풍을 '천전변무대신'으로 임명하고 시랑(侍郎)의 직함을 덧붙여 주었다. 또한 끝내 서장 측의 반대로 부임하지는 못하였으나, 1908년 3월에는 주장판사대신과 상서(尙書)의 직함을 받았으며, 예전과 같이 변무대신을 겸임하도록 하였다. 조이풍은 캄의 개토귀류와 함께 신작로를 닦고 철제 다리를 놓는 등 다양한 '신정개혁'을 추진하였다. 이러한 '개토귀류'와 '신정개혁'은 캄에서 청 정부의 영향력을 강화하고 토착세력의 힘을 약화시켰으며, 이후 서강성(西康省) 설치의 바탕을 만들었다.[102)]

1906년에서 1911년까지 조이풍은 2개 도(道), 4개 부(府), 1개 주(州), 2개 청(廳), 15개 현(縣)을 설치하였다.[103)] 또 비슷한 기간에 200여 곳의

---

101) 楊策, 「評清末在川邊・西藏適改革新政」, 『中央民族大學學報』 1991. 5, 10쪽.

102) 趙爾豊은 청조를 위해 심혈을 쏟았으나, 청조는 신해년의 공화혁명으로 멸망하였다. 1911년 10월 四川에 '大漢四川軍政府'가 성립되고 사천총독 조이풍은 피살되었다.

103) 道2：康安道・邊北道
府4：康定府・巴安府・鄧科府・昌都府
州1：德化州
廳2：理化廳・三壩廳(후에 義敦縣)
縣15：河口縣・稻城縣・定鄉縣・鹽井縣・白玉縣・同普縣・石渠縣・得榮縣・瞻化縣・科麥縣・察隅縣・恩達縣・察雅縣・貢覺縣・寧靜縣
(馮有志 編著, 『西康史拾遺』 未定稿, 康定：中國人民政治協商會議甘孜藏族自治州委員會文史辦編印, 1987, 33쪽). 이러한 숫자는, 특히 현의 숫자에 대해서는

학당을 세웠다. 학당 설립은, 1907년 4월에 조이풍이 천전변무대신 관할하에서 홍학(興學), 통상, 개광(開礦), 둔간(屯墾), 연병(練兵), 설관(設官) 등 여섯 가지 사업을 추진해야 한다고 상주하면서 본격적으로 시작되었다. 또한 천장전선(川藏電線)은 이미 1904년에 성도(成都)에서 타전로(打箭爐, 즉 康定)까지 가설되어 있었는데, 조이풍이 천변을 경영하기 시작한 1905년에 하구까지 연결되었다. 1909년에 바탕을 거쳐서 참도까지 연결되었으며, 1911년에는 라싸까지 연결하는 공사가 시작되었으나 혁명으로 공사는 중단되었다.[104)]

이런 '개토귀류'와 '신정개혁'을 추진하는 조이풍의 방법론적인 원칙은 "위력이 먼저고 은덕은 나중"이라는 것이었다. 조이풍은 다음과 같이 말한다.

> 형세는 반드시 병력으로 위협하여, 밭과 집을 평지로 만들고 소굴을 모조리 제거한 다음, 은혜로 어루만져서 마음을 되돌리고 변화를 일으켜야 하는 것이다. 여러 필설(筆舌)보다 "남인(男人)은 반복하지 않는다"는 한 마디를 아는 것은 공심지법(攻心之法)이라고 할 수 있지만, 역시 위력이 먼저고 은덕이 나중인 것은 아니라고 할 수 없다. 서장을 다스리는 것도 그러하니, 장(藏)의 방자함은 각 부(部)보다 더하며, 그 혼돈은 야번(野番)과 다름이 없다.[105)]

조이풍은 "우리의 힘은 외인을 제어하기에는 모자라지만, 장(藏)을 제어하기는 충분하다"고 보았다.

당시 청조의 관리들은 '위력'을 앞세우는 경향이 있었다. 그들은 "위협과 은혜를 함께 시행하여 법도있게 조종해야, 지리(地利)가 일어날 수 있고 변경의 말썽이 일어나지 않는 법이다"라고 보았다.[106)] 조이풍을

異論이 있을 수 있으므로 대체적인 숫자로 보는 편이 좋을 것이다.

104) 馮有志, 같은 책, 39쪽.

105) 청말천변사료, 광서 34년(1908) 8월 27일, 226~227쪽.

천전변무대신에 추천한 사천총독 석량도 '위협과 은혜의 병용'이라 하여 '위력'을 강조하고 있었다.[107] 석량·작합포(綽哈布)는 천전변무대신의 설치를 상주하는 글에서 다음과 같이 말하고 있다. "장차 천변에 성(省)을 두려 하면 개토귀류를 기초로 해야 할 것이다" "신들이 생각하기에, 이번 개토귀류를 틈타 영하(寧夏)·청해(青海)의 예에 따라 먼저 천전변무대신을 설치하고 바탕에 주재하면서 병사를 훈련시키는 것은, 서장을 성원하고 지방을 정리하기 위한 후순(後盾)이 된다."[108] 조이풍은 이러한 행성 설치를 위한 '개토귀류'와 서장 경영의 후원이라는 임무를 띠고 천전변무대신에 취임한 것이다. 그는 "지금 연대신(聯大臣)과 서로 서강 건성과 서장 후원을 상의하여 신정(新政)을 넓히려고 시세를 살펴보니, 기회는 앉아서 잃을 수 없다는 것이 분명하게 보인다"[109]고 하였다. 또한 "천변은 함풍·동치 이래로 오랫동안 경영하지 못하여, 토사는 장(藏)을 천(川)보다 더 두려워하니 만약 겉으로만 복종하게 놔두면 편민(編民)은 반드시 몰래 장에 붙을 것이다"라고 판단하고 있었다.[110] 조이풍은 1911년에 "변군(邊軍)은 모두 8영(營)과 위대(衛隊) 200명"이라고 하였다.[111]

그러나 조이풍이 반드시 '위력'만을 앞세운 것은 아니었다. 그는 1910년 자기 형 조이손(趙爾巽)에게 "아우는 참도에 반년 동안 주재하면서 왕도(王道)로서 일하였지 결코 강박이 없었다"고 했다.[112] 그가 말하는 왕도의 내용은 다음과 같은 것이었다. "오랑캐를 제어하는 도(道)는, 순종하면 어루만지고 거역하면 토벌하는 것이니 이것은 예로부터 바뀌지 않은

106) 청말천변사료, 광서 29년(1903) 9월 28일, 2쪽, "威惠弁行 操縱得法 庶幾地利可興 邊釁不啓."
107) 청말천변사료, 광서 29년(1903) 10월 29일, 5쪽.
108) 청말천변사료, 광서 32년(1906) 6월, 90쪽.
109) 청말천변사료, 광서 34년(1908) 8월 27일, 227쪽.
110) 청말천변사료, 선통 원년(1909) 4월 13일, 335쪽.
111) 청말천변사료, 선통 3년 8월 초4일, 1095쪽.
112) 청말천변사료, 선통 2년 5월 초9일, 659쪽.

규칙이다. 우리 조정은 전하(全夏)를 어루만지면서 만이(蠻夷) 중에서 공순한 자에게는 푸짐하게 은혜를 베풀고 토사명호로써 영예롭게 해주었으며 그 땅에서 자치하도록 했다. 야만으로서 귀화하지 않은 자는 불반불신(不叛不臣)의 줄[列]에 두고 천지[覆載]의 곤충·초목과 같이 자생하고 자멸하도록 허용하였다. 누적이 오래되어 근심이 생기니 어리석은 자들은 사나워졌다. 또한 식민설(殖民說)이 성행하자, 중국의 땅은 작은 땅이라도 빨리 개발하여야 한다고 한다. 하물며 삼암(三岩)과 같이 흉폭한 야번(野番)은 특히나 징계하여 왕화(王化)로 돌려야 한다."[113] '왕도'니 '왕화'니 하는 말은 이미 전통적인 의미와는 동떨어진 것이었다.

'왕화'의 방법은 행성 설치였다. 1907년 양광총독 잠춘훤(岑春煊)은 열하도통(熱河道統)·찰합이도통(察哈爾道統)·수원성장군(綏遠城將軍)을 순무로 고치자고 상주하였다. 그는 "열하·찰합이는 동삼성의 보차(輔車), 고륜(庫倫)의 후로(後路)이고, 수원은 감숙·신강의 보차, 오리아소대(烏里雅蘇臺)·과포다(科布多)의 후로"라고 하면서, '열하성'과 '개평성'(開平省)과 '수원성' 등 북삼성을 개설하자고 했다. 그리고 전촉변무대신(滇蜀邊務大臣)이 관할하는 곳은 천서성(川西省), 주장대신에 속하는 곳에는 서장성을 개설하자고 했다.[114] 주장대신 연예(聯豫)는 "오늘의 계책으로는 행성의 개설(改設)밖에 없음은 조금도 의심할 여지가 없다"고 하면서 캄에 행성을 설치하는 데 적극 찬성하였다.[115] 그러나 서장의 경우는 유연하게 대처하자는 입장을 보였다.

이러한 입장은 1911년에도 다시 제기되었다. 잠춘훤은, "땅이 백성을 키울 만하고 백성이 관(官)을 키울 만하면, 요지를 택하여 치소를 세우는 법"이라면서, '강장'(康藏)에 반드시 행성을 건설해야 하고 "형세로 논하

113) 청말천변사료, 선통 2년 10월 초6일, 790쪽.
114) 청말천변사료, 광서 33년(1907) 4월 초2일, 923~925쪽.
115) 청말천변사료, 광서 33년(1907) 12월 24일, 171쪽.

면, 서장도 행성을 건설해야 한다"고 주장하였다.[116] 물론 이번에는 서장에 행성을 설치하는 문제는 적극적으로 모색되지 못하였다. 그러나 '서강성'의 건립은 적극 추진되었다. 대리변무대신 전숭목(傳崇炑)은 '개토귀류'에 따라 '건성(建省) 규모'를 갖추고 '상설관'(常設官)이 필요하기 때문에 강지(康地)에 서강성을 건립해야 한다고 건의하였다.[117] 행성 설치는 그 해의 공화혁명으로 무산되었지만, 조이풍이 평정한 천변지역은 계속하여 하나의 특별행정구역으로 간주되었다.[118]

'개토귀류'와 '식민'은 함께 추진된 '신정개혁'사업이었다. 사천총독 조이손과 조이풍은 "내가 생각하기엔 전장(全藏)을 경영하는 것은 늘 식민을 위주로 해야 한다. 천성(川省)은 사람이 많고 땅이 적으니, 사람들을 이주시키는 것이 더욱 유익하다"고 하였다.[119] 물론 무조건 '이주민'을 받아들이는 것은 좋은 방법이 아니었고 달리 타당한 조치들이 필요하였다. 등량재(鄧梁材)는, "민을 초치하여 개간을 하는 것은 하나는 실변(實邊)을 위한 것이고 하나는 식민을 위한 것인데" "유한한 관비(官費)로 무한한 관황(官荒)을 개발한다는 것은 계획 전부가 가장 좋은 계책은 아니다"라고 하였다.[120]

---

116) 청말천변사료, 선통 3년(1911) 3월, 921쪽, "夫以地足以養其民 民足以養其官 擇要設治."

117) 청말천변사료, 선통 3년 6월 16일, 1033쪽.

118) 徐學林은 다음과 같이 정리하였다. "천변특별구는 통치중심지가 康定이다. 원래 淸의 四川 雅安府 서쪽지역인데, 나중에 3府로 나누었다. 1910년에 서장 昌都지구를 四川省에 편입하였다. 民初에는 거기에 川邊鎭撫使를 두었다. 1913년 6월 13일에 川邊經略使로 고쳤다. 1914년 1월 13일에 川邊鎭守使로 고쳤다. 같은 해 4월에는 위 지역에 천변특별구를 세웠다. 1916년 1월 24일에는 천변도를 添設하였고, 예전과 같이 康定을 통치하고 30縣·123土司를 관할하였다. 1925년 2월 7일에는 西康特別行政區로 고치고, 나중에 다시 西康屯墾區라고 하였다. 관할구역은 지금의 四川省 甘孜藏族自治州와 西藏昌都地區에 해당한다. 1906년에 淸정부는 여기에 川滇邊務大臣을 두었다"(徐學林, 『中國歷代行政區劃』, 合肥 : 安徽教育出版社, 296쪽).

119) 청말천변사료, 광서 34년(1908) 5월 24일, 186쪽.

120) 청말천변사료, 선통 2년 7월 11일, 724쪽.

이러한 캄 지역에 대한 '행성화' 조치는 서장 측에 강한 반감을 불러일으켰다. 티베트 독립국 출범의 핵심적인 동기 중의 하나는 동부 티베트의 현상변화였다. 민국 원년(1912)에 "달라이 13세는 인도에서 (혁명) 소식을 듣고 급히 라싸로 돌아와 한관(漢官)을 내쫓아 독립을 선포하고, 또 병력을 파견하여 천변특별구역을 침범하여 그 승리를 틈타 곧장 따지엔루 성[康定]에 이르렀다. 당시의 민국총통 위안스카이는 사천도독 인창형(尹昌衡)에게 장(藏)을 치고 천군(川軍)을 거느리고 난을 평정하도록 명하고, 운남도독 차이어(蔡鍔)도 전군(滇軍)을 파견하여 천(川)에 들어가 토벌을 돕도록 했다. 원년 7월에 천군과 전군은 전진하여 장병(藏兵)을 바탕 · 리탕 사이에서 물리쳤고 이에 장병은 점차 퇴각했다."[121]

위안스카이는 "민국은 옛 청의 영토를 이어받았으니 변경할 수 없다"[122]며, "강잡(江卡) · 참도 등은 청 말년에 구획되어 이미 천변에 예속되었으니 장(藏)에 속한다고 할 수 없으며, 민국이 이어받은 옛 청의 영토를 변경할 수 없음은 이미 전보로 전달했다"고 통보하였다.[123] 이렇게 서장 측은 '5대 달라이 라마 때'의 영토를 '티베트 독립국'의 영토라고 주장하였으나, 민국 측은 옹정 연간의 분계선을 넘어 청 말기에 조이풍이 설정한 분계선을 따라야 한다고 주장하였다.

4. 맺음말

캄 지역은 한인(漢人)과 티베트인의 '교접지대'이다.[124] 이 교접지대에서 일어난 청 말기의 사건 중에서 주목할 해야 할 두 가지 사건은 수십

121) 장회편 6, 會議前英國要挾中國派員開議之經過, 2385쪽.
122) 장회편 6, 민국 2년(1913) 6월 2일, 2377쪽.
123) 장회편 6, 민국 2년(1913) 6월 8일, 2398쪽.
124) 王成組, 「西康建省」, 『東方雜誌』 31-23, 1934.12, 57쪽.

년 동안 지속된 냐롱 관할분쟁과 1905년의 바탕사건일 것이다. 냐롱분쟁은 냐롱의 관할권이 서장 측으로 넘어가면서 냐롱의 번관(番官)이 그 지역 토사들의 구심점 역할을 하게 되면서 일어난 분쟁이었다. 19세기 중반 캄의 토사들은 청조세력이 약화되어 가면서 자기들끼리 자율적인 질서를 형성하고 있었고, 청조의 중흥계획은 이 토사세력을 타파하지 않으면 불가능한 것으로 인식되고 있었다. 이것은 열띤 '개토귀류'의 주장을 불러일으켰다. 또 주장대신과 함께 프랑스 국적의 천주교 신부들이 살해된 바탕사건은 티베트의 변경에 접근하고 있던 서양세력의 존재를 확인하게 하는 사건이며, 개간한다며 한인(漢人)들이 몰려오는 데 대한 캄 사람들의 반응이었다.

필자는 앞에서 청 말기의 티베트와 캄의 제반 변화를 검토해 보았다. 그 변화의 핵심단어는 '행성'이라고 할 수 있을 것이다. '전성기'를 지난 청조는 급격히 변방지역의 실제적인 통제권을 잃었고, 이에 다방면으로 약화된 통제권을 되찾고자 하였다. 이른바 '완전주권'을 찾는다는 이 정책방향은 궁극적으로 '행성 설치'를 지향하는 것이었다. 행성 설치는 변방의 자생세력들에게는 중대한 기득권 침해이고 또 자신들의 역사적 범위를 허무는 '관례 무시' 행위로 보였다. 청조의 조치에 대한 반발은 이러한 배경 하에서 나온 것이었다.

변방지역의 '토속'은 행성 설치와 양립할 수 없는 것이었다. 이에 따라 개토귀류 조치가 잇따랐다. '토속'에 대한 대응은 지역마다 다른 양상을 보였다. 사천에서 보다 가깝고 강력한 통합지도자가 없는 캄의 경우에는 철저한 군사적 토벌을 거쳐 '토속'에 대한 숙청작업이 시행되었다. 그러나 달라이 라마라는 통합지도자를 가진 서장의 경우에는 조심스런 신정개혁조치도 그다지 실효를 거두지 못하였다. 그리고 공식적으로 '행성 설치'를 내세울 수도 없었고 단지 '행성의 도'로 서장을 경영하려 했을 따름이다.

서장 지역의 '자립'에 촉매가 된 것은 서양세력, 특히 영국세력의 접근이었다. 티베트와 영국은 1888년과 1904년 두 차례의 대규모 군사적 충돌을 거쳐서 조약체제를 형성하였다. 국제질서의 형성에서 주도권을 가진 서양세력의 접근에 따라 조약체제가 형성되고, 이러한 조약체제에 직면한 동아시아 국가들은 서양의 기준에 따라 기존의 관계를 재규정해야 하는 입장이 되었다. 이러한 관계 재설정 과정에서 서장 측은 기존의 자율성을 강조하고, 청조 관계자들은 기존의 '은혜'와 '예속'의 측면을 강조하였다. 현실적으로 자율적인 측면이 예속적인 측면을 능가했던 서장의 경우는 영국과의 두 차례의 전쟁, 캄의 통제권을 놓고 벌인 청조 측과의 줄다리기, 1909년 사천 육군의 티베트 진주라는 상황 속에서 결국 '독립'을 선포하였다. 서장의 '독립' 선포와 40년 가까운 '독립' 유지는 기본적으로 '캄'이라는 중간지대가 있었기 때문에 가능한 일이었다. 청조는 궁극적으로 캄과 서장을 동시에 차지하지는 못하였다.

요컨대, 청 말기에 서장과 캄에서 추진된 '신정개혁'은 티베트에 '문명'을 도입하는 조치이기도 했지만 더욱 중요한 측면은 서구의 국민국가논리에 따라 토착세력들의 자율권을 박탈해 가는 조치였다. 이런 측면은 캄과 서장 토착인들의 반발을 불러일으켰으며, '정복국가'인 청의 전례에 따라 군사적 토벌이 시행되어야 했으나 그러한 조치를 항상 시행할 수는 없는 상황이었다. 황제는 더 이상 '태평의 행복'을 줄 수 없었고, '오족공화'를 내세우는 사람들이 새로운 '오족공화의 행복'을 내세우며 나타났다.

김선호

‘내몽골자치구’ 성립과정 연구

Ⅰ. 들어가는 글

본 연구는 논자가 1996년에 발표한 「4·3회의와 내몽골자치정부 성립과정」[1]이라는 논문의 시간적·공간적인 면을 확대하고 정치적 사건 분석이라는 시각을 역사발전적 내면 분석으로 바꾸어 보았다. 접근 방법에서도 유목민들의 역사를 체계적으로 연구한 오웬 라티모어(Owen Lattimore) 등 저명한 유목민족역사 연구가들이 활용하는 아날학파(Annale School)의 이론을 접목시키는 방법에 보다 더 충실하였다. 즉, 유목민들의 역사에서 강한 힘의 원천은 순수유목문화와 농경사회를 모두 섭렵한 지도세력과 경제적인 풍족, 그리고 면밀한 준비과정 등에 있다고 하는 관점에서,[2] 근대에서 현대로 이어지는 내몽골의 역사가 어떠한 사건에 의하여 어떠한 상황으로 변화되고, 이 새로운 국면이 중국의 중앙세력과 어떠한 갈등을 낳게 되는가에 초점을 맞추었다.

---

1) 金鮮浩, 「4·3會議와 內蒙古自治政府 成立過程」, 『中央아시아研究』 제1호, 中央아시아學會, 1996. 12.

2) Owen Lattimore, *Inner Asian Frontiers of China* (1940), 531쪽 이하.

내몽골의 경우 중앙의 청(淸)정부가 근대에 이르러 거의 완벽한 분리후 통치, 혼인정책, 이민정책을 시행하고 있을 때, 그들에게는 강력한 통합된 힘을 만들어 낼 수 있는 지도세력과 경제적 풍요로움, 의식화된 집단의 내몽골 발전을 위한 체계적인 계획 등 모든 것이 결여된 상황에서 1911년 신해혁명을 역사적인 사건으로 맞이하게 된다는 데서 출발한다.

즉, 내몽골인들에게 근대에서 현대로의 전환은 1911년 직전 극도로 분열된 상황에서 중국의 붕괴로 시작된다. 다른 소수민족들과는 달리 외몽골인들은 물론 내몽골인들도－표면적으로 소수의 기득권층은 물론 청의 중앙정부와 강하게 연계되었다가 새로운 중앙정권에 다시 귀속하려는 현상을 나타내지만－전통적으로 중국과의 관계를 대등한 외교관계로 인식하고 있었고, 이에 외몽골인들과 함께 최소한 그들의 내지에서 자신들만의 독립된 집합체를 형성하고자 하는 시도를 하게 된다. 그러나 1921년 소련의 지원 아래 외몽골이 독립하자 내몽골인들에게 이념적 영향을 미치며 동시에 정체성 문제를 야기시켰고, 이것은 결국 통합된 힘을 발휘할 수 없는 분열 상황을 만들어 냈다. 이어 1930년대부터 강화된 중국공산당의 영향력 아래 내몽골인은 당면한 공동의 주적(主敵)을 대외적으로는 일본, 대내적으로는 강압정책을 편 국민당과 연결시켜 1947년 자치정부 수립으로 나가고, 다시 1949년 중화인민공화국 내몽골자치구로 완성시킨다.

이러한 흐름은 그 마디마디에 강한 전환기적 요인들을 내포하고 있다. 본 연구의 주된 의도는 바로 이러한 요인들이 내몽골자치구의 성립에 어떠한 의미를 갖고 있는지를 분석해 내는 것이다.

지금까지 이루어진 대표적인 연구를 보면, Atwood의 경우 동몽골의 민족주의 세력이 외몽골과의 연합 내지 독립에의 의지를 강하게 표현하던 중 서몽골에서 중국공산당의 강력한 지원을 등에 업은 울란후(烏蘭夫)의 활약으로 동·서 몽골의 통합과 공산정권의 수립이 이루어졌다고 분석하였다.[3] 그러나 서몽골 지역에서도 샤도르자브(沙克都爾扎布)와 같은 기존의 지방세력들이 일본이나 국민당과의 연계 혹은 자주독립 등을 갈구하며 분명히 존재하고 있었다. 따라서 울란후와 젊은 내몽골 공산주의자들의 활동이 공산주의 이념보다 전통적인 몽골인들의 통합과 분열의 계기에 더 중점을 두었던 것이 내몽골자치구 성립에 결정적 요인이었다는 점을 간과한 면이 있다.

가장 많은 연구가 이루어진 내몽골의 경우, 허웨이민(郝維民)을 비롯한 많은 학자들의 개설서가 있으며, 중국공산당의 당정(黨政), 울란후(烏蘭夫) 등의 공산지도자, 뎀축동그루브(德王) 등의 민족주의자 등 다양한 계층과 집단에 대한 연구가 되어 있어 기초 자료만큼은 충분히 참고할 만하다. 단, 대부분의 연구가 몽골에서의 공산정권 수립과 자치구의 성립을 가장 이상적이고 성공적인 것으로 결론 내리는 경향이 있는데, 이 점에서 대해서는 유의할 필요가 있다.

당시 적극적인 활동을 하였던 잘 알려진 몽골인들 외에는 대부분 중문(中文) 자료에서 한자음역 표기만이 남아 있어 본 글에서는 한자로 음역된 인명과 지명을 사용하고 일부 몽골 이름은 몽골식 발음으로 표기한다.

Ⅱ. 중국의 '신해혁명'과 내몽골

1. 신해혁명 이전의 내몽골

1644년 청조 건립 이전이나 이후 모두, 청(淸)정부는 내몽골을 계속 가장 중요한 지역으로 간주하고 전 통치기간에 걸쳐 세 가지 중요한 정책을 실시하였다. 즉 첫째, 혼인정책을 통해 내몽골 귀족세력과 청 황실과의 끈끈한 혈연관계를 유지하면서 반란이나 이탈을 견제하고,[4]

---

3) Christopher Atwood, "The East Mongolian Revolution and Chinese Communism," *Mongolian Studies* Vol. XV (The Mongolian Society, 1992).

둘째, 내·외몽골을 분리하는 것은 물론 특히 내몽골의 경우 맹기제도(盟旗制度)와 팔기제도(八旗制度) 등을 통해 철저한 '분리후 통치'라는 정책을 시행하였다.[5] 마지막 세 번째가 18세기 이후 더욱 극렬화된 이민정책이다. 이민정책은 중국내륙의 한족(漢族) 반란세력이나 범죄세력을 변방으로 강제 이주시키는 형태로서, 내몽골의 한족(漢族) 인구비율의 증가와 경작지의 확대 등을 통해 몽골인들은 그 정체성이 현저히 상실되게 된다.[6]

이러한 내몽골 사회의 분열과 이른바 중국화는 내몽골 귀족세력과 평민 그리고 종교세력[7]과의 갈등으로 구체화되는데, 이는 몇 가지 형태로 설명된다. 먼저 칭기스한 내지 기타 귀족가계와의 연관성을 내세우며 지역의 지배귀족으로 성장한 세력들은 베이징 정부와의 관계를 통해 자신들의 기득권 유지를 최우선으로 삼았다. 티베트 불교의 라마세력들은 비경제활동 조직으로 귀족세력과 베이징 정부의 도움으로 지역의 정서적 지주로서의 지위를 영위하였다. 나머지는 경제적 어려움 속에 놓여 상호 반목하는 목민(ardin) 계층으로, 베이징의 변화와 내몽골 주변의 변화에 가장 민감하고 구심점을 찾는 데 주력하는 세력이다.

내몽골인들에게는 특별히 주변의 변화가 새로운 전환기적 국면을 초래하였다. 예컨대 청의 서북방에서 1864년부터 1877년까지 베이징에서 독립한 무슬림 정권 카쉬가리아는 비록 완전독립에는 실패하였지만 오스만 제국과의 연계 등을 통해 청으로부터의 독립 가능성을 보여주었고,[8]

---

4) 淸朝는 宗人府라는 부서를 통해 이를 체계적으로 실시하였다.
5) 이 정책은 理藩院이라는 기구를 통해 시행되었고, 이는 淸末에 '越界禁止'라는 극단적 정책으로 이어져 내몽골 분열에 가장 큰 영향을 미쳤다.
6) 이 정책 역시 邊衛司와 治産司라는 두 기구를 통해 조직적으로 시행되었다.
7) 淸정부가 강력히 지원한 티베트 불교(일명 라마교라고 한다. 알탄 한 시대부터 몽골인들이 대대적으로 믿기 시작하였다)의 확산은 내몽골 사회의 한 세력으로 성장하게 된다.
8) 김호동, 「1870년대 카쉬가리아-오스만 帝國 間 外交交涉의 顚末과 特徵」, 『中央아시아硏究』 제1집, 1996 참조.

러시아와 서방 선교사들의 영향[9] 등 활발한 대외접촉을 통해 내몽골인들은 새로운 변화에 눈뜨게 된다.

이러한 새로운 국면은 청정부의 실정(失政)과 맞물리면서 보다 심각한 갈등을 낳았다. 먼저 '방간몽지'(放墾蒙地) 즉 내몽골 지역에서는 1800년대 중반 이후 한족(漢族)들에 의한 개간이 대규모적으로 진행되는 것을 말하며 이는 내몽골인들의 터전을 한족들에게 무상제공하는 성격을 띠었다. 원래 청정부는 '만몽(滿蒙) 연합통치'라는 이념을 바탕으로 내몽골을 비롯한 몽골인들과의 연합정권이라는 특징을 강조하였지만, 이 시기에 오면 만족과 한족의 결탁에 의한 내몽골 지역의 농경화가 실질적인 특징으로 자리잡게 된다.[10] 내몽골인들의 입장에서 보면 이는 유목을 위한 초지의 감소를 의미하였을 뿐만 아니라, 몽골인의 정체성 유지를 위해 초기에 청정부가 약속한 몽한통혼(蒙漢通婚)과 몽골인의 한문(漢文) 학습금지 등을 유명무실화하는 결과를 낳았다.[11] 결국 내몽골은 중국의 일원으로서 한화(漢化) 과정에 돌입하게 되고 경제적으로도 상당한 어려움을 겪게 된다. 즉 티베트 불교세력은 일정한 세금을 통해 사원을 유지하고, 몽골귀족들은 베이징 정부에 의지하여 개간에 앞장서며 세금 증가를 꾀하였기 때문에 일반 몽골인들의 어려움은 더욱 가중되어 갔다.

1900년 의화단사건 이후 계속되는 외세 침략을 계기로 1901년 1월 청정부는 '변법자강운동'(變法自强運動)을 적극 추진하게 된다. 이에 발맞추어 내몽골 지역에 대해서 이른바 '신정'(新政)이라는 이름 아래 관료체계 · 군사조직 · 교육제도 등에 대한 대규모 개혁이 시도되었다. 이러한 개혁은 재정적 뒷받침이 필요하였고, 이는 세금의 과다부과로 연결되면서 몽골 평민들의 원성은 극에 달하였다.[12]

---

9) 郝維民 主編, 『內蒙古近代簡史』, 內蒙古大學出版社, 1990, 4~18쪽 참조.
10) 위의 책, 18~25쪽 참조.
11) 蔡美彪 等著, 『中國通史』 第10冊, 人民出版社, 1996, 196~213쪽 참조.
12) 郝維民 主編, 『內蒙古近代簡史』, 內蒙古大學出版社, 1990, 21쪽 참조.

2. 1911년 신해혁명과 내몽골

1900년대로 접어들면서 청의 통치는 외부적으로 열강들의 강한 압력 아래 놓이게 되고, 내부적으로도 상당히 혼란스러운 변화가 나타나고 있었다. 내몽골 지역의 경우, 지정학적인 이유로 베이징에 인접한 중앙지역보다 청정부군의 영향력이 상대적으로 약한 서부와 동부 싱안링 지역에서 사회 각층의 반청(反淸)운동이 예견되고 있었다.

물론 동·서부 지역에도 차이가 있어, 동부 내몽골지역의 경우 러시아가 영향력을 행사하는 외몽골과, 일본의 영향력 아래 있던 한반도 사이에서[13] 하나의 완충적 공간으로 남겨져 있었다. 이러한 기회를 틈타 이 지역 몽골인들이 청으로부터의 완전히 독립하기 위해서는 연합세력의 출현과 그를 바탕으로 한 군사행동이 필요하였다. 그러나 280년간에 걸친 청의 분리통치는 외부의 도움 없이는 이를 불가능하게 만들었다.

이에 비해 서부몽골지역의 경우, 1905년 도쿄에서 조직된 '중국동맹회'(中國同盟會)의 요원들이[14] '산시'(山西) 지역에서 1906년부터 혁명활동을 시작하고 있었다. 이 활동에는 내몽골의 운형(云亨), 경권(經權)과 같은 몽골족 인사들도 참여하였다.

결국 내몽골에서는 외부적으로 이미 러시아의 영향력이 강화되고 있던 외몽골과의 연합세력 구축에 따른 선독립(先獨立)·후반청(後反淸)의 가능성과, 내부적으로는 반청 중국세력과의 연합에 따른 선반청·후독립의 가능성을 놓고 지역별·세력별로 갈등 조짐이 나타나기 시작하였다.

1912년 2월 청의 마지막 황제가 퇴위하고 중화민국이 건국되었을 때 외몽골은 중국으로부터의 독립을 선언하였다. 내몽골은 49개 기(旗)[15] 가운데 35개 기에서 외몽골 독립에 찬성하였으며, 동부 내몽골지역에서

---

13) 1906년 러·일밀약에 근거.

14) 王建屛, 李德懋 등.

15) 내몽골의 행정단위인 盟의 하부조직으로, 당시 6개 盟과 49개 旗가 있었다.

는 지역별로 독립선언이 잇따랐다.

그러나 이러한 움직임은 1912년 말 1913년 초 외몽골 군대의 내몽골 진입에 대한 대응으로 북중국 군벌들이 대규모적, 적극적으로 군대를 투입하면서 좌절되고 만다. 당시 중화민국의 임시대총통으로 있던 위안스카이(袁世凱)는 1913년 의회를 해산하고 강력한 군사력을 발판으로 청조 때의 중국판도를 유지하고 자신의 권력을 강화하는 데 주력하였다. 북으로는 외몽골의 독립을 저지하기 위하여 러시아와 교섭하여 1915년 차흐타 조약을 맺어 외몽골을 자치구 형태로 유지시키고, 내몽골은 혁명 세력의 제거를 위해 군사력을 동원하였다.

내몽골 내부에서는 베이징 정부에 의지하고 있던 왕공(王公) 세력들이 신해혁명과 더불어 중국 북방의 군벌세력에 막연히 의지하기도 하고, 다른 한편으로는 자기세력을 구축하기 위해 독립선언을 하는 등 상당한 혼란을 겪고 있었다. 일례로 서부몽골 지역에서 칭기스한의 30대손이며 다얀한의 16대손임을 자처한 샤도르자브(沙克都爾扎布 : 중국자료에서는 沙王이라 칭한다)는 1902년부터 적극적으로 베이징 청정부의 개간사업을 도우며 충성을 표현하였다.[16] 한편 왕다니마(旺丹尼瑪)와 같은 평민 출신의 의식있는 자들은 어려운 경제에 가중되는 부역을 비판하며 반란을 일으키고, 신해혁명 후 새로운 베이징 정부와 내몽골 지방 왕공들 사이에 또 다른 결탁이 이루어지자 1920년대에는 중국공산당에 가입하기도 한다. 여기에서 주목할 만한 것은, 내몽골의 일반 목민들이 기존의 귀족계급은 새로운 변화기에 어떤 희망도 가져다줄 수 없음을 몸소 체험하고 외부세력(러시아 혹은 일본 등)이나 중국 내부의 또 다른 세력, 즉 중국공산당과 자연스럽게 접촉하는 등 새로운 국면을 만들어 나갔다는 것이다.

---

16) 中國人民政治協商會議 內蒙古自治區委員會文史資料委員會 主編, 『內蒙古近現代王公錄 續編』, 1989, 3쪽. 심지어 1904년 9월 7일 慈禧太后의 70회 생일을 맞아 특별히 575頃 35苗를 즉각 개간한다는 상소를 선물과 같이 올리기도하였다.

신해혁명 직후의 새로운 국면을 종합하여 보면, 1916년 위안스카이의 죽음, 1919년 5·4운동과 민족자결주의, 1921년 중국공산당 창당, 1917년 러시아 10월혁명의 성공에 따른 사회주의사상의 영향, 1921년 외몽골의 독립 등 일련의 내외적 변화는 내몽골인들에게 민족국가와 민족독립에 눈뜨게 만들고, 무엇보다 자신들의 염원을 지원할 외부세력에 대한 희망을 구체적으로 드러내기 시작했다고 할 수 있다.

3. '내몽골인민혁명당'

1925년 봄 중국공산당은 당 내부에 북방구위원회(北方區委員會)를 건립한다. 이것은 1923년 내몽골 청년들의 입당[17]과 함께 시작된 내몽골 지역에 대한 중국공산당의 첫 번째 구체적인 조직활동으로, 1925년 중국공산당 중앙집행위원회는 「몽골 문제 결의안」을 채택하고 이 지역에 대한 적극적인 공산혁명활동을 시작한다. 같은 해 10월 12일 짱자코우(張家口)에서 내몽골인민혁명당이 성립되었다. 여기에서 주목할 것은 중국공산당과 코민테른의 대표는 물론 중국국민당과 펑위샹(馮玉祥) 국민군 대표도 참여하여 내몽골 인민혁명군의 설립도 이루어진다는 사실이다. 중국국민당의 경우, 1925년 3월 쑨원의 사망 이후 대도시에서 전개되고 있던 반제국주의운동[18]과 그에 따른 민족의식을 표면상으로나마 어우르고 내몽골의 민족주의와 북방 군벌세력을 끌어안고자 하는 목적을 갖고 있었다. 중국공산당의 경우는, 당의 주도권을 친국민당 계열에게 양보하면서 막후의 사회운동을 조정하여 표면적으로는 국공합작을 유지하면서, 내면적으로는 공산당세력을 점진적으로 확장하고자 하였다. 이에 중국공산당은 같은 해 11월 내몽골농공병대동맹(內蒙古農工兵大同盟)을 결성하

---

17) 1923년 1월 최초로 공산당에 입당한 내몽골 청년은 榮耀先이며, 烏蘭夫도 9월에 입당한다.

18) 5월 30일의 上海·廣州 학생시위와 6월 30일 전국적인 반제국주의운동 등.

여 내몽골인민혁명당을 견제하는 방법을 취하게 된다.

그러나 내몽골인민혁명당의 내부조직은 다분히 기존 세력을 견제하는 성격을 띠고 있었다. 예를 들면 내몽골인민혁명군 총사령관직을 맡은 인물은 서부몽골지역에서 기존의 왕공세력에 반기를 든 왕다니마로, 내몽골농공병대동맹과 더불어 군사적인 면에서 우위를 점했다. 그러나 다음 해 1926년 왕다니마가 빠오토우(包頭, Baotou)에서 의문의 독살을 당하면서 국민당의 영향력이 점차 거세지기 시작하였다.[19]

내몽골인민혁명당은 구성이나 성격 면에서 중국공산당이나 국민당이 내몽골인들의 성향을 파악하기 위한 하나의 실험무대였다고 할 수 있다. 이 당의 지도세력들은 각기 자신들이 추구하는 내몽골의 새로운 구조를 적극적으로 피력하였다. 따라서 후에 공산당은 이 당의 출신 가운데에서 친국민당 세력을 쉽게 파악하여 제거할 수 있었고, 국민당 역시 친공산당 계열을 구별하여 숙청하게 된다. 결국 내몽골인들에게는 신해혁명으로 형성된 이 새로운 국면이 아직 구체적으로 새로운 구조로는 발전되지 않고 있었던 것이다.

4. 4·12정변과 내몽골

1927년 4월 12일 장제스는 약 34개 군벌을 무력으로 흡수시킨다.[20] 장제스는 1925년 이래 쑨원의 삼민주의에서 민족주의를 강조한 선전과 공산당의 대중선동을 종식시킨다는 명분을 내세웠지만 궁극적으로는 그동안 표면화되지 않았던 혁명의 좌·우파 간의 알력이 충돌한 것이라 할 수 있다. 장제스는 강남지역에 성공적으로 발판을 구축하였고, 공산당은 8월 7일 중앙긴급회의를 열고 장제스의 국민당과 무장투쟁을 전개할

19) 中國人民政治協商會議 內蒙古自治區委員會文史資料委員會 主編, 『內蒙古近現代王公錄 續編』, 1989, 5쪽.

20) 논자의 앞의 글에서도 지적했듯이 이는 타협의 성격이 강한 북벌이었다.

것을 결의하였다. 중국공산당은 일단 강남지역에서 장제스와 대결할 것을 기본노선으로 채택하였지만, 내몽골 지역과 중국 서북부에서 소련으로부터 지원을 받는다는 전략도 아울러 병행하였다. 1928년 2월 중국공산당은 중국공산당 내몽골특별위원회를 조직하고 내몽골 지역을 공산혁명의 중요한 지역으로 설정하였다. 1929년 소련에서 사회주의 혁명을 배우고 있던 몇몇 내몽골 공산주의자들이 몽골인민공화국을 거쳐 내몽골로 들어왔다.[21] 당시 서북부 지역을 담당하였던 울란후(烏蘭夫)의 회고록에 따르면, 당시 내몽골의 혁명활동에 참가한 사람들은 크게 세 유형으로 구별되었다. 중국공산당 하부조직원, 소련과 몽골인민공화국에서 훈련받은 당원, 기존의 내몽골인민혁명당원이 그들이다. 이렇게 보면 내몽골의 공산혁명 참가자들도 장제스의 국민당 못지않게 다양한 조직원들을 포함하고 있었다고 할 수 있지만, 몽골인 특유(유목사회 특유)의 공동목표 아래 담합하였다는 장점을 지니고 있었다.

내몽골의 서부지역은 역시 소련으로부터 직접적으로 영향과 지원을 받을 수 있다는 지정학적인 장점과 남쪽의 국민당 정권이 깊숙이 간여할 수 없는 지역이라는 점, 울란후가 뛰어난 정치공작가라는 삼박자를 갖추고 있었다. 이것을 배경으로 해서 1930년 난징(南京)에서 열린 '몽골회의'에는 서부 내몽골인이 한 명의 대표도 참가하지 않는 결과를 낳기도 한다.[22]

1931년 내몽골지역에 큰 영향을 준 것은 일본의 만주 점령이었다. 동부몽골지역이 일본의 위성국으로 전락한 '만주국'(滿洲國)의 직접적인

---

21) 당시 5명이 세 갈래 길을 통해 내몽골로 들어왔는데, 동쪽은 朋斯克・特木爾巴根(熱河省), 중앙은 德力格爾(察哈爾省), 서쪽은 烏蘭夫・佛鼎 등이다.

22) 1930년 5월 29일부터 6월 12일까지 南京에서 개최된 회의로서 국민당정권 蒙藏委員會 부위원장 馬福祥의 주관 하에 이루어졌다. 이 회의의 주된 방향은 내몽골의 중국 편입이었다. 郝維民 主編, 『內蒙古近代簡史』, 內蒙古大學出版社, 1990, 124쪽.

영향력 아래 놓이게 되고 몽골인민공화국과 소련이 이 지역에 대한 일본의 진출을 경계하면서, 내몽골 동부지역은 열강의 틈바구니에서 단합된 힘을 발휘하지 못하게 되었다. 한편 장제스는 중부내몽골지역의 젊은 귀족 출신 지도자 뎀축동그루브(德穆楚克棟魯普, 일명 德王)[23]를 포섭하여 자기 세력을 내몽골지역으로 확대하기 위한 대표인물로 내세우고자 하였다. 이에 장제스는 뎀축동그루브에게 내몽골자치권과 왕공의 기득권 인정 같은 조건을 내세웠지만, 일본 역시 1935년부터 뎀축동그루브를 이용하는 계획을 적극적으로 추진하였다.[24]

내몽골은 이제 지역적으로 3분되면서 앞다투어 영향력을 행사하려는 공산당·국민당·일본 세력의 각축장으로 변하였다. 여기에서 표면적으로 국민당은 자치권 보장을, 일본은 내몽골 독립을 지원하는 것처럼 표방하였고, 중국공산당의 경우는 직접적 간여보다는 내몽골의 공산당원을 동원하는 방식으로 점차 내몽골인들의 민심을 확보해 나갔다.

5. '노구교' 사건과 내몽골

1937년 7월 7일 일본은 내몽골의 세력균형을 깨뜨리며 중국을 무력으로 침공하였다. 1938년에서 1945년까지의 이른바 '항일전쟁' 시기에, 국민당은 한편으로는 내몽골의 귀족세력을 포섭대상으로 삼고, 다른 한편으로는 반귀족세력 즉 변화를 지향하는 내몽골의 일반 목민(牧民)들은 무력으로 탄압하는 정책을 펴서 전반적으로 내몽골인들 사이에 반국민당 감정을

23) 德王은 1902년 베이징과 가장 가까운 察哈爾部에서 태어난 몽골 귀족이다. 칭기스한 가계와는 관계 없지만 袁世凱가 등장한 직후 내몽골인들 가운데 親袁世凱 세력을 구축하기 위해 새로운 작위를 수여하는 과정에서 왕의 칭호를 받아 신흥귀족이 되었다. 당시 德王의 나이는 겨우 10세였다. 盧明輝, 『德王其人』, 遠方出版社, 1998 참조.

24) 德王에게 '蒙古國' 건립 지원을 약속하는 등, 표면적으로 내몽골 독립을 지원할 것 같은 정치적 제스처를 취하였다.

야기시켰다. 이에 비해 중국공산당은 내몽골 내에서 먼저 공동의 적을 일본으로 정하여 내몽골인들을 결집시키고, 그 다음 적을 억압세력인 국민당으로 정하는 방법을 통해 자신들의 입지를 확고히 해 나갔다.

특히 1938년 장정(長征)을 마치고 옌안(延安)에 집결한 중국공산당 수뇌부는 장정에서 얻은 경험을 바탕으로 내몽골의 평민세계로 침투해 들어갔다. 반대로 1938년 가을 국민당은 서부몽골에서 영향력을 발휘하던 샤도르자브를 충칭(重慶)으로 초청하여 무려 3개월씩 머물게 하면서 극진히 대우해 주었다.[25] 이것은 흥미롭게도 중국공산당으로 하여금 내몽골에서의 혁명도 결국은 하부의 목민(牧民)조직으로부터 시작해야 한다는 결론을 끌어내게 하였다.

이 기간중에 주목할 만한 것은 중국공산당이다. 공산당은 당시 국민당과 일본 사이에서 내몽골 독립을 꿈꾸고 있던 뎀축동그루브 세력은 기존의 기득권층에만 발판을 두어 지지세력층이 얇다는 사실을 읽어내고, 일반 목민을 대상으로 내몽골인의 공동의 적을 먼저 일본으로 선정하고 항일(抗日)에 전력을 기울여 많은 호응을 얻어냈다.

특별히 중국공산당이 내몽골에서 전반적인 지지를 얻게 된 것은 다음 두 가지 사건을 계기로 한다. 첫 번째는 1938년 8월에 시작되어 무려 1년에 걸쳐 치열한 전투를 계속한 끝에 중국공산당군이 대성공을 거둔 대청산 전투이고,[26] 두 번째는 1943년 3월 26일 '이멍 사변'(伊盟事變)[27]으로서, 이를 통해 국민당은 내몽골인들로부터 완전히 지지를 잃게 된다.

결국 국민당으로서는 내몽골의 일부 세력이 중국으로부터의 독립을

---

25) 中國人民政治協商會議 內蒙古自治區委員會文史資料委員會 主編, 『內蒙古近現代王公錄 續編』, 1989, 7쪽.

26) 內蒙古黨委黨史硏究室 編, 『內蒙古黨的歷史和黨的工作』, 內蒙古出版社, 1994, 81~83쪽.

27) 국민당군의 고압적인 통치에 札薩克旗의 내몽골인들이 궐기하여 顧兆忠 등 현지에 파견된 국민당 고위 관료들을 살해한 사건. 5월 12일 국민당군의 참혹한 진압작전으로 사건은 종식되었다.

꿈꾸며 일본과 손을 잡을 가능성과 중국공산당이 내몽골을 그들의 전진기지화할 것을 염려하여 성급히 무력으로 내몽골을 평정시키려 했던 것이 오히려 내몽골인들로부터 반감을 불러일으켰고, 그 결과 1945년 일본의 패망 이후 내몽골인들로부터 지지를 얻는 데 실패하게 되었다.

Ⅲ. 1947년 '내몽골자치정부' 수립

1. 1945년 내몽골

1945년은 내·외몽골인들의 운명이 엇갈리는 역사적인 한 해였다. 1945년 8월 8일 소련의 대일(對日)선전포고와 10일 몽골인민공화국의 선전포고 직후 소몽(蘇蒙)연합군은 만쪼우리(滿洲里)를 통과하여 싱안링 지역으로 진군하고, 이어 동몽골지역을 장악하였다. 이 때 귀족계층과 청년들은 하풍아(哈豊阿), 테무르바근(特木爾巴根) 등을 중심으로 싱안멍(興安盟)에서 내몽골인민혁명당을 결성하고 이른바 「내몽골 인민해방선언」을 통해 내몽골과 몽골인민공화국의 합병을 강력히 주장하며 대표단을 몽골인민공화국에 파견, 내외몽골의 합병을 논의하였다. 몽골인민공화국은 그러나 이 합병에 대해 거절을 분명히 하였다.[28] 이 밖에 8월 23일 후룬뻬이얼멍(呼倫貝爾盟)이 대표단을 울란바타르에 파견하여 후룬뻬이얼멍과 몽골인민공화국의 합병을 요구하였으나 이 역시 거절당하였다. 또한 시린궈러멍(錫林郭勒盟)의 일부 귀족들과 청년들도 그곳에 주둔중인 소·몽 연합군에게 내외몽골의 합병을 요구하고 몽골인민공화국에 대표를 보냈으나 이 또한 거절당하였다. 9월 9일 이들은 다시 '내몽골인민공화국임시정부'를 건립하고 몽골인민공화국과 소련에게 자신들의 독립선언을 대외에 선전해 주고 승인해 줄 것을 요구하였으나 이것도 거절당

28) 王鐸 主編, 『當代中國的內蒙古』, 當代中國出版社, 1992, 33쪽.

한다.[29] 그 밖에도 내몽골 측에서는 내·외몽골의 합병 논란이 많이 나타나 Pan-Mongolism이라는 말까지 등장하지만 범민족주의적 행동은 구체화하지 못한다.

소련과 몽골인민공화국이 이러한 일련의 요구에 대해 모두 거절을 표명한 것에는 나름대로의 이유가 있었다.

그 당시 공식적으로는 국제사회의 승인을 거쳐 완전한 독립을 확보한 상태가 아니었던 몽골인민공화국은 1930년대부터 정권을 장악한 쵸이발산(Choibalsan)의 스탈린식 독재와 철저한 소련에의 의존을 통해 국제사회의 독립 공인을 받아야 하는 절박한 시기였다. 그리고 1945년 일본의 패망은 몽골인민공화국이 국제사회에 진출할 수 있는 절호의 기회가 되었던 것이다. 몽골인민공화국은 그동안 독립을 강력히 저지해 온 중국 당국(그것이 국민당정부이든 공산당이든 간에)의 승인 내지는 최소한 묵인을 얻어 내야 했고, 이러한 상황에서 내몽골과의 합병 내지 정치적인 연합 등은 오히려 이제 막 이루어진 몽골인민공화국의 독립마저 위협할 것으로 간주되었다. 결국 몽골인민공화국은 그 해 10월 중·소(中蘇)우호조약에 근거하여 독립에 대한 찬반투표를 실시하여(100% 독립 찬성) 중국도 승인하는 독립을 성취하고, 다음 해 중국과의 외교관계 수립을 통해 독립을 공인받았다.[30]

반면 내몽골지역은 중국의 양대 정치세력과의 타협을 통해 중국과의 갈등을 해결하고자 해 왔으나, 국공내전의 발발을 기점으로 하여 그 입장이 변화하기 시작하였다. 당시 내몽골 중부지역의 중심지인 짱자코우에는 국민당군이 집결되어 서부와 북부로의 진출이 용이한 상황이었다. 이에 1945년 9월 19일 중국공산당은 '향북발전(向北發展) 향남방어(向

29) 郝維民, 『內蒙古自治區史』, 3쪽.

30) Kim, Sunho, *Die Entwicklung der politischen Beziehungen zwischen der Mongolischen Volksrepublik und der Volksrepublik China (1952-1989)* (Hamburg : Insitutts für Asienkunde, 1992), p.30.

南防禦)' 전략을 수행하기 위해 팔로군(八路軍)을 동원, 10월 중순 짱자코우를 점령하였다. 국민당군은 12월 초 전략의 요충지인 짱자코우를 공격하였지만 공산당군의 저항으로 소강 상태를 이루다가 1946년 1월 10일의 정전협의에 따라 13일 자정부터 모든 군사행동을 금지하기로 하였다. 그러나 1월 12일 국민당군이 대규모 기병을 동원하여 지닝(集寧) 등의 남부 내몽골지역을 공격하고 3월 1일까지 격렬한 전투가 계속되었다. 그리고 3월 3일의 합의에 따라 서로 연락관을 두고 감시하는 정전 상태가 되었다.[31]

내몽골 중남부지역에서 전투가 벌어진 이 시기에 중국공산당은 내부적으로 계속해서 친공산당 계열의 내몽골 자치정부의 수립을 진행시켰다. 그런데 여기에서 가장 큰 문제는 동몽골의 민족주의세력을 어떻게 포섭할 것인가 하는 것이었다.

이미 '내외몽골 합병'을 주장하였다가 실패한 테무르바근(特木爾巴根), 하풍아(哈豊阿), 부얀만두(博彦滿都) 등은 9월 9일 쑤니트우기(蘇尼特右旗)에서 '내몽골인민공화국임시정부'를 조직하였다. 이 조직은 귀족계층과 청년단체, 그리고 국민당과 공산당의 중도파 등 복잡한 구성원으로 이루어져 있었고, 이들 중 중도적 인물인 부다라이(朴達賚)가 주석으로 임명되었다.[32]

임시정부 내에서는 과거 각 지방의 귀족계층이었던 자들 등이 정치적·경제적 기득권과 독립에 대한 열망으로 공산당과의 협력에 반대하였다. 이에 울란후는 이들을 포섭한다는 임무를 띠고 10월 초 꾀이삐(奎璧), 커리끙(克力更), 천삥위(陳炳宇), 티엔후(田戶), 황찡타오(黃靜濤) 등과 함께 임시정부를 방문하여 공산당과의 제휴를 강력히 요구하였다.[33] 그러나

31) 郝維民, 『內蒙古近代簡史』, 215~216쪽.
32) 위의 책, 219쪽.
33) 위의 책, 219쪽.

임시정부 고위 관료들은 공산당의 요구에 응하지 않고 지속적으로 소련과 몽골인민공화국에게 독립을 위한 원조를 요구하였다. 이에 울란후는 짱자코우로 돌아와 중국공산당을 대신하여 임시정부에 맞설 또 다른 정치조직인 '내몽골자치운동연합회'의 결성에 나섰다.

11월 11일 『친차이일보』(晉察冀日報)에는 임시정부 각료였던 쑹진왕축(松津旺楚克)을 비롯하여 15명의 이름으로 과거 국민당과 일본의 앞잡이가 되어 내몽골 민족을 속인 데 대해 사죄하고, 앞으로 중국공산당의 지도에 따를 것을 맹세하는 글이 실렸다.[34] 울란후의 이러한 적극적이고 내몽골 청년들을 앞세운 포섭활동은 성과를 보여, 마침내 '내몽골자치운동연합회' 창립대회가 11월 26~28일에 걸쳐 짱자코우에서 개최되었다. 개회사에서 울란후는 내몽골인의 공동의 적을 대한족주의자(大漢族主義者) 국민당으로 정하고, 바이윈띠(白云梯), 뎀축동구르브, 리소우신(李守信) 등을 내몽골 내 반역자로 내몰며 공동의 목표를 내몽골 인민해방으로 규정하였다.[35]

11월 27일 울란후는 내몽골자치운동연합회의 향후 활동방향에 대한 안건을 발표하면서, 아직 중국에 공산정권이 세워지기 전이라는 점을 이용하여 중국 공산정권의 자치구라는 개념은 절대로 먼저 비치지 않고, 내몽골인들의 자치정부 수립, 경제발전과 종교의 자유 등만을 강조하여 창립대회에서 이를 통과시켰다.[36]

울란후는 물론 정치력과 조직력만으로 임시정부에 대응한 것이 아니었다. 그는 테러와 같은 극단적인 방법도 서슴지 않았던 것이다. 즉 11월 26일 내몽골자치운동연합회가 성립된 직후, 왕푸먀오[王斧廟 : 지금의 우란하오터(烏蘭浩特)]에 있던 임시정부에서 주동적으로 반공산당 활동을

34) 內蒙古自治運動聯合會, 『檔案史料選編』, 6~8쪽.
35) 위의 책, 18~19쪽.
36) 위의 책, 25~26쪽.

벌이던 몇몇 각료를 짱자코우로 초청하여 살해하고, 이 사건을 지방 산적들의 소행으로 위장하였다.[37]

결국 형식적으로 임시정부에 5명의 중국공산당원과 울란후가 참여하는 과정을 거쳐 임시정부는 내몽골자치운동연합회 성립과 함께 해산되고, 내몽골자치운동연합회의 적극적인 활동으로 서부와 중부 내몽골은 공산당의 영향권 안으로 완전히 들어갔다. 중국공산당은 내・외몽골의 분리에 따라 외몽골은 독립국가이지만 소련의 영향권 아래, 그리고 내몽골은 중국공산당의 영향권 아래 놓인 자치구로 이끌어나갔던 것이다.[38]

그러나 동몽골지역에는 몽골인민공화국과의 접촉을 통해 독립하고자 하는 민족주의자들이 여전히 존재하고 있어, 이는 만주지역에 주둔해 있던 중국공산당군에게도 매우 중요한 의미를 지니고 있었다.

특히 30년대 말과 40년대 초 몽골인민공화국에서 진행된 숙청과 문화대혁명에 관한 소식[39]은 내몽골의 민족주의자와 지식인층 귀족세력 등 지도층 인사들에게 커다란 충격을 주었고 공산당에 대한 인식은 일반사회 저변층보다 상당히 부정적이었다. 이러한 분위기에서 내몽골 인민공화국임시정부의 와해 소식은 동몽골인들에게 더욱 큰 충격을 주었고, 그들은 나름대로 또 다른 조직구성을 진행하였다.

이 지역에 대한 중국공산당의 태도 역시 매우 신중하였다. 당중앙이 1945년 12월 25일 당시 서만주 주둔군 사령부의 린뱌오(林彪), 황커청(黃克誠), 리푸춘(李富春) 등에게 보낸 전문을 보면, 내몽골 청년공산당원들이 귀족세력에 대항하는 투쟁을 할 때는 무조건 참여해서 그들을 지지하지 말고, 상황판단을 정확히 한 후 태도를 결정하라고 하면서 동몽골인들을

37) Rupen, *Mongols of the Twentieth Century*, p.259.

38) 위의 책, p.261.

39) 몽골인민공화국의 민족주의자 및 종교세력에 대한 숙청은 Kim, Sunho, 앞의 책, 30쪽 참조. 문화혁명의 대표적인 예로서는 1940년부터 시행된 위구르 몽골 문자의 폐지와, 러시아 키릴(Cyrillic) 알파벳의 사용을 들 수 있다.

자극하지 말도록 명령하고 있다.[40)]

중국공산당의 입장에서는 그들의 사회주의 이념을 외몽골을 지배하던 소련의 그것과 차별화시켜야 하는 선전이 필요하기도 하였다.

2. 4·3회의

1946년 1월 16일 싱안멍(興安盟)의 거끈먀오(葛根廟 : 지금의 우란하오터 부근)에서 이른바 동몽골인민대표회의가 열렸다. 이 회의에서 통과된 동몽골인민자치법에 근거하여 2월 15일 동몽골인민자치정부가 건립되고 부얀만두(博彦滿都)가 주석, 하풍아(哈豊阿)가 비서장으로 임명되었다.[41)]

부얀만두와 하풍아 등 대부분의 각료는 중도파 인물로, 공산당과 국민당 중 어느 세력이 몽골인에게 유리할 것인가를 저울질하는 계층이었다. 특히 2월 11일 동몽골인민자치정부는 부주석 마니바다라(瑪尼巴達拉)를 단장으로 한 7명의 대표단을 베이징을 거쳐 충칭으로 파견하고 국민당에게 인민자치정부를 승인해 줄 것을 요청하였다. 그러나 오히려 국민당군은 이들에 대해 동몽골을 장악하게 해줄 것을 요청하였다.[42)] 국민당은 만주 및 동몽골 지역에서 우위를 확보하기 위해 동몽골인민자치정부를 활용하고자 하였던 것이다.

이러한 상황변화 때문에 3월에 이르러 공산당은 전권을 울란후에게 위임하고, 11일자 전문을 통해 빠른 시일 내에 자치운동을 통일할 것을 지시하였다.[43)] 이에 따라 울란후는 동몽골인민자치정부와 적극적인 접촉을 벌여 3월 30일에서 4월 2일까지 청더(承德)에서 내몽골 자치운동통일을

---

40) 內蒙古自治運動聯合會, 『檔案史料選編』, 47쪽.
41) 郝維民, 『內蒙古自治區史』, 8쪽.
42) 위의 책, 9쪽.
43) 위의 책, 10쪽.

위한 준비회의를 개최하였다. 내몽골자치운동연합회에서는 울란후, 리우춘(劉春), 커리끙(克力更), 빠오얀(包彦), 티엔후(田戶), 우리지나런(烏力吉那仁), 칭거라투(淸格勒圖) 7인을 파견하고, 동몽골인민자치정부는 부얀만두, 하풍아, 테무르바근(特木爾巴根), 빠오위쿤(包玉昆), 바이윈항(白云航), 이더샤쑤런(義德嘎蘇隆), 하쓰바타르(哈斯巴特爾) 7인을 파견하였다.44)

물론 준비회의는 처음부터 강력한 의견충돌을 보이며 난항을 거듭하였다. 동몽골인민자치정부 측은 이른바 '독립자치'와 동몽골인민자치정부의 각료들이 주축이 된 자치정부의 수립을 희망하였다. 여기에서 울란후의 탁월한 협상능력이 발휘되었다. 울란후는 먼저 그의 모스크바 유학동기인 테무르바근을 포섭하고, 이어서 동몽골 대표 부얀만두에 대해서는 만주국에서 싱안성(興安省) 성장(省長)을 역임한 전적을 들어 민족대표 자격 여부에 대해 공격을 가했다.45) 그리고 소위 '평등자치'를 주장하며 공산당은 내몽골과 동등한 위치에서 혁명운동을 이행할 것이라는 관념을 역설하기도 하였다. 동시에 1930년대와 40년대의 항일을 통해 내몽골을 구해준 세력은 바로 중국공산당이며 내몽골의 미래는 그들에게 달려 있다고 하면서 동몽골 대표들을 향해 직설적인 공격을 가했다. 대부분 만주국에서 관료를 지낸 전적을 가진 자들이 과연 내몽골 인민을 대표할 수 있겠느냐고 묻고, 그들의 미래는 어디에 있느냐고 강조하였다.46)

이 준비회의의 결과, 울란후는 중국공산당을 대신해서 동몽골 지역을 접수하게 되는 성과를 얻는다. 준비회의에서 합의된 사항은 중국공산당이 의도한 바대로 통일된 자치기구 결성이었고, 이는 울란후의 지휘 아래 공산당의 지도를 받는다는 것이었다.

이어서 1946년 4월 3일 준비회의에서 타결을 본 내용을 바탕으로 동서

---

44) 위의 책, 10쪽.
45) 郝維民,『內蒙古自治區史』, 10~11쪽 ; 內蒙古黨委黨史硏究室 編,『內蒙古黨的歷史和黨的工作』, 186쪽.
46) Christopher Atwood, 앞의 글, 65~66쪽.

몽골의 통일된 자치운동세력의 탄생을 의미하는 이른바 4·3회의가 개최되었다.

개회사에서 울란후는 공산당의 과거 역할을 찬양하고 인민해방을 위한 지도집단임을 수없이 강조하면서 내몽골 인민의 이익을 위한 토론을 제의하였다. 부얀만두는 치사에서 국민당의 대(對)내몽골정책에 불만을 나타내고 내몽골의 해방은 공산당이 지원한 결과이며 옌안시절 민족문제를 연구한 울란후에게 내몽골 민족문제의 해결에 대한 기대를 표시하였다.[47]

회의에서 결의된 내용은 준비과정에서 결정된 것으로 다음과 같았다.

1) 내몽골 민족운동은 독립자치를 위한 것이 아니고 평등자치를 위한 것이며, 중국공산당의 지도 아래 각 지역에 지회·분회를 설립하고 각 맹(盟)과 기(旗)의 민선정부를 조직한다.
2) 동몽골인민자치정부는 즉각 해산하고 내몽골자치운동연합회에 흡수된다.
3) 각 맹(盟)정부에는 반드시 한인(漢人)위원을 참여시키며, 치안·방어 등은 팔로군이 담당한다.
4) 연합회의 지도 아래 몽골군을 무장시키며, 몽골군은 팔로군의 지휘를 받는다.
5) 연합회는 조직부·선전부 등 8개 부서와 비서처 1개를 설치한다. 25인 집행위원회 중 울란후가 집행위원회와 상임위원회의 주석을 맡고, 부얀만두가 부주석을 담당한다.
6) 민족대표는 엄선하고 특히 국민당과의 관계 인물은 배제한다.
7) 적극적으로 지방간부를 육성한다.
8) 연합회에 반대하는 국민당 일파 등 일체의 반대세력을 척결한다.
9) 츠펑(赤峰)을 내몽골의 임시 중심도시로 설정한다.[48]

---

47) 內蒙古自治運動聯合會, 『檔案史料選編』, 50쪽.
48) 위의 책, 51~53쪽.

그러나 아직 공산당의 자치정부 수립과 완전한 내몽골 장악에는 많은 문제가 뒤따른다.

3. '내몽골자치정부' 수립

1946년 4월 5일 울란후는 중국공산당 중앙에 보내는 전문에서 4·3회의의 결의내용을 보고하고, 하풍아·데무르바근의 공산당 입당과 순조로운 공작조건의 구비를 알렸다. 그러나 당시 내몽골의 복잡한 상황이 통합된 것으로 모두 끝난 것은 아니었으며, 아직 일부 분열의 조짐이 남아 있었다.[49]

예를 들어 친차이중앙국(晉察翼中央局)은 내몽골 자치 문제에 대한 의견을 발표하였는데, 즉 내몽골의 독립이나 외몽골과의 합병 그리고 국민당과의 연합에는 반대하지만, 이 지역의 많은 내몽골인들은 공산당에 대하여 확실한 믿음이 없다고 당중앙에 보고하였다. 더욱이 민족평등자치의 개념을 이해하지 못하는 내몽골인들이 많아, 울란후는 공산당원으로서 공산당을 위해 일하는지 아니면 몽골민족을 위해 일하는지에 대한 의문이 제시되기도 한다는 등의 문제들을 보고하며 내부적 잔여 문제가 많음을 시사하였다.[50]

심지어 연합회 서만분국(西滿分局)에서는 5월 20일 중앙에 보내는 전문에서 외몽골과 외교관계를 수립하려는데 가능한가 라는 질문을 하기도 하였다.[51]

결국 공산당과 연합회는 내몽골인들의 이해가 아직 요원함을 깨닫고 각 지역별 조직 결성에 전력을 기울이게 된다. 이 조직은 세포조직의 형태로 내몽골인들 깊숙이 파고들어 선전 역할을 한다.

---

49) 위의 책, 54~55쪽.
50) 위의 책, 58~59쪽.
51) 위의 책, 63쪽.

5월 23일에는 우란차뿌멍(烏蘭察布盟), 5월 30일에는 차하르멍(察哈爾盟), 6월 8일에는 시린궈러멍(錫林郭勒盟), 7월 7일에는 후룬뻬이얼멍(呼倫貝爾盟) 등에서 연속적으로 연합회 지회를 설립하여 적극적인 홍보활동을 펼치고 세력확장을 꾀하였던 것이다.[52)]

그러나 8월에 접어들면서 중국공산당은 내몽골에서 주도권을 잃게 될 위기에 처하게 된다. 이는 내몽골의 토지문제를 둘러싸고 일어났는데, 당시 내몽골지역에는 순수유목민 · 반농반목인 · 농업인 등이 공존하고 있었고 그 같은 상황에서 토지배분과 관련한 토지권을 둘러싸고 몽골인과 한인(漢人) 사이에 충돌이 일어나기 시작한 것이다. 이 문제에 대하여 중국공산당도 뚜렷한 해결점을 제시하지 못한 채 각 지역에서 지도계급이 해결하라는 지시만 내렸다.[53)]

이러한 내몽골에서의 중국공산당의 위기를 해결해준 것은 흥미롭게도 국민당이었다.

8월 2일 옌안폭격을 시작으로 하여 9월에 접어들면서 국민당군은 부쭈어이부(傅作義部)를 사령관으로 내세워 내몽골지역에까지 전면전을 감행하였다. 국민당군은 곧바로 지닝(集寧) · 펑전허(豊鎭后) · 짱자코우를 점령하고, 10월에는 청더(承德) · 츠펑(赤峰)을 점령하여 연합회는 시린궈러멍(錫林郭勒盟)으로 본부를 이전하였다.[54)]

결과적으로 공산당은 내몽골인들에게 공동의 적인 국민당군의 공격을 적극 홍보하고, 이 적을 물리쳐야 한다는 공동의 목표를 주지시킴으로써 내몽골인들의 불만을 일시에 잠재우며 이들을 공산당과 연합회 아래 집결시킬 수 있었다.

1946년 12월 26일 중국공산당은 연합회에 전문을 보내 모든 내몽골인들

---

52) 위의 책, 64~77쪽.

53) 「云澤關於內蒙古土地問題的意見致中央電(1946年8月1日)」; 「中央關於蒙古土地問題」; 給云澤分局, 「中央局電(1946年8月10日)」, 위의 책, 105~106쪽 참조.

54) 內蒙古黨委黨史研究室 編, 『內蒙古黨的歷史和黨的工作』, 190쪽.

에게 국민당의 침략에 공동으로 대응하기 위해 지역성(地域性) 자치정부를 설립하도록 지시하였다. 물론 독립국 형식은 배제하도록 주의를 주는 것은 잊지 않았다.[55)]

이 지시에 따라 내몽골에서는 자치정부 수립을 위한 준비작업이 시작되었다.

1947년 2월 울란후는 내몽골인민대표회의를 3월 15일 왕푸먀오(王斧廟)에서 개최한다는 통보를 각지에 보내고, 3월1일 미리 각 지역의 연합회 지회에 통일전선에 관한 내용을 하달하였다. 그 주요 내용은 국민당군에 대항하여 종교세력은 물론 귀족세력 등 몽골의 전 계급이 단결할 것을 특별히 강조한 것이었다.[56)]

3월 14일, 울란후는 당중앙에 내몽골 남부지역이 국민당의 수중에 들어가 있어 동북지역만 우선 자치정부를 설립한다는 안에 대해 지시를 내려줄 것을 요청하였다. 이에 대한 당중앙은 전(全) 내몽골의 대표가 참석하는 자치정부를 수립하는 것이 좋다는 완곡한 의견을 담은 답변을 3월 23일에 내놓았다.[57)]

결국 3월 15일로 예정해 둔 내몽골인민대표회의는 연기되고, 3월 23일 당중앙은 구체적인 자치정부 수립방안을 전문으로 제시하였다. 이 전문에서 공산당은 다시 중국과 내몽골자치정부와의 관계를 설명하면서 중국 안의 자치정부를 강조하고 이는 독립정부가 아님을 명확히 할 것을 요청하였다.[58)]

이 지시에 따라 울란후는 먼저 4월 3일 4·3회의 1주년기념행사를 갖고 과거 공산당의 지원을 찬양하고 1년간의 연합회 활동을 자찬하면서 공동의 적인 국민당에 대한 공격을 잊지 않았다.[59)]

---

55) 內蒙古自治運動聯合會, 「中央關於內蒙自治問題電」, 『檔案史料選編』, 144쪽.
56) 위의 책, 165~168쪽.
57) 위의 책, 169~170쪽.
58) 위의 책, 169~171쪽.

회의에서는 20일까지 지역별로 활동보고를 하고, 27일 내몽골자치정부 강령을 통과시켰다. 강령의 요점은 물론 중국공산당의 지시를 그대로 명문화한 것으로 중국 내의 자치정부, 공산당의 지시를 존중하는 정부의 수립 등이고, 교육·문화 부분에서는 몽골민족의 자율성을 보장하는 내용을 담았다.[60]

1947년 5월 1일 드디어 내몽골자치정부가 수립되었는데, 정부 각 부처 각료가 모두 중국공산당 당원으로 채워졌다. 정부주석은 울란후, 부주석은 하풍아, 그리고 정부위원들 역시 대부분 공산당 당원으로 구성되었다. 인민대표회의 의장은 부안만두, 부의장은 자야타이(吉雅泰) 등이 선출되었고, 20명의 정부위원과 9명의 의원이 별도로 선출되었다.[61]

Ⅳ. 1949년 중화인민공화국과 내몽골자치구

1. 중국내전과 내몽골

1947년 7월 중국공산당은 내몽골자치정부 성립 이후 내몽골인들의 역량을 두 가지 방향으로 집중시켰다.

첫 번째는 군사력의 강화였다. 즉 고도 자치를 표방하며 자치구의 안보문제를 최대의 이슈로 삼아 내몽골인들의 군사력을 집결시켰다. 1946년 6월 3일 4·3회의에 근거하여 내몽골인민자위대가 결성되었는데, 표면상 내몽골의 안보를 목적으로 한 것 같지만 1948년 1월 이 자위대는 내몽골인민해방군 제1 기병(騎兵)사단으로 바뀌고, 1949년 5월에는 중국인민해방군 내몽골 기병으로 바뀌었다.[62] 이러한 일련의 군사적 구조의

59) 위의 책, 173~175쪽.
60) 위의 책, 231~233쪽.
61) 위의 책, 242쪽.
62) 郝維民, 『內蒙古自治區史』, 28~29쪽.

변화는 당시 강력한 파괴력을 가졌던 내몽골 기병을 중국공산당 휘하에 두는 결과를 가져왔고, 중국내전에서 중국공산당이 우위를 점할 수 있는 중요한 요소 중 하나가 되었다. 이들 기병은 1946년부터 지속적으로 중국공산당에 입당하여 1949년 상반기가 되면 내몽골 기병의 38%가 당원이 되었을 정도였다.[63] 결국 무력과 정신력이 하나로 집중되면서 내몽골 기병은 중화인민공화국 탄생에 가장 큰 공헌을 하는 세력이 되었던 것이다.

두 번째는 일반 목민들과 기타 사회 중하층 몽골인들의 연합전선 구축이었다. 먼저 중국공산당은 내몽골자치구에서 행동대 역할을 할 중공내몽골공위(中共內蒙古工委)를 설립한다. 이 위원회는 토지개혁을 중심으로 내몽골 내에서 지주세력을 급격히 파괴시킴과 동시에 국민당과 연합 가능한 모든 세력을 와해시켰다. 특히 1947년 10월 10일 공표된 「중국토지법대강(中國土地法大綱)」은, 인구의 10%를 점하는 지주가 토지의 70~80%를 점유하던 내몽골의 상황을 완전히 뒤바꾸어 놓는 변혁을 일으켰다.[64] 이러한 개혁은 결국 내몽골인들로 하여금 중국공산당의 의지에 강력히 집중케 하는 결과를 낳았다.

1948년 1월 내몽골군구(內蒙古軍區)의 성립과 함께 무장한 기병 1개 사단이 내몽골지역의 중국공산당인민해방군으로 편성되었다. 같은 해 10월 2개 사단으로 증가된 내몽골 기병대는 주로 동북지역에 대한 공격을 성공리에 끝내고, 일본군이 남긴 우수한 화력을 확보하여 11월 29일부터 남하하기 시작하였다. 12월까지 베이징 부근 짱자코우까지 진격한 내몽골 기병은 중화인민공화국의 탄생에 결정적인 군사활동을 전개하고, 동북 서북지역의 잔여 국민당세력을 제거하며 북중국 전역을 완전 장악하였다. 내몽골 기병대의 활약은 중국공산당이 이끄는 인민해방군의 중

63) 위의 책, 31쪽.
64) 위의 책, 34~48쪽.

부・남부 작전을 배후에서 안정시키는 중요한 역할을 함과 동시에, 내몽골 내부의 결속을 다지고 몽골인민공화국을 통한 소련의 영향력을 성공적으로 저지하는 역할도 수행하였다.

존 킹 페어뱅크는 1946년 이후 중국공산당이 강력한 힘을 얻게 되어 중국 북부지역을 장악하고 곧바로 국민당군을 양자강 이남으로 물리쳤다고 지적하였는데,[65] 여기에는 다분히 내몽골 기병대의 역할이 컸다고 하겠다.

2. '내몽골자치구' 성립

1947년 내몽골자치정부의 수립을 곧 내몽골자치구의 성립으로 보는 것이 일반적이지만, 1949년 10월 1일 중화인민공화국이 건국될 때 비로소 내몽골자치구는 행정적으로 중화인민공화국 자치구로 정립된다고 할 수 있겠다. 이는 당시 내몽골인들에게는 신선한 충격이었던 사회주의 이념을 배경으로 한 새로운 형태의 중국 국가의 건설과, 입으로는 자치를 말하면서도 실제적으로는 고압적 통치를 해온 과거 중국과는 무언가 다를 것이라는 기대감이 작용하여 만들어 낸 작품으로, 내몽골의 사회변화와 또 다른 형태의 대중국관의 정립 등에서 많은 역사적 의미를 부여할 수 있다.

물론 1949년 10월 이후 내몽골자치구가 완전히 중화인민공화국의 행정단위로 자리매김된 것은 아니다. 1949년 후반부터 1950년대 초까지 과거의 지배세력들은 많은 지역에서 내몽골의 독립 혹은 반(反)중국공산당운동 등을 통하여 베이징 정부에 압력을 가하였다. 중국자료에서는 이들을 토비(土匪)세력으로 표현하고 있지만, 기존의 기득권층 혹은 민족주의 세력의 저항은 매우 다양하게 전개되었다.[66] 내몽골자치구가 자리를

65) 존 킹 페어뱅크 저, 중국사연구회 번역, 『新中國史』, 까치, 1992, 429~436쪽.

잡는 시기는 대략 한국전쟁이 끝나는 1953년 전후로 보아야 할 것이고, 1911년부터 숨가쁘게 전개된 내몽골의 변화는 결국 중국 영토의 일부로 종결된다.

Ⅴ. 나오는 글

이상 내몽골자치구의 성립 과정을 분석하면서 서두에 제시했던 접근방법을 통해 몇 가지 특징적인 결론을 얻어낼 수 있었다. 앞서 지적하였듯이 내몽골에 있어서 신해혁명은 새로운 국면을 만들어 낼 수 있는 커다란 사건이었다. 기존의 기득권층은 이 사건이 가져다주는 역사적 의미를 파악하기도 전에 베이징에 세워지는 권력집단에 대해 과거와 마찬가지의 관계 설정을 시도하였다. 물론 그 후 나타나는 국민당정권에 대해서도 같은 시도가 되풀이되었다. 그러나 중국공산당이 읽은 내몽골의 변화 방향은, 내몽골의 기존 통치세력들이 이제는 더 이상 그 영역을 이끌고 나갈 수 없다는 것이었고, 이에 공산당이 지원하는 새로운 힘을 통해 새로운 구조를 형성시키게 된다. 바로 이러한 새로운 구조가 내몽골자치구의 형태로 귀결된다.

그렇다면 내몽골자치구의 성립은 내몽골인들의 근현대 역사에 어떠한 의미를 갖는가? 내몽골의 지정학적 중요성에 입각하여 다양한 세력들이 각각의 기반을 세우려 한 시도는, 결국 청의 멸망 이후 내몽골인들 스스로의 힘으로 자신들의 영역을 하나로 묶는 데에 실패하게 만들었다. 그리고 새로운 내몽골의 미래를 주도하고자 한 내부세력들의 이러한 분열은 오늘날 내몽골을 중국의 자치구로 남게 만들었다 해도 과언은 아닐 것이다.

---

66) 郝維民, 『內蒙古自治區史』, 71~74쪽 참조.

이념의 옳고 그름을 떠나, 내몽골인들에게 있어서 중국으로부터의 완벽한 탈피라는 개념이 독립된 민족국가의 개념으로까지 연결되지 못한 것은 분명하다. 몽골인민공화국의 독립을 직접 목격하면서도 1945년 몽골인민공화국이 국제사회로부터 인정을 받을 때까지 아니 그 이후에도 내몽골인들에게는 소련의 자치구정도로밖에 비치지 않았고, 몽골인민공화국 역시 국제사회에서 독립을 공인받기 위해 내몽골과의 연합을 거절해야 했다. 이것이 내몽골인을 '중국 안에서의 자치구'라는 쪽으로 결론을 이끌어나간 것이라고 할 수 있다.

피지배 상태에 놓여 있었던 내몽골인은 당연히 독립을 시도하였다. 그러나 중국은 계속적으로 내몽골을 중국 안에 묶어 두고자 하였고, 새로운 세력으로 부상한 중국공산당은 피지배에서 고도자치, 그리고 중국과 동등한 위치를 부여하겠다는 방향제시를 통해 내몽골을 자국의 영토로 확정시킬 수 있었던 것이다.

손준식

청대 타이완의 개발과 청조의 정책

1. 머리말

청조가 타이완을 통치하였던 1683년에서 1895년까지는 타이완이 중국 영토로 정식 편입되어 본격적으로 개발되었다는 점에서 타이완사(臺灣史)에서 중요한 시기로 평가되고 있다. 따라서 일찍부터 청조 통치기 타이완의 정치·군사·사회·경제·문화 등에 대해서는 여러 학자들이 관심을 가져 많은 연구성과가 축적되어 왔다.[1)]

당연하지만 타이완사의 발전과 밀접한 관계가 있는 청조의 타이완 인식과 정책에 관해서도 이미 적지 않은 연구가 이루어져 있다.[2)] 그러나

---

1) 그 대표적인 저서로는 戴炎輝,『清代臺灣之鄉治』, 臺北 : 聯經出版公司, 1979 ; 陳紹馨,『臺灣的人口變遷與社會變遷』, 臺北 : 聯經出版公司, 1979 ; 陳其南,『臺灣的傳統中國社會』, 臺北 : 允晨文化, 1988 ; 尹章義,『臺灣開發史研究』, 臺北 : 聯經出版公司, 1989 ; 王世慶,『清代臺灣社會經濟』, 臺北 : 聯經出版公司, 1994 ; 周憲文,『清代臺灣經濟史』, 臺北 : 臺灣銀行經濟研究室, 1957 ; 黃福才,『臺灣商業史』, 南昌 : 江西人民出版社, 1990 ; 許雪姬,『清代臺灣的綠營』, 臺北 : 中央研究院近代史研究所, 1987 ; 陳秋坤,『清代臺灣土着地權 : 官僚·漢佃與岸裡社人的土地變遷, 1700～1895』, 臺北 : 中央研究院近代史研究所, 1994 등이 있다.

2) 예컨대 張菼,「清代初期治臺政策的檢討」,『臺灣文獻』21-1, 1970. 3, 19～44쪽 ; 黃秀政,「論藍鼎元的積極治臺主張」,「清代治臺政策的再檢討 : 以渡臺禁令爲例」,

대다수의 기존 논저들은 일정 시기 또는 특정정책을 중심으로 이 문제를 다루고 있을 뿐, 아직 청조의 타이완 통치 전 시기에 걸친 종합적인 연구는 나와 있지 않다.

지금까지의 연구결과를 보면, 청조의 타이완 인식과 정책을 보통 1874년 일본의 타이완 출병 즉 '타이완 사건'을 경계로 그 이전의 소극적 시기와 그 이후의 적극적 시기로 나누고 있다.[3] 다시 말해 청조의 타이완에 대한 잘못된 인식으로 소극정책이 190년간 지속됨으로써 개발이 지연되고 사회 불안이 그치지 않았으며, 따라서 이 시기 타이완의 개발은 한인 개척이민의 자발적인 노력에 힘입은 결과라는 것이다. 그리고 외세의 침략으로 타이완의 중요성을 인식한 청조가 적극정책을 실시한 이후 타이완은 신속히 발전하여 양무운동의 진행에서나 '내지화'(內地化)의 정도에서 괄목할 만한 성과를 거두었지만 아쉽게도 일본에 할양됨으로써 그 모범적인 사례를 중국인들과 공유하지 못했다는 것이다.[4]

黃秀政, 『臺灣史研究』, 臺北 : 學生書局, 1985, 1~28쪽, 145~173쪽 ; 湯熙勇, 「論淸康熙時期的納臺爭議與臺灣的開發政策」, 『臺北文獻直字』 114期, 1995. 12, 25~53쪽 ; 林其泉, 「施琅與淸初治臺政策」, 『臺灣硏究集刊』 1984-1, 廈門大學臺灣硏究所, 49~59쪽 ; 張世賢, 『晩淸治臺政策(1874~1895)』, 中國學術奬助委員會, 1978 ; 郭廷以, 「甲午戰前的臺灣經營 : 沈葆楨丁日昌與劉銘傳」 ; 李國祁, 「淸季臺灣的政治近代化 : 開山撫番與建省(1875~1894)」, 中華文化復興運動推行委員會 主編, 『中國近代現代史論集 : 近代歷史上的臺灣』(이하 『論集』으로 줄임) 34冊, 臺北 : 商務印書館, 1986, 1~29쪽, 31~62쪽 외 다수.

3) 예컨대 郭廷以, 『臺灣史事槪說』, 臺北 : 正中書局, 1954, 96쪽 ; 金成箭纂修, 『臺灣省通志』 1冊, 臺中 : 臺灣省文獻委員會, 1971, 22~30쪽 ; 張炎憲, 「淸代治臺政策之硏究」, 國立臺灣大學歷史硏究所 碩士論文, 1974. 7, 1쪽 ; 張菼, 앞의 글, 21쪽 ; 曺永和, 「中華民族的擴展與臺灣的開發」, 曺永和, 『臺灣早期歷史硏究』, 臺北 : 聯經出版公司, 1979, 18쪽 등이 그러하다. 반면 강희시기를 소극적 시기, 옹정 이후부터 1874년 이전까지를 소극에서 적극으로 전환하는 과도 시기로 보는 견해(黃秀政, 「論藍鼎元的積極治帶主張」, 黃秀政, 앞의 책, 1쪽)와 강희시기를 소극적 治臺시기로 보는 데 대해 반대하는 견해(湯熙勇, 앞의 글, 43~44쪽)도 있다.

4) 이러한 논지를 대표하는 글로는 주 3)에서 열거한 논저 외에 郭廷以, 「臺灣的開發和現代化(1683~1891)」, 郭廷以, 『近代中國的變局』, 臺北 : 聯經出版公司, 1987,

그러나 청조의 타이완 인식과 정책이 1874년을 분기점으로 전환된 것은 사실이지만 그렇다고 단순히 그 이전과 이후를 소극과 적극으로 이분화 할 수 있을지 의문이다. 만약 소극정책으로 개발이 지연되고 사회불안이 계속되었다면 어떻게 타이완이 18세기 초에 벌써 자급하고 남은 식량을 대륙으로 반출할 수 있었으며, 금령을 어겨가며 위험을 무릅쓰고 타이완으로 밀항하는 자가 그렇게 많았으며, 서구 열강이 타이완의 개항을 왜 그렇게 적극적으로 요구했겠는가?

이러한 타이완의 개발과 발전에 인민의 적극성 외에 다른 요인은 없었는지, 청조의 정책이 모두 소극적인 것이었는지, 소극정책으로 지적되는 것들이 단지 부정적 영향만을 남겼는지 궁금하다. 그리고 청조가 적극정책을 채택한 후 내지 어느 지역보다 큰 발전을 이룬 타이완을 왜 그렇게 쉽게 일본에 내어주었는지, 청조의 정책변화가 타이완의 토착 소수민족에게는 어떠한 영향을 미쳤는지도 궁금하다.

이러한 문제의식을 갖고 이 글에서는 기존 연구와 자료를 바탕으로 청조의 타이완 인식과 정책을 '타이완 사건' 이전과 이후 두 시기로 나누어 먼저 청조의 타이완 인식 형성과정을 엿볼 수 있는 타이완 영유논쟁과, 대표적인 소극정책으로 꼽히는 이민 제한조치, 그리고 나머지 주요 타이완 통치정책의 특징과 영향을 분석해 보고, 이어서 타이완의 개발상황과 외세의 위협 및 이에 대한 청조의 반응, 즉 타이완 통치정책의 변화와 양무운동의 전개에 관해 차례로 살펴보려고 한다. 이를 통해 청조의 타이완 인식과 정책에 대한 이해와 새로운 평가를 시도해 보고자 한다.

335~375쪽 ; 李國祁,「淸代臺灣社會的轉型」,『中華學報』5-2, 1978. 7, 131~159쪽이 있다.

2. '타이완 사건' 이전 청조의 타이완 인식과 정책

1) 타이완 영유논쟁과 이민 제한조치

1683년 7월 복건수사제독(福建水師提督) 시랑(施琅)이 이끄는 청군이 평후(澎湖)를 점령하자 항전 의지를 상실한 정극상(鄭克塽)이 곧 투항함으로써 타이완을 근거지로 22년간(1661~1683) 항청복명(抗淸復明) 활동을 벌인 정씨정권은 마침내 소멸되었다. 그러나 타이완 평정 직후 청조 내부에서는 그 영유 여부를 놓고 8개월에 걸친 소위 '납대쟁의'(納臺爭議)가 발생하였다. 당초 타이완 영유에 대해 강희제를 비롯하여 다수의 조정대신과 지방관들은 신중한 태도를 취하였고 심지어 일부 인사들은 영유 포기를 주장하였다.[5] 영유 반대론자들은 타이완이 중국에서 멀리 떨어진 섬으로 예로부터 해적과 탈주범과 탈영병들의 소굴이어서 통치하기 어렵고, 땅도 좁고 인구도 적어서 세수입도 많지 않기 때문에 영유에 따른 이득이 없으므로 현재 거주하고 있는 한인들을 내지로 이주시키고 대신 군사요충지인 평후에 군대를 주둔시킬 것을 제의하였다.[6] 이에 타이완 현지사정에 밝고[7] 타이완 정벌에 가장 많은 공을 세운 시랑은 반대자들의 논리에 대해 주민이주의 어려움, 타이완 포기로 인한 후환의 가능성 및 평후 단독 방어의 불가함, 영유에 따른 추가 재정부담이 없다는 점 등을 들어 조목조목 반박하고, 특히 동남 해안의 안정과 방어를 위해 타이완 영유가 반드시 필요함을 강력히 제기하였다.[8] 결국 청조는 시랑의

---

5) 林仁川, 『大陸與臺灣的歷史淵源』, 上海 : 文匯出版社, 1991, 163~164쪽.

6) 伊藤潔 著, 陳水螺 編譯 『臺灣歷史』 第4章 清朝時代, 1쪽(URL:http://www.leksu.com/mainp4c.htm) ; 陳碧笙, 『臺灣地方史』, 北京 : 中國社會科學出版社, 1982, 98쪽.

7) 시랑은 1683년 9월 타이완에 도착하여 정씨로부터 항복을 받고 그 후 약 100일간 타이완에 머무르면서 친히 타이완 남북을 시찰하였고, 정씨의 장수 劉國軒으로부터 많은 정확한 정보와 가치 있는 의견을 얻어 타이완의 물산과 인민 및 산천형세에 대해 상당한 이해를 갖게 되었다. 郭廷以, 앞의 책, 91~92쪽.

8) 「福建水師提督施琅題爲恭陳臺灣棄留事本」(康熙22年12月22日), 中國第一歷史

주장을 받아들여 1684년 5월 타이완 본도에 타이완부(臺灣府)와 타이완·펑샨(鳳山)·주뤄(諸羅) 3현(縣)을, 평후에 순검(巡檢)을 설치하고 분순대하병비도(分巡臺廈兵備道)와 대만총병(臺灣總兵)을 두어 푸젠성(福建省)의 관할을 받도록 함으로써 타이완을 판도에 편입시켰다.[9]

그렇다면 왜 이러한 영유논쟁이 발생하였고 그렇게 오랫동안 계속되었던 것일까? 그 원인은 우선 항청세력의 소멸에 급급하였던 청조가 타이완 점령 후의 문제까지 미리 신경쓸 여유, 즉 준비가 없었기 때문으로 보인다. 청조는 삼번의 난 진압(1681) 후 비로소 정씨정권 평정에 진력할 수 있게 되었지만 정씨와의 해전에서 승리를 확신하지 못해 강희제는 시랑의 타이완 출병에 대해 한때 유예의 태도를 보였다. 마찬가지로 시랑이 평후와 타이완 공략에 성공한 후 영유 여부를 묻는 데 대해서도 즉답을 피하고 있다.[10] 이 점은 기타 관련 사료 가운데 정씨세력 평정에 대한 논의가 매우 많은 데 비해 타이완의 사후처리 문제를 언급한 기록이 보이지 않는 데서도 알 수 있다. 그러나 논쟁이 장기화된 까닭은 당시 "동북에서 온 만주황실이 동남해상의 타이완을 제대로 이해하지 못했고 일반 관리들 역시 타이완의 지위를 인식하지 못했던 데"[11] 있었다. 사실 타이완 점령 이전에 청조의 대신으로서 타이완에 가보았거나 타이완에 대해 연구한 사람이 없었고,[12] 역사적으로도 타이완 통치의 경험을 참고할 수 없는－중국판도에 포함된 적이 없었던 상황에서[13] 청조가 타이완의

檔案館編輯部·廈門大學臺灣研究所 編,『康熙統一臺灣檔案史料選輯』, 福州：福建人民出版社, 1983, 308～311쪽.

9) 郭廷以, 앞의 책, 94쪽.

10) 湯熙勇, 앞의 글, 26～27쪽.

11) 郭廷以, 앞의 책, 91쪽.

12) 孔立,「康熙二十二年：臺灣的歷史地位」,『臺灣研究集刊』1983-2, 57쪽.

13) 대륙과 타이완과의 관계는 멀리 삼국시대로까지 거슬러 올라가지만 정부 차원에서 직접 경영이 이루어진 것은 원대 이후 평후에 군대를 주둔시키면서부터다. 그나마 이마저도 명대에 오면 철수와 주둔을 반복하다 숭정 초년 이후 평후 방어를 완전히 포기하게 된다. 이에 관한 자세한 내용은 曺永和,「早期臺灣的開發

위상을 제대로 인식하지 못한 것은 어쩌면 당연하다고 하겠다. 타이완 평정을 축하하는 신하들의 존호 요청을 강희제가 거절하면서 "타이완은 조그만 땅에 불과하니 있어도 그만 없어도 그만이다"[14]라고 말한 것이 결코 타이완을 경시해서 한 말이 아니었다고[15] 할지라도 청조의 타이완에 대한 인식부족을 보여주는 예로서 자주 인용되는 이유가 바로 여기에 있다.

그렇다고 일부에서 제기하는 바와 같이 젊고(당시 30세) 패기 넘치던 강희제가 타이완을 경시하거나 포기하려 했다든가, 혹은 청조가 애초부터 타이완을 영유할 의도가 없었다고 하는 주장[16]은 강희제가 평소 정씨 정권의 평정을 중요한 과제로 여기고 있었고[17] 중국 역사상 최대의 판도를 가진 제국의 기초를 닦은 군주였다는 점 및 타이완 영유논쟁이 오래 계속되었다는 점 등을 고려하면 설득력이 없다. 다만 중국의 전통적 대외정책이 해양보다 대륙 내부로의 발전을 중시하였고, 이에 당시 서북 지역 준가르부(準噶爾部)의 소요와 북부 변경에서 러시아의 위협이 확대되고 있던 정세 및 타이완 경영에 따르는 재정적 부담에 대한 우려[18] 등이 영유결정을 지연시킨 부차적 원인이었다고 생각된다.

與經營」, 曺永和, 앞의 책, 71～156쪽 참조.

14) 『(淸實錄) 聖祖仁皇帝實錄(2)』 卷112 第5冊, 北京 : 中華書局, 1985, 155쪽, "臺灣僅彈丸之地 得之無所加 不得無所損".

15) 湯熙勇, 앞의 글, 43쪽.

16) Hsu Wen-Hsiung, "Chinese Colonization of Taiwan," University of Chicago Ph. D. Dissertation, 1975, 239～249쪽 ; 許雪姬, 앞의 책, 175쪽 ; 曺永和, 「中華民族的擴展與臺灣的開發」, 曺永和, 앞의 책, 18쪽.

17) 이는 강희제가 즉위하자마자 정씨를 배반한 전력이 있는 施琅을 발탁하여 타이완정벌을 반대한 萬正色 대신 복건수사제독에 임명한 사실에서도 확인된다. 그 외 정씨세력에 대한 강희제의 태도는, 일찍이 鄭經이 류큐와 조선처럼 청조의 번속이 되겠다고 제안했을 때 정경은 중국인이며 타이완에 거주하고 있는 사람 역시 모두 푸젠인이라는 이유로 거절한 데서도 알 수 있다. 湯熙勇, 앞의 글, 26, 30쪽.

18) 같은 글, 28쪽, 30～32쪽 ; 孔立, 앞의 글, 56～57쪽.

따라서 타이완에 대한 이해가 전반적으로 부족한 상황에서 당시 거의 유일한 타이완 전문가라 할 시랑의 의견은 영유논쟁에서 결정적 작용을 하였고, 실제로 이후 청조의 타이완 통치정책에도 대부분 그대로 반영되었다. 문제는 시랑이 오직 동남 각 성의 안전을 위한 해방(海防) 차원에서 타이완 영유의 중요성을 강조하였을 뿐 적극적인 타이완 경영의 의지가 없었다는 점이다. 그러므로 청조의 타이완 통치책도 처음부터 소위 '이방대이치대'(以防臺而治臺), 즉 타이완이 다시 반정부의 근거지가 되는 것을 방지하는 데 치중하는 소극적 성격을 띠게 되었다.[19] 이러한 청조의 타이완 정책 가운데 대표적인 것이 바로 '도대금령'(渡臺禁令), 즉 이민 제한조치였다.

항청의 근거지였던 타이완에 대해 경계를 풀 수 없었던 청조는 우선 정씨정권의 문무관원과 병졸 및 그 가족은 물론, '천계령'(遷界令) 실시에 반발하여 타이완으로 이주하였던 많은 각 성의 난민을 내지의 원적지로 되돌려보냈다. 한편 치안과 질서 확보의 일환으로 타이완 영유논쟁이 진행되던 1683년 말, 시랑의 건의에 따라 원 타이완 거주자 중 가정과 재산(땅과 집)이 없거나 도죄(徒罪) 이상의 죄를 범한 경우 모두 원적지로 되돌려보내도록 하였다. 그 결과 한동안 노동력 부족으로 인해 농업생산이 감소하고 많은 개간지가 다시 황폐화되었다.[20] 이어 1684년 11월에는 '해금령'(海禁令)을 해제하여 연해 인민들이 바다로 나가는 것을 허용하면서 동시에 시랑 등의 건의에 근거하여 타이완 도항과 이민을 엄격히 제한하는 '도대금령'을 반포하였다. 그 주요 내용은 (1) 타이완에 도항하고자 하는 자는 먼저 원적지 관아에서 도항허가서[照單]를 발급받아 분순대하병비도의 검사와 대만해방동지(臺灣海防同知)의 재가를 받아야 하며,

---

19) 黃秀政, 「淸代治臺政策的再檢討」, 黃秀政, 앞의 책, 152~153쪽.
20) 같은 글, 154, 159~160쪽 ; 曺永和, 「中華民族的擴展與臺灣的開發」, 曺永和, 앞의 책, 18~19쪽.

이를 어긴 자는 엄벌에 처한다. (2) 타이완에 도항하려는 자는 가족을 동반할 수 없으며, 이미 도항한 자도 대륙에 있는 가족을 데려올 수 없다. (3) 광둥인(廣東人)의 타이완 도항을 금한다 등이다.[21] 이 가운데 (3)은 1696년 시랑의 사후 점차 이완되었고, (2)는 1732~40년, 1746~48년, 1760~61년에 한시적으로 완화되었다가 1790년 완전 해제되었다. 그러나 (1)은 심보정(沈葆楨)의 건의로 1875년 폐지될 때까지 계속 시행되었다.[22] 이와 더불어 청조는 대륙과 타이완 간의 항로를 제한함으로써[23] 타이완 도항자에 대한 감시와 감독 효과를 거두고자 하였다.

청조가 이민 제한조치를 실시한 목적은, 소위 '불법간도'(不法奸徒)의 밀항을 방지하는 한편 가족을 내지에 남겨두어 타이완 도항자가 함부로 상궤에서 벗어난 행동을 못하게 하고 타이완에 쉽게 정착하지 못하도록 함으로써[24] 타이완이 재차 반청의 근거지가 되는 것을 방지하는 데 있었다. 그러나 반복된 밀항금지와 단속의 강조에서 볼 수 있듯이, 이러한 규제는 효과적으로 시행되지 못했고 도리어 타이완 사회에 여러 가지 엄중한 문제를 야기시켰다. 즉 원거주자의 송환과 이민의 제한은 영유

---

21) 陳紹馨 纂修, 『臺灣省通志稿』 卷2, 人民志 · 人口篇, 臺中 : 臺灣省文獻委員會, 1964, 120쪽.

22) 광둥인의 타이완 도항 금지는 일반적으로 시랑의 개인감정으로 인한 것으로 지적되고 있다. 그러나 당시 수십만에 달하는 광둥 惠州 · 潮州 男丁들이 매년 봄 타이완에 와서 농사를 짓고 가을에 고향으로 돌아가는 계절성 이동을 함으로써 생활이 불안정하여 문제를 일으킬 소지가 많았기 때문에 시랑이 광둥인의 도대를 금한 것으로 보는 견해도 있다. 광둥인의 타이완 도항은 건륭 말년 가족동반 금지가 풀리면서 비로소 푸젠인과 동등한 대우를 받게 되었다. 黃秀政, 「清代治臺政策的再檢討」, 黃秀政, 앞의 책, 154~158쪽.

23) 청조는 당초(1685년)에 타이완에 취항하는 모든 상선에 대해 廈門과 安平 간의 통항만 허용하였으나 타이완 경제의 발전과 兩岸 교역의 확대에 따라 1784년 鹿港과 泉州 蚶江 간 항로를, 1792년에는 八里坌(淡水河口)과 泉州 蚶江 · 福州 五虎門 간 항로를 개방하였다. 陳碧笙, 앞의 책, 102쪽.

24) 郭廷以, 앞의 책, 97쪽. 다른 한편 '도대금령'의 주된 목적이 통치의 편의를 위해 타이완의 인구증가를 최대한 억제하려는 데 있었다고 보기도 한다. 張菼, 앞의 글, 25쪽.

초기 땅은 넓고 사람은 적은 상황에서 타이완의 개발을 지연시켰고, 불합리한 도항 제한은 인구압박에 시달리던 푸젠과 광둥 인민의 밀항을 조장하였다. 거기에 부패한 단속관원과 비양심적인 밀항선 업자에 의해 밀항자들은 이중 삼중으로 고통과 희생을 당해야만 했다.[25] 그 외 가족동반 및 초청 금지라는 비인도적 조치는 타이완 사회에 심각한 남녀성비의 불균형을 초래하여[26] 결혼 못하는 남성이 많아지고, 그 결과 부랑자가 늘고, 혈연보다는 지연을 기초로 하는 결합관계 즉 강렬한 집단[分類]의식을 갖게 하였을 뿐만 아니라 결의와 결맹의 풍조를 성행시켰다. 바로 이러한 사회구조와 분위기는 후술할 다른 타이완 통치정책의 폐해와 맞물려 '분류계투'(分類械鬪 : 집단간의 패싸움)와 농민봉기가 자주 일어나게 되는 배경이 되었다.[27]

2) 타이완 통치정책의 특징과 그 영향

앞에서 언급한 이민 제한조치 외에 '타이완 사건' 이전 타이완 통치정책의 성격을 이해할 수 있는 것으로 관리 인사정책과 반병(班兵)제도 및 이번(理番)정책, 토지조세정책 그리고 문교정책을 들 수 있다.

청대 타이완에 파견된 문무관원들은 대체로 그 임기가 짧고 임기 후 내지로 승진되며,[28] 문관은 푸젠순무가 직접 성(省) 내의 현직 관원 중에서

---

25) 이민 제한조치 아래에서 타이완으로의 불법 도항방법과 그 실태에 관해서는 林仁川, 앞의 책, 64~69쪽 참조.

26) 예컨대 朱一貴의 난(1721년) 이후 타이완 현지를 둘러본 藍鼎元의 『東征集』에 의하면, 諸羅縣 大埔莊 거주 79가구 주민 257명 가운데 여성은 단 1명뿐이고 16세 이하는 한 명도 없었다. 이는 비록 특수한 예이기는 하나 이민 제한조치 아래에서 성비의 불균형과 이민사회의 특징을 상징적으로 보여주는 사례로서 자주 인용된다. 林仁川, 앞의 책, 57~58쪽 ; 李國祁, 「清代臺灣社會的轉型」, 『中華學報』 5-2, 133쪽.

27) 이민 제한조치가 타이완 사회에 미친 영향에 대해서는 黃秀政, 「清代治臺政策的檢討」 ; 「清代臺灣的分類械鬪事件」, 黃秀政, 앞의 책, 158~164쪽, 29~80쪽 참조.

28) 무관의 경우 시랑의 제안에 따라 처음부터 임기가 3년으로 정해져 있었고 문관도

선임하도록 규정되어 있었다.[29] 그리고 타이완의 주요 문무관원은 다른 성의 동급 관원에 비해 더 많은 권한을 갖고 있었으나[30] 1776년 이전까지 가족을 데리고 부임할 수가 없었고[31] 문관의 경우 1743년 양렴은(養廉銀) 지급 이전 봉급이 매우 적었다.[32] 타이완 관원의 재임기간이 짧았던 표면적인 이유는 당시 사람들이 타이완을 여전히 해외의 불모지로 여겨 기피하였기 때문에 임기를 최대한 줄여주는 한편, 임기만료 후 승진이라는 형태로 보상을 해주었다고 할 수 있다. 그러나 만약 고향에 남아 있는 가족을 인질로 본다면, 만주 8기(八旗)와 관리가 타이완에 주재하지

그 후 무관의 예를 따르게 하였다. 그러나 道員을 제외한 知府에서 知縣에 이르는 주요 문관들은 임기가 2.5년에 불과했으며 그 중 반년은 新舊 관원이 함께 업무를 보도록 규정되어 있었다. 또 타이완의 문무관원은 재임중 처벌받은 일이 없을 경우 임기 만료 후 반드시 푸젠 내지로 승진시키도록 되어 있었다. 張菼, 앞의 글, 22~23쪽.

29) 일반적으로 문관의 경우 吏部가, 무관의 경우 兵部가 인사권을 갖고 있었는데 타이완 파견 문관만 푸젠 순무가 인사권을 행사하였다는 점에서 다르다. 한편 일정한 행정경험을 가진 현직 관원으로 임기중 행정처벌을 받지 않은 자를 선발하였다는 점에서 청조의 타이완통치에 대한 관심이 남달랐다고 보기도 한다. 湯熙勇, 앞의 글, 38쪽.

30) 예컨대 타이완 建省 이전 타이완 지방의 최고장관이었던 道員의 경우 비록 중간에 여러 차례 변동이 있었지만 군대 지휘권을 가진 兵備銜과 교육을 관장하는 提督學政을 겸하고 있었고 후에 사법권을 가진 按察使銜까지 주어져 직접 황제에게 상주할 수 있었다. 그리고 다른 도원이 두 개 이상의 府를 관할하는 것과는 달리 옹정 5년 이후 分巡臺灣道로 바뀌면서 타이완부 하나만을 專管하게 되었다. 또 타이완부의 知府는 軍餉 지급을 兼管하는 외에 鹽政도 아울러 관리하였으니 이 역시 다른 지역의 지부와 구별된다. 무관의 경우도 臺灣鎭 總兵은 직접 황제에 상주할 수 있게 특별히 허용되었고 나중에는 掛印도 할 수 있었다. 張菼, 앞의 글, 23쪽 ; 臺灣省文獻委員會編印, 『臺灣史』, 臺中, 1977, 263~264쪽.

31) 강희 60년(1721)부터 실시된 이 제한조치는 옹정 12년(1734) 40세가 넘은 자로 아들이 없는 경우 가족을 동반할 수 있도록 일부 완화되었다가 건륭 41년(1776) 완전 폐지되었다. 林仁川, 앞의 책, 57, 61쪽.

32) 예컨대 도원의 연봉이 銀 62兩 정도, 지현은 27.49냥, 巡檢이 19.52냥에 지나지 않았다. 당시 武營에 속한 전투병 한 명이 식비를 제외하고 매월 받은 것이 餉銀 2냥 즉 1년에 24냥이었던 것을 고려하면 얼마나 적은 액수였는지를 짐작할 수 있다. 養廉銀의 액수는 도원의 경우 매년 1,600냥으로 正俸의 25배 이상이었고 순검은 40냥으로 正俸보다 배 이상이 많았다. 張菼, 앞의 글, 23쪽.

않는 상황에서 장기재임으로 인한 한인관료의 모반 위험을 감소시키려는 조치였으며, 문관인사권을 푸젠순무에게 부여한 것도 인선에 신중을 기하고 항상 주의를 기울이게 한 것이라고 볼 수 있다. 아무튼 재임기간이 짧음으로 해서 타이완에 파견된 관원들은 능력을 제대로 발휘하기 어려웠고, 가족동반 금지와 낮은 봉급으로 인한 생리적 · 심리적 불만은 그들로 하여금 소극적 퇴영과 부정부패에 쉽게 빠지도록 하는 요인이 되었을 것이다. 이런 점에서 일부 학자들은 청조의 인사정책이 타이완의 이치(吏治) 악화에 적지 않은 영향을 미쳤다고 지적하고 있다.[33)]

청초 타이완에 주둔하였던 병력은 펑후를 포함하여 육 · 해군 합계 1만여 명이었다. 주된 임무는 타이완 내의 반청세력을 숙청하고 반청사건을 예방하고 진압하는 데 있었다. 그러나 바다에 익숙하지 못한 만주 8기 대신 녹영(綠營)을 파견할 수밖에 없었던 청조는 이들 한인 장병들을 3년마다 교체하여 장기주둔에 따르는 모반의 위험을 줄이려고 하였다. 이렇게 일정 기간마다 교체되었기 때문에 이를 반병제도라 불렀는데, 그 특징과 문제점은 다음과 같다.

(1) 언어소통을 고려하여 병졸을 모두 푸젠 각지에 주둔한 군대에서 차출하였지만, 타이완인은 뽑지 않았다. 그리고 장저우(漳州) 출신 병사를 취안저우(泉州)인 이민지역에 배치하고 취안저우 출신 병사를 장저우인 이민지역에 배치시킴으로써 경계와 감시의 효과를 기대하였다. 그러나 반병과 타이완 이주민은 고향의식이 투철한 푸젠인의 특성상 적대적이라기보다는 의기투합되는 경우가 많았고, 따라서 실제 반청민란이 발생할 때마다 청조는 외지군대를 투입하거나 타이완 내부의 종족 · 지역 갈등을 이용하여 진압하여야 했다.

(2) 가족과 재산이 있는 자만을 선발하여 군대의 질을 높이고자 하였다. 그러나 일반적으로 전통시대에 '가정을 가진 자'로서 군인이 되는 예는

33) 같은 글, 24~25쪽.

극히 드물었고 지휘관들도 자신의 우수한 병사가 차출되는 것을 기피하였기 때문에 실제 타이완에 파견된 반병은 그 자질이 극히 낮았다. 반병 가운데 부대에 이름만 걸어두고 시중에서 장사를 하거나, 오입질과 도박을 비호하거나, 마음대로 '공청'(公廳)을 열어 백성들을 괴롭히는 경우가 매우 많았음은 각 지방지를 통해 확인할 수 있다. 따라서 치안유지를 위해 주둔한 반병이 도리어 질서와 안정을 해치는 요소가 되었다.

(3) 식구를 데려가지 못하게 하여 고향에 남은 가족을 인질로 삼고자 하였다. 그러나 반병 중에는 신원을 위조한 자가 많고 실제 고향에 가족이 없는 자도 있었기 때문에 인질 효과는 그리 크지 않았다. 일부 고향에 가족을 두고 온 자들도 가족과 헤어져 있는 데 대한 반감으로 오입질과 도박에 빠지거나 이들을 비호하는 등 사회풍기를 어지럽히는 존재가 되었다.

(4) 당시 군대에서 보편적이었던 장병 간의 주종관계를 무시하고 병졸과 군관을 각기 다른 부대에서 차출함으로써 모반의 가능성을 줄이고자 하였다. 그러나 익숙치 못한 장병 간의 관계는 결과적으로 전투력의 저하를 가져왔다.

(5) 병졸의 차출과 배치가 개별적으로 이루어진 관계로 무기를 집중 보관할 수 없었기 때문에 각자 휴대하고 온 개인 무기는 스스로 보관해야 했고, 이로 인해 병사들끼리 걸핏하면 무기를 들고 싸움을 벌여 치안에 악영향을 미쳤다.[34)]

이상을 통해 반병제도가 반청활동의 예방과 진압이라고 하는 소기의 효과를 거두기는커녕 도리어 타이완 사회의 불안과 혼란을 가중시키는 결과를 낳았음을 알 수 있다. 이러한 반병제도의 특징은 상술한 인사정책 및 타이완 내에 성곽을 쌓지 못하게 한 조치[35)]와 더불어 타이완의 문무

34) 같은 글, 31~34쪽 ; 臺灣省文獻委員會 編印, 앞의 책, 276~289쪽.
35) 영유 초기 타이완의 府·縣 治所에는 성곽이 전혀 없었다. 朱一貴의 난(1721)

관원 및 주둔군에 대한 청조의 불신을 보여주는 대표적인 소극정책으로 지적되고 있다.

청조의 이번정책은 토착부락(원주민)의 귀순 여부에 따라 '숙번'(熟番)과 '생번'(生番) 정책으로 나뉜다. 대부분 평지에 살고 있다고 해서 평포족(平埔族)이라고도 부르는 '숙번'에 대해서는 점진적인 동화정책을 채택하여 그 토지소유권을 인정해주는 대신 매년 일정하게 인두세의 일종인 사향(社餉)을 납부받았다.

한편 한인이민의 계속된 원주민 토지침탈로 인한 분쟁을 방지하기 위해 원주민 토지를 한인들이 마음대로 매매하지 못하게 하였다. 또 토착부락의 상속습관을 이용해 간접적으로 토지를 취득하는 것을 막기 위해 한인들이 원주민 여성과 결혼하는 것도 금하였다.[36] 그 외 각종 보호정책을 통해 개발 확대에 따른 '숙번'의 반발을 줄이는 반면,[37] 분화정책을 통해 한인과 원주민 간의 모순과 불화를 도발하고자 하였다.[38]

깊은 산중에 살고 있다고 해서 고산족(高山族)이라고도 부르는 '생번'에 대해서는 소위 '봉산령'(封山令)을 실시하여 한인과 철저히 격리시켰다. 즉 '번계'(番界)를 설치하여 한인의 진입을 금하고 위반자를 엄벌하는 한편 '생번'들도 마음대로 '번계'를 벗어나지 못하게 하였다. 이를 위해 청조는 여러 차례 '생번' 거주지역 주위에 경계비를 세우고 토우구(土牛溝)와 애료(隘寮)를 설치하여 귀화한 토착민을 애정(隘丁)으로 파견하여 지키도록 하였다.[39] 이러한 정책은 언뜻 원주민을 보호하고 한인과의 충돌을

발생 이후 타이완 지방관이 築城을 요청하였으나, 청조는 유사시 타이완에 대한 군사행동(즉 병력의 상륙과 진압)에 불리하다는 이유로 받아들이지 않았다. 그 후 林爽文의 난을 경험하고 나서 건륭 53년(1788) 비로소 타이완부와 嘉義縣의 축성을 허락하였다. 張菼, 앞의 글, 34~35쪽 ; 陳碧笙, 앞의 책, 102쪽.

36) 陳秋坤, 앞의 책, 4~6쪽.

37) 이에 관한 상세한 내용은 臺灣省文獻委員會 編印, 앞의 책, 355~358쪽 참조.

38) 陳碧笙, 앞의 책, 115쪽.

39) 臺灣省文獻委員會 編印, 앞의 책, 349~395쪽.

피하기 위한 것으로 보이지만 실은 반청(反淸)한인들이 험한 산세를 이용해 반란을 일으키거나 원주민과 결탁하는 것을 방지하는 데 그 동기가 있었다.[40] 이는 결과적으로 '생번' 거주지역을 '교화가 미치지 않는 땅'[化外之地]으로 내버려둠으로써 이후 '타이완 사건' 등의 빌미를 제공하게 된다.[41]

청대 타이완의 토지형태는 크게 번지(番地)와 관유지 및 민유지로 나눌 수 있다. 번지란 원주민 부락 소유의 땅으로, 이는 다시 생번지(生番地)와 숙번지(熟番地)로 구분된다. '생번'의 토지는 간혹 한인에 의해 침간(侵墾)되는 경우가 있었으나 원칙적으로 시종 청 정부의 보호를 받았다. 나중에 '개산무번'(開山撫番)정책이 실시된 이후에도 개산의 대상은 규정상 원주민이 개간할 수 없는 땅으로 제한되었다. '숙번'의 토지도 당초 보호받게 되어 있었으나 한인과의 잡거로 침탈이 계속되자 1724년 한인들로 하여금 소작료를 내고 '숙번'의 토지를 경작할 수 있도록 허용하였다. 그 후 번지를 임대하거나 구매하는 한인이 갈수록 늘어나고 '숙번' 지주가 토지 소유권을 전매하는 과정에서 한인의 상품화폐경제체제에 용해됨으로써[42] 동치 이후가 되면 '숙번'부락의 토지는 더 이상 존재하지 않게 된다. 관유지에는 '관장'(官莊)과 '융은장'(隆恩莊) 그리고 '초봉'(抄封 : 몰수 民田) 등이 있었다.

한편 청조는 개간지가 한인 이민 자신이 개간한 주인없는 토지일 경우 소유권을 개간자에게 주었다. 개발 초기 원주민과의 충돌 등으로 인해 많은 노동력과 자본 및 무장을 필요로 하였고 이에 정부의 면허를 받은 '간호'(墾戶)라 불리는 지방 실력자가 소위 '간정'(墾丁)을 모집하여 개간에 나섰다. 개간 완료 후 '간호'는 '업주'(業主=大租戶)로 변신하고 '간정'은

---

40) 郭廷以, 앞의 책, 103쪽 ; 伊藤潔, 앞의 글, 3쪽.
41) 湯熙勇, 앞의 글, 33쪽.
42) 陳秋坤, 앞의 책, 6～9쪽.

전호(佃戶)로 전락하게 되나 개간한 토지에 대해서는 영전권[永佃(租)權]을 가졌다. 이후 전호가 부를 축적하거나 전업하면서 자신이 소작한 토지를 제3자에게 다시 임대함으로써 자신은 '소조호'(小租戶)가 되고 제3자가 '현경전인'(現耕佃人)이 되는 현상이 보편화되었다. 이리하여 소위 일전삼주제(一田三主制) 또는 기생지주제가 등장하게 된다. '업주'는 정부에 전부(田賦)를, 전호는 '업주'에게 생산량의 1/10에 해당하는 지조[大租]를, '현경전인'은 '소조호'에게 생산량의 40~50%에 해당하는 지조[小租]를 납부할 의무가 있었다. 이렇게 복잡한 토지소유 및 사용관계는 관유지와 번지의 경우도 마찬가지였는데, '현경전인'의 부담이 무거웠던 데 반해 정부의 세수는 미미하였다. 더욱이 허가 없이 개간하거나 개간토지를 축소하여 신고하는 경우가 많아서 세금을 내지 않는 토지가 허다하였다.[43] 나중에 유명전(劉銘傳)이 '청부사업'(淸賦事業)을 실시하게 된 것도 이러한 현상을 바로잡기 위해서였다.

청조는 타이완 영유 후 부세를 경감시켜 정씨정권 때보다 주민의 부담을 줄였으나 전부(田賦)의 경우 여전히 내지에 비해 높았다. 그 후 몇 차례에 걸쳐 세율 조정이 이루어졌으나 여전히 타이완의 전부는 무거운 편이었다. 그러나 정부(丁賦)의 경우 당초 독신으로 건너온 자는 면제시켰고 나중에 지정은제(地丁銀制)의 실시와 함께 토지가 없는 자도 면제시켰다. 또 개척중인 지역에 대해서도 지정은을 징수하지 않고 이민의 부담을 줄여준 결과, 타이완 개발을 촉진시키는 역할을 하였다.[44]

청조는 타이완 점령 후 중국 내지의 교육제도에 의거하여 문묘를 중건하고 각지에 유학・서원・의학(義學)・사학(社學) 등을 설립하여 중국문화를 전파하고 인재를 양성하고자 하였다. 특히 유학의 설립은 과거제도

43) 臺灣省文獻委員會 編印, 앞의 책, 459~465쪽 ; 戴國煇, 「晩淸時期臺灣的社會經濟」, 戴國煇, 『臺灣史硏究』, 臺北 : 遠流出版公司, 1985, 37쪽.
44) 臺灣省文獻委員會 編印, 위의 책, 461~467쪽 ; 陳碧笙, 앞의 책, 109~110쪽.

의 도입을 의미하는 것으로, 이는 과명(科名) 취득을 희구하는 '과거인구'의 이입을 유도하였다. 당초 타이완은 문풍(文風)이 발달하지 못해 시험에 합격하는 자가 적었고, 따라서 푸젠 연해의 많은 '과거인구'가 타이완으로 건너왔다. 이에 외지인의 학액(學額) 독점에 대한 타이완 현지인의 불만이 높아지자 '기적'(寄籍)과 '모적'(冒籍)자의 응시를 금지하였고 그 결과 '과거인구'의 토착화가 진행되었다. 과거인구의 형성과 확대는 타이완의 '내지화'를 촉진하였을 뿐만 아니라 이들이 이민사회의 지도층 역할을 함으로써 타이완 개발을 가속화시켰다. 더 나아가 과거제도는 '과거 인구'를 매개로 그들의 고향과 타이완과의 관계를 긴밀히 연결시켰을 뿐 아니라, 타이완인의 문화수준을 제고하고 중앙에 대한 구심력을 증진시키는 기능도 하였다.[45]

한편 청대 타이완의 의학은 한인 이민사회의 거친 풍토를 개선하고 초등교육 및 과거 준비교육 기능을 함으로써 타이완이 문치사회로 전환하는 기반과 촉진제가 되었다. 뿐만 아니라 원주민 교화와 교육에 선봉을 담당함으로써 중국문화의 전파와 확산에 중요한 역할을 하였다. 청대 전기 타이완의 의학은 거의 모두 관방(官方)에서 설립한 것이고 타이완 각 지역의 개발과 거의 동시에 설립되고 있다.[46] 이는 상술한 과거제도의 도입 및 서원 설립[47] 등과 더불어 문교의 보급을 통한 타이완 사회의 내지화에 청조가 적극적이었음을 보여주는 사례라고 하겠다.

---

45) 尹章義, 「臺灣↔福建↔京師：'科擧社群'對於臺灣開發以及臺灣與大陸關係之影響」, 尹章義, 앞의 책, 527～583쪽.

46) 孫準植, 「清代 臺灣의 義學 設立과 그 特色」, 『明清史硏究』 7집, 1997. 10, 1～31쪽.

47) 청대 타이완의 서원 설립과 조직·성격 및 그 기능에 관해서는 黃秀政, 「清代臺灣的書院」, 黃秀政, 앞의 책, 105～143쪽 참조.

3. '타이완 사건' 이후 청조의 타이완 정책 변화

1) 타이완의 개발과 외세의 위협

이민 제한조치에도 불구하고 강희 연간(1662~1722) 장육영(蔣毓英)·진빈(陳瑸) 등 몇몇 순리(循吏)의 적극적인 타이완 경영과 초간(招墾)[48] 및 강희 말년 이후 단속의 해이와 관리들의 부패로 인한 밀항의 성행으로 타이완 인구는 점차 증가하였다.[49] 영유 초 약 12만 명이었던 타이완 인구는 1811년에 194만여 명으로, 1893년에는 254만여 명으로 늘어났다.[50] 이들 한인 이민에 의해 타이완은 급속히 개발되어 건륭 연간(1736~1795)에 이르면 타이완 서부·북부·남부의 평원 및 구릉지가 거의 개간되고 가경 연간(1796~1820)에는 낮은 산지가, 도광·함풍 연간(1821~1861)에는 동부지역으로까지 개간이 확대되어 동치 말년 '개산무번' 시행 이전에는 심산(深山)의 생번 거주지역을 제외한 타이완 전역이 개발되었다. 1684년 1만 8천 갑(甲)이었던 경지면적은 타이완 할양 전 약 75만 갑(추정)으로 크게 증가하였다.[51] 이에 따라 행정구획 역시 1684년 1부 3현에서 1727년 1부 4현 2청(廳), 1812년 1부 4현 3청, 1875년 2부 8현 4청을 거쳐 1885년 마침내 독립된 성으로 승격되어 3부 1직예주(直隸州) 11현 4청으로 개편되었다.[52] 이러한 인구와 경지면적의 증가 및 행정구획 확대를 통해 타이완 개발의 진전과 추세를 짐작해 볼 수 있다.

토지의 개간과 더불어 진행된 수리시설의 건설에 힘입어 타이완 농업은 매우 빠른 속도로 발전하였다. 타이완은 일찍이 1720년대에 이미 상당량의 쌀 잉여분을 대륙에 원조하였고, 그 후 개발에 따른 생산확대로 건륭·

48) 郭廷以, 앞의 책, 97쪽.
49) 臺灣省文獻委員會 編印, 앞의 책, 291, 296쪽.
50) 孔立, 「淸代臺灣人口的幾個問題」, 『廈門大學學報』 1986-4, 25쪽.
51) 戴國煇, 앞의 글, 35쪽 및 주 11.
52) 臺灣省文獻委員會 編印, 앞의 책, 243~258쪽.

가경 연간에는 정규 이출과 밀수 외에도 매년 약 10만 석의 군량미를 대륙으로 반출하였다. 도광 연간(1821~1850)에는 그 양이 14만 석으로 증액되어 톈진(天津)으로 운송되었다.[53] 타이완 쌀은 아편전쟁 후 '양미'(洋米) 수입에 따른 가격하락으로 대륙 시장에서 심각한 타격을 받았으나 타이완 할양 때까지 그 생산량은 타이완 인구의 소비를 충족시키고도 충분한 여유가 있었다.

일찍이 네덜란드 통치시기부터 국제시장의 주목을 받은 타이완 제2의 농작물 사탕수수는 대륙 제당기술의 수입으로 18세기 초에 이르면 그 생산방식이 점차 공장제수공업으로 전환되었다. 1720년대 이후 타이완으로 건너오는 대륙상선이 증가하고, 상인들의 동업조합인 '교'(郊)가 성립되어 그 이출이 더욱 촉진되었다. 19세기 말 타이완의 설탕 생산량은 연 평균 6만 톤으로 당시 일본의 연간 소비량의 40% 이상에 달하였고 실제로 일본은 매년 타이완으로부터 30~40만 담(擔)의 설탕을 수입하고 있었다.[54] 일본이 타이완에 야심을 품은 경제적 이유 중 하나가 바로 여기에 있었음을 짐작케 하는 대목이다.

타이완의 북부지방은 그 토질과 기후가 차 생산에 적합하여 1720년대에 이미 차 재배 기록이 보이며 우량품종(푸젠의 武夷茶 등) 도입이 성공함에 따라 도광 연간에 오면 타이완 차가 대륙으로 이출되고 있다. 그 후 톈진조약(1858)에 의해 단수이(淡水)가 개항되고 영국 상인 도드(J. Dodd)의 노력으로 해외시장에 널리 수출되면서 타이완 차는 세계적 명성을 얻게 되었다. 차의 수출증대와 이에 따른 큰 이윤은 일부 농민들로 하여금 벼농사를 포기하고 차재배에 뛰어들게 하였고, 차산업의 발전은 장뇌(樟腦)의 수출증대와 더불어 타이완의 경제중심을 북부지역으로 옮기는 촉진제 역할을 하였다.[55] 1880~1884년 타이완 차의 연평균 수·이출량

53) 周憲文, 앞의 책, 36쪽.
54) 戴國煇, 앞의 글, 40~43쪽 및 주 30.

은 160만 파운드, 가격으로는 은 320만 냥에 달하였고 포종차(包種茶)의 경우 1886년 약 77만 파운드, 1894년에는 230만 파운드로 증가하였다.

타이완은 나프탈린 발명 이전에 중요한 방충제로 쓰인 장뇌의 세계 최대 생산지였다. 장뇌는 약간의 의학용도 외에도 셀룰로이드 생산 원료 및 무연화약과 폭죽의 제조에 사용되었기 때문에 구미시장에서 수요가 갈수록 증대하고 있었다. 따라서 개항 이전부터 아편밀수 영국상인들에 의해 해외로 반출되기 시작했고, 개항 이후 높은 이윤을 노리는 외국상인이 몰려들면서 이로 인한 분쟁이 그치지 않았다. 장수(樟樹)는 대부분 고산족의 거주지인 심산에 밀집되어 있었기 때문에, 그 벌채로 생활터전을 위협받게 된 고산족의 저항으로 장뇌의 생산과 수·이출량은 변동이 심하였다. 1880년 은 15만 냥 상당의 160만 파운드였던 장뇌 수·이출량은 1894년 680만 파운드로 증대되었는데, 이는 같은 해 일본의 장뇌수출량 280만 파운드의 2.4배에 달하는 것이었다.[56]

이와 같이 당초 청조 통치자들에게 '조그만 땅' 또는 '교화가 미치지 않는 땅'으로 인식되었던 타이완은 한인 개척이민의 피나는 노력과 부단한 투쟁을 통해 중국의 식량부족을 보충해 주는 곡창으로 변모하였고, 설탕과 차·장뇌의 주요 생산지로, 그리고 대륙산 방직품과 일용잡화의 소비시장으로[57] 탈바꿈하였다. 한편 상품교역 확대에 따른 상업활동의 활성화로 타이완 특유의 상인동업조합인 '교'가 형성되었다. 당초 북교(北郊)·남교(南郊)·항교(港郊)[58] 등 무역 대상지역을 기준으로 나누어진 동업조합은 나중에 각 항구마다 개별적 '교'가 형성되었고 더 나아가

55) 李國祁, 「淸代臺灣社會的轉型」, 『中華學報』 5-2, 143~144쪽.

56) 戴國煇, 앞의 글, 43~46쪽.

57) 林仁川, 앞의 책, 137~141쪽.

58) 北郊는 天津·寧波·上海·煙臺·牛莊 등지와, 南郊는 金門島·廈門·漳州·泉州·香港·汕頭·南澳 등지와 주로 교역하는 상인들이 조직한 것이고, 청말에 조직된 港郊는 주로 타이완 각 항구 간의 화물 교역을 하는 조합이다. 溫振華, 「淸代臺灣漢人的企業精神」, 『論集』 34, 370쪽.

미교(米郊)·당교(糖郊) 등 상품별 조합이 만들어졌다. 이들은 타이완 개척에 일익을 담당하였을 뿐만 아니라 나중에 타이완의 상업자본가로 발전함으로써 양무운동 시행에 유리한 조건을 제공하였다.[59)]

19세기 중엽 서구자본주의 열강의 식민지 쟁탈전이 가열되면서 중국 동남연해의 문호이며 풍부한 자원에 산업과 경제가 발달한 타이완은 그들의 주요 침략목표가 되었다. 제국주의 열강 가운데 타이완에 대한 야심을 가장 먼저 드러낸 것은 영국이었다. 아편전쟁중인 1841년, 영국함대가 타이완 근해를 순항하며 북부의 지룽(鷄籠 : 현 基隆)항과 중부 서해안의 우치(梧棲)항을 점령하려 한 것이다. 이어 1854년 미국의 원동함대 사령관 페리(M.C. Perry)는 일본에서 귀항 도중 지룽에 정박하여 석탄광산과 항만을 조사 측량하고, 워싱턴 당국에 이 곳을 점령하여 보급항으로 삼을 것을 적극 제의하였다. 비록 페리 제독의 이 주장은 받아들여지지 않았으나, 그의 보고서는 열강의 주의를 불러일으켜 타이완에 대한 관심을 급격히 제고시켰다.[60)]

청조는 제2차 아편전쟁 결과 1858년 톈진조약을 체결하고 이에 따라 1862년 단수이, 1863년 지룽, 1864년 타거우(打狗 : 현 高雄市)와 안핑(安平 : 현 臺南市)을 차례로 개항하였다. 개항과 동시에 구미 각국의 상인과 선교사들이 밀려 들어왔고, 타이완인들과의 사이에 빈번하게 마찰과 분쟁이 발생하였다. 1867년 미국 군함은 남부 원주민 부락에 대해 포격을 가하면서 상륙하였고, 1869년 영국은 타이완 주재 영국계 상점과 청조 관헌이 충돌한 소위 '장뇌분쟁'을 틈타 안핑을 포격하였다.[61)] 결국 소위 '함포외교'의 위협 아래 청조와 열강 간에 체결된 일련의 불평등조약에 의해 타이완 경제는 세계경제의 일환으로 편입되었다.

---

59) 같은 글, 368~377쪽 ; 蔡淵絜, 「淸代臺灣基層政治體系中非正式結構之發展」, 『論集』 34, 391~395쪽.
60) 戴國煇, 앞의 글, 37~38쪽 ; 伊藤潔, 앞의 글, 7쪽.
61) 臺灣省文獻委員會 編印, 앞의 책, 430~435쪽.

1871년, 타이완 남부에 표류한 66명의 류큐(琉球) 어민 가운데 54명이 원주민에게 살해되는 '무단셔(牡丹社) 사건'이 발생하였다. 사건 발생 후 일본의 항의에 대해 청조는 책임을 회피하기 위해 "생번은 교화되지 않는 백성이어서 철저히 다스리기가 어렵다"[62]라고 답하였고, 일본이 이를 '생번' 거주지역은 청조의 관할이 아니라고 해석하여 출병의 빌미로 삼은 것은 유명하다. 사실 일본은 이 사건을 이용하여 자신의 류큐 영유를 국제적으로 승인받고자 하였고, 오랜 준비 끝에 1874년 마침내 타이완에 출병하여 소위 '타이완 사건'을 일으켰다. 이에 타이완에서의 상업이익을 침해받을 것을 우려한 영국과 미국 등이 일본에 항의하였고, 일본은 청조로부터의 배상을 받고 군대를 철수시켰다. 그러나 이 사건으로 일본은 류큐 영유에 대한 간접 승인을 얻어내었다.[63] 한편 청조는 이 사건을 계기로 타이완에 대한 인식과 정책을 전환하게 되었다.

2) 타이완 통치정책의 변화와 양무운동의 전개

외세에 의한 일련의 위협 특히 '타이완 사건'은 청조로 하여금 '변경의 땅'[邊陲之地] 타이완에 대한 인식을 새롭게 하여, 동남 연해의 문호에 위치한 타이완이 국방상 차지하는 중요성을 검토하지 않을 수 없게 만들었다. 이에 청조는 전통적인 타이완 통치의 기본방침-"혼란은 체제 내부에서 발생하는 것이지 외부로부터 온 것은 거의 없다"고 하는 인식 하에 책정된 '이방대이치대'(以防臺而治臺) 방침을 수정하여, 외세의 위협이라는 새로운 정세에 적응하기 위해 '이방외환이치대'(以防外患而治臺) 방침으로 크게 전환하게 되었다.[64]

1874년 '타이완 사건'이 발생하자 청조는 심보정을 흠차겸판리대만해

62) 李定一, 『中國近代史』, 臺北 : 中華書局, 1978, 164쪽, "生蕃係化外之民 未便窮治".
63) 臺灣省文獻委員會 編印, 앞의 책, 436~439쪽.
64) 戴國煇, 앞의 글, 39쪽.

방사무대신(欽差兼辦理臺灣海防事務大臣)으로 임명하여 타이완에 파견하였고, 그의 건의에 따라 '봉금령'으로 대표되는 소극적인 이번정책을 소위 '개산무번'의 적극정책으로 바꾸었다. 이를 위해 타이난(臺南)에 있던 남로이번동지(南路理蕃同知)를 베이난(卑南 : 현 臺東市)으로 옮겨 비남동지로 삼고, 북로이번동지(北路理蕃同知)를 루강(鹿港)에서 푸리셔(埔里社 : 현 南投縣 埔里鎭)로 옮겨 중로이번동지(中路理蕃同知)로 삼고, 북로무민이번동지(北路撫民理蕃同知)를 신설하여 계롱해방동지(鷄籠海防同知)로 하여금 겸임토록 하였다. 이것은 1766년 이번청이 창설된 이래 최초의 대대적 개편이었다. 한편 고산족 거주지역을 축소하여 한인이민의 개간지역을 확대시키고, 실시된 지 190년이 지나 이미 유명무실해진 '도대금령'을 완전 해제시켜 산지 개발에 필요한 이민을 장려하였다. '개산'정책의 결과 타이완 동부에 처음으로 도로가 생겼고 남부에도 동서횡단도로가 건설되었다. 다른 한편 타이완의 개발 현황에 맞추어 행정구획을 2부 8현 4청으로 재편하고, 외국인 기술자를 초빙하여 영국과 미국이 탐내고 있던 지룽 부근의 석탄광산을 채굴하기 시작했다. 또 타이베이(臺北)와 타이난에 '문보국'(文報局)을 설치하여 정부의 공문 수발(受發)시간을 단축하고 문무 관원의 기강쇄신에도 적극 나섰다. 비록 푸젠 순무를 타이완에 주재시키자는 심보정의 제안은 채택되지 않았으나 푸젠과 타이완에 각각 반년씩 주재토록 바뀌었다.[65)]

심보정은 부임한 지 1년이 못 되어 량장총독(兩江總督) 겸 통상대신(通商大臣)으로 승진하여 타이완을 떠나게 되어 자신의 개혁구상을 완전히 실현하지 못했다. 그러나 같은 양무파의 일원인 푸젠 순무 정일창(丁日昌)이 그의 뒤를 이어 타이완의 양무운동과 '개산무번' 정책을 추진하였다.

---

65) 심보정의 治臺정책과 정치적 업적에 관해서는 張世賢, 「沈葆楨治臺政策」, 『論集』 34, 145~194쪽 ; 曺永和, 「淸季在臺灣之自强運動 : 沈葆楨之政績」, 같은 책, 103~122쪽 ; 賀嗣章, 「沈葆楨治臺政績」, 같은 책, 123~143쪽 참조.

정일창은 석탄광산의 채굴을 장려하고 석유 등 광물자원의 개발과 조사를 실시하였을 뿐만 아니라 심보정이 마치지 못한 전보선의 가설을 1877년 말에 완성하였다. 객가 출신이었던 정일창은 많은 객가인을 타이완에 이주시켜 산지개발에 투입하였다. 특히 타이완의 특산품이었던 장뇌와 차의 제조 및 화약의 원료인 유황의 채굴을 크게 진행시켰다.66)

청불전쟁중 타이완에 대한 프랑스의 군사행동을 경험한 청조는 국방상 타이완의 중요성을 더욱 인식하고 그동안 실시해 왔던 적극적인 타이완 통치정책을 가속화시키고자 하였다. 그 구체적 표현이 바로 1885년 타이완을 독립된 성(省)으로 승격시켜 유명전을 초대 타이완 순무로 임명한 것이었다.67) 유명전의 임명은 타이완에서 정식으로 양무운동을 시행하기 위한 인사였다. 성 승격 후 타이완의 행정구획은 3부 11현 3청과 1직예주로 개편되었는데 이는 이후 일본 식민지통치기와 현 중화민국정부 행정구획의 기초가 되었다. 한편 유명전은 타이완성 직속의 30여 개의 기구를 창설하고 기존의 기구를 개편하였다. 그 중 세리총국(稅釐總局)·뇌무(腦務)총국·다리(茶釐)총국·염무(鹽務)총국·매무국(煤務局)·윤선국(輪船局)·무간국(撫墾局)·관의국(官醫局) 등은 비록 명칭은 바뀌었지만 모두 일제시대 타이완총독부에 의해 계승되었다.68)

유명전은 부임 즉시 판방(辦防)·연병(練兵)·청부(淸賦)·무번(撫蕃)을 골간으로 하는 소위 '신정'(新政)을 실시하고, 필요한 재원을 타이완 주민에게 부담시키는 일종의 '현지조달주의' 원칙을 채택하였다. 신정은 양무운동의 일환으로 실시되었고 따라서 '판방'과 '연병'이 가장 중요하였다. 그러나 이를 위해서는 재원의 확보가 필요하였고 이에 유명전은 세수의

---

66) 정일창의 치대정책에 관해서는 張世賢, 「丁日昌治臺政策」, 『論集』 34, 195~234쪽 참조.

67) 타이완의 建省 과정과 유명전의 치대정책에 관해서는 張炎憲, 「臺灣建省與劉銘傳治臺」, 『論集』 34, 251~276쪽 참조.

68) 伊藤潔, 앞의 글, 10쪽.

정돈과 새로운 세원 개발에 착수하였다. 그는 당시 타이완의 재정이 주로 전부(田賦)에 의존하고 있는 점을 고려해 1886년 대북에 청부총국을 설치하여 인구와 토지조사를 핵심으로 하는 '청부사업'을 실시하였다. 그 결과 18만여 냥에 불과하던 전부 수입이 일거에 67만 5천 냥으로 증가하는 성과를 거두었다. 유명전의 '청부사업'은 비록 철저히 시행되지는 못했으나 당시 복잡하던 타이완의 토지소유관계를 어느 정도 명확히 함으로써 이후 일제시대의 인구·토지조사사업의 기초가 되었고 타이완의 자본주의화를 촉성하였다는 점에서 큰 의의가 있는 것으로 평가된다.[69]

한편 유명전은 당초 지룽에서 타이난에 이르는 종단철도를 부설하고자 하였으나 자금부족으로 지룽에서 타이베이에 이르는 32km만 완성한 채 사직하였다[그 후 다시 타이베이에서 신주(新竹)에 이르는 67km가 1893년에 완성되었다]. 그 외에도 유명전은 기선의 구매, 대륙·홍콩·싱가포르·사이공·필리핀과의 무역, 우편제도와 장뇌전매 및 이번사업의 실시, 항구건설과 도로 개통, 전보시설 확충, 화폐제도 개선, 근대식 교육시설 확충, 전등 가설 등 다양한 개혁사업을 추진하였다. 농업에서는 차와 잠사(蠶絲)·면화·필리핀산 연초를 도입하고 동시에 그 재배를 장려하였다.[70] 그러나 국내외의 많은 사람들이 주목하였던 신정은 1891년 6월 유명전의 이직과 함께 갑자기 그 기세가 꺾이고 말았다. 후임 타이완 순무 소우렴(邵友濂)은 타이완 경영에 대해 매우 소극적이어서 유명전의 개혁사업은 완성되지 못하고 중도 폐기되고 말았다.[71] 그로부터 얼마 후 타이완은 일본에 할양되었고 그동안 타이완이 이룩해 놓은 각종 발전과 성과도 일본인의 수중으로 넘어가게 되었다.

---

69) 戴國煇, 앞의 글, 64~71쪽.

70) 유명전이 타이완에서 실시한 양무사업에 관해서는 朱昌峻, 「劉銘傳與臺灣近代化」, 『論集』 34, 277~298쪽 참조.

71) 郭廷以, 「甲午戰前的臺灣經營 : 沈葆楨丁日昌與劉銘傳」, 『論集』 34, 26~29쪽.

청조가 적극적인 타이완 통치정책을 채택하게 된 것은 외세의 위협 때문이었고 이에 대응하기 위해 당시 대륙에서 진행되고 있던 양무운동을 타이완에 도입한 것은 당연한 결과였다. 그러나 타이완의 양무운동이 대륙에 비해 15년 정도 늦은 것은 동남 변경에 위치한 타이완의 중요성과 타이완을 둘러싼 위기에 대해 당시 청조 권력핵심의 인식이 여전히 부족하였기 때문으로 보인다. 이 점은 타이완의 실정, 특히 그 경제적 잠재력을 파악하고 있었던 심보정이나 유오(劉璈)와 같은 양무파 관료가 타이완에서의 양무운동 실시의 필요성을 주장하면서 단지 동남 7성의 문호로서의 군사적 지위 또는 대륙 양무운동의 성과를 지키기 위한 부차적 존재로서 타이완의 중요성을 강조하고 있는 데서도 알 수 있다. 또한 '무단서 사건' 발생 후 이홍장이 특별히 자신의 심복 여조당(黎兆棠)을 복건서리대만도(福建署理臺灣道)로 임명해 심보정을 보좌하도록 하였다가 사건 종결 후 즉시 여조당을 북양 양무의 요직인 진해관도원(津海關道員)으로 발령한 사실을 통해 북양파의 거두 이홍장이 타이완의 양무를 크게 중시하지 않았을 뿐만 아니라 타이완의 양무에 대해 장기적인 계획을 갖고 있지 않았음을 확인할 수 있다. 즉 이홍장을 위시한 당시 양무파의 주류인 북양파에게는 그들의 생명선이었던 북양과 직예의 안위에 비하면 자기 세력범위에 속하지 않았던 타이완의 존망은 그다지 중요하지 않았던 것이다.[72)]

한편 양무운동 실시 당시 타이완의 사회경제적 상황은 대륙의 그것과 상당한 차이가 있었다. 상술한 바와 같이 타이완의 상품경제는 상당히 성숙되어 있었고 이출입과 수출입을 포함한 대외무역에서 흑자를 기록하고 있었다. 그리고 타이완의 경제는 이미 자급자족적인 자연경제를 벗어나 거의 모든 농산물이 대외수출(이출)을 목표로 생산되고 있었고 자신의 지반을 가진 상인·상업자본가가 출현하여 그 세력과 활동범위를 넓히고

72) 戴國煇, 앞의 글, 61~62쪽.

있었다. 이들 신흥 자본가들은 대부분 청조 중앙권력기구와 직접 관계가 없었을 뿐만 아니라 심지어 그 중 일부는 청조와 외국세력의 사이에서 '틈새'를 찾아 유럽과 일본·동남아 및 대륙 시장 등을 출입함으로써 국제정세에 통달하고 있었다. 그 외 타이완의 농촌 특히 수전지대는 소농경영을 통해 발전한 자경농 혹은 '소조호'가 중심이 되어 부를 축적하고 있었고, 중북부와 동부의 신개척지에서는 새로운 대륙 이민들에 의해 양무운동과 관련된 차·장뇌·유황·석탄 등이 주로 생산되고 있었다. 이러한 점에서 타이완의 양무운동은 청조의 필요에 의해 강제로 실시되었다기보다 그 주변 국제정세의 긴장을 계기로 타이완 스스로 이룩한 경제적 기초와 발전 위에서 대륙으로부터 유입되어 전개되었다는 편이 도리어 타당할 것이다.[73)]

4. 맺음말

타이완 점령 직후 발생한 영유논쟁과 이민 제한조치의 반포는 타이완에 대한 청조의 인식부족과 소극정책을 대표하는 사례로 지적되고 있다. 사실 청조는 타이완 점령 이전에 타이완에 대한 정보와 이해가 거의 전무했고 타이완 정벌의 성공도 확신할 수 없던 상황에서 점령 이후의 문제에까지 신경쓸 겨를이 없었다. 게다가 전통적 대외관념의 영향 하에 서북 지역의 소요와 러시아의 위협 및 재정문제를 포함한 대국적 차원의 고려를 해야 했던 청조로서는 타이완 영유를 쉽게 결정하기 어려웠을 것이다. 이것이 바로 타이완 영유논쟁이 발생하여 장기화된 원인이었다. 그러나 청 이전 역대 왕조의 타이완에 대한 인식이 매우 천박했고 당시 타이완의 경제적 효용가치가 그리 크지 않았다는 점을 감안했을 때,

---

73) 戴國煇, 위의 글, 51~54쪽.

청조의 타이완 영유 결정은 매우 전향적인 판단이었다. 다만 이민족왕조인 청조로서는 항청활동의 근거지였던 타이완을 다시 한인에게 맡기는 데에 대한 불안감이 없을 수 없었고, 이 점을 꿰뚫고 있었던 시랑은 타이완 영유 후 발생할 수 있는 문제의 소지를 최소화시키는－그렇게 함으로써 자신의 책임도 덜 수 있는 방향의 소위 '이방대이치대'(以防臺而治臺)의 소극정책을 건의하였다. 이민 제한조치와 관리인사정책 및 반병제도 등은 이러한 청조와 시랑의 입장이 맞아떨어져 취해진 조치였다.

이민 제한조치 특히 가족동반 및 초청 금지는 그 자체가 불합리하고 비인도적 조치였을 뿐만 아니라 타이완의 개발을 지연시키고 남녀성비의 불균형을 비롯한 각종 사회문제와 '분류계투'와 같은 사회혼란을 야기하는 중요한 요인이 되었다. 인사정책과 반병제도 역시 본래의 의도와는 달리 지방관과 군대의 부정부패와 비리를 조장하여 주민의 반발을 불러일으키는 등 청조의 타이완 통치에 부정적으로 작용하였다. 이러한 소극정책의 폐해는 이민개척사회의 여러 가지 갈등 요소와 결합되어 각종 농민봉기와 집단간의 패싸움을 촉발시켜 소위 "삼년에 한 번꼴로 작은 반란이, 오년에 한 번꼴로 큰 반란이 일어난다"[74]고 하는 청대 타이완 사회의 특징을 형성케 하였다. 그러나 만약 '통치자 사관'에서 벗어나 보면 이러한 특징은 '변경' 타이완에서 청조의 정치권력이 취약하고 기강이 문란하여 사회질서를 엄밀히 통제하지 못했음을 역설적으로 설명해주는 것이며, 오히려 밀항자를 포함한 한인 개척이민자들에게 저항과 투쟁과정 속에서 그들의 잠재력을 발휘하여 노동의 성과를 축적할 수 있는 유리한 조건을 제공하였다고도 볼 수 있다.[75]

이런 점에서 이후 외세침략의 빌미를 제공했다고 비난받는 '번계'(番界)의 설정도 어떤 의미에서 청조의 지배와 기존질서에 저항했던 개척농민들

74) 李國祁,「清代臺灣社會的轉型」,『中華學報』5-2, 136쪽, "三年一小反 五年一大反".
75) 戴國煇, 앞의 글, 36, 48쪽 ; 陳其南, 앞의 책, 28～29쪽.

에게는 도리어 광대한 피난처를 제공하였다고 할 수 있다. 그리고 한인이민의 타이완 개발을 저해한 소극적 정책으로 지적되는 청조의 '한번'(漢番) 격리정책과 원주민 토지보호정책도 비록 성공하지 못했지만, 만약 한인 중심의 '이민사관'과 한화(漢化)의 관점에서 벗어나 원주민의 생존과 그 사회·문화의 보존이라는 측면에서 보면 도리어 적극적인 정책으로 평가할 수 있을 것이다.

한편 '선점선간'(先佔先墾)의 토지정책과 개척자를 우대하는 조세정책은 인구압박에 시달리던 푸젠과 광둥의 많은 파산농민 그리고 모험심에 불타는 '호강지사'(豪强之士)들로 하여금 타이완 개발에 도전하게 하는 유인(誘因)이 되었고, 토지사유제를 확립함으로써 이후 타이완 특유의 토지소유관계를 형성케 하여 민부(民富)의 축적을 가능하게 하였다. 그리고 과거제도의 도입은 격심한 경쟁에 시달리던 푸젠지역의 '과거인구'를 타이완으로 끌어들이고 토착화시켜 사회의 중추로 역할하도록 함으로써 타이완의 개발을 가속화하고 대륙과의 관계를 긴밀하게 하는 효과를 가져왔다. 또한 관 주도의 의학과 서원 설립을 통한 문교 보급은 타이완을 이민개척사회에서 문치사회로 전환시키는, 즉 '내지화'를 촉진하는 기능을 하였다. 따라서 '타이완 사건' 이전 청조의 타이완에 대한 모든 정책을 단순히 소극적인 것으로만 파악하는 것은 문제가 있다고 하겠다.

인구증가와 개발확대에 따라 타이완의 농업생산은 급속히 발전하게 되었고 쌀·설탕·차·장뇌로 대표되는 상품경제의 발달은 상인자본의 축적을 가능케 하였다. 이러한 발달된 경제력과 풍부한 자원을 갖고 있던 타이완은 중국 동남연해의 문호에 위치한 그 지정학적 특성으로 인해 식민지 쟁탈에 열을 올리고 있던 서구 열강의 중요한 표적이 되었다. 타이완에 대한 외세의 계속된 위협은 청조로 하여금 타이완의 중요성을 다시 인식하게 하였고 그 결과 기존의 타이완 통치방침을 수정하여 '이방외환이치대'(以防外患而治臺)의 적극정책으로 전환하게 하였다. 그 대표적인 것이 '개산무번'정책과 이에 따른 이민 제한조치의 완전 해제 및 양무운동의 실시와 타이완의 '건성'(建省)이었다. 청조의 적극적 타이완 통치정책과 심보정·정일창·유명전 등에 의해 추진된 양무운동의 결과 타이완은 당시 중국 내에서 가장 발전된 지역의 하나로 성장하였다. 그러나 이러한 성장의 과실이 채 익기도 전에 타이완은 청일전쟁의 패배로 일본에 할양되어 버렸다.

타이완의 양무운동이 대륙에 비해 늦게 시작된 것이나, 타이완에서의 양무운동 실시의 당위성을 강조한 일부 양무파 관료의 논리에서, 그리고 이홍장의 북양 우선의 인사조치를 통해서 당시 청조의 타이완에 대한 인식이 여전히 부족하였음을 알 수 있다. 그리고 당시 타이완의 사회경제적 상황이 양무운동을 실시하기에 매우 유리한 조건을 갖추고 있었다는 점에서, 타이완의 양무운동은 청조의 필요에 의해서라기보다는 청조가 주변 환경에 떠밀려 대륙 양무운동의 연장선상에서 실시한 것이었다고 볼 수 있다.

결국 청조의 타이완 정책을 '타이완 사건' 이전과 이후로 나누어 구분하는 것은 단순히 상대비교에 의한 것이지 절대적 기준이 될 수 없다는 것이다. 이는 '타이완 사건' 이전의 소극정책이라 불리는 것들이 도리어 타이완 개발에 유리하게 작용할 수도 있었고 토지조세·문교정책 등과 같이 타이완의 개발과 '내지화'를 촉진한 것도 있었다는 점에서, 그리고 적극정책을 실시한 '타이완 사건' 이후에도 청조의 타이완 인식이 그 이전과 크게 달라지지 않았다는 점에서 알 수 있다. 그리고 소수 토착민족 보호라는 측면에서 청조의 이번정책은 '타이완 사건' 이전이 오히려 적극적이었다고 할 수 있다. 따라서 청조 정책의 소극성을 강조하여 타이완 개발의 성과를 오로지 인민의 적극성과 노력으로 돌리는 해석도 재고되어야 할 것이다.

양수지

류큐왕국의 멸망 왕국에서 오키나와현으로

머리말

류큐(琉球)는 일본의 오키나와현(沖繩縣)을 무대로 19세기 후반까지 존속했던 왕국이다. 류큐는 일본 규슈지방 서남단에서 타이완까지 수많은 섬으로 징검다리처럼 연결되었던 해상왕국이다. 그래서 여름에는 동남아 해상에서 불어오는 태풍에 의해 류큐왕국의 어부들이 조선의 제주도나 서남해안 등지에 표류해 오기도 했고, 겨울에는 북동풍의 영향으로 조선 어부들이 서남쪽으로 표류해 가다가 류큐왕국의 여러 섬에 표착하기도 하였다. 이러한 해상의 표류로 인해 양국의 민간에는 소설같은 이야기들이 전해지기도 한다.

가령 1453년 만년(萬年)·정록(丁祿), 1462년 양성(梁成), 1479년 김비의(金非衣) 등의 표류기에 보이듯이 류큐 백성의 훈훈한 정과 류큐국왕의 넉넉한 대우, 그리고 신기한 이국(異國)의 물산과 풍경 등[1]은 많은 조선사람들에게 동경과 호기심을 불러일으키기에 족하였다. 1832년에는 류큐에

1) 萬年, 丁祿, 梁成, 金非衣의 표류기는 楊秀芝, 『朝鮮琉球關係硏究-朝鮮前期를 中心으로』, 한국정신문화연구원 박사학위논문, 1994, 59~61쪽 참조.

표류한 26명의 조선인이 중국을 통해 송환된 일이 있었다. 이때 북경에서 그들의 표류에 관한 이야기를 접한 조선의 사절 김경선은 이들이 류큐인에게 후한 대접을 받으려고 일부러 표착한 것이 아니냐고까지 연행록(燕行錄)에 기록하고 있다.[2)]

이처럼 류큐는 조선사람에게 동화처럼 알려져 있던 왕국이다. 그런 류큐왕국이 이 세상에서 사라진 것은 19세기 말, 불과 100여 년전이다. 류큐는 어떠한 나라였을까? 또한 어떻게 사라졌을까? 류큐가 오랫동안 가장 밀접한 관련을 가졌던 나라는 중국이며, 동아시아의 거의 모든 나라들이 그렇듯 중국과 조공책봉 관계 아래 있었다. 류큐와 중국의 조공책봉 관계는 1372년부터 시작되어 일본이 류큐를 오키나와에 편입시킨 1879년에 종결되었다. 중국에 조공을 시작한 지 근 500년 만의 일이었다. 원래는 셋으로 나뉘어져 있다가 하나로 통일된 왕국, 중국의 적극적 보호 아래 무역왕국으로서 부를 구가한 왕국, 그 류큐왕국은 19세기 말 서세동점의 격랑 속에서 사라져 간 것이다.

이 글에서는 류큐 왕국의 멸망 과정과 그것이 갖는 동아시아적 의미를 개략해 보고자 한다. 류큐의 역사[3)]에서 대외관계의 핵심을 이루는 나라는 중국과 일본이며, 멸망 과정 역시 양국과 밀접히 관련되어 있다. 따라서 류큐의 멸망 과정을 조망하려면 대중국관계과 대일본관계에 중점을 두는 것이 유용한 방법일 것이다. 이 글에서는 세 가지에 중점을 두었다. 첫째, 류큐는 어떻게 중국과 관계를 유지하였는가. 둘째, 류큐가 중국과 일본에

---

2) 金景善, 『燕轅直指』 卷之三, 留館錄 上 12月25日 濟州漂人問答記.

3) 류큐의 역사에 대해서는 대체로 다음과 같은 세 가지 유형의 시대구분이 잘 알려져 있다. (1) 부락시대 → 按司시대 → 第1尙氏왕조 → 第2尙氏 왕조 → 오키나와현시대 → 미군점령시대[仲原善忠], (2) 원시사회 → 고대사회로의 과도기, 정치적 사회의 성립 → 고대국가 → 봉건사회로의 경사 → 근대사회[新里惠二], (3) 선사시대 → 古류큐시대(12세기~1609) → 근세류큐(1609~1879) → 근대류큐(1879~1945) → 전후류큐(1945~현재)[高良倉吉] 등이 그것이다(外間守善, 『冲繩の歷史と文化』, 東京 : 中央公論社, 1986, 21~22쪽).

양속된 상태란 무엇이고 어떻게 가능했는가. 셋째, 류큐가 일본에 복속된 과정은 어떠했으며, 류큐의 멸망이 동아시아사에서 지니는 의미는 무엇인가 등이다.

1. 중국의 번속국 류큐

1) 삼산시대(三山時代)의 류큐와 중국과의 관계

류큐와 중국의 조공관계는 명대로부터 시작되었다. 그러나 그 이전에도 전혀 관계가 없었던 것은 아니다. 『수서』(隋書)에 따르면 7세기경 수 양제(煬帝)의 군사가 류큐를 공격한 일이 있었다. 또한 류큐에서 출토된 유물을 보면 류큐와 중국은 송・원시대에 많은 도자기를 무역한 흔적을 명확히 확인할 수 있다.[4] 또한 원대의 기록에 보면, 13세기에 원의 군사가 류큐를 침공하여 류큐인들을 납치하여 갔지만 류큐가 항복하지는 않았다는 내용이 나온다.[5] 이후 명대에 이르면 명과 류큐는 종주국과 조공국의 관계에 접어들게 되었으며, 이때부터 류큐에 대한 상세한 기록이 전하게 된다.[6]

명(明)은 1372년(명 태조 5) 사신 양재(楊載)를 류큐에 파견하였다. 양재는 명의 건국 사실과 안남과 고려 등 여러 주변국[7]이 이미 명에게 조공한

---

4) 陳信雄, 「從琉球出土中國陶瓷窺探中琉關係」, 『第四回琉中歷史關係論文集』, 沖繩：琉球中國國際關係學術會議, 1993.

5) 元 世祖 28년(1291)과 元 成宗 3년(1297) 두 차례에 걸쳐 류큐정벌이 있었다(文瀾局 石印, 『九通分類總纂』 卷232, 四裔類 琉球條).

6) 류큐가 공식적으로 역사기록을 남기기 시작한 것은 중국과 조공관계를 맺으면서부터다(1372). 가령 隋와 唐代의 기록 등에 류큐에 관한 이야기가 일부 전하기는 하지만, 정확한 것도 아니고 자세하지도 않다. 결국 류큐는 중국과의 조공관계를 시작으로 '역사시대'에 돌입한 셈이다. 張存武, 「從史琉球錄到琉球國史」, 『琉中歷史關係論文集』, 第二回琉中歷史關係國際學術會議實行委員會, 1989, 692쪽.

7) 安南, 占城, 高麗, 爪哇 등이다(『明太祖實錄』 卷71, 洪武 5年 正月 甲子).

사실을 류큐에 전하였다. 이때 류큐국의 중산왕(中山王) 찰도(察度)는 명의 사신이 귀국하는 편에 곧 바로 아우인 태기(泰期)를 딸려 보내 명에 조공하였다. 이는 류큐의 역사상 대단히 중대한 사건이었다. 당시 류큐는 삼산(三山 : 中山 · 山南 · 山北)으로 분열된 지 이미 40여 년이 지난 후로서 삼산세력은 백중지세를 보이고 있었다. 따라서 중산왕이 대국인 중국과 조공관계를 맺은 이면에는 단순히 명의 요구에 따른 것이라기보다는 중국으로부터 정치적 · 경제적 후원을 받아 삼산의 분열 상황을 속히 타파하려는 의도가 있었던 것으로 보인다. 요컨대 명에 대한 류큐의 조공관계의 시작은 류큐가 통일왕조를 이루는 데 매우 중요한 계기가 되었던 것이다.

류큐가 명과 조공관계를 수립한 후 명은 형부시랑 이호(李浩) 등을 다시 류큐로 보냈다. 이호 등은 류큐측에 명의 물품을 전해주고 류큐의 말과 유황을 구매하였다.[8] 중국인이 가져간 것 중 특히 류큐인에게 환영을 받은 것은 사치품인 문기(文綺) · 사라(紗羅) 등이 아니라 도자기와 쇠솥이었다.[9] 왜냐하면 류큐인들에게 가장 부족한 것은 바로 철기였기 때문이다. 일례로 류큐에서는 후세까지도 철제 농구를 나라에서 관리한 사실이 있다.[10] 취사할 때 필요한 쇠솥도 류큐섬이나 류큐섬과 가장 가까운 미야코지마(宮古島) 사람들만이 가지고 있었다. 다른 섬의 사람들은 철 대신 흙으로 빚어 구워낸 솥을 사용하였는데 5~6일이 지나면 깨어져 못 쓰게 되었다고 한다.

명과 국교를 수립한 100년 뒤인 1479년 조선인 김비의(金非衣) 등이 류큐의 요나구니지마(與那國島)에 표착한 일이 있는데, 당시에도 이 지역뿐 아니라 다른 지역에서도 그러한 상황은 변함이 없었다고 한다.[11]

---

8) 이 사신 일행은 文綺 100필과 紗 · 羅 각기 50필, 陶瓷器 69,500건, 쇠솥[鐵釜] 990개를 주고 말 40필과 硫黃 5천 근을 구매하였다(『明太祖實錄』 卷95, 7年 12月 乙卯).

9) 『明太祖實錄』 卷95, 7年 12月 乙卯.

10) 東恩納寛惇, 『琉球の歴史』, 至文堂, 1957, 35쪽.

그래서 류큐의 중산왕 찰도는 명과 조공관계를 맺으면서 류큐의 특산품인 유황과 말을 중국으로 보내고 그 대가로 비단· 도자기·쇠솥 등의 생활용품을 들여왔고, 이들 용품은 류큐인들로부터 크게 환영을 받았다. 류큐 내의 세력경쟁자인 산남왕(山南王)과 산북왕(山北王)도 이에 자극받아 역시 얼마 후 명과 조공관계를 맺게 되었다.[12)]

명은 1383년 류큐를 다녀온 사신을 통해서야 류큐에서 3명의 왕[三山]이 서로 대립하고 있다는 사실을 알게 되었다. 그래서 삼산에게 각기 국서를 보내어 농사를 망치고 인명에 피해를 주는 전쟁을 중지할 것을 권고하였다. 그렇지만 대우는 똑같이 해 주었다. 가령 명은 대통력(大統曆)이나 도금한 은인(銀印), 문기(文綺)·사(紗)·라(羅) 등과 관대(冠帶) 및 선박 등을 모두 똑같이 제공하였다.[13)] 이 삼산의 국왕들은 조공이 시작된 1372년부터 중산왕 상파지(尙巴志)에 의해 류큐가 통일된 1429년까지 57년간 중산왕이 89회, 산남왕이 34회, 산북왕이 15회 명에 조공하여 6 : 2 : 1의 비율을 보인다. 삼산의 재력과 군사력 등 세력 간의 비례를 잘 보여준다.[14)]

2) 통일된 류큐왕국과 중국과의 관계

류큐가 통일을 이룬 1429년 이후에도 중국과의 관계는 여전히 긴밀했다. 그 중 주목되는 몇 가지는 다음과 같다.

첫째, 류큐에서 중국(명·청)에 유학생을 파견한 점이다. 가령 중산왕은 1392년 5월 명의 국자감에 자신의 조카와 채관(寨官 : 지방 영주)의 아들을

---

11) 『成宗實錄』 卷105, 10年 6月 乙未.

12) 山南王은 1380년 10월, 山北王은 1383년 12월 명에 사신을 보냈다(『明太祖實錄』 卷134, 13年 10月 丁丑 ; 卷159, 16年 12月 甲申).

13) 楊秀芝, 『朝鮮·琉球關係研究-朝鮮前期를 中心으로-』, 한국정신문화연구원 박사학위논문, 1994의 부록 중 <琉球 對明·朝鮮關係表> 참조.

14) 위와 같음.

입학시키고, 다음 해에 또 한 명의 유학생을 보냈다. 산남왕도 같은 해 12월 조카와 아들 등 3명을 명에 유학시켰다. 이런 식으로 통일 전까지 중산왕과 산남왕이 명나라에 보낸 유학생은 각각 16명, 4명이다. 이들 유학생은 여름과 겨울에 걸쳐 명의 황제로부터 의복, 침구, '가죽신과 버선'(靴韈) 등을 하사받고, 만 3년의 유학생활을 마치고 귀국할 때는 각종 선물을 여비조로 받았으며, 병부에서는 역마(驛馬)의 편의를 제공하여 남경·북경에서 복건까지 전송해 주었다.

1392년부터 1587년까지 류큐에서 명에 보낸 관비유학생은 총 19차례 75명에 달한다.[15] 이들 유학생이 배운 교과는 물론 유학이었다. 이들 유학생은 효제·예의·충신·염치를 근본으로 육경(六經) 제사(諸史)를 주요 내용으로[16] 수업하였으며, 청대에는 공자에게 행하는 석채례(釋菜禮)를 먼저 배웠다. 그 다음으로 수학한 것이 사서오경·소학·근사록(近思錄)·고문(古文) 등의 교과와 시·사륙·논·서·기(詩·四六·論·書·記) 등이었다.[17] 유학생 시험으로는 월고(月考)·계고(季考)와 세고(歲考) 등이 있었다. 월고에는 매달 15일에 좨주(祭酒) 혹은 사업(司業)이 사서문(四書文) 한 편과 오언팔구 시 1수, 고문 등을 시험하였고, 춘추 계고에는 시험 내용은 비슷하나 조교(助教)가 점호한 뒤 시험지를 받고 당상관 위원사(委員司), 순장(巡場), 감시(監試) 등의 감시 아래 하루종일 시험을 보았다.[18] 시험결과가 우수한 학생에게는 상이 내려졌고, 나쁘면 당장 훈계를 받아야 했다. 유학생들을 후대하는 대신 매우 철저하게 훈련을 시켰던 것이다. 한편 청대에는 강희 23년(1684)부터 동치 6년(1867)

---

15) 徐玉虎, 「明琉封貢中'官生入監讀書習禮'之研究」, 『第四回 琉中歷史關係國際學術會議 琉中歷史關係論文集』, 沖繩 : 琉球中國關係國際學術會議, 1993, 575쪽.
16) 楊秀芝, 앞의 박사학위논문, 부록 <琉球 對明·朝鮮關係表> 참조.
17) 劉耿生, 「明淸國子監的琉球留學生」, 『歷史』 61, 1993.
18) 『北京圖書館善本部藏檔案文獻 : 地』 939.5.8.843, 卷12 참조(劉耿生, 앞의 논문에서 재인용).

까지 43명의 학생이 북경의 국자감에 유학했다.[19] 이들 관비생 외에도 류큐 접공사(接貢使)를 따라 복건에 머물면서 현지의 학자들에게 유학이나 기능 교육을 받은 자비생들도 있었다.

엄격한 교육을 받은 후 류큐로 귀국한 유학생들은 각자의 영지에서 유교문화를 보급하거나 외교사절로 활동하였다. 예를 들면 산남(山南) 출신 유학생 삼오양미(三五良尾)는 1392년 12월부터 1396년 2월까지 3년 3개월간의 유학생활을 마친 다음 귀국하였다. 이후 그는 1403년부터 1416년까지 14년 동안 중산왕의 사신으로서 무려 11회나 명에 왕래하였다.[20] 1611년 사쓰마번(薩摩藩)에 의해 살해된 류큐의 삼사관(三司官 : 按司 다음의 최고 행정장관) 정형(鄭迵)도 바로 중국에서 7년 동안 유학한 민인(閩人) 36성(姓)의 후예이다. 정순칙(程順則 : 1663～1744), 채온(蔡溫 : 1682～1761)과 같은 대학자나 정치가 역시 모두 중국 유학생 출신이다. 중국 유학생 출신들이 류큐의 중국문화수용과 대외관계에서 매우 중요한 역할을 하였음을 잘 보여준다.

둘째, 유학생에 대한 특혜 외에도 류큐는 중국 측으로부터 다방면의 지원을 받았다. 즉 명은 항해용 선박을 주었고, 청에서도 배를 수리해 주거나 배를 빌리는 비용을 지불해 주는 방식으로 류큐의 조공을 지원하였다. 가령 명에서는 복건(閩) 출신의 배를 잘 운행하는 민인 36성의 뱃사람을 류큐로 이주시켜 조공 왕래에 크게 도움을 주었다.[21] 그런데

---

19) 劉耿生, 「明淸國子監的琉球留學生」, 『第四回琉中歷史關係國際學術會議 琉中歷史關係論文集』, 86～94쪽.

20) 楊秀芝, 앞의 박사학위논문, 부록 <琉球 對明 · 朝鮮關係表> 참조.

21) 閩人36姓이 36戶인지 36姓인지에 대해서는 논란이 있다. 36개 姓이 다른 사람들과 일찍이 閩에서 류큐로 이주해 온 사람들이라는 주장이 있다(謝必震, 「關於明賜琉球閩人36姓的若干問題」, 『第三屆中琉歷史關係國際學術會議論文集』, 中琉文化經濟協會, 1991). 한편 吳靄華의 연구에 따르면, 『明史』 · 『明實錄』 · 『福建通誌』 등에는36戶로 기재되어 있는 반면, 『歷代寶案』 · 『中山傳信錄』 · 『中山世 鑑』 · 『中山世譜』 · 『球陽』 등에는 36姓으로 기재되어 있다고 한다(吳靄華, 「14至19世紀琉球久米村人與琉球對外關係之硏究」, 『師大歷史學報』 19, 1991).

명에서 류큐에게 민인 36성을 준 연대는 주로 명 태조와 성조(成祖) 때였고, 신종(神宗) 때에도 '재사'(再賜)・'속사'(續賜)한 적이 있다. 이들은 류큐에서 나하(那覇) 근처에 있는 당영[唐營 : 속칭 구메이 촌(久米村)]에 집단 거주하여 독자적인 한인주관(漢人主管 : 總理司)의 행정체계를 갖고 있었다. 36성의 자제들에게는 말을 시작하는 단계에서부터 한어(漢語)를 가르치고 글을 쓸 줄 알 때부터 한문을 가르쳤다. 이들은 10세 때 약수재(若秀才)의 칭호를 받고 류큐조정으로부터 쌀 1석을 받았다. 15세가 되면 수재(秀才)의 칭호를 받고 쌀 3석을 지급받았다. 당시 슈리와 나하의 류큐인 자제들로서 봉록을 받을 수 있었던 사람들은 고관이었던 점에 비추어 보건대, 이들은 상당한 대우를 받았음을 알 수 있다.

이들은 또한 그 공적에 따라 통사(通事)로부터 도통사(都通事), 정의대부(正議大夫), 중의대부(中議大夫) 심지어 자금대부(紫金大夫)까지 승진하였다. 외모는 류큐인과 별 차이가 없었지만 두발과 의복 양식이 달랐다. 가령 류큐인들의 경우 머리 옆쪽에 상투가 있었던 것과는 달리 머리 가운데에 있었고, 관복과 관대도 품계에 따라 색깔이나 질을 달리하였다.[22] 일종의 특수신분집단이었던 이들은 장사(長史 : 종4품), 통사로서 중국에 왕래하였다.[23] 류큐는 중국과의 조공관계에 이들을 활용했을 뿐 아니라 중산왕 상파지에 의해 왕국이 통일되고 나서부터는 사이암, 말라카, 부탄, 자바, 팔렘방, 수마트라와의 외교에도 이들 구메이 촌 자제들을 활용하였다.

『유구역대보안』(琉球歷代寶案)의 기록에 보면, 남해국가들과 왕래가

---

22) 周煌, 『琉球國志略』 卷9, 爵秩 참조.

23) 楊秀芝, 앞의 박사학위논문, 부록 <琉球 對明・朝鮮關係表>에 보이는 吳宜・林佑・鄭義才・李杰・梁回・梁密祖 등이 그러한 인물이다. 紫金大夫는 조공의 예와 문서를 관장하면서 慶賀 혹은 謝恩副使의 역할을 담당하고, 正議大夫는 進貢副使, 都通事는 上京 및 存留通事의 일을 맡아보았다(徐葆光, 『中山傳信錄』 官制).

이루어진 1425년부터 1570년까지 145년간 통사로 활약한 구메이 촌 자제들은 71명으로 총 117번이나 왕래하고 있다.[24)]

류큐국 대외사행에서 정사(正使)는 일반적으로 류큐인 특히 왕족이 임명되었지만 나머지 부사 · 통사 · 선장 등은 모두 구메이 촌 사람들이었다. 동남아 남해 각국의 경우 일찍이 복건 · 광동에서 이주해 온 사람들이 그 곳의 경제뿐만 아니라 정치에도 큰 영향력을 발휘하고 있었고,[25)] 따라서 한자를 구사할 줄 아는 구메이 촌 사람들이 유용하게 쓰였던 것이다. 이로써 보건대 구메이 촌 사람들은 이 시기 류큐의 대외정치 · 문화 · 무역 관계에서 중요한 역할을 수행했고, 이후 류큐가 황금시대를 구가한 통일왕국시대의 기반 마련에도 크게 일조하였음을 알 수 있다.

셋째, 류큐의 대중국관계에서는 이상에 언급한 유학생과 민인 36성 및 그의 후예들이 큰 역할을 했다는 점 외에도, 조공관계가 나름대로의 특수한 성격을 띠고 있었음이 주목된다. 명 · 청대에는 각 조공국가의 국왕이 사망했을 경우 사신을 파견하여 유제(諭祭)를 행하고, 국왕이 등극하였을 때도 사신을 파견하여 책봉례를 행하였다. 그러나 청 말까지 중국 사신이 직접 그 나라에까지 가서 책봉례를 행한 것은 조선과 류큐뿐이다.[26)] 류큐의 경우, 명대에 14번, 청대에는 9번에 걸쳐 책봉사를 보냈다. 류큐는 지리적으로 중국의 동남쪽 바다 밖에 위치하여 육로뿐 아니라 수로를 경유해야 했으므로 조선에 사신을 보내는 것보다 번거롭기도 하고 위험 또한 훨씬 컸다. 그럼에도 불구하고 중국은 류큐국 국왕이 교체될 때마다 매번 사신을 보냈고,[27)] 책봉사의 파견은 청 말까지 지속되

---

24) 吳靄華, 앞의 논문, 80쪽.

25) 가령 앞에 언급한 三佛齊의 本目娘 및 그 가족들을 들 수 있다.

26) 안남의 경우는 국경상의 領封뿐이었다.

27) 단 第2尙氏왕조의 2대왕 尙宣威가 즉위한 지 수개월 만에 조카 尙眞에게 양위하여, 그 때문에 請封使도 보내지 않았다. 중국에서 파견된 책봉사의 직급은 류큐 第1尙氏왕조의 2대왕인 尙巴志의 책봉사만 內監이었고, 그 후 책봉사들은 모두 六科의 給事中(종7품)과 副使 行人司의 行人(정8품)들이었다. 그러나 명에서는

었다. 이들 사신은 문인 출신으로 시·서 등 문예에 능하였고, 조선의 책봉사의 경우 내사(內使 : 명의 내시)들이 많았던 것에 비하면 전반적으로 그들의 자질이 높았음을 알 수 있다.

상진왕(尙眞王 : 1477~1525) 때까지 류큐국에 파견되었던 명의 책봉사들은 귀국 이후 여러 가지 기록을 남겼을 것이다. 그러나 명대에 발생한 예부 건물의 화재로 이들 기록은 모두 인멸되고 남아 있는 것이 없었다. 이 때문에 다음 대의 류큐국왕 상청(尙淸)을 책봉하기 위해 사신 진간(陳侃)을 파견할 때는 준비에 많은 시간이 걸렸다. 가져가야 할 의물(儀物)이나 담당부서, 탑승할 선박의 양식과 건조방법, 경비 등을 참고할 문헌이 소실되어 제대로 알 수가 없었기 때문이다.[28] 그 이후부터 명의 사행은 거의 모두 기록을 남겨 후대에 이를 참고하게 하였다. 사유구록(使琉球錄)이 그것이다.

명대의 사유구록으로 현재까지 잘 알려진 것은 진간의 글과 하자양(夏子陽), 두삼책(杜三策)의 것 등 3편이다.[29] 이들 기록을 보면 류큐에 파견된 명의 사신들은 군자와 선비를 자처하여 "君子愛人以德", "行己有恥 使於四方 不辱君命 可以爲士矣" 등을 강조하였다. 류큐국이 사례로 주는 황금과 돈은 물론이고 다른 선물도 가급적 받지 않았고, 부득이한 경우 부채 정도나 받았다.[30] 조선에 사행으로 와서 많은 민폐를 끼쳤던 사신들

류큐에 파견하는 사신들에게 의례적으로 1品服 즉, 正使에게는 麒麟, 副使에게는 白澤의 흉배가 있는 大紅織金 羅衣를 입혀 보냈다. 명이 하위관직자를 사신으로 보낸 것은 해난의 위험 때문에 고위관직자를 잃을까 우려해서였다. 실제로 류큐에 파견된 사신들은 예측불허의 사행길에 대비하여 棺을 준비해 가지고 다닌 것으로 알려진다.

28) 陳侃, 「使事紀略」, 『使琉球錄』, 7~8쪽.

29) 현존하는 명대의 使琉球錄은 여기에서 언급한 셋뿐이다. 그러나 淸代의 使琉球錄은 거의 온전히 남아 있다. 使琉球錄에 관한 연구로는 張存武, 「從使琉球錄到琉球國史」, 『琉中歷史關係論文集』, 琉球那覇, 1989. 3 참조.

30) 『使琉球錄三種』 陳侃使琉球錄 使事紀略條 ; 『蕭崇業使琉球錄』 卷上, 禮儀條 ; 『夏子陽使琉球錄』 卷上, 禮儀條 등 참조.

과는 상당히 달랐음을 알 수 있다.

사유구록 가운데 진간의 기록을 보면, 1534년 당시부터 이미 류큐에게 '영봉'(領封)케 해야 한다는 주장이 나타난다. 천조(天朝)의 사신이 위험을 무릅쓰고 바다를 건너가는데 소국의 왕이 앉아서 기다리는 것은 도리가 아니라는 것이 이유였다. 이에 마땅히 류큐국왕이 복건까지 사신을 보내 책봉을 받게 하거나, 아니면 무신을 명의 사신으로 류큐에 보내자는 두 가지 주장이 나왔다. 이처럼 이견이 있었지만 결국 류큐국에는 계속 문신을 파견하였다.[31] 왜 그래야 했을까? 표면상의 이유는 명 태조 이래의 제도를 지켜야 한다는 것과, 류큐의 간절한 요청 때문이라는 것이었다.[32] 그러나 거기에는 다른 이유가 있었다. 바로 대외적 안보문제였다. 즉 명에서는 류큐가 중국의 동남쪽, 즉 일본 바로 옆에 위치해 있었기 때문에 왜와의 문제를 고려하지 않을 수 없었다. 만일 류큐가 일본에 예속될 경우 중국의 동남지역이 당장 성가시기만 한 왜구의 위협 하에 놓이게 될 것이었다.[33]

류큐측에서 책봉사의 방문을 요청한 이유도 마찬가지였다. 즉 중국의 힘을 빌려 일본을 견제하려 한 것이다. 류큐의 황금시대를 연 상진왕이 1480년에 "신의 선조가 정성껏 조공을 한 것은 실로 중국을 후견국으로 삼아 다른 나라가 류큐를 엿보는 근심을 없애기 위한 것"이라고 한 것은 이를 잘 보여준다. 단 특별히 책봉사를 문신으로 파견할 것을 요청한 것은 전통적으로 문신은 길례(吉禮)의 경우, 무신은 '군사'(軍事)의 경우에 파견되었기 때문이다. 어떻든 거의 500명으로 구성된 책봉사단의 방문은 류큐국 사람들과 왜구 등에게 류큐국왕의 세력을 과시할 좋은 계기였다.[34]

---

31) 『明世宗實錄』卷482, 39年 3月 甲戌 ; 『明神宗實錄』卷344, 28年 2月 丁丑 ; 『使琉球錄三種』 등.

32) 『明神宗實錄』卷365, 28年 11月 己酉條, "世子尙寧 …… 據 會典 請以文臣冊封."

33) 앞의 夏子陽使琉球錄 : 自序.

이 밖에도 명 사신의 류큐 내방은 무역면에서도 류큐에 많은 이익을 가져다주었다. 일례를 보자. 1534년 상청왕의 책봉사로서 류큐를 방문한 명나라 진간 일행은 500명이었는데, 이들은 명 태조 이래의 규정에 의거하여 1백 근의 물품을 가지고 와서 거래를 하였다. 이들은 그 물품의 대가로 총 1만 금을 얻었고, 1인당 평균 20금을 받았다. 명 측으로서는 2배의 이익이었다. 그런데 류큐측은 이들 물품을 다시 남해 제국에 팔아 그 4배인 4만 금을 챙겼다.[35] 남해의 10여 개 국이 일시에 류큐에 몰려와 무역을 하였기 때문이다. 류큐의 경제에 상당한 도움을 준 이러한 교역은 류큐의 나하를 동남아 국제무역의 주요 중계지로 만들었고, 자연스레 류큐는 동남해상의 무역왕국으로 부상하였다.

그렇다면 이처럼 교역이 대성황을 이룰 수 있었던 것은 왜일까? 그것은 무엇보다 명의 해금정책과 관련이 있었다. 명 태조 이래의 해금정책은 명의 국가적 안보를 우선적으로 고려한 대외정책이었다. 즉 가장 중요한 목적은 연해의 중국인이 왜구와 내통하는 것을 금하는 것이었고, 따라서 해금정책은 사실상 왜구를 통제하기 위한 방안이었다. 익히 알려져 있다시피 여말선초에 중국의 동남해역에 창궐한 왜구는 명이나 조선 모두에게 골치 아픈 존재였다. 따라서 왜구의 활동을 견제하기 위한 명의 해금정책은 나름의 필요성과 효용성을 갖고 있었다. 그렇다 해도 그것은 어디까지나 소극책이었다. 넓게 보면 명의 적극적인 해외진출에 빗장을 지른 것으로서, 궁극적으로는 명의 발전을 가로막는 것이었다. 실제로 이 해금정책으로 인해 송·원 이래 활발히 이루어지던 중국과 각국 간의 무역왕래는 크게 제약을 받았다. 각국은 단지 조공관계만을 통해서 물품 수요를

34) 『明憲宗實錄』 卷202, 16年 4月 辛酉. 東恩納寬惇은 尙眞王의 발언을 삼산세력의 분쟁시대에 察度의 외교목적을 밝힌 것으로 해석하였지만, 그보다는 역시 일본세력의 견제라는 의미로 해석하는 것이 보다 타당하다. 왜냐하면 이때는 이미 尙巴志가 류큐를 통일하고 백 년이나 지난 뒤이기 때문이다.

35) 『夏子陽使琉球錄』 卷下, 附日東交市記.

충족시킬 수밖에 없었다.

이러한 상황에서 추진된 정화(鄭和)의 남해원정(1403~1435)은 동남아 각국에 대해 한동안 대중국 무역의 열기를 불어넣었다. 그러나 명이 각국에 부여한 무역의 기회는 여전히 조공무역으로 한정되었고 그것도 2~3년에 한 번 정도였다. 이는 주변 각국의 물자수요를 충족시키기에는 턱없이 부족한 것이었다. 할거하고 있던 류큐의 세 왕국이 상파지에 의해 통일을 본 것은 바로 이러한 시점이었고(1429), 명은 이때 류큐에 대해서만은 조공에 대해 별 제한을 두지 않았다. 가령 1430~99년까지 70년 동안 류큐는 107회에 걸쳐 조공을 행한 것으로 기록되어 있다. 명의 이 같은 조치는 류큐의 입장에서 볼 때 분명 대단한 특권이었고, 바로 이 특권을 바탕으로 하여 류큐는 황금시대를 누리게 되었다.

다시 말해 류큐는 ① 중국과의 조공책봉 관계를 통한 조공무역, ② 일본·조선과 남해국가 사이에 행한 중계무역, ③ 온 나라가 힘을 기울여 추진한 공무역, ④ 조선·항해·통역·문서에 능통한 민인 36성의 활약 등을 통해 환중국해의 해상무역을 독점해 나갔고,[36] 여기에서 파생된 부(富)는 상진왕 때까지 충실히 쌓여 갔다.[37]

그러나 상진왕 이후 국제환경이 변화하고 명이 쇠퇴하면서 류큐의 운명도 점차 기울어 갔다. 국제환경의 변화를 상징적으로 보여주는 것은, 항해술의 발전과 함께 유럽인들이 세계 각지에 뱃길을 열면서 일게 된 서세동점의 물결이다. 1511년 포르투갈인들이 말래카를 점령하였고, 1517년에는 중국 광동을 걸쳐 복건, 절강까지 도달하였다. 바로 이들이 중국의 밀무역자 및 일본상인과 결탁하여 류큐가 지금까지 누려 온 동북아시아와 동남아시아 간의 중계무역시장을 잠식해 나갔다. 이와는 별도

---

36) 高良倉吉, 『琉球王國の構造』, 吉川弘文館, 1987, 23~26쪽.

37) 류큐왕국이 번영의 절정기를 구가한 것은 상진왕 재위 때로, 奄美에서 八重山까지 넓은 해역을 확보하고 있었다(高良倉吉, 『琉球王國』, 岩波書店, 1993, 66쪽).

로 명에서도 해금정책을 약간 완화하여 중국 동남지역 연해상인에게 국제무역을 허용하였다. 그 결과 명의 상인들은 류큐가 아닌 일본에 가서 무역거래를 하게 되었다. 이렇게 되자 종래 류큐를 중심으로 형성되었던 중계무역이 자연스레 일본으로 옮겨졌고, 1570년 이후에는 류큐의 대남해무역이 완전히 중단되는 사태에 이르렀다.

이때 류큐는 명측에 예전처럼 바닷길을 잘 아는 36성을 하사하여 궁지에 처한 류큐 조정과 백성들에게 무역을 재개할 수 있도록 해 줄 것을 요청했지만 거절당하였다. 명이 류큐의 요청을 거절한 이유는 어디에 있을까? 명측이 내세운 이유는 "36성을 하사한 것은 조공 길을 안전하게 할 수 있게 하려 한 것이지 남해무역을 하라고 한 것이 아니며, 사실 류큐는 궁하기 때문에 오히려 안전을 유지할 수 있다"는 것이었다. 좀 기이해 보이는 이 논리는 명의 세력이 과거보다 쇠퇴했음을 보여주는 것 외에 그 아무것도 아니었다.[38)]

이상과 같이 약 200년에 걸쳐 중국측의 후원을 받으며 지속된 류큐의 번영은 16세기에 접어들어 급격히 쇠퇴해 갔다. 서세동점과 함께 명이 쇠퇴하고 상대적으로 일본이 성장해 가는 속에서 류큐는, 명의 호의에 힘입어 동남아무역을 독점하며 번영을 누렸던 과거와는 달리 날로 쇠퇴하는 참담한 현실과 맞부딪히게 되었던 것이다.

---

38) 포르투갈 상인, 중국의 밀무역자, 일본 상인 간의 결탁과 류큐무역의 쇠퇴 관계에 대해서는 楊秀芝, 앞의 박사학위논문, 131~135쪽에 상세하다.

2. 중국과 사쓰마번에 양속된 류큐(1609~1879)

1) 사쓰마번의 류큐 점령

1609년 사쓰마번(薩摩藩)의 류큐 침략은 류큐 역사상 고(古)류큐시대를 마감하고 근세류큐로 전환되는 시기로 표현된다. 그러나 류큐의 입장에서 보면 그것은 사실상 파멸의 길로 들어서는 출발점이었다. 1609년을 분기점으로 류큐는 서서히 일본의 막번체제에 편입되어 갔고, 마침내 국가의 멸망에 이르렀기 때문이다.

흥미로운 것은 그 사이에 류큐가 중국에 대해서는 종래와 같은 조공책봉관계를 유지하고 있었다는 사실이다.[39] 즉 류큐는 한편으로는 중국에 사대조공을 하고 다른 한편으로는 일본 사쓰마번에 예속된, 이른바 '양속관계'를 지속하고 있었다. 류큐의 이런 양속관계는 19세기 말에 이르기까지 근 3세기에 걸쳐 유지되었다. 그렇다면 류큐는 어떻게 사쓰마번에 예속되었고, 양속관계는 어떻게 유지될 수 있었던 것일까.

먼저 사쓰마번이 류큐를 침략하여 예속시키는 과정부터 살펴보자. 사쓰마번의 류큐에 대한 위협과 침략은 임진왜란 무렵부터 시작되었다. 표면상 조선의 임진왜란과 1609년 시마즈(島津) 씨의 류큐 침략사건은 아무 관계가 없는 것처럼 보인다. 그러나 조선과 류큐는 지리적으로 일본과 가장 가깝고 일본세력의 출구이기도 하다. 이 두 나라는 명과 일본 사이에 이웃해 있어서 일본은 북쪽으로는 조선, 남쪽으로는 류큐나 타이완을 먼저 세력팽창의 출구로 삼고 명의 수도를 향해 남북으로 가위처럼 포위하는 형국을 취할 수 있었다.[40]

1582년 천하통일의 기반을 닦던 오다(織田信長)가 혼노지(本能寺)에서 변을 당해 죽자, 그의 부장 도요토미(豊臣秀吉)는 발빠르게 움직여 전국통

---

39) 高良倉吉, 『琉球王國の構造』, 吉川弘文館, 1987, 22~23쪽.
40) 黃枝連, 『亞洲的華夏秩序』, 中國人民大學, 1992, 183쪽.

일(戰國統一)의 작업을 수행해 갔다. 도요토미는 먼저 오다를 살해한 아케치(明智光秀)의 군대를 격파한 후(1583) 자신에게 대항하는 오다의 유력 부장들의 연합세력을 누르고 오사카의 혼노지 자리에 오사카 성을 쌓아 위세를 떨쳤다. 이듬해에는 도쿠가와(德川家康)를 격파하여 객장(客將)을 삼았고, 1585년 도쿠가와 씨의 협력으로 시코쿠를 정복하였으며, 1590년에는 사쓰마 씨를 항복시켜 규슈 전체를 정복하여 마침내 전국통일에 성공하였다.

일본이 류큐에 손길을 뻗치기 시작한 것은 바로 이 시점에서였다. 이 과정에서 주목할 만한 인물이 도요토미에 의해 '구정유구수'(龜井琉球守)로 임명된 가메이(龜井玆矩)다. 그는 이나바국(因幡國) 시카노 성(鹿野城) 13,500석의 다이묘(大名)이며 주인선(朱印船) 무역가로 알려진 인물이다. 1590년 일본이 통일되자 가메이는 류큐 원정의 허가를 받아 3,500명의 군사를 이끌고 히젠(肥前)의 나고야(名護屋)로 향하였다. 그러나 류큐를 침략할 기회를 엿보던 사쓰마번 시마즈 씨의 간언에 의해 도요토미는 조선침략을 우선하게 하고 류큐 정벌의 중지를 명령하였다.[41] 아울러 도요토미는 임진왜란을 도발하기 직전인 1591년 8월 시마즈 씨에게 명(조선)을 침략하고자 하니 1만 5천 명의 군역을 부담하라는 명을 내렸다. 10월 시마즈 씨는 류큐의 병정을 징집하는 대신 군사 7,500명의 10개월치 병량(兵糧) 11,250석을 상녕왕(尙寧王)에게 요구하였다. 시마즈 씨의 이러한 행동은 류큐에 대한 실질적인 지배를 가메이와 도요토미에게 과시하기 위한 것이었다.[42] 1592년 3월 조선을 침략하기 전에 이미 도요토미는 이들의 세력을 다시 획정하여 류큐를 시마즈 씨의 휘하에 소속시키는 반면, 가메이에게는 명을 정복하여 절강성 대주(臺州)를 주기로 하고 대주수(臺州守)라는 칭호를 내렸다.[43]

---

41) 紙屋敦之, 「薩摩の琉球侵入」, 『新琉球史：近世篇(上)』, 琉球新報社, 1991, 37쪽.
42) 위의 글, 39~40쪽.

1591년 도요토미의 지시를 받은 사쓰마 번주 시마즈 씨는 류큐에게 황금의 진공을 요구한 바 있고, 1592년에는 류큐의 북산(北山)을 차지하려고 하였다. 류큐 본도에서 당시의 선박으로 3일이 걸리는 거리에 위치한 류큐 북산은 사쓰마번에서 4일이 걸리는 곳으로, 바로 류큐와 일본의 국경이었다. 일찍이 명이 "왜가 북산을 차지하면 류큐도 왜에 점령될 것이다. 그렇게 되면 복건·광동도 조용한 날이 없어질 것이다"라고 할 만큼 북산은 류큐의 안전 유지에 중요한 곳이었다.44) 그런데 사쓰마에서는 북산을 둔병기지로 삼는다는 명분 아래 4냥 3전짜리 은 400개를 류큐에게 억지로 넘겨주려 하였다. 요컨대 그것으로 북산을 사겠다는 의미였다. 류큐가 이 돈의 수령을 거절하자 사쓰마 측은 류큐에게 이자까지 계산하여 은 4천 냥을 배상할 것을 강요하였다.

이에 앞서 1591년에도 도요토미는 류큐국왕 상녕(尙寧)에게 내년에 조선을 공격할 계획이니 병사를 인솔하여 공동행동을 하지 않으면 먼저 류큐를 공격하겠다는 위협을 하였다. 이에 류큐에서는 당시 삼사관인 정형(민인 36성의 후예)의 주장에 따라 조공사행을 통해 「비보관백침범조선집조문」(飛報關白侵犯朝鮮執照文)을 명에 전하고 이 사실을 알렸다(1592).45) 이후 사쓰마가 류큐를 계속 겁박하여 전쟁을 위한 식량과 둔병처 등을 요구한 사실 등에 대해서는 1596년 명에 조공사를 보낼 때 가서야 알려주었다.46)

또한 1593년 사쓰마는 류큐 사신을 억류한 다음 왜의 사신을 류큐에 보내었다. 왜사는 류큐 측에 7천 군사가 10개월 동안 먹을 수 있는 양식을 조선에 상륙한 왜군에게 송달할 것을 강요하였다. 이에 대해 류큐에서는

---

43) 주 42)와 같다.

44) 『歷代寶案』 1集 卷8, 福建等處承宣布政使司爲琉球乞恩冊封事.

45) 吳靄華, 「14至19世紀琉球久米村人與琉球對外關係」, 『歷史學報』 19, 國立臺灣師範大學, 1991, 55쪽 ; 『歷代寶案』 1集 卷31, 1081쪽.

46) 『歷代寶案』 1集 卷8, 243쪽.

① 나라가 작고 국민은 가난한데다 ② 조선과 친분관계가 있고 ③ 명의 번속으로서 이를 이행할 수 없다고 거절하였다.[47] 그러자 사쓰마 측은 이를 이행하지 못할 것이면 대도(大島) 이하 5개 섬을 사쓰마에 양도하라고 강박하였다.[48] 이에 대해 삼사관 정형 등이 거부하였다.[49] 류큐국왕도 처음에는 사쓰마 측의 요구를 무시하자고 한 정형 등과 의견을 같이하였다.

그러나 도요토미는 사쓰마번의 시마즈 씨를 통해서 계속 협박하였다. 시마즈 씨의 사쓰마는 도요토미가 장악하고 있던 막부 측을 위해 류큐를 갈취하고 있었던 것이다. 당시 류큐는 안으로는 안정을 구가하고 있었지만, 대외적으로는 협소한 국토, 적은 인구 등 재정・군사 규모가 이웃나라들과는 비교할 수 없을 정도로 빈약하였다. 이런 처지에서 사쓰마번을 상대로 싸울 수는 없었다. 그렇다고 5개의 섬을 내줄 수도 없는 일이었다. 결국 류큐국왕은 사쓰마번이 요구한 식량을 제공하기로 결정하였다. 단 류큐의 형편상 요구받은 식량(11,250석)의 반만 준비하고, 나머지는 사쓰마 번주 시마즈 이에히사(島津家久)에게 빌리는 형식을 취했다.[50]

그러나 얼마후 류큐가 그 나머지를 갚지 못하게 되자 시마즈 씨는 이를 빌미로 류큐를 압박해 갔다. 그러던 중에 일어난 사건이 1602년의 '류큐어민 표착사건'이다. 1602년 류큐 선박이 일본의 무쓰(陸奧) 지방에 표착하였다가 막부의 도움을 받아 류큐로 돌아간 일이 생겼다. 이에

---

47) 吳靄華, 「1609年 日本薩摩藩入侵琉球之硏究」, 『敎學與硏究』, 臺灣 : 師範大學文學院, 1985.

48) 五島란 奄美大島, 喜界島, 沖永良部島, 與論島, 德之島 등이다(紙屋敦之, 「薩摩の琉球侵入」, 『新琉球史 : 近世篇(上)』, 琉球新報社, 1991, 64쪽).

49) 정형은 북경의 국자감에서 7년 동안 공부하였고, 류큐에 귀국한 이후 解講師로서 唐榮(久米村)의 자제를 교육하면서 三司官이 된 인물이다. 류큐국 내 斥倭의 주요 인물로서, 1592년에 일본이 조선을 침략할 계획이 있음을 명에 보고한 적이 있다.

50) 米慶余, 『琉球歷史硏究』, 天津人民出版社, 1998, 67쪽.

시마즈 씨는 도쿠가와 막부에게 감사의 표시를 할 것을 류큐에게 종용하였다. 류큐 측은 이 요구를 받아들이지 않았다. 시마즈 씨는 1603년과 1604년에 걸쳐 재차, 삼차로 이를 종용하였고, 류큐는 거듭 거절하였다. 그러자 사쓰마번은 이를 구실로 1609년 3월 마침내 류큐를 침략하였다.

전후 관계로 보아 사쓰마번의 류큐 침략은 예정된 것이었다. 총으로 무장한 사쓰마번의 침략에 류큐 측의 저항이 없었던 것은 아니다. 그러나 작은 섬나라 류큐가 사쓰마번의 상대가 될 수는 없었다. 마침내 류큐국왕은 강화를 청하였고, 사쓰마번은 1609년 4월 5일 슈리성(首里城)을 접수하고 성 안에 있는 류큐의 수많은 진기한 보물들을 약탈해 갔다.[51] 그리고 그 해 5월 15일, 류큐국왕 이하 정형 등 백여 명의 관리가 사쓰마번의 가고시마(鹿兒島)로 납치되어 갔다.

이후 정형은 가고시마에서 나가사키에 정박해 있던 명의 무역상선을 통해 명 측에 원병을 청하는 서신을 발송하였다. 이 서신은 1610년 1월 복주에 도착하였으나, 당시 명에 파견된 류큐의 조공사 이케시로(池城安頼 : 류큐국왕의 외삼촌)가 이를 알고 매수하여 서신을 빼돌렸다. 이케시로가 서신을 빼돌린 이유가 무엇인지는 잘 알 수 없다. 원병 요청에 대한 사쓰마의 보복을 우려했다고도 생각해 볼 수 있으나, 어디까지나 추측일 뿐이다. 어떻든 정형의 원병요청 서신은 명의 황제에게 전해지지 않았다.

그로부터 2년 6개월 후 류큐 국왕과 관리들은 사쓰마번에서 풀려났다. 그러나 이들은 풀려나기 직전에 시마즈 씨로부터 신도묘(神道廟)에 가서 사쓰마에 대한 복종의 맹세와 서약을 하도록 강요받았다.[52] 특히 류큐국왕은 다음과 같은 세 가지 서약을 강요받았다. 즉 ① 류큐국왕은 류큐가 사쓰마번에 번속되는 것을 승인하며 공물의 헌납과 신임 번주에 대한

---

51) 紙屋敦之, 「薩摩の琉球侵入」, 『新琉球史-近世編(上)』, 琉球新報社, 1989, 53쪽.
52) "Japan Weekly Mail, 8 Oct. 1879," Earl P. Bull, *Ryukyu, the Floating Dragon* (이상 吳靄華, 앞의 논문, 56쪽에서 재인용).

신하의 의무를 행한다. ② 류큐국왕은 사쓰마 번주의 자비로 다시 돌아갈 수 있는 은혜를 입는 대가로 사쓰마에 영원히 복종한다. ③ 이 서약을 본인뿐 아니라 후대의 왕과 자손에게까지 전한다는 것 등이었다. 아울러 대신들에 대해서도 위의 ①과 ③의 내용을 맹세케 하고, 만약 류큐국왕이나 백성이 사쓰마번에 대해 반역을 할 경우 협력하지 않겠다는 맹세를 하게 하였다.

류큐의 충신 정형은 이 같은 강요에 굴하지 않았고, 이에 대해 사쓰마 번주는 그에게 목불인견의 보복을 가하였다. 류큐 국왕과 왕자, 신하들이 지켜보는 가운데 정형을 기름이 펄펄 끓는 솥에 던져 넣어 삶아 죽인 것이다. 류큐국왕은 충신 정형의 참혹한 죽음에 넋을 잃었고, 1611년 류큐로 돌아간 이후에도 생을 마칠 때(1620)까지 비탄과 울분에 젖어 '시체와 같은 삶'을 살았다. 임종을 앞둔 그는 다음과 같은 유언을 남겼다. "내가 죽으면 얼굴에 가면을 씌워 선산에 묻지 말고, 우라소에(浦添)에서 몇 리 떨어진 산 속 동굴에 안장시켜 달라." 조상이 물려준 나라를 잃었으니 조상 뵐 면목이 없다는 것이었다.[53]

이 사건 이후 류큐와 사쓰마의 관계는 대등한 위치에서 주종관계로 바뀌었다. 그리고 이제까지 명에 대해 사대를 해 온 것에서 명과 사쓰마에 양속되는 상태로 되었다. 사쓰마는 류큐에 대해 귀족을 파견하여 진공할 것을 요구하였고, 명과의 외교적 왕래 및 류큐의 내정에 관한 크고 작은 일 등을 모두 사쓰마에 보고하게 하였다. 이로부터 류큐의 양속시대가 본격적으로 전개되었다.

2) 사쓰마번의 류큐침공 전후 명의 유일(琉日)관계 인식과 반응

사쓰마번의 류큐침입 이전에 명은 류큐와 일본의 정세변화를 어느

---

53) 楊仲揆,『琉球古今談』附 琉球國丞相鄭迵傳.

정도 감지하고 있었을까. 그동안 명 측이 관심을 환기할 만한 일은 수차례 있었다. ① 1534년 명의 책봉사 진간(陳侃)이 류큐왕 상청을 책봉할 때 어느 정도 기미가 있었으나 진간은 이를 대수롭게 생각하지 않았다. 한 번은 상청왕이 책봉사가 머물고 있는 천사관(天使館)을 느지막이 방문하고는, 시간이 늦어진 데 대해 변명하기를 일본사람이 여기 살고 있어서 그들의 간사함과 불측한 사태를 피하기 위해 그들이 떠난 후에야 올 수 있었다고 하였다. 류큐에 대한 일본의 간섭이 심하다는 것을 넌지시 하소연한 것이다. 그러나 진간은 이를 류큐왕의 무지함에서 나온 일종의 '우물안 개구리' 같은 행위쯤으로 생각한 것으로 보인다. 상청왕의 발언이 의도적인 것이었는지는 명확하지 않으나, 어쨌든 진간은 일본세력이 류큐국왕의 천조 사신에 대한 예방까지 좌우할 정도라는 사실을 인식하지 못했던 것으로 보인다.[54] ② 1561년 상원왕의 책봉사 곽여림(郭汝霖)이 다녀갔을 때 "왜의 배가 국경을 경유했다"는 기록이 남아 있다. 다만 책봉사가 류큐와 일본과의 관계를 어떻게 생각했는지 이 기록만으로는 자세하지 않다. ③ 1579년 사걸(謝杰)이 류큐에 파견된 정사 소숭업(蕭崇業)을 따라갔는데 이때 이미 한문교육 외에 류큐의 문무 교육을 모두 왜인이 담당하고 있음을 확인하였다. 그들은 류큐인이 왜구보다 영리하지 못하고 무기도 보잘것이 없어서 험한 지리적 조건과 중국의 위세가 아니었으면 이미 왜에게 병합당했을 것으로 판단하였다.[55] ④ 1606년 하자양(夏子陽)의 사유구록 자서(自序)를 보면, 조선의 임진왜란을 경험한 명은 왜와 가까운 거리에 있는 류큐의 상황에 대해 이미 불안감을 갖고 있었음을 알 수 있다. 그러나 이 불안은 중국의 힘으로 불식할 수 있다고 생각하였던 듯하다. 즉 천자가 은위(恩威)를 같이하고 적당히 제어하면 개나 양까지도

54) 「陳侃使琉球錄」(『使琉球錄三種』 수록).
55) 張存武, 「謝杰對琉日關係之認識」, 『第一屆中琉歷史關係國際學術會議論文集』, 臺北 : 聯合報國學文獻館, 1987, 381~387쪽.

모두 승복할 것이니, 일본 역시 류큐처럼 중국의 문명교화를 따를 것이라는 유가적 관념 하에 황제의 선정을 기대하고 있다.[56)]

위에서 든 예들은 모두 류큐·일본 관계에 대한 새로운 조짐을 알리는 신호들이었고, 사유구록의 저자들은 현지에서 이를 직접 보고 느꼈을 것이다. 그러나 그들은 이러한 현상을 그다지 심각하게 받아들이지 않았고, 명의 조정에도 그렇게 보고한 것으로 보인다. 물론 명은 임진왜란 이후 일본의 류큐에 대한 위협 가능성을 일정하게 감지하고 있었다. 그러나 명의 조정에서는 이에 대한 대책이 별반 없었고 경각심 역시 충분한 것이 아니었다. 실제로 1609년 류큐가 사쓰마번에 공격당했다는 소식을 듣고도, 류큐가 사쓰마의 공격을 받고 자칫 일본편이 되지나 않을까 의심하는 정도였다.

그러다가 1612년(萬曆 40, 광해군 4)에 가서야 류큐에 대해 수상쩍게 생각하기 시작하였다. 즉 류큐가 조공할 시기도 아닌데 류큐의 사절이 중국에 왔고, 류큐의 공물 안에 왜의 산물이 들어 있는데다 인원 또한 100여 명으로 늘어나 있었다. 게다가 왜가 남해의 실력자로 칭한 것이 이미 오래되었고, 중산왕도 일본에서 돌아온 지 얼마 되지 않은 때였다. 이러한 사실들은 명으로 하여금 류큐의 조공사신 파견의 배후에 분명 왜가 있을 것이라는 심증을 갖게 하였을 것이다. 실제로 명은 류큐가 이미 왜의 지배하에 들어간 것이 아닌가 하는 생각을 하였던 것 같다.[57)]

이때 명이 걱정한 것은 물론 류큐 자체가 아니라 일본이었다. 특히 왜인들이 중국인과 결탁할 것을 크게 우려하였다. 여기에다 왜인들이 명나라 배를 타고 와서 명나라 사람을 이용하여 명나라 땅을 엿보게

---

56) 『夏子陽使琉球錄』自序, “夫惟天子 恩威并暢 制馭得宜 卽犬羊猶然貼服 安知海外殊域 …… 向慕文明 不以中山爲前茅”.

57) 『明神宗實錄』卷497, 萬曆 40年 7月 己亥, “福建巡撫 丁繼嗣奏 …… 今又非入貢年分 据云以歸國報聞 …… 貢之入境有常體 何以不服盤驗 …… 貢之上書有常物 何以突增日本等物 …… 貢之賚進有常額何以人伴多至百有餘名……”.

된다면, 왜와 가까이 있는 명나라 주변의 땅이 모두 류큐처럼 안 된다는 보장이 없었다.[58] 임진왜란 후의 조선 상황은 이러한 의심을 더욱 부채질 하였다. 당시 조선은 왜의 요구를 받아들여 부산을 개시하고, 경상도와 전라도에는 많은 왜인들이 살고 있었다. 혹 조선이 류큐와 같은 길을 간다면, 명의 입장에서 보았을 때 동남아시아 주변 지역이 모두 구속되는 상황이 될 것이라고 생각하였다.[59]

한편 이 즈음 일본은 수십 년 동안 류큐나 조선을 통해서 명에게 조공 허용을 요청하였지만 뜻을 이루지 못하였다. 그 때문에 일본은 류큐를 정복한 다음에도 가능한 한 일본과 류큐와의 관계는 명에게 알리지 않고 류큐로 하여금 명에 조공을 계속하도록 종용하였다. 명은 수개월에 걸쳐 류큐 문제를 논의하여 마침내 1613년 11월 예부는 복건순무 정계사(丁繼嗣)에게 다음과 같은 결정사항을 전하도록 명하였다. 즉 "류큐의 상황은 예측할 수 없다. 그러나 입공을 거절하면 멀리서 찾아온 사람에 대한 주인의 도리를 잃는 것으로, 차라리 류큐는 방금 전화를 입었으니 10년 정도의 기간에 인력・물력・재력을 다시 보완한 뒤 다시 입공하도록 권유하라"고 하였다.[60]

이렇게 해서 명은 류큐에 대해 10년 1공을 명했다. 그러나 류큐는

---

58) 『明神宗實錄』 卷497, 萬曆 40年 7月 己酉, "兵科等科給事中 李瑾等言 倭之稱雄南海 狡焉啓疆 已非一日 彼中山王者 豈 …… 忘倭奴之威 遠慕中國之義 不待貢期 增其方物 而來王哉 其爲倭所指授明矣 以琉球之弱 不足患也 以爲倭所指授則足患 以倭之狡 亦不足深患也 以爲中國所交引則深足患 …… 久之 乘我之舟 操我之器 用我之人 窺我之地 此而不禁 恐近倭之疆 爲琉球續也".

59) 『光海君日記』(太白山本) 卷66, 5年 5月 乙丑, "先是浙江總兵楊崇業 遊擊沈有容等 奏曰 日本薩摩州兵强無敵 新滅琉球國俘其王 今又借居朝鮮釜山開市往來 全慶四道半雜倭奴 朝鮮君臣懼而從之 今聞朝鮮力辭吾人不入 彼國名雖苦吾人輕擾 實恐洩其從倭之情也 有如倭一朝擧事 則腹心肘腋 皆爲敵 朝鮮何不慮耶 兵部仍請令遼東諭我國譴逐倭奴申嚴防守".

60) 『明神宗實錄』 卷501, 萬曆 40年 11月 乙巳, "禮部覆福建巡撫丁繼嗣奏謂 琉球情形叵測 宜絶之便 但彼名爲進貢 而而我遽阻回 …… 恐非柔遠之體 請諭彼國新經殘破 當厚自繕聚 候十年之後物力稍充 然後復修貢職未晩".

1613년과 14년에 연달아 명에 사신을 보냈고, 복건에 도착한 류큐 사신들은 명측으로부터 거절을 당하고 돌아와야 했다.[61]

그러면 류큐에서는 명의 이러한 처사에 대해 어떻게 생각하였을까. 유구 측의 기록(『歷代寶案』)에는 다음과 같은 내용이 실려 있다.

> 왜는 조선을 공격한 이후 또 류큐를 공격하였다. 류큐가 이렇게 힘들 때 명이 조선을 도와주었던 것처럼 류큐를 도와주지는 않았다. 거기에다 일본의 교활함을 피하기 위해 명에 대한 류큐의 진공까지 거절하니, 이는 류큐를 일본에게로 쫓아버린 것이나 마찬가지다. 사실상 류큐의 조공을 받아들였다면 흥멸계절(興滅繼絶)의 덕이 이루어졌을 뿐 아니라 명의 위복(威福)도 증색(增色)할 수 있었을 것이다. 그런데 만약 류큐를 거절하여 왜를 방어할 생각이었다면 그것은 대단히 얕은 생각이다.[62]

명이 왜의 침입으로부터 류큐를 구원해 주지 않은 데 대한 원망이 잘 드러나 있다. 물론 류큐가 이상과 같은 내용을 명에 직접 올렸을지는 대단히 의문이다. 또한 당시 이미 왜가 류큐의 내정・외교에까지 깊숙이 관여하고 있었다는 점을 감안하면, 여기에는 왜의 입김도 작용하였을 수 있다. 어떻든 이후 명은 류큐 문제를 다시 생각하게 되었다.

명 조정은 일찍이 복건지방 사람들이 가난으로 인해 난을 일으킬 것을 우려하여 바다에 나가 무역하는 것을 금하지 않았다. 그런데 복건지방 사람들이 루손과 무역을 하다가 일본과의 무역이 더욱 유익하다는 것을 알고 나서는 점차 일본과 긴밀한 관계를 맺게 되었다.[63]

명 조정은 이를 알면서도 금지하지 못하고 있었다. 그러한 상태에서

---

61) 『明神宗實錄』 卷530, 萬曆 43年 3月 乙卯, "福建巡撫 袁一驥奏 琉球違四十年題准十年一貢之限 旣以四十一年修貢 復于去冬十一月 遣貢使蔡堅等來".

62) 『歷代寶案』 1集 卷18, "琉球國中山王尙寧爲開讀籲天電豁簸弄鑑納歲貢 以拯孤危以釐毒寇事".

63) 『明神宗實錄』 卷476, 萬曆 38年 10月 丙戌, "兵部覆議福建巡撫陳子貞海防條議七事".

이제 류큐까지 일본의 수중에 들어가게 되었으니 중국 동남지역의 안전이 심히 우려되지 않을 수 없었다. 그러다 보니 류큐에 대한 '10년 1공' 명령이 결과적으로 류큐를 일본에게 쫓아버린 것이 되었으므로 10년 1공 외에 해마다 해상무역을 허용하자는 의견도 나왔다.[64] 그러던 차에 1616년 류큐국왕이 통사(通事)를 보내 "일본이 계롱산(鷄籠山)을 침략할 계획을 갖고 있어 복건의 연해지방까지 위험해질 우려가 있다"는 정보를 알려주었다.[65]

그러나 명의 조정에서는 이러한 정보에 대해 여러 가지로 의론이 분분하였다. 예컨대 이것을 갖고 류큐가 명에게 겁을 주려 한다는 주장, 류큐가 정보제공을 구실로 조공하러 왔다는 주장, 또는 일본이 이미 중산왕을 위협하여 명의 허실을 탐지하러 온 것이라는 등 추측이 난무하였다.[66] 결국 '10년 1공'을 명한 이래 그 10년 만인 1623년 류큐 사신이 다시 북경에 도착하였을 때 명은 류큐에 대해 5년 1공의 명을 내렸다. 그러나 류큐는 1626, 1627, 1631년에도 역시 조공사신을 파견하여 왔다.[67] 이는 류큐가 비록 일본 사쓰마 번에 종속되어 있기는 했지만 명과 조선과의 관계 유지를 희망하였고, 사쓰마 측 역시 그것을 원하였기 때문이다. 즉 류큐의 대명, 대조선 관계를 이용하려 했던 것이다.

3) 양속시대의 류큐

류큐를 정치적으로 예속시킨 사쓰마번은 류큐의 조세권을 장악해 갔다. 사쓰마번은 류큐국왕을 석방하기 전에 이미 류큐의 토지측량을 완성

---

64) 『明神宗實錄』 卷539, 萬曆 43年 11月 己亥.
65) 『明神宗實錄』 卷546, 萬曆 44年 6月 乙卯.
66) 위와 같음.
67) 『明熹宗實錄』 卷75, 6年 8月 壬戌 ; 卷81, 7年 2月 丁巳 ; 『歷代寶案』 1, 卷4, 150~152쪽. 崇禎 7년(1634)부터는 3년 2공으로 규정하였다.

하여 류큐에게 부담시킬 세액을 매년 6000곡(석)으로 배정했다. 또한 파초포(芭蕉布), 상포(上布), 하포(下布), 당포(唐布), 면, 우피 등의 물산을 파악하고, 일정량의 납부액을 배정하여 이를 조물(調物)이라 칭하였다. 류큐는 이렇게 책정된 전부(田賦)와 조물을 해마다 사쓰마번에 바쳐야 했다. 게다가 사쓰마번은 각종 명목을 붙여 갈취를 하는 바람에 해마다 그 수량이 늘어만 갔다.[68]

또한 사쓰마번은 각종 법령을 통해 류큐 내정을 장악해 갔다. 먼저 류큐국왕이 귀국하기 전에 류큐에 법령 15조를 반포하였다. 이 법령은 직무가 없는 자나 여자에게는 녹(祿)을 주지 말라, 사찰 건축을 삼가라, 노예를 갖지 말라, 도박에 빠지지 말라 등등 사회 전반에 관련한 문제로부터 사쓰마번의 명령 없이 중국과 왕래할 수 없다, 호시(互市)도 할 수 없다, 류큐 상선이 다른 나라에 가는 것을 일절 금한다는 등 명과의 관계나 대외무역에 관한 통제에까지 미쳤다.[69] 1613년에는 다시 교령(敎令) 11조를 반포하여 "류큐 왕부(王府)의 경상비용은 사쓰마번의 결재를 받아야 하며, 일본 상선이 류큐의 작은 섬인 도도(都島)에 왕래하는 것을 금한다"고 하였다. 이것은 류큐에 대해 국제무역은 물론 소규모의 대외무역도 용납하지 않겠다는 의미였다. 결국 류큐의 모든 대외활동은 사쓰마번으로부터 허락을 받으라는 규정이었다.[70] 이러한 과정을 통해 사쓰마번은 류큐의 내정과 대외관계를 철저히 통제하고, 그 밖에 남녀가 모두 같이 일해야 한다[71]는 등 개개인의 일상까지도 규제하였다.

이 밖에도 류큐의 국왕에게는 다음과 같은 의무조항을 덧붙였다. 즉 ① 류큐국왕의 계승과 고위관리 임명은 사쓰마번의 허가를 받을 것, ② 류큐는 일본 막부의 장군이나 사쓰마 번주의 경조사에 반드시 사절을

68) 米慶余, 앞의 책, 75~76쪽.
69) 紙屋敦之, 「薩摩の琉球侵入」, 『新編琉球史-近世編(上)』, 琉球新報社, 1989, 64쪽.
70) 楊仲揆, 『琉球古今談』, 臺灣商務印書館, 1990, 51쪽.
71) 전통적으로 류큐의 남성은 여성보다 일을 많이 하지 않는 편이었다.

보내 참석시킬 것, ③ 왕자・안사(按司)・친방(親方) 등을 사쓰마번에 (인질로) 보낼 것, ④ 류큐의 세공(稅貢)과 조공무역에 관해 사쓰마번이 나하에 주재시킨 관리의 감독을 받을 것 등이 그것이다.72) 이상과 같이 사쓰마번은 류큐의 인사권・조세권・대외무역권 등을 통제하는 한편, 인질정책을 통해 류큐를 점차 예속국으로 변질시켜 나갔다. 본격적인 류큐 양속시대의 시작이다.

이 양속시대에서 주목할 점은 사쓰마번이 류큐의 대명 조공행위를 장려한 사실이다. 그 내막은 이러하다.

당초 사쓰마 번주 시마즈 씨는 류큐를 일본에 복속시킬 방침이었다. 그러나 1615년 막부의 대명 강화교섭이 실패로 돌아가면서 류큐를 다른 방식으로 이용하는 쪽을 택했다. 대명무역의 통로로서 류큐를 활용하기로 한 것이다. 그런데 만일 류큐가 사쓰마번에 예속된 사실을 중국이 알게 된다면 중국은 류큐의 조공무역을 허용하지 않을 것이고, 그렇게 되면 당연히 사쓰마번은 류큐가 중국으로부터 얻는 조공무역의 이익도 가로챌 수 없게 된다. 그래서 사쓰마번 측은 류큐의 예속 사실을 중국에 은폐하기 위한 대책을 마련하였다.73)

우선 사쓰마 번주는 류큐인에게 일본식 이름을 쓰고 일본식 두발과 일본식 수염을 하며 일본식 복장을 하는 것을 금하고(1624),74) 청나라 사람 앞에서 일본인을 아는 체하지 말 것(1649) 등을 명하였다. 이후「여행자심득지조조」(旅行者心得之條條, 1753),「당표착선심득」(唐漂着船心得, 1762),「어령국지선 당표착지의부체방」(御領國之船 唐漂着之儀付締方, 1785) 등의 지침서까지 배부하였다.75) 이것들은 조선인이나 중국인이

72) 楊仲揆,『琉球古今談』, 臺灣商務書館, 1990, 48~52쪽.

73) 東恩納寬惇,『琉球の歷史』, 89쪽.

74) 張啓雄,「中華世界帝國與琉球王國的地位」,『第三屆中琉歷史關係國際學術會議論文集』, 中琉文化經濟協會, 1991, 434쪽.

75)「旅行者心得之條條」는 중국에 가는 사절과 유학생, 상인을 대상으로 한 것으로,

류큐에 표착할 경우 일본풍 물건과 풍속을 은폐시키거나 중국 책봉사가 올 때 은폐하는 방법 등을 자세히 적은 것이다.[76)]

사쓰마번의 이 같은 조치에도 불구하고 중국 측은 류큐가 침략당한 사실을 일찍이 알고 있었다. 그럼에도 적극적인 대응책을 강구하지는 않았다. 이는 중국 측의 여러 사정과 연관이 있었던 것으로 보인다. 우선 중국으로서는 조공국 류큐를 지원하기 위해 바다 건너 멀리까지 군사를 동원한다는 것이 무리였고, 류큐의 물산이 중국 측에 절대적으로 필요한 것도 아니었다. 또한 류큐의 안보가 중국의 안보와 전혀 무관한 것은 아니지만, 그렇다고 당장 중국에 심각한 위협이 되는 것도 아니었다.

그렇다고 해서 류큐와의 관계를 당장 완전히 단절시킬 수도 없는 일이었다. 그럴 경우 류큐는 완전히 일본쪽으로 기울 것이고 이는 결국 중국에게 불리하게 작용하리라고 보았기 때문이다.[77)] 그래서 처음에는 류큐의 조공 횟수를 2년 1공에서 10년 1공(1612~1623), 다시 5년 1공(1623)이라는 식으로 제한을 가했다.[78)] 그러나 류큐는 이러한 중국 측의 명을 준수하지 않고 오히려 1년 1공을 회복하기 위해 중국에 빈번히 도항했고, 결국 조공 횟수는 2년 1공(1633)으로 회복되었다. 이렇게 해서 류큐는 계속 중국과 조공무역을 할 수 있었지만, 사쓰마번에 많은 세공을 보내야 했기 때문에 류큐의 수입은 계속 감소할 수밖에 없었다. 이에 따라 부족한 조공무역 자금은 사쓰마번으로부터 대부를 받았다. 사쓰마번은 류큐의 대중국 조공무역을 이용하여 많은 이익을 챙긴 것이다. 가령 1635년 초 시마즈 씨가 류큐에서 거둔 세입은 123,700석인데, 이 가운데 10만

중국 측의 여러 가지 질문에 대비한 일종의 모범답안이었다. 나머지 두 가지는 류큐인이 중국쪽으로 표류할 경우 류큐와 사쓰마번과의 관계에 대해 의심을 살 우려가 있는 물건을 바다에 버리거나 태워 버리라는 등의 규정을 담고 있다.

76) 張啓雄, 「中華世界帝國與琉球王國的地位」, 『第三屆中琉歷史關係國際學術會議論文集』, 中琉文化經濟協會, 1991, 434~435쪽에서 재인용.

77) 『明神宗實錄』 萬曆 43年 11月 己亥.

78) 『明熹宗實錄』 天啓 3年 3月 丁巳.

석 이상이 사실상 조공무역을 통한 것이었다.[79)]

이상과 같은 양속시대 류큐의 역사에서 주목되는 시기가 있다. 바로 상경왕(尙敬王 : 1713~1752) 시대를 중심으로 한 18세기다. 이 시기에 국사(國師)와 삼사관을 지낸 채온(蔡溫 : 1682~1761)은 1666년 섭정이 된 향상현(向象賢 : 1617~1675)과 함께 양속시대 류큐국의 가장 유명한 정치가로 알려져 있다. 이들은 사쓰마번에 지배당하는 류큐의 정치적 현실을 인정하면서 류큐 백성의 생활안정을 적극 도모하였다.

가령 향상현은 류큐의 국사(國史)인 『중산세감』(中山世鑑)을 편찬하여 류큐인이 일본 본토에서 도래하였다는 '일류동조론'(日琉同祖論)을 기술함으로써 일본인과의 인종적·문화적 일체성을 강조하였다. 다른 한편 그는 왕부의 정치·행정조직을 개편하여 류큐 개벽신화의 성지 구다카지마(久高島)의 참배를 비판하고, 류큐의 관혼상제 등 전래의 의례를 간소화 내지 폐지하는 등 대대적인 개혁을 단행하였다.[80)]

한편 채온은 향상현의 류큐의 사쓰마화 내지 일본화 작업을 이어받아 유교윤리서 등을 편찬하였다. 이를 통해 그는 사농공상의 사민(四民)에게 근면을 강조하고, 오륜의 도를 강구하면서 개인·가정·사회·국가의 윤리질서를 세워 갔다.[81)] 채온은 중국과 사쓰마번 간의 외교를 유연하게 하고, 조공무역의 이익을 남겨 그것으로 류큐의 산림보호와 하천개수에 쓰는 등 이용후생시책도 많이 펼쳤다.[82)] 아울러 역사 편찬사업을 추진하고 문예·예능·공예 등을 발전시켜 갔다. 이렇게 해서 채온은 소위 류큐의 '제2의 황금기'를 창출해 냈다.

---

79) 吳靄華, 앞의 논문, 175쪽.

80) 高良倉吉, 「向象賢の論理」, 『新琉球史-近世篇(上)』, 琉球新報社, 165~175쪽.

81) 糸數兼治, 「蔡溫の思想とその時代」, 『新琉球史-近世篇(下)』, 琉球新報社, 185~195쪽.

82) 宮田俊彦, 「蔡溫の外交-金鶴形一對と准作下次正貢」, 森克己博士古稀紀念會 編, 『史學論集(1) 對外關係と政治文化』, 吉川弘文館, 1974. 2, 323쪽.

3. 메이지 일본의 류큐 병탄

1) 메이지 일본, 류큐국을 류큐번으로

류큐가 양속한 시대에 일본 막부측은 류큐와 사쓰마번의 관계를 어떻게 보고 있었을까. 결론부터 말하면 막부 측은 류큐를 이국(異國)으로 보았던 것 같다. 몇 가지 예를 들면 이렇다. 우선, 막부 측에서 사쓰마번 측의 문의에 대해 이국(異國)이라고 답변한 기록이 있다. 즉, 1646년 청 순치제(順治帝)가 류큐국왕을 책봉하기 위해 사신을 보낼 것이라는 소문이 있자, 사쓰마번 측이 막부에 대해 그 대책을 문의한 바 있다. 이때 막부 측은 "류큐는 여전히 사쓰마번에 소속된 땅[封地]이며, 막부의 이국"이라고 응답하였던 것이다. 다음으로, 막부에서는 류큐사신 일행을 이국인으로 취급한 사실이 있다는 점이다. 즉 일본의 막부에서 장군이 취임할 때 류큐의 사절이 방문한 일이 있는데, 그때 막부에서는 류큐사절 일행을 이국인으로 대접하였던 것이다. 그 외, 『통항일람』(通航一覽)이라는 일본의 외교문서에서는 류큐국이 조선과 같이 통신・왕래하는 나라(通信國)로 기록되어 있다는 사실이다. 이처럼 막부 측이 류큐를 이국으로 표현한 것이나, 류큐사신을 이국으로 취급한 것, 그 외 류큐를 통신국으로 표현한 외교문서의 기록 등을 종합해 볼 때, 막부 측은 류큐를 이국(異國)으로 보고 또한 그렇게 취급하였다고 보아 무리가 없을 것이다.[83)]

그러나 이러한 관계는 메이지 정부의 등장과 함께 변화했다. 1858년 도쿠가와 막부는 대외적으로 불평등조약을 체결하였다. 즉 불평등관세협

---

83) 張啓雄, 앞의 논문, 440쪽에서 재인용. 이노우에(井上毅)는 일본이 '류큐문제'를 처리하기 위해서는 적어도 세 가지 점을 해결해야 한다고 하였다. 즉 ① 류큐는 왕이 있는 하나의 독립국가다. 따라서 일본의 다른 지역과는 다르다. ② 류큐의 형법은 일본과 다르다. 따라서 독립성이 없다고 할 수 없다. ③ 독립국과 번속국의 차이는 외교권의 유무에 있다. 류큐는 미국・프랑스・네덜란드와 조약을 맺었으니 대외적으로 자주독립적인 나라다. 따라서 일본은 류큐에 대한 관할권을 주장할 수 없다.

정, 영사재판권, 편무적 최혜국대우는 물론 서양국가에게 일본 국내의 특수거류지 설치 등을 허용함으로써 내부에 농민봉기와 시민폭동이 끊이지 않았다. 마침내 1866년 사쓰마번과 조슈번(長州藩)이 들고일어나 막부를 전복시키고, 천황중심의 새로운 정부를 세웠다. 메이지 원년(1868), 새정부는 막부시대의 대외조약을 승인하면서 개정 준비에 나섰다. 그 해 2~3월에 걸쳐 군비를 충실히 하여 해외에 일본의 국위를 빛낼 것을 선포하였다. 메이지 3년(1870) 외무성의 사다(佐田白茅)는 그의 정한론(征韓論)에서 에미시(蝦夷)·루손·류큐·청·조선을 모두 일본의 울타리로 삼아야 한다는 내용을 발표하여 일본정부의 대외방침과 류큐·조선 등 주변 국가에 대한 영토확장 야심을 나타냈다.[84)]

1872년 9월 일본정부는 류큐 관계의 조정에 나섰다. 먼저 가고시마현(鹿兒島縣 : 폐번치현에 의해 1871년 7월 사쓰마번이 가고시마현으로 바뀌었다) 측이 류큐국에 권고하여 도쿄에 사절을 파견하여 메이지 유신을 축하하는 표문(表文)을 올리게 하였다. 이에 류큐국 사절이 도쿄를 방문하자 류큐국왕 상태(尙泰)를 일본국의 류큐번왕으로 봉하는 칙서를 내렸다. 류큐국왕을 일본의 귀족과 마찬가지로 화족(華族)으로 봉한 것이다. 일본의 목적은 가고시마현에 예속된 류큐를 일단 일본 외무성의 관할 하에 두는 것이었다. 일본 외무성에서는 류큐가 미국(1854년), 프랑스(1855년), 네덜란드(1859년)와 맺은 조약들과 여타의 외교업무를 접수하였다. 은밀히 류큐의 외교권을 박탈한 것이다.[85)]

9월 29일 메이지 정부의 태정관 산조(三條實美)는 류큐번왕을 일등관으로 임명하고 도쿄에 저택 한 채를 주었다. 메이지 유신 직후 폐번치현(廢藩置縣)을 행하면서 각 번주를 도쿄로 이주시켰던 전례를 적용한 것이다.

---

84) 米慶余, 앞의 책, 101~107쪽.

85) 1874년 7월 류큐번의 모든 사무는 외무성에서 내무성으로 이전 관할하게 되었다(赤嶺守, 『淸末琉球復國運動之硏究』, 臺灣大學歷史硏究所 博士學位論文, 1991, 20쪽).

이어 그동안 사쓰마번에 바치던 세공을 일본 대장성으로 납부하도록 하였다. 다음 해(1873) 류큐의 섭정 및 삼사관을 주임관(奏任官)으로서 각각 4등관과 6등관으로 하였다. 이렇게 하여 류큐의 관제는 일본의 관제로 개편되었다. 같은 해에 류큐에 율서(律書 : 형률서적)를 보내 류큐국의 형률제도도 일본제도에 따르게 하였다. 외무성에서는 동인(銅印)을 주어 향후 류큐번의 공문에 이를 사용하도록 하였다.[86]

이상의 절차를 통해 일본은 류큐의 외교권 · 조세 · 행정 · 형법 등을 모두 통제하게 되었다. 즉 류큐에 일본 관리를 파견하여 통치하고 세금을 징수하는 등 실제 관할권을 주장할 수 있게 된 것이다. 이른바 만국공법을 응용한 조처였다. 이상의 모든 조처는 은밀하게 행해졌다. 이제 남은 절차는 류큐와 중국과의 관계를 공식적으로 단절시키고 류큐에 대한 일본의 실효적 점유를 대외에 알려 승인받는 것이었다.

2) 타이완 사건과 중일호환조관 · 호환빙단(互換憑單)

1874년 일본정부는 류큐의 모든 사무를 외무성에서 내무성으로 옮겼다. 다음 해에는 류큐가 청국정부에게 행해 오던 조공의례마저 파기하게 하였다. 적어도 그동안 일본은 류큐와 중국 간의 조공관계라는 틀만은 깨뜨리지 않았는데 이제 그것마저 폐기한 것이다. 그 이유는 무엇인가? 또 일본이 류큐와 중국을 상대로 그 같은 조치를 취할 수 있었던 배경은 무엇인가? 이에 관해서는 '류큐 표류민 살해사건'과 이를 이용한 일본의 '타이완 출병'(사실은 타이완 침략)과 이를 둘러싼 청 · 일 양국의 대응과정을 주목할 필요가 있다.

1871년 11월 야에야마(八重山)와 미야코지마 사람 66명이 타이완의 동남지역에 표착하였는데, 이들 가운데 54명이 타이완의 생번(生蕃)에게

86) 위의 논문, 21쪽.

살해 당하였다. 나머지 12명은 타이완의 한인(漢人 : 楊氏)이 구원하여 대만부와 복주의 류큐관을 경유, 류큐로 돌려보냈다. 이 사건은 어디까지나 중국과 류큐 사이에 일어난 문제로서, 중국 측은 이미 1872년 2월에 복주장군과 복건성순무를 통해 이 문제를 해결지은 상태였다.[87] 그런데 경보(京報)에 실린 이 사건기사를, 그 해 3월 중일수호조약 개약 교섭차 중국에 온 야나기하라(柳原前光)가 읽게 되었다. 그는 이 사건을 외교문제로 비화시킬 수 있다는 판단 하에 외무경 소에지마(副島種臣)에게 사건을 보고하였다. 그 얼마 후인 5월 대장대보(大藏大輔) 이노우에(井上馨)가 마침내 류큐를 병탄하자는 의견을 정원(正院)에 제출하였다. 7월 말 가고시마현 참사(參事) 오야마(大山綱良)가 피살된 류큐민을 위해 대만을 정벌해야 일본 천황의 위엄을 해외에 떨칠 수 있고, 류큐인의 원혼을 위로할 수 있다고 주장했다. 류큐 표류민 살해사건을 구실로 류큐와 대만을 점유하자는 것이었다. 이에 대해 일본정부는 대만 생번의 청에 대한 소속 여부부터 알아보자고 했다. 이런 상황에서 1873년 일본의 오다현 사람들(小田縣民)이 대만 원주민에게 약탈 당하는 사건이 발생하였다. 일본정부는 "자국민을 위해 대만을 응징한다"는 명분 하에 이 두 사건을 '대만정벌'의 구실로 이용하였다.

1873년 3월 일본은 소에지마를 중국에 특사로 파견하였다. 소에지마의 이번 사행은 1872년에 체결된 양국 간의 수호조약을 개정하고 동치제의 국혼 및 친정을 축하하기 위한 것이었지만 사실은 대만·류큐 문제를 협의하고 대만정벌의 구실을 마련하기 위한 것이었다.[88]

---

87) 中國第一歷史檔案館 編, 『淸代中琉關係檔案選編』, 中華書局出版社, 1993, 1079~1080쪽.

88) 下村富士男 編, 『明治文化資料叢書 第4巻 外交編』, 風間書房, 1962, 44쪽 ; Caruthers, Sandra Carol Taylor, *Charles Le Gendre, American Diplomacy, And Expansionism In Meiji Japan 1868~1893*, Univ. of Colorado Ph. D., 1966/University Microfilms, Inc., Ann Arbor, Michigan, 116쪽.

그는 천황으로부터 다음과 같은 내용을 담판하라는 지시를 받았다. ① 만약 청 정부가 대만의 전 영토를 청의 속지로 인정하고 또 담판할 용의가 있다면 청에게 범인의 처벌, 피해자 유족에 대한 부조금 지급, 생번 단속을 요구하고, 이 같은 일이 재발하지 않도록 보증하게 할 것, ② 만약 청 정부가 대만은 청의 통치력이 미치지 않는 땅으로서 청의 소속이 아니라고 담판을 거절한다면, 이 일을 천황의 이름으로 조치할 것, ③ 만약 청 정부가 대만이 청의 속지임을 인정하면서도 책임을 회피하면 청의 실정과 생번의 난폭 행위를 추궁할 것, 그래도 청이 승복하지 않으면 천황 임의로 그 일을 조치할 것 등이었다.[89] 따라서 이번 사행은, 대만인에게 피살당한 류큐선원에 대한 보상과 함께 대만과 류큐에 대해 청국이 어떤 형식으로 종주국의 입장을 주장할 것인지를 알아보는 데 목적이 있었다.[90]

소에지마의 이러한 움직임은 미국인 고문 르젠드르(Charles LeGendre)의 조언을 수용한 것으로서, 미국정부의 묵인을 받은 것이라 할 수 있다. 일본의 정한론과 정대론(征臺論)에 대한 주일미국공사 드롱(Charles E. DeLong)의 생각은 이러했다. ① 조선·대만에 대한 일본의 역할이 미국의 국익에 유익하다. ② 일본이 조선과 대만을 정복하면 두 곳이 서방에 우호적인 국가 아래 놓이게 된다. ③ 대만과의 거래에서 위험부담을 제거하게 될 것이다. ④ 일본이 무질서 상태에서 진보적이고 계몽적인 군주 밑에 결속될 것이다.[91]

그러나 소에지마는 청과의 경계를 피하기 위해 위의 임무에 직접 나서지 않고 막후에서 지휘만 하였다. 그는 야나기하라(柳原)와 정영녕(鄭永寧 : 통역)을 총리아문으로 보내 이부상서(毛昶熙)와 호부상서(董恂)에게

89) 下村富士男 編,『明治文化資料叢書(4) 外交編』, 風間書房, 1962, 24쪽.
90) S. Carol Taylor, 앞의 책, 93쪽.
91) S. Carol Taylor, 위의 책, 105쪽의 드롱(DeLong)이 피시(Fish)에게 보내는 편지 참조.

따졌다. 야나기하라의 주장은 "대만의 생번이 일본인을 살해하였으니 대만을 응징할 것이다. 대만의 생번이 일본 국민을 살해했는데도 왜 청국은 이들을 처벌하지 않느냐"는 것이었다. 이에 대해 호부상서는 "살인을 저지른 것은 생번이고, 청국이 이들을 징계하지 못한 것은 그 곳은 중국의 교화가 미치지 못한 곳이기 때문이다"라고 답하였다.[92]

공식문서로 기재된 것도 아닌 총리아문 관리의 이 대답은 바로 소에지마 일행이 바라던 내용이었다. 야나기하라는 이에 "교화가 미치지 않는 생번이라 했으니 우리 독립국(일본)에서 마음대로 처리할 수 있겠다. 오늘 당신이 대답한 상세한 내용을 일일이 우리 소에지마 대신에게 보고할 것"이라 하였다.[93] 결국 '교화가 미치지 않은 땅'이라는 언급이 일본정부가 대만에 대해 군사행동을 취하는 데 적절한 구실이 되어 준 것이다.

이 과정에서도 역시 미국 공사와 미국인 고문관의 조언이 있었다. 1872년 주일 미국공사 드롱은 "대만은 물산이 풍부하고, 비록 청국의 땅이지만 중국의 정령이 실제로 행사되지 않는 곳이라서 먼저 차지하는 자가 주인"이라고 하였다. 드롱은 대만 사정에 정통한 자를 한 명 소개하여 주었는데 그가 바로 르젠드르였다. 그는 외무경 소에지마에게 "대만이 어느 나라 소속인지는 아직 미정인 상태이다. 그리고 일본이 각국 가운데에서 동양의 위세를 내세우려면 반드시 북쪽으로는 조선, 남쪽으로는 팽호(澎湖)와 대만을 취해야 승산이 있을 것"이라고 조언하였다. 바로 그 같은 조언을 참고하여 소에지마는 반드시 대만을 정벌해야 한다는 주장을 폈다.[94]

이후 일본은 다음과 같은 구상을 염두에 두고 대만침략을 진행시켰다.

---

92) 위의 책, 41쪽.

93) 外務省 編, 「1873 明治六 柳原副使, 淸國總理大臣 毛昶熙, 董恂及び孫士達 會談錄」, 『日本外交年表竝主要文書(上)』, 永進文化社, 52～53쪽.

94) 栗原純, 「台灣事件(1871～1874)-琉球政策の轉機としての台灣出兵-」, 『史學雜誌』 87-9, 1978. 9, 62쪽.

첫째, 중국의 손길이 미치지 않는 교화가 덜 된 생번을 일본이 교화해 주겠다는 논리로 대만을 침략하여 정복한다. 둘째, 당장 대만을 차지할 가능성은 희박하다 해도 적어도 이 일을 기화로 류큐만큼은 일본이 차지할 수 있다.[95] 거기에는 '정교불급'(政敎不及) 지역은 '야번무주'(野蕃無主)이니 문명국이 쳐들어가 식민지로 삼을 수 있다는 만국공법의 논리가 깔려 있다. 1874년 4월 일본에서는 오쿠마(大隈重信)를 대만번지(臺灣蕃地) 사무총재, 육군중장 사이고(西鄉從道)를 대만사무도독(臺灣事務都督), 육군소장 다니(谷干城), 해군소장 아카마쓰(赤松則良)를 참군(參軍)으로 삼아 육·해·군 2,000명을 나가사키에 대기시켰다.[96] 영국·미국·러시아 측은 청국의 동의 없는 이러한 일본의 군사행동에 대해 이의를 제기하였다. 영국은 이 사건이 중국과의 무역에 영향을 미칠 것을 우려하여 주일공사 파크스(Harry S. Parkes)를 통해 일본이 요청한 영국인과 영국선박의 고용을 거절하였다. 그런데 미국의 경우는 주일공사 드롱을 통해서 보았듯이 처음부터 일본의 대만침략을 지지하는 쪽이었고, 신임 주일공사 빙햄(John A. Bingham) 역시 이 정벌을 미·일에 모두 유익한 것으로 보았다. 그런데 영국이 일본 내의 영자신문, 즉 『재팬 데일리 헤럴드』(*Japan Daily Herald*)지와 『위크 메일』(*Week Mail*)지 등을 빌어 이 같은 미국공사의 행동을 비난하자 미국공사는 적극적인 행동을 자제하였다.[97] 이렇게 해서 신임 주일미국공사 빙햄과 주일영국공사 파크스 등이 자국인과 자국 상선의 고용을 금지하였고, 러시아 측도 국외중립을 선언하였다. 이러한 국제여론의 반대에 부딪힌 일본정부는 대만정벌 명령의 철회를 발표하였

---

95) 編者不明, 『處蕃類纂』, 臺北 : 國立中央圖書館臺灣分館 소장 手抄本 第1卷, 78～89쪽.

96) 藤井志津枝, 『近代中日關係史源起-1871～74年台灣事件』, 金禾出版社, 1992, 106쪽.

97) 藤井志津枝, 『近代中日關係史源起-1871～74年台灣事件』, 金禾出版社, 1992, 108～109쪽.

다. 그러나 나가사키의 일본군은 정부명령과 무관하게 출병하여 마침내 1874년 5월 대만에 상륙하였다.

한편 중국은 일본군의 대만상륙에 대해 어떻게 인지하고 있었을까. 당시 일본에는 청국외교관이 주재하고 있지 않았다. 따라서 청국은 주일 영국공사 파크스가 북경의 영국공사 웨이드를 통해 일본의 '대만정벌' 사실을 알려준 뒤에야 소식을 접하게 되었다. 그러나 중국은 그 사실을 믿지 않았다. 일본은 바로 얼마 전에 중일수호조약을 맺었고 사가(佐賀)의 난을 진압한 것도 최근의 일이었다. 게다가 사가의 난에서 쟁점이 된 것은 정한론이었다. 따라서 이홍장은 야나기하라로부터 상황을 들어본 후 문제를 처리하겠다는 입장을 취했다.

다음으로 대만부의 인식은 어떠했을까. 당시 대만부에서는 요유부(廖有富)의 난을 평정하는 것이 무엇보다 시급하였다. 대만부 측에서는 일본이 대만에 대해 우호적인 감정을 갖고 있을 것으로만 생각하였고, 전쟁을 도발하리라고는 생각지도 않았다. 얼마 전에도 대만 측에서 일본의 오다현 사람들을 구제해 준 일이 있었고, 일본 역시 감사의 표시로서 선물까지 보내 왔기 때문이다. 따라서 일본이 대만을 공격한다는 소문이 있었지만 대만부는 이를 믿지 않았다.[98] 바로 이 같은 허점을 틈타 일본군은 아무 대비도 없는 대만에 쉽게 상륙한 것이다.

청 정부는 그때서야 야나기하라가 1년 전에 대만을 징벌할 것이라고 한 이야기가 사실임을 알았다. 청국의 흠차대신(沈葆楨)이 대만에 도착했을 때는 이미 석문(石門)에서 일본군과 원주민 사이에 전투가 벌어져(5. 22) 모단사(牡丹社)를 완전히 점령한 상태였다(6. 3). 흠차대신은 한편으로는 병력을 강화하면서 다른 한편으로는 철병하라는 조회를 보냈다. 마침

---

98) 일찍이 세무사 헨리 에드거(Henry Edgar), 『香港新報』, 廈門口의 休稅務司를 통해 일본이 대만에 출병하였으며 일본병선이 廈門口까지 다녀갔다는 소문을 들었지만 그것을 믿지 않았다(藤井志津枝, 『近代中日關係史源起-1871～74年台灣事件』, 金禾出版社, 1992, 125～129쪽).

내 그 해 9월과 10월, 청국주재 영국공사 웨이드(Wade)의 알선으로 북경에서 청·일 간에 협의가 이루어져 조관과 빙단(憑單)을 교환하였다(1874. 10. 30). 그 주요 내용은 ① 청국은 일본의 이번 행동이 자국민을 보호하려는 의거였음을 인정한다, ② 철군의 대가로 청국은 피해를 본 일본인 난민에게 10만 냥과 일본군이 대만에 지은 지상 건축물에 대한 보상금 40만 냥을 지불한다는 것 등이었다.[99]

이 조약은 류큐에 대해 한 마디 언급도 없었지만, 류큐의 귀속과 관련하여 매우 중요한 의미가 내포되어 있었다. 즉 사태를 미봉하는 데만 급급했던 중국은 일본의 대만출병에 대해 "일본 국민을 보호하기 위한 의거였음"을 인정하였고, 이는 결과적으로 류큐민을 일본국민으로 승인해 준 꼴이 되었다. 1879년 류큐를 오키나와현으로 편입시킬 때 일본은 이 문건을 적절히 이용하였다. 일본은 대만사건을 통해 중국의 약점을 간파했고, 중국과 류큐 관계의 단절을 공식화하기 시작했던 것이다.

3) 중일교섭의 결렬과 류큐의 멸망

(1) 류큐의 복구(復舊)운동

1875년 일본정부는 내무대승(內務大丞) 마쓰다(松田道之)를 류큐에 파견하여 중국에 대한 조공의 금지와 번정(藩政)개혁을 명하였다. 이때 류큐측에서는 마쓰다의 요구를 거부하면서 이렇게 항변하였다.

> 류큐는 건국 이래 나름의 예악형정(禮樂刑政)과 자유의 권리를 갖고 있는 나라로, 상하가 화목하게 지내 왔다. 지금 청을 떠나면 류큐가 나라의 권리를 잃을 것이니 나라가 어떻게 보존될 수 있겠는가. 청에 대한 부자의 도리를 끊고 누대의 은혜를 잊으면 어찌 사람이라 하고,

99) 外務省 編, 「1874 明治七, 日清兩國間, 互換條款 及 互換憑單」, 『日本外交年表竝主要文書(上)』, 永進文化社, 55~56쪽.

나라라고 할 수 있겠는가.

그동안 일본이 류큐에 강요한 조치들[100]도 무리하기 짝이 없는 것들이었는데 이제 아예 중국과의 봉공관계까지 폐지하게 되면 류큐왕국은 완전히 멸망한 것이나 다름없다는 주장이었다. 류큐 측은 이 같은 논리로 일본정부에 청원하여 중국과 조공관계를 끊을 수 없다는 입장을 분명히 하였다.[101] 다른 한편 류큐 측은 일본의 감시를 벗어나 예전의 중국・류큐 관계를 회복하기 위해 청국 측에 지원을 요청하는 등 복구운동을 벌이기 시작하였다. 류큐 측은 몰래 향덕굉(向德宏)・임세공(林世功) 등의 밀사를 중국으로 보내(1876. 12), 일본의 '조공'(阻貢) 행각을 알렸다. 이후 류큐문제는 중・일 양국의 공식적인 외교문제로 떠올랐다.[102]

중국 당국은 이 문제에 어떻게 대처하였을까. 중국 측은 주일청국공사 하여장(何如璋)으로 하여금 류큐문제에 관한 일본 내의 동정을 파악하여 보고하라고 지시하였다. 하여장의 보고는 다음과 같았다. 첫째, 이 사건을 좌시할 경우 일본에게 중국이 류큐를 포기하거나 일본을 두려워한다는 인상을 주게 될 것이다. 둘째, 류큐를 잃으면 앞으로 조선도 위험해질 것이다. 셋째, 중국은 아직 일본보다는 국력이 우세하기 때문에 군사적 행동을 통해 청국이 류큐를 보호할 의지가 있음을 일본에게 분명히 보여주어야 한다. 요컨대 하여장은 류큐문제에 대해 청국이 적극적인 대응책을 취하지 않으면 안 된다는 것이었다.

그러나 중국 당국의 입장은 좀 달랐다. 우선 당시 청국은 이리문제로 러시아와 갈등을 겪고 있었다. 일본은 그러한 청국의 곤란한 상황을

100) 가령 1875~1876년 일본은 류큐국 상태왕의 재판권과 경찰권을 빼앗고, 1876년 6월에는 일방적으로 류큐인의 항해 허가증제도를 반포하여 류큐인의 중국도항 등을 통제한 바 있다.

101) 楊仲揆, 『琉球古今談』, 臺灣商務印書館, 1990, 78쪽.

102) 向德宏은 류큐의 왕족. 林世功과 蔡大鼎은 민인 36성의 후예로 학자이자 통역이었다(楊仲揆, 『琉球古今談』, 臺灣商務印書館, 1990, 78~84쪽).

틈타 류큐문제를 표면화한 것이기도 하였다. 이홍장은 이리문제의 해결을 우선과제로 보고 있었다. 즉 류큐로부터 조공받는 문제 등을 가지고 일본과 시비를 벌일 경우, 결과적으로 청국은 앞뒤로 적을 맞는 모험을 하게 될 것으로 보았다. 결국 이홍장은 하여장에게 류큐문제의 처리를 떠넘긴다.[103)]

그러나 청국이 강력한 힘을 확보하고 있지 못한 한, 이홍장은 물론 하여장으로서도 별달리 뾰족한 수가 있을 수 없었다. 이에 하여장은 한편으로는 일본과 류큐의 문제를 논의하면서, 다른 한편으로는 류큐와 외교관계를 맺고 있는 제3국의 힘을 이용하고자 하였다. 하여장은 일본측에 대해 종래 지속되어 온 중국과 류큐 간의 봉공관계를 강조하는 한편, 도쿄에 있던 류큐측 인사들에게 류큐와 조약관계[104)]에 있는 미국·프랑스·네덜란드 3국에 류큐 사정을 호소하도록 조언하였다. 그러나 아무런 성과가 없었다. 3국 공사 측은 일본정부가 3국과 류큐와의 기존 조약을 성실히 준수하겠다고 보증하자 더 이상 다른 문제를 제기하지 않았다. 3국의 입장에서는 류큐와의 기존 관계에 변화를 초래하지 않는 한 일본과 류큐문제에 개의할 하등 이유가 없다는 입장이었다.

이렇게 되자 하여장 측은 류큐문제를 일본과 직접 담판하는 것 외에 별다른 도리가 없었다. 하여장은 일본 외무성에 류큐인의 의향을 전하면서 류큐가 국제적으로 승인을 받은 나라이며 중국의 번속국임을 강조하면

103) 「譯書函稿(8)」, 『李文忠公全集』, 文海出版社, 1962, 4~6쪽. 이에 관한 이홍장의 인식과 조처에 대해서는 장팅푸 저, 김기주·김원수 역, 『清日韓外交關係史』, 民族文化社, 1999, 55~76쪽.

104) 미국·프랑스·이탈리아가 류큐와 조약을 맺은 것은 1854, 1855, 1860년이다. 목적은 해난시의 인명구조 외에 선교와 통상 등에 있었다. 각국은 류큐와 조약 체결 당시 서기와 중국연호를 사용하였다. 그러나 류큐에 대한 중국의 영향력이 실제로는 일본보다 못하다는 점을 각국도 이미 알고 있었다(張存武, 「中國對西方窺伺琉球的反應, 1840~1860」, 『中央研究院近代史研究所集刊』 第16期, 1987, 85~110쪽).

서, 일본의 배타적 영유권 주장을 반박하였다. 그러나 일본 데라지마(寺島) 외무경은 사쓰마번이 300년 동안 실력으로 류큐를 점유해 왔으며 중국이 실제적으로 류큐를 관할한 적도 없으니, 만국공법상 중국은 류큐에 대해 주권을 주장할 수 없다고 반박하였다.[105] 하여장은 이 문제를 외교적으로 처리하고자 하였으나, 일본이 이를 내정문제로 대응하면서 양측 간의 접근 가능성은 희박했다. 이때 하여장은 부사 장사계(張斯桂)와 연명으로 일본 외무성에 다음과 같은 내용의 조회를 보냈다(1878. 10).

> 일본은 당당한 대국으로서 거리낌 없이 이웃과의 교제를 배반하고, 이렇게 신의가 없이 무정하고 무리한 일이 있을 수 있는가 …… 류큐를 능멸하고 옛 법을 함부로 뜯어고치며 …… 조약을 폐기하고 작은 나라를 압제하는가.

'도덕적 힐난'을 가하는 하여장의 이 같은 조회에 대해 일본정부는 폭언이라면서 역공하였다. 일본정부는 하여장의 외교대표로서의 자격을 인정하지 않았다. 하여장의 외교교섭권을 박탈한 것이다.[106] 이어 하여장의 항의에도 불구하고 류큐 병탄작업을 계속해 나갔다.

(2) 류큐의 복국(復國)운동

1879년 3월 25일 태정대신 산조의 지령을 받은 마쓰다는 일본정부의 고유관(告諭官) 자격으로 수행원 9명, 내무성 소속 출장관리 32명, 경찰 160여 명, 군사 300여 명을 이끌고 류큐에 도착하였다. 마쓰다는 폐번치현에 관한 태정대신의 고유(告諭)를 전하면서 다음과 같은 지령을 내렸다. ① 31일 12시 이전에 류큐왕은 슈리 성을 떠날 것이며, ② 류큐를 떠나기

105) 寶玲叢刊編纂委員會 編, 『琉球所屬問題關係資料』 8-1, 本邦書籍, 1980, 167쪽.
106) 張啓雄, 「何如璋的琉案外交」, 『第一屆中琉歷史關係國際學術會議論文集』, 聯合報國學文獻館, 1987, 578~579쪽.

전에는 큰 아들의 집에서 머물 것, ③ 토지와 인민 및 각종 사무는 오키나와 현령에게 위임할 것, ④ 토지, 가옥, 창고, 금곡(金穀), 선박 등의 명세표를 만들어 사실대로 보고할 것, ⑤ 류큐왕은 4월 중순 이전에 도쿄로 출발할 것 등이었다.

이에 대한 대책을 놓고 류큐의 관료들 사이에서는 강경파와 온건파로 입장이 갈렸다. 사족사회 내부에서도 일본에 복종하자는 쪽과 청국에 의리를 지켜야 한다는 쪽이 있었다.[107] 결국 류큐의 관리와 지식인들은 한편으로는 일본정부의 명을 거부하고 공무 인수에 협력을 거부하면서, 류큐왕의 도쿄행을 늦출 것을 청원하였다. 아울러 이들은 암암리에 섬사람들과 회동하여 일본정부의 요구에 복종하지 말자는 약속을 하였다. 그리고 중국의 원병을 기다리면서 상태왕에게 충성을 다할 것을 혈서로 맹세하였다. 일본에 저항하다 순국한 사람이 있으면 장례비로 5만 관문(貫文)을 지불하고, 반면 일본에 복종하거나 비밀을 누설한 자는 참수하겠다고도 약속하였다.

류큐인들의 청원에도 불구하고 마쓰다는 류큐왕과 왕세자 일행을 도쿄로 보냈다. 그들을 인질로 삼음과 동시에 류큐의 왕과 민 사이의 유대를 끊어 장차 예상되는 류큐인의 복국(復國)운동에서 정신적 기둥이 될 상징적 존재를 제거하려 한 것이다.[108] 그리고 8월 15일 류큐의 행정업무 인수를 마치면서 지금까지 반발한 류큐의 관리를 체포하여 고문을 가했다. 여기에서 류큐 관리들의 저항운동은 일단 와해되었다. 그러나 이후 1884년에 이르기까지 조공사신으로 중국에 가 본 적이 있거나 류큐의 옛 관리를 지낸 호성이정(湖城以正), 장빈진인(長濱眞仁), 신산용충(神山庸忠), 미리조주(美里朝周), 희납조명(喜納朝明), 풍리덕휘(豊里德輝) 등 적어

---

107) 마쓰다 측 첩자의 보고에 의하면, 농민층의 반응은 조용했다. 피지배층의 입장이었기 때문으로 보인다(佐藤三郎, 「琉球藩處分問題の考察」, 『沖繩文化論叢-第1卷 歷史篇』, 平凡社, 1972, 392~397쪽).

108) 赤嶺守, 앞의 박사학위논문, 159쪽.

도 100여 명이 청국으로 밀항해 가서 복국청원운동을 지속하였다.[109)]

앞서 중국에 간 향덕굉, 임세공, 채대정(蔡大鼎) 등 3인은 1877년 복주에 도착하여 사태를 알렸지만 3년을 기다려도 아무런 회답도 받지 못하고 있었다. 그러다가 류큐에서 온 밀항자를 통해 류큐 망국소식을 듣자 머리를 깎고 청나라 상인으로 위장하여 상해, 천진을 거쳐 북경으로 향했다. 그리고 계속 상서를 올려 류큐 망국의 전말과 류큐인의 복국·복군의 소망을 알리면서 종주국인 중국의 적극적인 개입을 요청하였다. 그러나 허사였다. 1880년 임세공은 류큐를 구원해 달라는 내용의 마지막 상소를 작성하여 동료에게 전한 뒤 자결하였다.[110)]

한편 청·일 쌍방은 종속관계와 실제 영유관계를 놓고 논쟁을 지속하였다. 중국 쪽에서는 공친왕 등이 청국주재 일본공사에게 항의했지만 주중 일본공사로부터 대외교섭권이 없다며 거절당하였고, 주일공사 하여장을 통해 일본 외무성에 항의를 했지만 류큐문제는 내정문제라면서 역시 외면당했다. 이때 마침 세계여행에 나선 미국의 전 대통령 그랜트가 중국에 도착하였다. 그가 이홍장의 부탁을 받고 중·일 간의 조정에 나섰다.

중·일 양국은 그랜트의 의견에 따라 일본은 류큐 남쪽의 야에야마·미야코지마를 중국에 떼어주고, 중국은 이들 두 섬을 류큐의 복국기지로 삼아 류큐국의 재건을 돕고자 하였다. 대신 중국은 일본에게 중국 내에서의 최혜국 대우와 내지통상권을 추가로 허용하기로 하였다.[111)] 그러나 일찍이 중국에 와서 복국 청원을 하던 류큐의 사신 모정장(毛精長), 향덕굉 등이 남쪽의 섬은 빈곤하여 복국의 가능성이 없다고 하자 이홍장은 진보

---

109) 赤嶺守, 「脫淸人與分島問題」, 『第三屆中琉歷史關係學術會議論文集』, 中琉文化經濟協會出版, 1991, 487쪽 ; 앞의 박사학위논문, 189쪽.

110) 楊仲揆, 『琉球古今談』, 臺灣商務印書館, 1990, 78~84쪽.

111) 外務省 編, 「1880 明治十三 琉球處分條約案に 關する件」, 『日本外交年表竝主要文書(上)』, 永進文化社, 81~84쪽.

침(陳寶琛), 장지동(張之洞) 등 대신들의 반대도 고려하여 끝내 조인을 하지 않았다.112) 그러나 그 후 중국은 청일전쟁에 패하였고 그 결과 류큐인의 국권회복에 대한 희망도 사라졌다.

맺음말

고고학자들은 이미 3만 2천여 년 전에 류큐열도에 인류가 살았다고 하나, 외부와의 교류관계는 잘 알 수 없다. 어떻든 신석기시대로 일컬어지는 때에 외부세계와 접촉이 없었던 것은 아니지만, 그에 관한 기록은 자세하지 않다. 분명한 것은 류큐가 아시아의 환중국해상에 점점이 위치한 30여 개의 작은 섬으로 이루어진 나라였다는 점이다. 서북쪽으로는 중국대륙을 끼고, 동쪽으로는 일본열도를, 북쪽으로는 한반도를, 동남쪽으로는 대만과 필리핀, 베트남 등으로 연결되는 해상에 위치하였던 것이다. 인류의 왕래가 어려웠던 시기라면 몰라도 적어도 항해술이 발전하고 무역이 활발해지면서부터는 자연히 주변 국가의 변화에 민감하게 영향받을 수밖에 없는 위치였다. 류큐의 발전도 멸망도 그러했다.

1372년 명과 조공책봉 관계를 맺은 이래 류큐는 종래와는 다른 차원의 문호를 형성해 가고 있었다. 물론 그것은 국가의 안보를 고려한 명의 대외정책과 관련이 있었다. 그러나 류큐 입장에서 보면 이는 특혜라 할 만큼 대단히 흡족한 것이었다. 류큐에서는 명과 청에 파견한 유학생을 통해 선진문물을 익혀 자국 문화를 향상시켰으며, 명에서 제공한 선박을 활용하여 대외무역과 항해술을 발전시킬 수 있었다. 또한 명에서 보내준 민인 36성의 도움으로 중국·조선 및 동남아 각국과 무역과 외교를 잘

112) 赤嶺守, 「脫淸人與分島問題」, 『第三屆中琉歷史關係學術會議論文集』, 中琉文化經濟協會出版, 1991, 487～488쪽.

수행할 수 있었으며, 중국측 책봉사와 관선의 류큐 방문은 류큐가 국제무역국으로 발돋움할 수 있는 기회가 되기도 하였다. 한 마디로 류큐의 명·청과의 관계는 수혜자와 시혜자 관계였고, 그 시기는 바로 류큐의 황금기였다.

그러나 이후의 역사는 류큐의 멸망 과정이었다. 1609년 사쓰마번의 침공으로 류큐왕국은 사쓰마번의 부용국으로 전락하였다. 류큐는 자국의 조세수입과 대중국 조공무역의 이익을 사쓰마번에 약탈당하는 그야말로 사쓰마번의 '금고'이자 물고기를 잡아 어부에게 빼앗기는 '가마우지새' 같은 신세가 되었다. 흔히 1609년에 이루어진 사쓰마번의 류큐 침략은 류큐 역사상 고(古) 류큐시대를 마무리하고 근세 류큐로 전환되는 시기로 표현된다. 그러나 근세 류큐의 특징이란 중국의 영향력 쇠퇴와 류큐의 자주능력 상실, 그리고 류큐를 장악한 일본세력의 성장으로 지적할 수 있다. 따라서 엄격히 말해 사쓰마번의 류큐침략은 '황금기 류큐와 쇠퇴기 류큐를 구획하는 분기점'이라는 표현이 오히려 타당할 것이다.

한편 류큐는 사쓰마번의 침략 이후에도 근 260년 동안 중국과 조공무역을 지속하는 등 외형적으로는 상당 기간 왕국의 모습을 유지하였다. 그것이 가능했던 가장 중요한 이유의 하나는 이렇다.

사쓰마번이 류큐를 일본의 대중국 무역창구로 활용하고 류큐의 조공무역 이익을 갈취하기 위해 철저하게 그런 내막이 중국에 노출되지 않도록 단속하였기 때문이다. 명·청 역시도 이 사실을 아는지 모르는지 별다른 대응책을 펴지 못했다. 그래서 1609년 이후 류큐는 안으로는 사쓰마번에 예속되고, 밖으로는 중국의 조공국으로서 양속관계에 위치하게 되었다.

그러나 19세기 후반에 접어들면서 류큐는 그러한 외형마저 상실하고 멸망하였다. 서세동점의 분위기를 틈타 자국 세력을 확장하려는 일본에게 희생된 최초의 아시아 국가가 다름 아닌 류큐였다. 1872년 일본 메이지 정부는 류큐왕의 사신에게 유신을 '치하하기 위해' 도쿄를 방문하도록 조치한 뒤 류큐국을 일본의 류큐번으로, 류큐국왕은 번왕을 만들었다. 이는 메이지 일본이 류큐를 병합해 나가기 위한 첫 단계였지만, 거슬러 올라가면 1609년 사쓰마번의 류큐 침략과 연장선상에서 이루어진 조치였다. 일본은 이때 류큐의 내정과 외교의 거의 모든 전권을 박탈했다. 이후 일본은 대만침략(1874)을 통해 청국의 취약함을 확인한 뒤 류큐의 대청국 조공을 금지하고 나섰다.

이어 1879년 류큐번을 오키나와현으로 편입시키고, 류큐왕과 왕자를 도쿄에 연금하여 복국운동 자체를 불가능하게 하였다. 그럼에도 청국은 이리 문제 등의 내우외환으로 인해 류큐를 제때에 지원하지 못하고 속수무책으로 지켜보아야 했다. 나름의 고유한 역사와 전통을 간직해 왔던 류큐왕국은 그렇게 해서 멸망하였다. 그 과정을 살펴볼 때 19세기 말의 류큐 멸망은 일본이 만국공법의 지식, 가령 '덜 교화된 토지 혹은 국가에 대한 실제점유권' 이론 등을 용의주도하게 활용하고, 서양인 고문관들의 조언을 활용한 합작품이었다.

그렇다면 류큐의 멸망이 동아시아에서 지니는 의미는 무엇인가. 류큐 멸망의 기원을 이루는 17세기 초 사쓰마번의 류큐침략은 중국의 입장에서 보면 전통적으로 유지되어 왔던 중화체제의 방어망에 작은 구멍이 뚫리는 출발점이 되고, 일본의 입장에서는 서세동점의 분위기에 일찍이 편승하여 대외팽창의 일보를 내딛은 것이었다. 따라서 사쓰마번의 류큐침략이 중화체제의 붕괴와 신흥국가 일본의 성장에 먼 배경을 이루는 중요한 사건이라면, 19세기 말 메이지 일본에 의한 류큐의 멸망은 중화체제가 본격적으로 해체되고 힘에 입각한 서구가치 중심의 새로운 세계질서가 동아시아에서 형성되어 가는 신호였다. 이후 청일전쟁·러일전쟁을 거쳐 일본이 대만·한국을 병탄한 것도 그러한 흐름의 연장이었다.

한규무

19세기 청·조선간 종속관계의 변화와 그 성격

1. 머리말

조선은 오랫동안 중국과 밀접한 관계를 맺어 왔으며, 이 한중관계의 핵심은 곧 조공관계－종속관계라 할 수 있다. 특히 병자호란 이후 '속방'인 조선은 조공(朝貢)·책봉(冊封)·반력(頒曆) 등의 의례로써 '종주국'인 청을 사대(事大)하며 '중화체제'를 인정했다. 하지만 "朝鮮素爲中國屬邦而內治外交 向來均由大朝鮮國君主自主"[1]라는 기록처럼 내치·외교는 자주적으로 처리했다. 이는 한·중 양국이 모두 인정했던 종속관계의 '명분'이며, 그리고 양국은 이를 위해 조공관계를 유지해 왔다.

그러나 1876년 한일수호조약 이후 열강이 속속 조선에 진출하면서 한중관계에도 변화가 나타났고, 이는 조선을 둘러싼 국제관계의 변화로 이어졌다. '서세동점'과 일본의 북상, 러시아의 남하 등은 조선에 대한 청의 정책에 변화를 가져왔고, 이에 따라 양국의 종속관계에도 변화가 나타났다. 특히 1876년 한일수호조약, 1882년 한미수호조약과 임오군란,

1) 1882년 한미수호조약을 맺을 때 고종이 미국 대통령에게 보낸 서한에 실린 내용이다.

그리고 한중상민수륙무역장정, 1884년 갑신정변, 1894년 청일전쟁 등이 중요한 변수가 되었다.

이들 사건을 전후하여 한중관계가 어떻게 변화되었으며, 또 그것이 의미하는 바는 무엇인가를 살펴봄으로써 근대 동아시아 국제관계 변모의 일면을 알아보고자 하는 것이 이 글의 목적이다. 그리고 그 대상 시기는 열강이 조선에 관심을 보이며 진출을 꾀하는 1830년대부터, 종속관계 단절의 결정적 계기가 된 1894년 청일전쟁 이전까지가 될 것이다.

이 연구를 위해서는 먼저 조공관계－종속관계의 개념을 밝힐 필요가 있다. 이에 대해서는 다음과 같은 연구성과가 참고된다.

> ……오랜 韓中間의 朝貢關係는 淸代에 이르러 가장 周到하게 制度化하였다는 사실이다. …… 淸初를 제외하고는 歲幣나 方物이 과거 어느 時期보다도 緩和되었다고 할 수 있으며, 討索的인 請求도 初期에 限하였다. …… 淸이 朝鮮에 대하여 請兵하는 일도 거의 없었다. …… 淸의 年號와 曆法을 採用하는 것은 前代와 같고, 倭政에 대한 보고를 요구하였으나 朝鮮의 內政에 간섭하는 일은 거의 없었다. 人質의 派送이나 通婚을 강요한 일은 없었다. …… 淸은 形式的인 關係로 만족한 것 같다. 朝鮮의 明에 대한 崇慕를 感知하지 못할 리가 없었으나, 淸初를 제외하고는 이를 문제삼지 않았다. 이것은 淸이 儀禮的・形式的인 面을 尊重한 것(進賀・陳慰・進香)과도 相通하는 일이다. 이상은 典型的 朝貢關係라고 할 수 있는 諸樣相의 성격인바……[2]

즉 그는 청초를 제외하고 열강이 조선에 진출하기 이전 시기까지의 조공관계를 '전형적'인 것으로 보았다. 필자도 이에 동의하며, 앞으로 이 글에서 나오는 조공관계는 바로 청대의 '전형적인 조공관계'를 뜻하는 것임을 미리 밝혀 둔다.[3]

---

2) 全海宗, 「淸代 韓中朝貢關係考」, 『韓中關係史硏究』, 一潮閣, 1970, 107～108쪽.
3) 이 같은 점은 한말의 대표적 위정척사론자인 최익현의 상소에서도 잘 나타난다.

그런데 종속관계란 양국의 관계이며, 따라서 일방적이 아닌 상호적인 성격을 갖는다. 중국이나 조선 어느 한편의 입장만 강조된 것은 '대조선정책' 또는 '대중국정책'일 뿐이며, 이를 곧 종속관계로 보아서는 안 될 것이다. 중국이든 조선이든 종속관계를 통해 궁극적으로 얻고자 한 것은 자국의 이익이다. 조공관계는 종속관계의 유지를 위한 '수단'이지 그 자체가 '목적'은 아니며, 양국의 상황과 필요에 따라 그 형식과 내용이 달라질 수 있다. 병자호란 이후 중국이 조선의 내치·외교에 관여하지 않는다는 것은 당시 조공관계의 특징이자 이를 통한 종속관계 유지의 '명분'이었다. 그러나 중국에게 더 중요한 것은 '실리'였다. 이를 위해서는 종속관계 유지의 수단인 조공관계의 형식과 내용을 바꾸기도 했다. 요컨대 자국의 실리 추구라는 양국의 목적은 바뀔 수 없지만, 이를 위해서 상대국에 대한 정책, 특히 약소국·종속국인 조선에 대한 강대국·종주국인 중국의 정책은 수시로 달라질 수 있다. 그리고 이에 따라 종속관계에도 변화가 나타날 수 있는 것이다.

기존 연구들은 종속관계의 변화 과정을 주로 시기별-사건별 추이에 따라 살펴보았다. 물론 이는 타당한 방법이고 당연한 현상이다. 다만 다음과 같은 몇 가지 관점에서 종속관계의 변화 과정을 짚어 보는 것도 의미가 있지 않을까 싶다.

① 자주와 독립 : 종속관계에 따르면 조선국왕은 '자주권'이 있지만 그렇다고 조선이 '독립국'인 것은 아니었다. 이는 조선과 청을 제외

즉 「持斧伏闕斥和議疏」(1876)에서 "丙子之講和 害義大矣 衣裳之人 不可立於天地之間矣 …… 然淸人志在帝中國而撫四海 故猶能略效中國之伯主 仮借仁義之近似 則是止夷狄耳 夷狄人也 故卽不問道理如何 若能以小事大 則彼此交好 式至于今 雖有不愜彼意者 有寬恕之量 而無侵虐之患"이라 하여, 청은 仁義의 이름을 빌어 중국의 伯主를 흉내내는 夷狄이지만 '以小事大'만 하면 비록 서로 交好하며 侵虐하지 않았다고 보았다. 즉 청이 기대한 것은 조공체제를 바탕으로 한 형식적 종속관계였다고 할 수 있다.

한 열강들에게 혼란 그 자체였다. 그들로서는 '자주'와 '독립'을 달리 이해하기 힘들었지만, 당사자인 양국이 모두 이를 인정하는 한 쉽게 해결할 수 있는 문제도 아니었다. 이는 어디까지나 관념적인 논쟁이었을 뿐이며, 중요한 것은 열강에게 조선에서 청을 제압할 만한 실력이 있느냐의 여부였다. 또 청의 입장에서 이는 매우 절묘한 카드이기도 했다. 조선 문제에 개입할 사안이 생기면 조선은 독립국이 아님을, 회피할 사안이 생기면 조선에 자주권이 있음을 명분으로 내세울 수 있었기 때문이다.

② 묵인과 명시 : 종속관계는 양국 모두 묵인해 오다 1882년 한중상민수륙무역장정이 만들어질 때 처음 명시되었다. 그 이전에는 당사자인 양국만 양해하면 그만이었지만, 이제는 조선에 진출한 열강들을 이해시키기 위해 그 명문화가 이루어진 것이다. 그러면 종속관계가 '묵인'에서 '명시'로 바뀌면서 어떤 실제적 효과가 나타났는가 하는 점에 주목해야 한다. 필자는 이 명문화가 조선에 진출한 열강에게 조선과 청이 함께 내세울 수 있었던 종속관계의 유일한 증거로서, 조선에서 청의 활동에 큰 도움을 주었다고 생각한다.

③ 형식과 실제 : 전통적으로 조선은 내치·외교를 자주적으로 처리했고, 청은 이를 존중했다. 그러나 열강이 조선에 진출하자 청은 조선의 정국에 대해 방관만 하고 있을 수 없었다. 그렇다고 그 어떤 조치를 조선에 강요하면 종속관계의 형식은 물론 열강에 내세웠던 명분도 깨지고 만다. 이 경우 가장 좋은 대안은 '조선의 요청'을 받아들여 간여하는 형식을 빌리는 것이다. 그러나 이마저 깨진다면 종속관계는 심각한 '변질' 단계에 이르게 된다. 과연 청이 이 형식을 언제까지 유지했는지에 관심을 가져야 한다. 적어도 1884년 갑신정변 이전까지 청은 이 형식을 존중했다고 생각한다.

④ 명분과 실리 : 1840년 아편전쟁 이후 중국으로서 청의 위상은 크게 흔들렸고, 중화사상을 바탕으로 한 중화체제도 속방에 대한 열강의 침략으로 말미암아 점점 허물어졌다. 그리고 결국에는 옹색하게나마 중화체제를 유지할 수 있는 최후의 속방으로 조선만 남는 지경에 이르렀다. 조선을 놓고 열강과 각축을 벌이는 상황에서 '자주적 내치·외교'라는 명분을 계속 지키다가는 실리를 얻는 데 지장이 될 수도 있다. 필자는 1884년 갑신정변 이후 청은 실리를 위해

이전에 열강에 내세웠던 종속관계의 명분을 포기했다고 생각한다.
⑤ 자율과 타율 : 양국의 종속관계는 쌍무적인 것이었다. 조선이 의례를 갖추어 중국을 사대(事大)하면 청은 '자주적 내치·외교'를 보장했다. 이 시기 청의 조선 진출을 흔히 '간섭'이라는 측면에서 보아왔고, 당연히 조선은 타율적으로 비쳐졌다. 하지만 임진왜란 당시 조선이 자율적으로 명(明)에 파병을 요청했듯이, 이 시기에도 조선이 자율적으로 청의 진출을 요구했거나 청의 진출을 적극적으로 수용했을 수도 있다. 필자는 한중관계에서 조선의 자율적 측면 역시 중시되어야 한다고 생각한다.

한중관계에 대해서는 이미 선학들의 연구가 헤아릴 수 없이 많다.[4] 이들의 노력으로 한중관계의 많은 부분이 이미 밝혀져 있는 상태이다. 식견이 모자란 필자로서는 새로운 창견(創見)은 고사하고 그 성과들을 정리하기에도 능력이 벅차다. 다만 그 업적들을 발판으로 19세기 후반 한중관계의 대세를 다시 개괄하고 몇 가지 단견을 제시함으로써 이 분야 연구에 작게나마 도움이 되고자 한다. 아낌없는 질정을 바란다.

2. 한일수호조약 체결 이전 종속관계에 대한 논쟁 (1832~1876)

한일수호조약이 맺어지기 이전 종속관계에 대한 열강의 논쟁을 정리하면 <표 1>과 같다. 1832년과 1845년 영국이 조선과의 통상을 시도했을 때 조선과 청의 입장은 조선은 독립국이 아닌 조공국, 즉 속방이므로 스스로 통상할 수 없다는 것이었다(1·2). 하지만 이는 조선과의 통상이 가능한지 타진한 것이었을 뿐, 종속관계에 대한 질문은 아니었다.

하지만 1860년대 이후 사정이 달라졌다. 청은 1866년에 프랑스(3·4),

---

4) 김한규, 『한중관계사Ⅱ』, 아르케, 1999, 1148~1162쪽에 실린 참고문헌 참조.

1871년에 미국(5)과 일본(6), 1873년에 일본(7)과 각각 종속관계에 대한 논쟁을 벌이게 된 것이다. 그 내용을 살펴보면 다음과 같은 특징이 나타난다.

첫째, 프랑스·미국·일본 등이 종속관계에 대해 질문했지만, 이들 중 조선이 청의 속방임을 적극적으로 부정한 국가는 없었다. 이들의 관심은 만약 조선과 충돌할 경우[5] 청의 개입 여부였다. 따라서 조선이 청의 속방이라도 청이 조선의 내치·외교에 간여하지 않는다는 입장만 확인하면 그뿐이었다.

둘째, 청은 조선의 자주권을 강조하며 조선과 열강 사이의 분쟁에 휘말리지 않으려 했다. 그러나 열강이 조선과의 전쟁까지 염두에 두고 있었기 때문에 마냥 방관할 수도 없었다. 그래서 프랑스와 미국처럼 일전을 벌이려는 국가에게는 중재 의사를 밝혔다.[6]

셋째, 프랑스와 미국의 사례에서 보듯이 당시 조선의 실권자였던 대원군은 청의 중재를 받아들이지 않았다. 이는 조선의 내치·외교가 청에게 좌우되지 않고 자주적으로 이루어진 실례가 될 것이다. 즉 자주적 내치·외교는 청이 분쟁에 휘말리지 않으려 내세운 명분에 불과한 것이 아니라, 실제로 적용되고 있었던 종속관계의 본질이었던 셈이다.

---

5) 당시 프랑스는 조선과 일전을 벌일 뜻이 있었으며, 미국 역시 그러했다. 즉 미국은 "군함을 거느리고 조선에 가서 무력시위를 함으로써만 이 조약을 체결할 수 있을 것"(李光麟, 『韓國史講座-近代篇』, 一潮閣, 1982, 49~50쪽)이라는 판단에 따라 조선에 군함을 파견했다. 그렇게 해서 프랑스는 丙寅洋擾를, 미국은 辛未洋擾를 일으켰던 것이다. 일본의 경우, 당장 개전의 뜻을 보이지는 않았지만 그 질문 내용은 "조선의 和戰權利에 청이 간여하지 않는가"라는 것이었다. 따라서 그 의도는 프랑스나 미국과 비슷했을 것이다.

6) 그런데 1873년 조선의 '和戰權利'에 대해 일본의 질문을 받은 청이 불간섭 원칙만 밝히고 중재의 뜻을 보이지 않은 점은 프랑스나 미국의 사례와 다르다. 프랑스와 미국의 경우 선교사 처형사건이나 제너럴 셔먼호 사건 등 구체적인 현안이 있었으므로 그만큼 조선과 충돌할 가능성도 높았다. 그러나 조선과 일본 사이에는 이렇다 할 문제가 없었고, 그만큼 개전의 가능성도 낮았기 때문에 청이 이 같은 원칙만 밝혔던 것으로 짐작된다.

그런데 1875년 일본이 운양호사건을 일으키고 무력으로 조선을 개국시키려 하면서 종속관계 논쟁은 새로운 국면으로 접어들었다(8~11). 이 논쟁에서 찾아지는 특징은 다음과 같다.

첫째, 그 이전과는 달리 일본은 조선이 청의 속방임을 부정하는 데 총력을 기울이며 조선이 독립국임을 강조했다. 물론 그 같은 주장의 목적은 조선과의 수교 또는 전쟁에서 청의 개입을 막으려는 것이었다.

둘째, 일본은 조선과 충돌할 때 청의 개입 여부에 관심을 가졌으며, 이에 대한 청의 반응은 결코 좌시하지 않겠다는 것이었다(10·11). 이는 1873년 문답(7)에서 청이 분명한 태도를 보이지 않았던 것과 대비된다. 1873년 당시 조선과 일본 사이에 전쟁을 일으킬 만한 구체적 사안이 없었다면, 운양호사건으로 경직된 양국의 관계는 충돌을 빚을 수 있는 소지가 있었다. 따라서 자국의 안위와도 직결된 이 문제에 대해 청이 마냥 소극적 태도를 보일 수는 없었을 것이다. 그리고 이러한 청의 강경한 입장은, 일본이 큰 충돌 없이 수호조약 체결이라는 방법으로 조선과 수교하는 데 영향을 주었을 것이다.

셋째, 정작 당사자인 조선은 종속관계에 대한 아무런 질문도 받지 못했다. 이 논쟁에서 소외되어 답변할 기회조차 없었던 셈이다. 이는 조선이 속방이 아닌 독립국이라고 주장했던 일본 스스로 조선을 속방으로 취급한 것으로도 볼 수 있다. 요컨대 청과 일본 사이에 벌어진 종속관계에 대한 논의는, 청의 개입 없이 조선에 진출하려는 일본과 이를 막으려는 청의 서로 다른 목적에서 나온 것이었다.

3. 한일수호조약 체결 이후 종속관계에 대한 논쟁 (1876~1882)

1876년 한일수호조약이 맺어지면서 종속관계를 둘러싼 논쟁에도 변화가 나타났다. 이제 조선과 일본이 직접 이에 대해 논의하기 시작한 것이다. 물론 조선이 미국과 수호조약을 맺도록 청이 주선하면서 사정이 달라지기는 하지만, 조선이 이 논쟁에 참여하기 시작했다는 점은 분명 이전과는 다른 변화였다. <표 2>를 참고하며 이에 대해 알아보도록 하자.

종속관계와 관련하여 가장 주목되는 점은 한일수호조약 제1조의 "朝鮮國自主之邦 與日本國保有平等之權"이라는 대목이다(1). 그 중에서도 '자주지방'에 대한 해석이 논쟁의 핵심이었다. 조선이 청에 대해 '상국'(上國)이라는 표현을 쓰면서 이 논쟁이 일어났는데(2~4), 일본은 '자주지방'을 '독립국'으로 해석하여 조선이 더 이상 청의 속방이 아니라고 주장했다.

그러나 조선과 청의 견해는 달랐다. 이는 단지 '자주적 내치·외교'를 뜻한다고 보았다. 일본은 '자주'와 '독립'을 별개로 보았지만, 당시 조선의 대외교섭 책임자였던 어윤중의 "爲自立則可 獨立則非也"라는 주장은 양국의 일치된 견해였다. 일본의 강력한 항의 때문에 한 발 물러서기는 했지만(3·4), 조선은 청의 속방임을 한 번도 부정하지 않았다.

한중관계-종속관계에 비교적 익숙한 일본마저 혼란스러워한 이 개념이 서구 열강들에게 제대로 납득될 리 없었다. 1882년 한미수호조약이 맺어지는 과정에서도 이 논쟁이 재연되었으며, 고종이 미국 대통령에게 보낸 서한에서도 조선을 청의 속방으로 명시하여 미국을 당혹케 했다(5~7).[7]

---

7) 이 내용은 조문에 삽입되지 못했다. 다만 이 같은 방법으로나마 종속관계를 밝히고자 한 청의 요구를 미국이 조약 체결을 위해 수락한 데 불과했다. 물론 미국은 이 내용이 법적 구속력을 갖지 않는다고 생각했다. 그러나 이 내용이 '속국'과 '자주'에 대한 청과 조선의 공통된 견해였다는 점이 중요하다. "韓中關

한일수호조약이 맺어지기 이전 종속관계에 대한 논쟁이 조선의 '독립국' 여부보다 조선의 내치·외교에 대한 청의 불간섭에 있었다면, 이제는 다시 전자(前者)가 그 핵심이 된 것이다. 이 둘은 결국 같은 내용이지만, 엄밀히 따지면 약간의 차이가 있다. 종속관계에 대한 열강의 관심사가 '조선에 대한 청의 방침'에서 '청에 대한 조선의 위상'으로 바뀌게 된 것이다. 달리 말해 조선과 수교하기 이전에는 청의 태도라는 외부 변수가 중요했고 또 미국은 이를 활용하기도 했지만, 일단 수교한 이상 이제는 청의 영향에서 벗어나 있는 독립국으로서의 조선이 더욱 필요하게 되었음을 뜻한다.

그러나 이러한 열강의 희망은 조선의 자발적 의지가 있어야 이루어질 수 있는 것이었다. 조선은 종속관계에서 벗어날 의지가 없었고, 따라서 이 같은 논쟁은 그저 논쟁으로 그치고 말았다.

4. 한중상민수륙무역장정의 제정과 종속관계의 명문화(1882~1884)

1882년 제정된 한중상민수륙무역장정(韓中商民水陸貿易章程 : 이하 '무역장정')은 한중관계사에서 매우 중요한 의미가 있다.[8] 무역장정에서 주목할 부분은 종속관계의 명시와 해상경비의 '대담'(代擔)이다.[9] 즉 청이 조선을 대신하여 해상경비를 담당한다는 것이다. 애당초 경제적 문제에

係에 있어서 韓國의 自主와 中國의 宗主는 서로 배타적이 아니었다"는 지적(金達中, 「中國의 大韓干涉 및 統制政策 ; 1880年代를 中心으로」, 『社會科學論集』, 연세대학교 사회과학연구소, 1981, 39쪽)은 양국의 이러한 관계를 잘 설명하고 있다.

8) 金鍾圓, 「朝·中商民水陸貿易章程에 대하여」, 『歷史學報』 32, 역사학회, 1969 ; 「朝·淸商民水陸貿易章程의 締結과 그 影響」, 『한국사(15)』, 探求堂, 1975 참조.

9) 김정기, 「청의 조선 종주권 문제와 내정간섭」, 『역사비평』 1, 역사비평사, 1988 참조.

서 시작된 협상에 외교 · 군사적 사항이 추가된 것이다.

한일수호조약 체결 이전까지의 종속관계는 주로 청과 열강 사이에서 논의되었으며, 그 이후 한미수호조약 체결 무렵까지는 조선도 여기에 참여했다. 그런데 이제는 조선이 청과 직접 이 문제를 논의하게 되었고, 그 결과 종속관계가 명문화되어 조선에서 한동안 열세였던 청의 위상이 다시 높아지게 되었다.

앞서 살펴본 바와 같이, 1860년대 이후 청은 열강으로부터 수차에 걸쳐 조선과의 종속관계에 대해 질문을 받았으며, 그때마다 양국의 종속관계는 의례적인 것일 뿐 조선의 내정 · 외치에는 간여하지 않는다고 대답했다.[10] 그러나 조선에 열강이 진출하기 시작하자 청은 조선과의 종속관계를 분명히 할 필요성을 느끼게 되었다. 열강의 조선진출이 곧 청의 이해와 직결되는 문제라고 생각했기 때문이다. 청은 경제는 물론 정치 · 군사적 목적도 함께 갖고 있었던 일본의 조선진출을 특히 경계해야 했다.

이미 일본은 1873년 타이완, 1879년 류큐를 침략하여 동남아 일대에 대한 지배 의욕을 나타냈고, 1876년 조선과 수호조약을 맺으면서 그러한 경향은 더욱 두드러졌다. 서양 제국의 침략으로 말미암아 가뜩이나 이 일대에서 종주국으로서의 위치가 흔들리고 있던 터에 조선에 대한 영향력마저 잃는다면 청에게는 치명적인 일이 될 것이었다. 그러나 당시 청은 무력으로 일본을 제압할 만한 자신이 없었으므로,[11] 일단 조선과의 종속

---

10) 다음의 기록이 그 같은 사례가 될 것이다. "조선이 중국의 藩屬이기는 하나 정치 · 종교 및 禁令은 該國이 자주로 처리하고 중국이 종전에 관여한 바 없다"(「1875년 운양호사건이 일어났을 때 일본사신 森有禮의 질문에 대한 청의 총리각국사무아문 공친왕의 답변」/김종원, 「淸의 對朝鮮 積極策의 機緣-壬午事變時의 派兵問題를 中心으로-」, 『李海南博士華甲紀念史學論叢』, 一潮閣, 1970, 300쪽에서 재인용).

11) 다음 기록이 그러한 사정을 보여준다. "조선은 빈약하여 일본에 대적할 힘이 없고 게다가 임진왜란 때처럼 청원하더라도 우리(淸)의 국력이 이에 응할 형편이

관계를 명시하여 조선에서의 우위를 확보하는 것이 시급한 일이었다.

한편 조선과의 무역장정 협상은 양국의 종속관계를 명문화할 수 있는 유일한 기회였다. 그 이전에 청은 조선이 미국 · 영국 · 독일 등의 국가와 수호조약을 맺을 때 그 교섭을 주선하면서 종속관계를 명문화하려 했으나 번번이 실패했으므로,[12] 앞으로 다른 열강에게도 이를 요구하기 어려웠기 때문이다. 그리고 양국 사이의 종속관계 명문화는 결국 양국의 문제였기 때문에, 당사자인 조선이 이를 인정하는 것이 가장 중요한 문제이기도 했다. 비록 이 같은 관계가 국제법상으로는 인정받지 못한다 하더라도, 그 적용 장소가 조선인 이상 양국의 종속관계를 조선이 인정하는 것이 무엇보다 관건이었다.

이제 장정에 종속관계 명문화가 이루어지는 과정을 살펴보기로 하자. <표 3>에서 보듯이, 임오군란이 일어나기 이전 조선과 청은 1년 이상 시간을 들여 토론을 해 가며 무역장정을 준비했다. 이는 그 과정에서 청이 일방적으로 강요하지 않았고 때로는 양보도 하며 협상을 진행했음을, 그리고 조선의 '자주적 내치 · 외교'를 어느 정도 존중했음을 보여준다. 그리고 애당초 통상문제에 대한 자문도 조선이 먼저 요구했고(1), 청은 '사대의 예'에 지장이 없는 한 대체로 조선의 요구를 수용하려 했다(2 · 3 · 9).

사실 청은 무역장정의 제정을 그다지 서두르지 않았다(8). 그러던 중 임오군란이 일어났고, 사태가 수습되자 양국은 곧 무역장정을 완성했다. 그리고 청은 협상 과정에서 논의된 것보다 더 유리한 경제적 이권을 얻어냈고, 더불어 종속관계의 명문화와 북양함대의 조선 국방 '대담'이라는 소득까지 올렸다. 아무래도 조선이 크게 양보하면서 협상을 서두른

못 된다"(『李文忠公全集』 譯署函稿 卷4, 論日本派使入朝鮮 光緒 元年 12月 30日條/김종원, 앞의 글, 229쪽에서 재인용).

12) 이광린, 앞의 책, 98～117쪽.

느낌이 든다.

무역장정에 종속관계를 명시하자고 먼저 제안한 것은 청이었다. 조선의 어윤중이 무역장정의 초안 중 타국의 경우와 맞지 않는 (경제적) 조항이 있다고 의문을 제기하자, 청의 주복(周馥)은 조선이 청의 속방임을 조문에 밝히라고 권유했다. 이로 미루어 초안에는 종속관계에 대한 언급이 없었음을 짐작할 수 있다. 이 시기는 임오군란이 일어나기 이전인 1882년 3~4월 무렵으로 짐작된다(3 · 7). 위의 내용을 그대로 따른다면 그 이전까지 청은 무역장정에 종속관계를 명시하려는 계획은 아직 없었던 것이 아니었나 생각된다.[13)]

---

13) 명문화가 논의되기 시작한 시점에 대해서는 김종원의 아래와 같은 지적이 유일한 것 같다. 그러나 그 내용에 문제가 있다고 생각되는데, 이는 당시의 정세변동과 명문화의 상관관계를 밝혀주는 중요한 문제이므로 자세히 검토하고자 한다. 우선 그는 다음과 같은 서술을 통해 1882년 天津에서 열린 魚允中과 周馥의 회담에서 이 문제가 논의 · 결정되었다고 보았다. "① 淸朝로서는 처음으로 조선과의 관계를 대외에 천명하게 될 중요한 시점에 있었던 만큼 차제에 宗屬關係-종전까지는 儀禮的이고 慣習的이었다-를 名文으로 규제해 둘 필요를 절감하였던 것이다. 그렇게 함으로써 열세에 놓여 있던 청의 조선에의 宗主權을 장악할 수 있다고 보았다. …… ② 그리하여 周馥은 양국 간의 통상이 대등한 위치에서의 그것이 아님을 밝히고 점차로 그의 논지를 屬邦論으로 도출시켜 마침내 종속관계의 규제를 명문화하는 데 성공하였다. …… ③ 이로써 후술할 通商章程內에 屬邦字樣을 규제하는 근거를 마련하게 된 것이다"(김종원, 앞의 글, 142~144쪽. 번호숫자는 인용자가 넣은 것임). 이러한 결론을 내리는 데 그가 근거로 삼은 자료는 다음과 같은 것들이다. ㉠ 昔年越南與法國議約通商竝不說明中國屬邦字樣 現今法日益斯越 越弱不可支 中國欲申明大義與之爭 而法以不相干碍爲詞 蓋大小相維 自强之道 卽寓其中 若輔車無依 自易招侮 西人計詭將來與貴國議約時 必有欲踵越南之故智者 請貴國勿爲所惑 說明中國屬邦字樣 於各國平行之禮不碍 於保邦之道 有益無損(『朝鮮與美國煥約案』 第2冊 光緒 8年 4月 3日 天津海關道周馥與朝鮮陪臣魚允中 · 李祖淵問答筆談節略/김종원, 앞의 글, 316쪽에서 재인용) ㉡ 頃往遊日本也 日人以獨立指本邦 (允)中大言折之曰 爲自立則可 獨立則非也 有大淸焉 自來奉正朔修候度 何可曰獨立(위와 같음). ㉠의 뜻인즉, '西人'이 장차 조선과 조약을 맺을 때 반드시 베트남의 사례를 좇고자 할 것이니, "日後 朝鮮이 他國과 議約時 中國屬邦字樣을 揷入하여 保邦之道를 有益하게 하라"(김종원, 앞의 글, 143쪽)는 것이다. 여기서 '他國'은 문맥으로 보아 청이 아닌 '西人', 즉 서양 열강을 말한다. 말하자면 ㉠은 앞으로 다른 열강과 조약을 맺을 때 청과의 종속관계를 밝히라는 것이지, 청과 만들 장정에 그것을

종속관계의 명시에 대한 조선의 반응이 어떠했는지는 잘 알지 못한다. 그러나 조선이 이의를 제기한 흔적은 보이지 않는다. 혹시 이 같은 청의 주장을 조선이 소극적으로 용인한 것이 아니라 적극적으로 수용했던 것은 아닐까. 그리고 그 결정적 계기가 된 것은 바로 임오군란이었을 것이다.

무역장정에 대한 교섭이 이루어지고 있던 1882년 6월 조선에서 임오군란이 일어나 대원군이 다시 정권을 잡으면서 민씨 일파는 중대한 위기를 맞았다. 청에 머물고 있다가 이 소식을 들은 민씨 일파 김윤식과 어윤중은 먼저 청에게 파병을 요청했으며, 대원군을 군란의 주모자로 보고 그의 제거를 요구했다.[14] 그리고 임오군란이 진압된 이후에도 조선이 청병(淸兵)에게 사후 처리를 부탁했으며,[15] 철수하려는 청병에게 계속 주둔해 줄 것을 요청했다.[16]

당시 민씨 일파에게 중요한 것은 국가의 위상이 아니라 정권의 안위였고, 그 때문에 청병의 주둔이 필요했다. 실제로 1884년 갑신정변이 일어날 때까지 약 1,500명의 청병이 조선에 주둔했으며, 청은 속방의 안전을 지킨다는 명분으로 조선에 무기를 대량으로 무상 공급했다.

이런 과정에서 민씨 일파는 정권의 안정을 위해 더욱 청에 의지하려 했을 것이고, 그 결과 조선은 그 해 8월에 완성된 무역장정에서의 종속관계

넣으라는 뜻은 아니다. 그러므로 이 같은 주복의 설명을 어윤중이 납득했다고 해서 그것이 곧 장정에 "종속관계의 규제를 명문화하는 데 성공"한 것이라고 볼 수는 없다. 그리고 어윤중이 그의 말을 받아 ㉡에서 "爲自立則可 獨立則非也"라고 한 것도 앞서 살펴본 바와 같이 양국이 모두 인정하고 있던 전통적인 인식이었으며, 그 이전에 조선이 청의 속국임을 부정한 적도 없었다. 그러므로 어윤중의 이 말로써 청이 새삼스럽게 "通商章程內에 屬邦字樣을 규제하는 근거를 마련"하게 되었다는 점도 어색하다. 따라서 이 사료를 갖고 1882년 3월 어윤중과 주복의 회담에서 조선과 청 사이의 종속관계 명문화가 논의되었다거나 결정되었다고 추측하기는 힘들 것 같다.

14) 김종원, 「청의 대조선 적극책의 기연」, 305～308쪽.

15) 김종원, 위의 글, 314～315쪽.

16) 申基碩, 「淸韓宗屬關係-壬午軍亂을 前後한-」, 『亞細亞硏究』 1-1, 1959, 93쪽.

의 명문화를 별 저항 없이 받아들였을 것이다.[17] 1년 이상 타결을 보지 못하던 무역협정이 임오군란이 진정된 직후 급진전을 보인 것도 그러한 추측을 낳게 한다. 그리고 애당초 논의되지 않았던 북양함대의 조선 국방 '대담' 조항이 첨가된 것도 예사롭지 않다.

장정의 서(序)에서는 "惟此次所訂水陸貿易章程 係中國優待屬邦之意 不在與各國一體均霑之例"라 하여, 양국의 종속관계를 처음으로 명문화했다. 이로써 청은 열강에 대해 양국의 종속관계를 주장할 수 있는 문증(文證)을, 조선의 민씨 일파는 정권의 안정을 위한 든든한 장치를 마련했다. 즉 이 내용들은 청의 일방적 강요가 아니라 양국의 이해가 맞물려 나타난 결과이며, 종전의 종속관계를 훼손시킨 것도 아니었다. 요컨대 종속관계의 명문화는 청의 대조선정책의 일환으로 주장되고 조선 민씨 일파의 반일정책 및 정권유지책의 차원에서 수용된 것이라고 할 수 있다.

그러면 종속관계의 명문화는 과연 어떤 효과를 가져왔을까. 이 점을 밝혀 줄 만한 직접적 단서는 별로 찾아지지 않지만, 적어도 조선에서 청의 활동을 합리화시켜 줄 수 있는 근거가 되었다는 점은 부인하기 어려울 것이다. 비록 열강이 이를 이해하지 못하고 무시하는 태도를 보이기는 했지만, 어차피 무력과 더불어 명분 또한 중요했던 당시 상황에

---

17) 이 해 8월에야 종속관계 명문화가 논의되기 시작했다는 점은 다음 사료로 짐작할 수 있다. ㉠ …… ① 內中略有與各國不同處 雖曰體制不得不然 此與事大典禮自是殊觀 ②各國援以爲例(『李文忠公全集』 譯署函稿13 周道馬道覆魚允中節略/신기석, 「청한종속관계」, 84~85쪽에서 재인용) ㉡ 此次所定貿易章程 實與平行各與國會訂約款不同 ① 若必慮他國援例要求 未可添一條云 ② 朝鮮久爲中國屬邦 所定水陸貿易章程 係中國優待屬邦之意 不在各與國一體均霑之例等語 或於弁首文內添入此語(위와 같음). 먼저 어윤중은 주복과의 협의 과정에서 장정 초안 중 타국의 경우와 다른 곳(㉠-①)이 있다고 지적했다. 그리고 타국이 이를 원용하여 전례로 삼을까 어윤중이 우려하자(㉠-②), 주복은 만일 그것이 염려된다면(㉡-①) 조선이 청의 속방임을 조문에 명시하라고 권고했다(㉡-②). 그러므로 '各國不同處'(㉠-①)는 종속관계를 뜻하는 것이 아니며, 그 명문화 문제는 이 무렵 주복이 비로소 제기했다고 생각된다. 만일 초안에 종속관계에 대한 명시가 있었다면 주복이 새삼 그 명문화를 권유하지는 않았을 것이기 때문이다.

서 이는 청이 내세울 수 있는 유일한 명분이었으리라 여겨진다.

이와 관련하여 반청파 데니(O. N. Denny)가 "청국인들이 해석하고 있듯이 봉신(封臣)에 관한 단 하나의 근거는 장정의 머리에 명시된 전문(前文)"[18]이라 한 점도 참고되며, 또 조선에서 '전횡'을 일삼았던 원세개(袁世凱) 역시 "한청상민수륙무역장정에서 조선은 청의 속방임을 분명히 인정했다고 주장"[19]하며 자신의 행동을 합리화했다. 또 친청파 묄렌도르프(Paul G. Möllendorff)도 "고종이 한청수륙무역장정 전문에서 봉신국임을 명확히 인정"했다고 강조했다.[20]

약소국이 주장하는 명분은 국제사회에서 인정받지 못하며, 강대국은 굳이 명분에 집착할 필요도 없다. 하지만 당시 조선에서 절대 강자인 열강은 없었다. 말하자면 조선에서는 열강 사이에 나름대로 세력균형이 이루어져 있었던 셈이다. 따라서 절대 강자가 없는 상황에서 청이 여러 정책을 추진하는 데는 종속관계의 명시가 큰 도움이 되었을 것이다.

더욱이 열강의 활동무대가 조선이고 바로 그 조선이 청의 속방을 자처하는 상황이면, 국제법상 종속관계의 정당성 여부를 떠나 청을 실력으로 제압할 만한 열강이 없는 이상 별 도리가 없었을 것이다. 특히 일본을 제외한 열강은 조선에서 경제적 이익을 추구하는 데 일차적 목표가 있었기 때문에, 자신들의 이득에 큰 지장이 없는 한 이 복잡한 문제에 적극적으로 간여하려 하지 않았다. 무역장정에서는 청 이외의 열강에 대한 최혜국 조관을 금지했지만 결국 열강은 조선으로부터 청과 똑같은 경제적 이권을 얻어냈다.

---

18) O. N. Denny, *China and Korea*, Shanghai, 1888(신복룡 역, 『데니 文書·묄렌도르프 文書』, 평민사, 1987, 19쪽).

19) O. N. Denny, *China and Korea*, Shanghai, 1888(崔鍾庫 譯, 「淸韓論」, 『韓國의 西洋法 受容史』, 博英社, 1982, 131쪽).

20) Paul G. Möllendorff, *A Reply to Mr. O. N. Denny's Pamphlet entitled 'China and Korea'*, Lepizeg, 1930/신복룡 역, 앞의 책, 132～133쪽.

앞서 언급했듯이 무역장정 체결 이후에도 양국의 종속관계에는 외견상 별다른 변화가 없었다. 물론 이전에 비하면 청이 훨씬 적극적으로 조선에 진출하지만 열강의 비난을 의식하여 조선의 자주권을 형식적으로나마 인정해 주려 했기 때문이다. 실제적으로는 "時淸北洋大臣李鴻章 遙制我國內治與外交 …… 自此我國 頗失自主之權"[21]이라는 기록처럼 조선이 점차 자주권을 잃어 가고 있었을지라도, 청은 조선의 요청에 따라 고문이나 교관을 파견하는 형식을 빌어 조선의 정치 · 경제 · 군사의 여러 분야에 큰 영향을 끼쳤다.

예컨대 외교업무를 담당해 줄 고문[22] 및 해관 사무를 담당해 줄 관리,[23] 그리고 군사교관의 파견 및 무기 공급[24] 등은 적어도 형식상으로는 모두 조선이 먼저 요청한 것이었다. 먼저 청은 독일인 묄렌도르프와 마건상(馬建常)을 고문으로 파견했고, 이들은 외교 · 통상 업무를 관장하는 통리교섭통상사무아문의 협판이 되어 그 실무 책임을 맡았다. 또 오장경(吳長慶)을 중심으로 해서 청의 제도를 본뜬 군제개편이 단행되었고, 원세개, 왕득공(王得功), 주선민(朱先民), 하증주(何增珠) 등이 교관이 되었다. 이로써 조선군대는 사실상 청군의 지휘와 통제 아래 놓이게 되었다. 정치부문에서도 마건상이 청의 제도를 본떠 관제개혁을 주도했고, 경제 방면에서는 묄렌도르프와 마건상이 중요한 역할을 했다.[25] 당시 정권을 쥐고 있던 세력이 민태호, 민영익으로 대표되는 민씨 일파였으므로,[26] 결국 청의 개입은 이들이 자초한 것이라고 하겠다.

아울러 청은 각국 외교관들이 합석할 때 청의 관리를 가장 상석에

---

21) 鄭喬, 『大韓季年史(上)』, 국사편찬위원회, 1967, 17쪽.
22) 신기석, 앞의 글, 39쪽.
23) 김종원, 「조 · 중상민수륙무역장정에 대하여」, 144쪽.
24) 신기석, 앞의 글, 92쪽.
25) 신기석, 위의 글, 89～94쪽.
26) "(1882년) 冬十一月 設統理交涉通商衙門 時閔台鎬 · 閔泳翊等秉權 新設統理交涉通商衙門"(정교, 앞의 책, 17쪽).

않도록 한다든가, 외교문서에서 청을 '중국'이라 하지 말고 '천조'(天朝)나 '상국'이라고 쓸 것 등을 조선에 요구하며 종속관계의 형식적인 면에도 깊은 관심을 쏟았다.[27]

5. 갑신정변 이후 종속관계의 변질(1884~1894)

1884년 일어난 갑신정변은 양국의 종속관계에도 큰 변화를 가져왔다. 갑신정변이 청병(淸兵)의 신속한 개입으로 말미암아 좌절되고, 사태를 수습하는 과정에서 청의 입지는 한층 굳어졌다. 그 해 베트남을 프랑스에게 빼앗긴 청에게 조선은 유일한 속방이었고 그만큼 관심도 커졌다. 이에 청은 적극적으로 조선의 내치·외교에 간섭하기 시작했으며, 그 과정에서 조선의 자주권도 종종 무시되었다. 따라서 양국의 종속관계도 변질되었다. 즉 청이 조선의 자주권을 공공연히 침해하고 내치·외교에 간섭하기 시작한 것이다.

특히 1884년 '주차조선통리교섭통상사의'(駐箚朝鮮統理交涉通商事宜)라는 직함을 갖고 조선에 온 원세개의 '전횡'은 달라진 청의 태도를 잘 상징한다. 이에 대해 데니는, "이 청국의 사신(상무위원 진수당 : 인용자)은 그의 동료 외교관들과 동등한 조건으로 겸손하게 처신하며 2년 이상 자기 나라를 대표했다. …… (원세개는) 당분간 선임자의 발자취를 답습했다. 그러나 그에게 갑자기 불어닥친 영예는 그의 심성을 너무도 부풀려서 그에게 심각한 결과를 유발케 했다"고 지적했다.[28] 이 같은 현상은 단순히 진수당(陳樹棠)과 원세개의 성격에서 기인했다기보다는, 그들의 재임 기간중 청의 조선에 대한 정책이 크게 바뀐 데서 연유한다고 보는 것이

---

27) 신기석, 앞의 글, 42쪽.
28) O. N. Denny, *China and Korea*/신복룡 역, 앞의 책, 24쪽.

옳을 것이다. 직함이 '상무위원'에서 '주차조선통리교섭통상사의'로 달라진 점도 시사하는 바가 크다. 이제 조선의 '자주적 내치 · 외교'라는 원칙은 크게 손상되었고, 이를 존중했던 종속관계도 변질되기에 이르렀다. 그 결과 새로이 반청세력이 등장하여 민씨 일파는 친청파와 친러파로 나뉘어 대립하게 되었다.

먼저 친러파로는 민씨 일파의 거두인 민영익과 조선정부의 외교고문인 데니를 들 수 있으며, 고종이 이들을 후원하고 있었던 것 같다. 1886년까지만 하더라도 민영익은 친청파였지 친러파는 아니었다. 이는 그 해 조선과 러시아 사이에 비밀교섭이 진행되고 있음을 민영익이 원세개에게 밀고한 것을 보아도 짐작할 수 있다.[29)]

그런 그의 태도가 이듬해부터 달라지는데, 아마도 묄렌도르프의 뒤를 이어 1886년 조선에 온 데니에게 영향을 받았던 것 같다. 즉 1887년 민영익은 데니와 함께 수호조약을 맺은 각국에 외교사절을 파견하도록 고종에게 건의했는데, 그 의도는 조선이 자주국임을 나타내려는 데 있었다. 1889년에도 그는 데니와 함께 프랑스은행으로부터 차관을 들여오려고 시도했지만 청의 끈질긴 방해 때문에 실패하고 말았다.[30)]

널리 알려진 바와 같이 데니는 이홍장(李鴻章)의 추천으로 조선에 부임했지만 청의 지나친 간섭에 염증을 느끼고 친러파가 된 인물이었다.[31)] 그가 1888년에 출간한 『청한론』(淸韓論, *China and Korea*)은 청의 대조선정책을 신랄하게 비판하며 양국 사이의 종속관계를 부정한 것으로 유명하다. 그는 이 책의 곳곳에서 조선은 청의 '조공국'일 뿐이지 결코 '종속국'이 아니라고 주장했고,[32)] 심지어 종속관계 명시의 진실성 여부까지도 의심하고 있다.[33)]

---

29) 이광린, 앞의 책, 208쪽.
30) 이광린, 위의 책, 218쪽.
31) 이광린, 위의 책, 223~224쪽.
32) O. N. Denny, *China and Korea*/신복룡 역, 앞의 책, 21, 36, 38쪽.

민씨 일파의 실세이자 한때 친청파의 대표였던 민영익이 이처럼 데니와 손잡고 청에 대항하게 된 이유는 잘 알 수 없다. 그러나 그가 1887년 이후 데니와 같은 정치적 입장을 보인 것은 분명하다. "민영익은 조선의 신하 중에서 가장 유능하고 진실한 인물이며, 왕에 대해서도 샅샅이 알고 있다"[34]는 데니의 글은 이들의 관계를 잘 보여준다.

이들은 고종과도 밀접한 관계를 맺고 있었다. 앞서 언급한 바와 같이 민영익과 데니가 수호조약을 맺은 각국에 외교사절을 파견하고 프랑스은행의 차관을 도입하자고 건의했을 때 고종은 청의 반대를 무릅쓰고 그것을 실행에 옮기려고 한 점이 그 같은 관계를 짐작케 한다. 그 진위 여부는 밝혀지지 않았으나, 1886년 무렵 청이 고종을 폐위시키려는 음모를 꾸미고 있을 때 민영익이 적극 나서서 그 계획을 무산시켰던 것[35]도 그러한 사례가 될 것이다. 데니가 고종의 인격과 능력을 극찬하고 있는 점[36]도 그러하다. 민영익이 고종으로부터 두터운 신임을 받고 있었음은 물론이며,[37] 한규설이 그의 심복이었다.[38] 그리고 데니가 러시아 공사 웨베르(Karl Waber)와 친밀하게 교류하고 있었던 것도 당연한 일이었다.[39] 이로써

33) O. N. Denny, *China and Korea*/신복룡 역, 위의 책, 25~26쪽.

34) O. N. Denny, *China and Korea*/신복룡 역, 위의 책, 42쪽.

35) "조선의 국왕을 폐위·축출시키고 고분고분한 허수아비 왕을 세우려던 그(원세개 : 인용자)의 음모가 탄로난 것은 지난해(1886년 : 인용자) 7월이었다. … 만약 閔泳翊公의 정직함과 충성심이 없었더라면 이 음모는 틀림없이 수행되었을 것이다"(O. N. Denny, *China and Korea*/신복룡 역, 위의 책, 42쪽).

36) "國王殿下의 외교고문이자 內務衙門 協辦으로서 2년의 세월은 나로 하여금 몇 가지 충고를 할 수 있게 만들었다. 이 기간 동안 조선 문제의 가장 시련적인 국면의 몇 가지가 제기되어 해결되었는데, 이러한 문제의 해결을 통하여 國王은 한 위대한 민족의 君主답게 확고함과 명쾌함과 인내를 보여주었다"(O. N. Denny, *China and Korea*/신복룡 역, 위의 책, 49쪽).

37) "(민영익은) 민씨 문중의 인물로 국민들에게는 미움을 받고 있으나 왕에게서는 완전한 신임을 받고 있다"(Paul G. Von Möllendorff, *A Reply to Mr. O. N. Denny's Pamphlet entitled 'China and Korea'*/신복룡 역, 위의 책, 99쪽).

38) 묄렌도르프는 한규설이 "法務衙門의 大臣 겸 將軍이며, 민영익의 꼭두각시이다"라고 평가했다(위와 같음).

우리는 고종・민영익・데니라는 친러반청적 세력을 상정할 수 있을 것이다.

묄렌도르프는 조선에서 청의 독주를 막기 위해 러시아에 접근하다가 청에 의해 축출된 인물이다. 그렇다고 그를 반청파로 단정할 수는 없다. 퇴임 이후 그는 어느 외국인보다 앞장서서 조선과 청 사이의 종속관계를 강조하며 원세개의 활동을 지지하고 있었기 때문이다. 특히 데니가 『청한론』을 발표하자 곧 『데니의 청한론에 대한 답변』(*A Reply to Mr. O. N. Denny's Pamphlet entitled 'China and Korea'*)라는 책을 출간하여 데니의 주장을 반박했다. 그는 조선이 전통적으로 중국의 속국이었으며, 이 점은 조선의 국왕도 인정한 바이고, 속국의 주권은 제한되기는 하지만 부정되지는 않는다고 하면서 데니의 '무지'를 힐책했다.[40] 원세개가 고종의 신임을 얻고 있으며 국민의 총애를 받고 있다는 묄렌도르프의 주장은 그의 친청적 태도를 여실히 보여준다.[41] 이러한 그가 반청적 경향을 보이기 시작한 민영익을 '국민들에게 미움을 받고 있는' 인물로 묘사한 것[42]은 당연한 일이었다.

그런데 묄렌도르프가 민영익을 혹평하면서 "(민영익이) 왕비와는 불화한 관계에 있다"[43]고 언급한 점이 주목된다. 이는 민씨세력의 내분을 암시하기 때문이다. 말하자면 갑신정변 무렵까지는 대체적으로 친청적이

---

39) "(웨베르는) 러시아 대표이며, 그 곳의 무리 중에서 反淸派로 여겨진다. 왜냐하면 첫째로 그는 데니와 매우 친밀하게 교류하고 있으며, 둘째로 袁世凱와는 1년 동안이나 교제를 피하고 있기 때문이다"(위와 같음).

40) Paul G. Von Möllendorff, *A Reply to Mr. O. N. Denny's Pamphlet entitled 'China and Korea'*/신복룡 역, 위의 책, 129~133쪽.

41) "(원세개는) 청국의 주재관이며 유능한 관리이고, 오직 전신상으로 접수된 총독의 결정에 따라서만 업무를 본다. …… 1882년과 1884년에 일어난 정변에서 그가 보여준 강력한 중재를 통해서 그는 왕의 신임을 얻었으며 조선 국민의 총애를 얻었다"(Paul G. Von Möllendorff, *A Reply to Mr. O. N. Denny's Pamphlet entitled 'China and Korea'*/신복룡 역, 위의 책, 99쪽).

42) 위와 같음.

43) 위와 같음.

었던 민씨 일파가 1886년 무렵부터 민비로 상징되는 친청파와 민영익으로 대표되는 반청파로 양분되었다고 생각된다. 그리고 전자와 연결된 묄렌도르프 및 후자와 관련된 데니가 모두 저술을 통해 양국 사이의 종속관계를 각각 긍정 · 부정했다는 점도 흥미롭다.[44] 만약 친청파에서 반청파로 변신한 민영익이 종속관계에 대한 데니의 견해를 따르고 있었다면, 종속관계에 대한 그의 입장도 종전과 달라졌을 것이다. 그렇다면 이는 조선이 단순히 청의 조공국일 뿐인가 명실상부한 종속국인가, 또는 조선이 온전한 자주권을 갖는가 형식적 독립권만 갖는가 등의 문제는 정치상황이나 이해관계에 따라 얼마든지 견해를 바꿀 수 있다는 실례가 될 것이다. 달리 말해서 종속관계에 대한 각자(국가 · 정파 · 개인)의 입장은 자신들의 처지와 행위를 옹호하기 위한 명분적인 것이었으며, 그 자체가 절대불변의 것은 아니었다고 여겨진다.

6. 맺음말

이상에서 부족하게나마 청 · 조선간 종속관계의 변화와 그 성격에 대해 알아보았다. 그 내용을 정리하면 다음과 같다.

청과 조선 사이의 종속관계에 대한 논의는 프랑스 · 미국 · 일본 등 열강이 청에게 그에 대한 설명과 입장을 요구하면서 시작되었다. 당시 열강은 조선의 속방 여부보다는 조선에 대한 청의 간섭을 막는 데 주력했다. 이에 대해 청은 "속방의 내치 · 외교에는 간여하지 않는다"는 종속관계를 내세우면서도, 전쟁이 일어날 경우를 대비해 이들 열강과 조선 사이에서 중재를 자처하기도 했다. 그러나 그 뒤 청과 일본 사이에 일어난

---

44) 이에 대해서는 R. R. 스워다우트 저, 신복룡 · 강석린 역, 『데니의 생애와 활동』, 평민사, 1988 참조.

논쟁에서 일본은 점차 종속관계 자체를 부정하고 나섰으며, 그 목적이 조선에 대한 침략에 있음을 간파한 청 역시 일본이 조선을 침략할 경우 좌시하지 않겠노라고 강경하게 대처했다.

이 논쟁은 한일수호조약이 맺어진 뒤 재현되었다. 일본은 조선이 자주국이므로 청에 대한 사대(事大)를 중지할 것을 요구했고, 이에 대해 조선은 자국이 "자주국이지만 동시에 청의 속방"이라는 논리로 대응했다. 비록 조선이 일단 일본의 요구를 받아들이기는 했지만, 분쟁의 불씨는 여전히 남아 있었다.

한편 양국의 종속관계가 한중상민수륙무역장정에 명시되면서 한중관계는 새로운 국면을 맞는다. 청의 무력개입으로 임오군란이라는 정치적 위기에서 벗어난 민씨 일파는 애당초 예정에 없었던 종속관계의 명문화와 북양함대의 조선 국방 '대담' 조항을 별다른 이견 없이 수용했다. 말하자면 종속관계의 명시는 청의 외교·군사적 목적과 조선 민씨 일파의 정치적 의도, 그리고 일본을 제외한 열강의 경제적 이해가 서로 맞물려 각각 주장·수용·묵인된 것이라 할 수 있다. 특히 청은 이로써 조선에서의 군대주둔을 합리화했으며, 이에 대한 항의가 있으면 종속관계의 명문화를 근거로 내세웠다.

이 과정에서 청과 조선은 "독립국은 아니지만 자주권을 갖는다"는 종속관계를 적절히 이용하며 열강을 무마시켰다. 즉 청은 조선의 문제에 개입되지 않기를 바랄 때는 조선이 "자주권을 갖는다"는 쪽을, 반대로 적극 간여할 필요가 있을 때는 "독립국이 아니다"는 쪽을 선택하여 명분으로 내세웠던 것이다. 열강 또한 그 부당성을 알면서도 큰 반발을 보이지는 않음으로써 조선에서 청의 위치는 점차 확고하게 되었다.

이런 사정으로 청은 형식적으로는 조선의 자주권을 침해하지 않으려고 노력했다. 만일 그마저 지켜지지 않는다면 어렵게 얻어낸 열강의 '묵인'이 다시 거센 항의로 바뀔 수 있기 때문이다. 그러므로 청은 조선의 요청에 따라 고문·교관 등을 파견하는 방법으로 간접적으로, 그렇지만 실질적으로 조선에 대해 영향력을 행사했다.

이처럼 심화되는 청의 개입에 불만을 품은 일본 및 친일세력은 세력 만회를 위해 갑신정변을 일으켰으나 실패로 끝났다. 이후 민씨 일파의 청에 대한 의존도는 더욱 심해졌으며, 청은 각 분야에 대한 종속을 보다 강화하려 했다. 그리고 이후 '주차조선통리교섭통상사의'로서 조선에 온 원세개의 '전횡'에서 알 수 있듯이 청은 조선의 자주권을 노골적으로 침해하기 시작했고, 이로써 양국의 종속관계는 변질되기에 이르렀다.

요컨대 종속관계는 조공·책봉·반력 등의 의례를 통한 중화체제의 인정, 그리고 속방의 '자주적 내치·외교'가 그 핵심이었다. 열강으로서는 '자주'와 '독립'이 어떻게 다른지에 대해 의문이었지만, 적어도 청과 조선 양국이 이를 인정하는데다 무대가 조선인 이상, 그리고 청을 제압할 만한 열강이 나오지 않는 이상 이에 대한 논쟁은 논쟁으로 그칠 뿐 큰 영향을 끼치지는 못했다. 그러나 임오군란 직후 완성된 무역장정을 통해 양국의 종속관계는 '묵인'에서 '명시'로 전환되고 이를 발판으로 청의 간섭이 심화되었지만, 아직은 '자주적 내치·외교'라는 '형식'을 유지하며 '실제'를 위장했던 것이다. 그리고 이 과정에서 조선은 정권의 안위를 위해 청의 조선진출을 '타율'이 아닌 '자율' 차원에서 요구 또는 방조했다. 그러나 갑신정변 이후 정국의 주도권을 확보한 청은 열강의 간섭을 배제하고 조선에서의 '실리'를 독점하기 위해 종속관계의 '명분'을 훼손하기에 이른 것이다.

이 글은 필자의 논문인 「'中國朝鮮商民水陸貿易章程'(1882)과 淸·朝鮮間 宗屬關係의 明文化」(『李基白先生古稀紀念韓國史論叢(下)』, 一潮閣, 1994)의 내용 일부를 고쳐 쓴 것이다.

<표 1> 종속관계에 대한 열강의 질문 · 주장과 청의 답변 · 태도(1832~76)

	시기	상황	열강의 질문 · 주장	청의 답변 · 태도	결과
1	1832	영국 암허스트경이 동인도회사를 위해 조선과 통상조약 체결을 시도		청 · 조선은 조선이 조공국이므로 통상할 수 없다고 대답	
2	1845	영국 측량선 사마랑호가 조선에 무역을 요구		조선이 영국과 협상하지 않고 청에 이 사실을 통고하자, 청 만주장군 琦英은 "조공국은 청의 일부가 아니므로 청이 조선에게 통상을 강요할 수 없다. 그러나 조공국은 독립국이 아니므로 스스로 통상할 수 없다"고 대답	
3	1866	프랑스(주청프랑스공사)가 총리각국사무아문에 요청	조선에서 프랑스 선교사가 살해되자 주청 프랑스공사가 총리각국사무아문에 프랑스 선교사의 여권 발급 요청	조선은 중국의 속방이나 내치 · 외교는 그 자주에 맡긴다며 거부	프랑스는 앞으로 프랑스가 조선을 정벌하여 조선국왕을 폐위하더라도 청은 이의를 제기하지 못할 것이라고 응수
4	1866. 07.13	프랑스질문(극동함대사령관 로스)/청답변(통리아문)	조선은 청의 속방이지만 내치 · 외교는 자주적으로 처리한다 하였으므로, 프랑스가 조선을 공격해도 청은 간여할 권리가 없다고 주장	조선은 청의 속방이지만 청이 양국 사이의 중재를 맡을 용의가 있으며, 함부로 전쟁을 일으키지 말 것을 요구하고 이 사실을 조선에 통보	조선의 대원군은 청의 중재를 무시
5	1871. 02	미국질문(駐淸 미국공사 로우)/청답변(통리아문)	제너럴셔먼호의 행방을 파악하고 청이 조선과의 수교를 중재해 달라고 요청	조선의 政敎 · 禁令은 조선이 자주적으로 처리하므로 수락할 수 없으나, 양국의 충돌을 우려하여 조선에 서신 발송	조선의 대원군은 청의 중재를 무시/조선은 프랑스 · 미국을 격퇴한 뒤 이를 청에 통고하면서, 청황제가 칙령을 내려 외국이 조선에 접근하지 못하도록 해달라고 요청

6	1871	일본질문(外務卿 副島種臣)/미국자문(로우)	조선의 불법행위에 청도 책임이 있는가 문의		
7	1873. 06.21	일본질문(駐淸日本書記官 柳原前光) /청답변(통리아문)	① 청이 속국인 조선의 內政·禁令에 간여하는지 문의 ② 조선의 和戰權利에 청이 간여하는지 질의	① 속국은 舊例를 지키고 책봉·헌공만 준수 ② 속국인 조선의 내정·외교에는 간여하지 않는다고 대답	일본 외무경은 조선에 대한 遣使나 出兵에 청이 간여하지 않을 것이라고 정부에 보고
8	1876. 01.10	일본질문(全權公使 森有禮)/청답변(통리아문)	① 종속관계에 대해 질문 ② 속방의 의미를 문의 ③ 속국이 타국과 수교할 때 종주국에 보고하지 않아도 되는가 질문 ④ 속국의 군주를 종주국에서 선정하여 책봉하는가 질문 ⑤ 일본과 조선이 전쟁을 벌일 경우 청이 개입할 것인가 문의	① 조선은 내정·외교를 자주적으로 처리하며, 청은 간여하지 않는다고 답변 ② 속방은 종주국의 소유지가 아니기 때문에 청은 관계하지 않는다고 대답 ③ 종주국은 속국의 외교에 간섭하지 않는다고 답변 ④ 속국의 요청에 따라 책봉한다고 대답 ⑤ 1865년 맺어진 청일수호조규 1조를 근거로, 청의 속국인 조선에 일본이 무력을 쓰면 안 된다고 강조	청은 조선의 불법행위에 대하여 종주국으로서 책임을 질 것인가에 대해 분명한 대답 회피
9	1876. 01.14	일본질문(森公使)/청답변(통리아문 王大臣)	일본공사는 조선이 청의 속국이라는 것은 虛名일 뿐이며 조선은 독립국이므로 청일수호조규와는 관계가 없다고 주장	위의 주장을 반복	
10	1876. 02.01	일본질문(森公使)/청답변(王大臣)	일본에 대한 조선의 불법행위에 청이 책임질 수 있는가 문의	속방인 조선이 위기에 처했을 때 종주국인 청은 좌시할 수 없다고 답변	森 공사는 청이 종주국으로의 책임을 질 의지를 밝힌 것으로 간주하고 토론을 중단

11	1876.02	일본주장(森公使)/청반응(李鴻章)	① 조선은 조공을 바치고 책봉을 받는 데 불과하며, 청은 錢粮을 거두지 않고 政事에 간여하지 않으므로 조선은 속국이 아니라고 주장 ② 청이 일본과 조선의 교섭을 중재하지 않으면 전쟁이 일어날지 모른다고 경고	① 청일수호조규 1조에 나오는 '邦土'에는 조선도 포함되며, 조선이 속국임을 거듭 강조하고, 운양호사건에서의 일본의 잘못 지적 ② 일본이 조선을 침략하면 청은 방관하지 않겠다고 표명	

* 이 표는 申基碩, 「淸韓宗屬關係-壬午軍亂을 前後한」, 『亞細亞硏究』 1-1, 1969 ; 金景昌, 「淸韓宗屬關係를 中心으로 한 極東政治關係의 硏究」, 『政經論集』 3, 경희대 정경대학, 1964 ; 김한규, 『한중관계사Ⅱ』 등을 참고하여 작성했음.

<표 2> 종속관계에 대한 열강의 질문·주장과 청·조선의 답변·태도(1876~82)

	시기	상황	열강의 질문·주장	청의 답변·태도	조선의 답변·태도
1	1876	조일수호조규 1조에 나오는 "朝鮮國自主之邦 與日本國保有平等之權"이라는 대목에 대한 각국의 해석	일본:'自主之邦'이 곧 독립국을 뜻한다고 생각하여 종속관계를 부정	종전부터 조선의 자주권을 인정하고 있었으나 '自主之邦'이 독립국을 뜻한다는 점은 부정	조선도 청과 같은 입장을 보인 것으로 추측(필자)
2	1877.08	프랑스 선교사 李卜明이 조선에서 체포되자 주일 프랑스공사는 일본정부를 통해 조선정부에 신변인도를 요청/이에 대한 조선 예조의 답신에 '上國禮部' '上國指揮' 등의 표현 사용	일본:駐朝代理公使 花房義質은 조일수호조규 위반이라 하여 답신 수리 거부/上國의 지휘를 받는다면 조선은 자주독립국이 아닌 속국에 불과하다며 시정을 촉구	이에 관한 조선의 문의에 대해, 1876년 森 공사와의 논쟁을 상기하며 조선이 청에 소속된 자주국이라는 것은 공지의 사실이라고 주장	① 조선이 청의 속방이라는 것은 공지의 사실이므로 공문에 청을 上國이라 하지 않을 수 없으며, 이는 일본의 이해와 무관하다고 대답 ② '自主之邦'이라는 말은 일본이 임의로 넣은 것이며 조선은 자주국이라고 한 적이 없음
3	1879.06	한성에 부임한 花房 공사는 講修官 洪祐昌과 회담	일본:공문에 '上國'이라는 말을 쓰는 것은 尊卑의 구별을 뜻하므로 앞으로 쓰지 말 것을 요구		'上國'이라 쓴 것은 잘못이므로 앞으로는 이를 시정하겠다는 뜻을 일본정부에 전해 줄 것을 요망
4	1879.08	近藤眞鋤 서기관이 洪講修官과 회담	일본:공문에 '大淸國'이라고 쓸 경우 반드시 '大日本國'·'大朝鮮國'이라고 쓸 것을 요구		일본의 요구를 수락
5	1882.03	청(李鴻章)과 미국(슈펠트)이 조미수호조약에 대해 협의	미국:조선을 자주권이 있는 독립국으로 간주하면서, 청의 속국임을 부정	조약 1조에 "朝鮮爲中國屬邦 而內政外交事 宜向來均得自主" 및 "若他國偶有不公及輕侮之事 必彼此援護 或從中善爲措處 俾獲永保安全"이라는 말을 넣자고 주장	김윤식, 청의 견해를 수용

6	1882. 04	위와 같음	미국:'속국'이라는 말을 조문에 넣는데 강력히 반발	'속국'이라는 말은 조선 정부와 국왕의 뜻에 따른 것이며, 미국이 이에 반대하면 청은 중재에 나서지 않겠다고 고집	
7	1882. 05	조문에 '속국'이라는 말을 넣는 대신 조선국왕이 미국대통령에게 "朝鮮素爲中國屬邦 而內治外交 向來均由 大朝鮮國君主自主"라는 내용이 담긴 서한을 발송	미국:이 서한이 법적 구속력을 갖는 것으로 보지 않고 무시하며 종속관계도 불인정	그 후 조선이 다른 열강과 조약을 맺을 때 청은 이 내용을 근거로 종속관계를 주장하고 청의 중재를 합리화	

* 이 표는 申基碩, 「淸韓宗屬關係-壬午軍亂을 前後한」; 金景昌, 「淸韓宗屬關係를 中心으로 한 極東政治關係의 硏究」; 金鍾圓, 「朝·淸商民水陸貿易章程에 대하여」 등을 참고하여 작성했음.

< 3> 무역장정 체결을 위한 조선과 청의 협의 과정(1881~82)

	일시	장소	양국대표(조선/청)	협의내용	협의결과
1	1881.01	清	李容肅/李鴻章(直隷總督)	조선이 통상문제에 대한 자문 요구	이홍장은 원칙적으로 동의
2	1881.10	天津	魚允中/이홍장·唐廷樞(招商國總辦)·周馥(津海關道)	조선측 제안 : ① 開海禁과 통상 ② 會寧開市 혁파 및 개시에 따른 清使의 供饋 폐지 ③ 派使駐京 문제와 事大使行의 파견 폐지	이홍장은 원칙적으로 동의
3	1882.03	天津	어윤중·金允植·李祖淵/張樹聲(署理北洋大臣)·주복	조선측 제안 : ① 北道開市 혁파 ② 商民供饋 폐지 ③ 派使駐京 철폐 ④ 開海禁 및 통상문제 ⑤ 紅蔘 수출 ⑥ 해관사무를 위한 외국인 고문 초빙	①·③은 부결(종속관계에 관련된 문제라는 이유), ②·④·⑤·⑥은 타결
4	〃	天津	위와 같음	청측(주복) 당부 : 조선이 외국과 조약을 맺을 때 청과의 종속관계를 밝힐 것	조선측(어윤중) 입장 : 조선은 '자립국'이지만 '독립국'이라 함은 불가
5	1882.04	清	어윤중/장수성	조선측 부탁 : 通商·駐使 문제를 주선해 줄 것	청측 반응 : 예부에 자문하라고 권고/어윤중은 북경으로 가서 예부에 자문하고 대기
6	〃	北京	清廷에서 위의 사안에 대해 논쟁	寶廷(예부시랑)의 견해 : 조선의 요구를 거부하면 조선이 청의 영향에서 벗어나 일본에 붙을 위험이 있고, 반면 요구를 수락하면 장차 조선이 청과 대등한 위치를 기대하게 될 우려가 있으므로, 통상은 허락하되 통리아문이 아닌 예부에서 관리할 것	派使駐京문제는 거부되고, 통상문제는 예부의 상급관청인 總署로 귀속/사대사행은 예부에서, 통상사절은 총서에서 관장
7	〃	清	김윤식/주복	청측 요구 : 總署의 총리대신은 조선국왕과 동격이므로, 조선의 통상사절은 그와 抗禮(대등한 위치에서 행하는 의례)하는 것이 불가	

8	〃	清	어윤중/주복	조선측 재촉 : 통상조약의 조속한 체결을 희망	청측 반응 : 서두를 일이 아니라 하며, 어윤중이 全權을 위임받지 않았다고 하여 '全權字樣'에 대한 조선의 咨回를 기다린다고 하면서 지연
9	1882.08	天津	어윤중 · 趙寧夏 · 金弘集/馬建忠 · 주복	조선측 입장 : 청이 마련한 초안 중 ① 치외법권 ② 한성 및 內地采辦 ③ 양국 연안에서의 漁採 ④ 紅蔘細則 등에 대해 이의 제기	② · ④는 개정, ① · ③은 관철
10	〃		위와 같음		序 : 종속관계 명시, 최혜국조관의 부인/① 청 상무위원의 서울파견과 조선대관의 천진파견 ② 치외법권 확대 ③ 관세적용 · 조난선박 처리 ④ 연안무역권 · 상점설치권 · 내지통상권 ⑤ 국경무역의 존속 ⑥ 무역금지품목 및 홍삼세율 ⑦ 청국의 윤선항로 개설과 청국병선의 내왕권 및 조선국방 담당권 ⑧ 장정의 개정

* 이 표는 申基碩, 「清韓宗屬關係-壬午軍亂을 前後한」; 金鍾圓, 「朝 · 清商民水陸貿易章程에 대하여」 등을 참고하여 작성했음.

최석완

근대일본과 동아시아의 조공체제

머리말

영일항해통상조약(1894. 7) 및 이를 발판으로 한 청일전쟁(1894~95)에서의 승리는 근대일본이 동아시아 세계의 전통적 국제질서인 중화체제를 붕괴시키고 자신을 중심으로 하는 근대적 국제관계를 창출할 수 있었던 결정적인 사건이었다. 그래서인지 메이지(明治) 전기의 일본의 동아시아 정책을 분석한 종래의 대부분의 연구[1]는 청과의 군사 대결 노선의 수립 시기 및 전개 양상에 대한 규명 작업과 함께 조선에 대한 세력 확대 정책을 비판적으로 검토함으로써, 근대일본의 팽창주의를 부각시키는 경향이 강하였다. 그러나 이러한 연구 방법은 동시에 중화체제에 대한 근대일본의 구체적인 인식 및 대응에 대한 분석을 소홀히 하여, 이 시기의 일본의 동아시아 정책뿐만 아니라 청일전쟁에 대한 역사적 평가를 보다 명확히 할 수 없게 만드는 단점을 내포하고 있었던 것도 사실이다.

그러한 의미에서 메이지 전기의 일본의 동아시아 정책을 비팽창주의로

1) 中塚明, 『日淸戰爭の硏究』, 靑木書店, 1968 ; 信夫淸三郎 編, 『日本外交史(I)』, 每日新聞社, 1974.

규정하는 최근의 연구[2)]가 상기의 단점을 활용하는 형태로 이루어지고 있다는 사실에 주목할 필요가 있다. 즉 이들 연구에 의하면, 메이지 전기의 동아시아 정책의 기축은 조선 중립국화 구상이나 혹은 청조종속관계에 대한 적극적인 지지를 통하여 구미 열강의 조선 침략을 봉쇄하는 데에 있었으며, 이는 일본의 조선 침략에 대한 사실상의 부정을 의미한다는 것이다. 이상과 같은 관점에서 본다면, 청일전쟁을 의도하지 않은 전쟁으로 평가하는 이들 연구의 주장은 어쩌면 당연하다고 할 수 있다. 문제는 이러한 최근의 연구가 사료 해독의 면에서 심각한 문제를 안고 있음에도 불구하고,[3)] 어느 틈엔가 일본 근대사학계의 통설적 지위를 넘보는 단계에까지 도달하였다는 점이다.[4)]

본고에서는 이상에서 언급한 일본 근대사학계의 동향을 염두에 두면서, 강화도조약에서 청일전쟁에 이르기까지 일본은 청조종속관계를 어떻게 인식하고 또 대응하였는가를 추적해 보고자 한다. 근대일본이 청조종속관계에 대한 지지를 표명하였다면 그 이유는 무엇이었는지, 반대로 종속관계의 붕괴를 꾀했다면 그것은 구체적으로 어떠한 과정을 거쳐서 이루어진 것인지, 나아가 당시의 동아시아 정책이 단순히 종속관계의 붕괴를 의도하는 차원에서 머물렀던 것인지 등의 사실을 명확히 하고자 한다.

---

2) 高橋秀直,『日清戰争への道』, 東京創元社, 1995 ; 大澤博明,「天津條約體制の形成と崩壞-1885～94」(1・2),『社會科學研究』43-3・4, 1991.

3) 졸저,『日清戰争への道程』, 吉川弘文館, 1997 참조.

4) 坂本多加雄,『日本の近代(2) 明治國家の建設-1871～1890』(中央公論社, 1999, 294～305쪽)은 최근의 신설을 무비판적으로 수용하고 있으며, 高橋秀直 씨 본인에 의한 자설의 통설화(山本四郎 他編,『要說日本歷史』, 東京創元社, 2000, 274～316쪽)도 시도되고 있다. 한편 鳥海靖 他編,『日本近現代史硏究事典』(東京堂出版社, 1999, 189쪽)은 이러한 신설의 통설화를 견제하는 태도를 취하고 있다.

1. 강화도조약과 청조종속 부정 문제

왕정복고의 쿠데타를 통해 성립한 일본의 신정부는 조선과의 국교 재개를 모색하였다. 그러나 조일 양국의 정부 간 교섭 루트를 설정하려는 일본정부의 방침은 종래의 쓰시마번(對馬藩) 이외의 교섭 루트를 인정하지 않으려 하는 조선정부의 반발을 불러일으켜, 양국 간의 교섭은 이렇다 할 진전을 보지 못하였다. 일본 외무성은 이러한 교착 상태를 타개하기 위해 1870년(明治 3) 4월 '대조선 정책 3개조'[5]를 정부에 제출하였는데, 여기에는 일본이 지향하는 대조선 정책의 성격이 명확하게 드러나 있다.

이에 의하면 일본은 전통적인 교린관계의 수복이 아니라 자유무역을 보장하는 근대적 조일조약의 체결을 의도하였다. 그리고 이러한 목적을 달성하기 위해, 먼저 청과 대등한 청일조약을 맺음으로써 조선의 지위를 한 단계 격하시킨 다음에 조선과의 교섭에 임하고자 하였는데, 이는 조선이 청을 종주국으로 받드는 점 즉 전통적인 청조종속관계를 활용하려는 전략이었다. 나아가서 만약에 조선이 끝까지 조약의 체결을 거부한다면 무력의 사용도 불사한다는 적극적인 자세를 취하였다.[6]

이상에서 알 수 있듯이, 일본은 근대적인 조약의 체결을 통해 청과의 대등관계 및 조일 간의 불평등관계를 구축함으로써, 청을 중심으로 한 전통적인 동아시아의 국제질서를 일본을 중심으로 재편하려고 하였다. 단, 여기에서 주목되는 것은 일본이 근대적인 동아시아 국제관계의 창출

---

5) 外務省 編, 『日本外交文書(3)』, 144~145쪽.

6) '대조선 정책 3개조'는 조선과 맺을 조약을 "개항 개시 양국 왕래 자유의 조약"으로, 그리고 청과 맺을 조약을 "통신조약"이라고 설명하고 있다. 이것은 당시 외무성이 조·청 양국과 조약을 체결하는 문제에 대해, 조선의 경우는 근대적인 입장에서 그리고 청의 경우는 전통적인 입장에 치우쳐서 접근하려 했음을 시사한다고 하겠다. 아직 외무성은 후술하는 것과 같이, 청 및 조선과 체결해야 할 조약의 성격을 이들 양국의 국제적 지위에 밀착시켜 고려하고 있지는 않았던 것으로 보인다. 한편 '대조선 정책 3개조'에는 조선에 대한 러시아의 위협을 일본의 안전 보장에 직결되는 문제로 간주하는 시점도 명확히 드러나 있다.

을 꾀하면서도 전통적인 동아시아의 국제질서에 상당 부분 의존하려 한 점인데, 이러한 자세는 청일전쟁에서의 승리를 통해 동아시아 국제질서의 재편이라는 목적을 달성하기까지 일본의 동아시아 외교를 규정짓는 큰 특징이었다.

일본정부는 '대조선 정책 3개조'의 제3책을 토대로 우선 청과의 조약체결 교섭에 임하였다. 이 과정에서 청과 구미 열강이 맺고 있는 불평등조약을 기초로 한 조약의 초안을 마련하여 청측에 제시하는 등, 일거에 동아시아 국제질서의 재편을 기도하기도 하였으나, 청의 반발에 눌려 결국 1871년 7월 상호 대등주의에 입각한 청일수호조규를 체결하는 데 그쳤다. 이후 일본정부는 예정대로 조선과의 국교 재개 문제를 마무리짓는 일에 전념하게 된다. 그러나 조·일 양국 간의 교섭은 여전히 진척되지 못하였다. 조선의 경우 1873년 말에 등장한 민씨 정권은 대일 외교 교섭의 상대로 일본정부의 외교 기관을 인정하는 등, 대원군 정권 때와는 달리 일본에 대해 다소 유연한 자세를 취하였다. 그러나 일본은 거꾸로 이러한 조선의 태도 변화를 틈타 군함을 동원한 통갈 외교를 전개하는 등 전통적인 조일 간의 외교관례를 일거에 타파하려고 하였다. 일본의 이러한 강경한 자세는 당연히 조선의 강한 반발을 초래하였고, 그 결과 양국 간의 교섭은 다시금 교착상태에 빠지게 된다.

이러한 상황 속에서 1875년 9월 20일에 발발한 것이 바로 강화도사건으로, 이는 일본정부의 명백한 도발이었다. 일본정부는 이 사건의 수습을 위해 같은 해 12월 구로다 기요타카(黑田淸隆)를 특명전권변리대신에 임명하고 훈조(訓條) 및 내유(內諭)를 전달하였는데,[7] 여기에는 일본정부가 강화도사건을 도발한 의도가 명료하게 나타나 있다.

우선 훈조는 다음과 같은 세 가지 핵심 내용으로 구성되어 있다. 첫째, 조선 측이 조약체결에 응한다면 운양함에 대한 배상 요구를 철회한다.

---

7) 金正明 編, 『日韓外交資料集成(1)』, 巖南堂書店, 1966, 59~63쪽.

둘째, 조선과의 전통적인 교린관계를 근대적으로 재편하는 신조약을 체결한다. 이를 통해 조선에 무역장을 정하여 일본인의 자유무역을 보장시키고, 공사의 교환이나 일본 영사의 주재 그리고 해안의 측량 및 내지 여행의 자유 등을 규정한다. 셋째, 그러나 만약 조선정부가 조약의 체결을 거절한다면 "임기의 처분"을 단행한다.

한편 내유에서는 주로 조선 측이 청과의 전통적 종속관계를 이유로 조약의 체결을 거부 내지는 지연시킬 경우에 대한 대처 방안을 지시하고 있는데, 그 내용은 다음과 같다. 우선 조선정부에 대해 배상 및 신조약을 체결하는 문제는 청이 개입할 사안이 아니라는 점을 명확히 전달할 것, 그럼에도 불구하고 조선 측의 태도에 변화가 없을 때에는 병대를 "경성"에 주둔시키거나 혹은 "강화성"을 점유하는 것과 같은 "공법(公法)의 이른바 강상(强償)의 방법"을 "임기 취사"(臨機取捨)해서라도 목적을 관철시킬 것을 명령하고 있다.

일본정부의 의도는 강화도사건의 수습 과정을 통하여 청조종속관계를 부정하고 아울러 조일 간의 전통적 교린관계를 일본을 우위에 두는 근대적 국제관계로 재편하려는 데에 있었던 것이다.

그러나 이상과 같은 일본정부의 조약 체결 방침이 순조롭게 달성될 가능성은 극히 희박하였다. 왜냐하면 조선정부는, 신정부 수립 이후 계속되어 온 일본정부의 조약 체결 요구를 일관되게 거절하고 있었기 때문이다. 일본에게 남은 방법은 임기의 처분을 단행하는 것뿐이었다. 그러나 임기의 처분이 조선 영토의 일부를 점유하는 것까지 의미하는 이상, 청의 군사 개입을 초래할 개연성은 충분하였다. 또 만약 이러한 사태가 발생한다면, 이것은 만국공법에 입각하여 조선과 조약을 체결함으로써 전통적인 청조종속관계를 부정한다는 일본의 궁극적인 목적이 수포로 돌아가는 것을 의미하게 된다. 일본의 조선에 대한 조약 체결 정책의 성패는 청의 개입 여부에 달려 있다고 해도 과언이 아니었던 것이다.

일본정부는 이미 1873년의 단계에서 청조종속관계의 실체에 대한 해명을 청 측에 요구한 바 있다. 당시 청일수호조규의 비준서 교환을 위해 청에 체재중이던 소에지마 다네오미(副島種臣) 외무경 일행은 청 측으로부터, 조선을 속국이라고 칭하는 이유는 봉책헌공(封冊獻貢)의 전(典)[조공책봉]을 유지하기 때문이며, 청은 조선의 내정교령(內政教令)[내정]은 물론 화전권리(和戰權利)[외교]에 간여하지 않는다는 해답을 얻어내었다. 그러나 그 후 1874년의 대만 침공 및 류큐(琉球) 문제를 놓고 청 측과 갈등을 빚고 있던 일본으로서는 이러한 과거의 확인만으로 강화도사건에 대한 청의 불개입을 낙관할 수는 없었다. 기도 다카요시(木戶孝允)가 강화도사건 발발 직후인 10월 5일자 의견서에서, 전통적인 청조종속관계를 의식하여 조선과의 직접 담판에 앞서 우선 청의 "속방의 의(義)"에 입각한 "중보대판"(中保代辦)을 요구할 필요가 있다는 중보대판 허용론을 주장한 이유는 바로 이 때문이다.[8)]

기도의 설명에 의하면, 중보대판이란 일본을 대신하여 청이 전통적인 청조종속관계에 의거하여 조선을 질책하고, 조선으로 하여금 일본에 대해 적절한 형태로 배상과 사죄를 표명하도록 하는 것을 말하였다. 기도는 만약 청이 이러한 역할을 수행하지 않는다면 그때 가서 일본이 직접 조선과의 담판에 임하는 것이 타당하다고 주장하였다. 이러한 태도는 필요하다면 청이 전통적인 청조종속관계에 입각하여 조선의 외교에 간섭하더라도 이를 묵과하겠다는 의사로 이해된다. 이것은 1873년 당시 청의 해명 수준보다도 조선 속국론에 대한 청의 입장을 더욱 강화시켜주는 것으로 일본에게는 극히 불리한 내용이었다.

그러나 이것이 조선의 외교에 대한 청의 주권을 승인한다는 의미는 아님을 간과해서는 안 된다. 왜냐하면 기도는 조선이 청의 "정삭"(正朔)을

8) 『日韓外交資料集成(1)』, 14~16쪽 ; 『日本外交文書-明治年間追補(1)』, 99쪽 ; 『日本外交文書(6)』, 177쪽.

받들고 있는 것으로 보아 양국이 종속관계에 있다고 할 수는 있지만 아직 그 실체가 무엇인지에 대해서는 명확히 규정지을 수가 없다고 말하고 있기 때문이다. 또 조선과의 조약 체결 문제를 시급히 해결해야 할 과제로 지적하면서도, 이와 관련한 청의 역할에 대해서는 전혀 언급하고 있지 않는데, 이 점에도 주의해야 한다. 바꾸어 말하면 기도는 청이 조선을 대신해서 외교를 행사하는 주체로 등장하지만 않는다면 종속관계에 근거한 충고나 권유와 같은 간섭은 묵인하겠다는 의사였던 것이다. 요컨대 기도는 강화도사건에 한정하여, 청의 전통적인 조선 속국론을 그 기능적인 측면에서 활용할 생각은 있었지만, 이러한 속국론을 곧 근대적인 주권론[9]과 동일시하지는 않았던 것이다. 기도의 태도에는 조선과의 근대적 조약의 체결을 꾀하면서도 전통적인 동아시아의 중화체제로부터 완전히 자유로울 수 없었던 일본의 괴로운 입장이 잘 대변되어 있다.

한편 일본정부는 프랑스인 법률 고문 보아소나드를 동원하여 조선의 국제적 지위에 대한 면밀한 검토를 행하였다. 보아소나드는 11월 5일 및 9일자 의견서에서,[10] 조선을 청에 대한 완전한 신속국이라고 할 수는 없지만 그렇다고 완전한 독립국이라고 할 수도 없다면서 다음과 같이 말하였다. 조・청 양국의 오랜 전통에서 유래하는 조공책봉관계는 일종의 의례로서 조선이 청의 일부가 아닌 것은 명백하지만, 조선이 청의

9) 근대적 주권론과 관련하여 이노우에 가오루(井上馨) 외무경은 1883년에 다음과 같은 견해(『日本外交文書(16)』, 589쪽)를 표명한 바 있다. "청국이 말하는 主權이란 구주 각국에서 말하는 것과는 다르다. 한 나라가 다른 나라에 대해 주권을 갖는다고 말하는 이상에는 그에 따른 義務를 다하지 않으면 안 되는데, 청국의 경우에는 그 의무는 다하지 않으면서 다만 청국은 어떤 어떤 나라에 대해 주권을 갖는다고 자칭할 뿐이기 때문에, 본디 만국공법에서 말하는 주권과는 완전히 다르다." 여기에서 이노우에가 말하는 의무란 예를 들어 청이 조선의 외교에 대한 주권을 행사하는 경우, 조선을 대신하여 배상 책임을 진다거나 혹은 조약을 체결하는 주체적 행위를 하는 것을 말한다. 근대적 주권론에 대한 이노우에의 이러한 이해는 일본정부의 수뇌에 공통된 것이었다.

10) 『日韓外交資料集成(1)』, 33~41쪽.

책봉을 필요로 하는 이상 조선 사건에 청이 간섭할 권리는 있으며, 특히 영토 분할 문제가 발생할 경우에는 "그 권리는 기(機)에 임하여 가장 강성하게 발동"할 수 있다.

보아소나드의 주장은 조선 반독립국론이라고 할 수 있다. 이 주장의 특징은 청이 전통적인 조선 속국론에 입각하여 조선의 외교에 간섭할 수 있을 뿐만 아니라, 영토 분할과 같은 중대한 사태가 발생할 경우에는 조선의 외교를 임기 처분할 수 있다고 본 점에 있다. 이것은 조선의 외교에 대한 청의 일시적인 주권 행사뿐만 아니라 조선의 내정에 대한 일시적인 통제까지 허용할 수도 있다는 뜻으로 이해된다. 보아소나드의 견해는 기도의 경우보다도 조선 속국론에 대한 청의 입장을 더욱 강화시켜 주는 것이다.

이상과 같은 기도 및 보아소나드의 견해를 곧바로 일본정부의 청조종속관계에 대한 이해와 동일시할 수는 없지만, 적어도 종속관계의 실체에 대한 일본정부의 이해의 폭을 가늠하는 일은 가능하다. 즉 일본정부는 전통적인 청조종속관계란 조선의 내정과 외교에 대한 청의 간섭권을 보장할 수 있으며, 경우에 따라서는 조선의 외교에 대한 청의 주권 행사로 발전할 위험이 있다고 판단하였던 것이다. 조선 독립론을 내세우는 일본이 조선 속국론을 주장하는 청보다도 오히려 청조종속관계의 실체에 대해 근대적 주권론에 가까운 이해를 갖고 있었다는 것은 흥미로운 일이 아닐 수 없다.

그러나 근대적인 조일조약의 체결을 추구하는 일본정부의 입장에서 본다면, 청조종속관계에 대한 일본 자신의 위와 같은 이해는 어떤 방법을 통해서라도 부정될 필요가 있었다. 이에 일본정부는 우선 조선에 대해서는, 조선은 독립국이라는 대전제 하에 조일 간의 단독 담판을 통하여 조약을 체결하기로 결정하였다. 구로다에게 부여된 내유의 내용이 바로 그것인데, 이는 보아소나드의 조선 반독립국론은 물론 기도의 중보대판 허용론까지를 명확히 부정한 것이다. 한편 일본정부는 청에 대해서도 이러한 조선 독립론을 관철시키고자 하였다. 즉 모리 아리노리(森有禮) 공사를 청에 파견하여 청조종속관계의 실체를 추궁함으로써 정치적·군사적 개입의 여지를 원천적으로 봉쇄하고자 하였던 것이다.

모리 공사는 1876년 1월에서 2월에 걸쳐서 총리아문 및 이홍장과 회담하고 문서를 교환하였다.[11] 이러한 과정을 통해 모리 공사는 청의 조선 속국론이 영토적 소유를 의미하는 것은 아니며, 그 실체란 전통적 조공책봉관계에 지나지 않는 것으로 조선의 내정과 외교는 자주에 속한다는 점을 확인하였다. 아울러 모리 공사는 청이 전통적인 속국론을, 조선 문제에 대한 책임있는 간섭을 보장하는 장치로 보고 있지 않다는 점도 확인하였다. 모리 공사가 청일수호조규의 조문, 즉 청일 양국은 각각에 속하는 방토(邦土)를 상호 침월하지 못한다는 조문에 근거하여 조선에 대한 일본의 군사 행동을 견제하던 청의 주장을 묵살할 수 있었던 이유는, 바로 청의 조선 속국론이 근대적 주권론과는 거리가 멀다는 사실을 확인했기 때문이다.

그러나 청조종속 문제에 대한 모리의 거듭된 추궁은 전통적인 속국론에 입각한 청의 입장에 변화를 초래하는 역효과를 낳기도 하였다. 우선 청이 속국의 외교에는 간섭하지 않는다는 종래의 방침을 바꾸어 조선에 대해 일본과의 조약 체결을 권유한 점이 눈에 띈다. 그러나 더욱 주목해야 하는 것은 청이 청조종속관계의 실체에 대한 개념 정립을 시도하였다는 사실이다. 청은 종속관계의 실체를 "속방의 실(實)"과 "속방을 대우하는 실"로 나누어 규정한 다음, 청에게는 후자를 근거로 조선 문제에 자유롭게 간섭할 수 있는 권리가 있다는 점을 일본 측에 명확히 전달하였던 것이다.[12]

---

11) 『日本外交文書-明治年間追補(1)』, 184～221쪽 ; 『日韓外交資料集成(7)』, 14～45쪽.

그렇다면 속방의 실은 무엇이고, 또 속방을 대우하는 실이란 무엇을 의미하는 것일까? 청의 설명에 의하면, 속방의 실이란 조공책봉관계를 유지하되 속방 스스로가 세금을 거두고 나라를 다스리는 상태를 말하는 것으로, 이는 내정은 자주에 속한다는 본래의 전통적인 청조종속관계를 말하는 것이다. 이에 대해, 속방을 대우하는 실이란 속방(=조선)의 난(難=어려움)이나 분(紛=분란)을 해결하고 그 "안전을 기"하기 위해서라면 종주국(=청)은 자유롭게 속방의 문제에 개입할 수 있는 권리가 있다는 것이다. 조선의 어려움이나 분란이란 곧 대내적인 위기를 의미하며 안전이란 대외적인 위기를 의미하는 것으로, 1873년 당시의 청의 해명에 의거한다면, 전자는 내정에 그리고 후자는 외교에 속하는 내용이라고 할 수 있다. 따라서 청이 일본에 대해, 속방을 대우하는 실을 주장했다는 것은 조선 속국론에 입각하여 조선의 외교는 물론 내정에도 간섭하겠다는 의지를 표명한 것이라고 하겠다. 이것은 속방의 실이 속방을 대우하는 실에 의해 사실상 형해화되었음을 의미한다. 바꾸어 말하면 청의 대조선 정책은 전통적인 조선 속국론(=속방의 실)으로부터 근대적인 속국주의(=속방 대우의 실)[13]로 전환할 조짐을 보이기 시작한 것이다. 일본의 입장에서

---

12) 『日本外交文書-明治年間追補(1)』, 218～219쪽 ; 『日本外交文書(9)』, 180～187쪽.

13) 본고의 이하에서의 전개가 말해주듯이, 청이 말하는 '속방 대우의 실'이란 조선에 대한 영토적 소유는 배제하지만 내정과 외교에 대한 주권을 행사 내지는 행사하려는 지향을 보이는 것을 말한다. 청은 이러한 행위를 여전히 전통적인 청조종속관계의 시각에서 종주권을 강화하는 것으로 규정하였다. 그러나 일본은 특히 임오군란 이후의 대응에서 알 수 있듯이, 청의 속방의 실과 속방 대우의 실을 구별하지 않고 속방의 실이라는 표현을 사용하고 있다. 단, 이때에 사용하고 있는 속방의 실이란, 조선의 내정과 외교에 대한 청의 주권 행사를 의미하는 개념(제물포조약 체결 이전)에서부터, 조선의 청국 영토화를 지향하는 개념(제물포조약 체결 이후)으로까지 사용하고 있다는 점에서, 임오군란 전과 다르다는 점에 주의해야 한다. 본고에서 말하는 근대적 속국주의란 이상과 같은 청의 속방 대우의 실과 임오군란 이후의 일본의 속방의 실의 내용을 포괄하는 개념으로 사용하였다.

본다면 이것은 전통적인 속국론에서 근대적인 주권론으로의 방침 전환을 의미한다.

이러한 논리적인 비약은 나중에 청이 조선 국왕의 위임을 받는 형태를 취하기는 하였지만, 조미조약(1882)의 체결에 주체적으로 개입할 수 있는 여지를 제공하였으며, 또 임오군란이 발발한 직후 조선 속국론을 근거로 조선에 대한 군사 및 정치적인 간섭을 꾀할 수 있는 근거가 되었다. 한편 모리 공사는 이러한 속방 대우의 실에 대해서는 아무런 반론도 제기하지 않았는데, 그 이유는 속방의 실을 논박함으로써 일단 청이 청일수호조규를 근거로 조선 문제에 간섭할 수 있는 여지를 봉쇄한 것에 만족하였기 때문인 것으로 판단된다. 아마도 모리 공사는 청조종속 문제와 관련한 청과의 논쟁을 더 이상 확대시키려 하지 않았던 것으로 보인다.[14)]

한편 조선에서는 1876년 2월 26일 조일수호조규[15)]가 체결되었다. 이 조약은 조선의 일방적인 개항과 일본에 편무적인 영사주재권, 영사재판권을 인정한 것으로 협정관세의 규정을 결여하고 있다고는 하지만, 명백한 불평등조약이었다. 일본은 23년 전에 미국 페리 함대의 압력에 굴복하여 개국을 강요당한 경험을 살려, 이번에는 똑같은 방법으로 조선을 개항시키는 일에 성공했던 것이다.

그러나 조일수호조규가 갖는 역사적 의의는 무엇보다도 다음과 같은 제1조의 내용에 함축되어 있다고 해야 할 것이다. 그 내용은 "조선은 자주국으로 일본과 평등한 권리를 보유한다. 향후 양국은 화친의 실(實)을 나타내기 위해 동등한 예의로 상호 대우하며 조금도 침월하거나 시기해서는 안 된다. 종전에 양국의 교제를 저해하던 법규를 모두 없애고 관대하고 너그러운 법규를 힘써 설정함으로써 쌍방의 안녕을 기한다"라는 것이다.

---

14) 『日本外交文書-明治年間追補(1)』, 218～219쪽.
15) 『日韓外交資料集成(1)』, 214～221쪽.

당시의 국제법에 의하면 화친조약을 맺을 수 있는 권리는 독립국(=자주국)에게만 존재하였고, 반독립국(=반자주국)의 경우에는 통상조약을 맺을 수 있는 권리는 있지만 화친조약을 체결할 수 있는 권리는 없었다.16) 따라서 일본이 조선을 자주국으로 표현하고 또 화친의 실을 강조하였다는 사실은 곧 조선을 독립국으로 규정한 상태에서 화친조약인 조일수호조규를 체결했음을 말해준다. 일본의 입장에서 본다면, 조일수호조규의 체결은 청국과 조선의 전통적인 종속관계를 부정함으로써 동아시아의 국제질서인 중화체제에 커다란 타격을 가하는 일대 성과였다. 또 조일 간의 관계에 한정해서 본다면 이 조약에 의해 조선과 일본의 전통적인 교린관계는 붕괴되고, 조선은 근대적인 조약체제 속에 편입되게 되었다.

그러나 조선은 물론 청국도 조일수호조규에 대한 일본의 이러한 이해를 인정하지 않았다. 이후 조선 독립론을 주장하는 일본과 조선 속국론을 주장하는 청국은 청일전쟁에 이르기까지 격한 대립관계에 돌입하게 된다. 그리고 이러한 대립의 배경에는 전통적인 청조종속관계의 실체를 놓고 벌어진 청일 양측의 격론 과정에서 파생된 현격한 견해의 차이가 존재하였다. 즉 속방의 실을 아무런 구속력도 없는 "공명"(空名)으로 받아들이는 모리 공사의 자세와, 이와는 반대로 속국에 대한 자유로운 간섭권을 보장하는 속방 대우의 실을 자각하기 시작한 청 측의 태도는 청일전쟁에 이르기까지 조선 문제를 놓고 벌어질 청일 양국의 대립을 예견케 하는 것이었다.

2. 임오군란과 청조종속 부정 정책의 동요

청조종속 문제와 관련한 청일 간의 분쟁이 재연된 것은 1882년 7월에

---

16) 伊藤博文關係文書硏究會 編,『伊藤博文關係文書(1)』, 塙書房, 1973, 482쪽.

조선에서 임오군란이 발발한 직후의 일이다. 임오군란이 발발하자 청은 지금까지의 소극적인 태도와는 달리 즉시 조선 속국론에 입각하여 병대를 파견하기로 하고 이 사실을 일본정부에 통고하였다. 이것은 청이 조선 문제에 대해 속방의 실을 넘어선 속방 대우의 실을 청조종속관계의 실체로 현실화하려는 정책을 전개하기 시작했음을 의미한다. 그리고 이러한 대조선 정책의 전환은 일본 주재 청국 공사였던 여서창(黎庶昌)에게도 명확히 전달되었다. 여서창은 본국에 보내는 8월 4일자 전신에서, 조속히 병대를 파견하여 조선의 내란을 진압할 필요가 있으며 아울러 조선정부를 질책하여 폭도를 처벌하고 일본정부에 대해 사죄하도록 해야 한다는 의견을 개진하였다.[17]

이러한 청의 태도에 대해 일본정부는 강하게 반발하였다. 왜냐하면 일본정부는 청이 전통적인 청조종속관계에 입각하여 조선의 내정 및 외교에 간섭할 수 있는 여지는 모리 공사의 논박 및 조일수호조규의 체결에 의해 이미 붕괴된 상태라는 판단을 내리고 있었기 때문이다. 일본정부는 직접 청 측에 대해서 조선은 독립국이므로 조선 속국론을 근거로 조선 문제에 간섭하지 말 것을 요구하는 한편, 8월 7일 개최된 각의에서 이 문제에 대한 구체적인 대항책을 논의하였다. 이 날 야마가타 아리토모(山縣有朋)는 '조선사변에 즈음한 대청 방침 의견'[18]이라는 의견서를 제출하였는데, 여기에는 청조종속관계에 대한 일본정부의 이해가 어떠한 상태였는지 명료하게 나타나 있어 주목된다.

야마가타는 청이 임오군란과 관련하여 일본을 위해 "조정"(調停)하겠다는 의사를 표명한 것에 대해, 그 조정의 성격이 대략 다음과 같은 세 가지 가운데 어느 하나가 될 가능성이 높다고 보았다. 첫째는 조선

---

17) 「井上馨 외무경에게 보내는 8월 6일자 竹添進一郞의 편지」, 『明治十五年朝鮮事件』 宮內廳書陵部.

18) 『日韓外交資料集成(7)』, 90~92쪽.

속국론을 근거로 조선을 대신하여 일본과의 담판에 주체적으로 임하는 경우, 둘째는 조선과 일본 사이에 서서 중재를 시도하는 경우, 셋째는 일본 사절과의 직접적인 담판을 피한 채, 다만 "조선과의 종래의 관계"에 근거하여 조선에게 충고하고 아울러 일본에 대해 사죄할 것을 촉구하는 경우가 있을 것으로 예상하였다. 그리고 마지막으로 이상과 같은 세 가지 경우와는 다른 태도, 즉 조선을 비호하는 데에 주력함으써 일본의 요구를 전적으로 거부하는 태도를 취할 가능성도 있다고 예상하였다.

첫 번째 경우의 최대의 핵심은 청의 조선 속국론의 실체가 조선의 외교 자주권에 대한 박탈, 달리 표현하면 조선의 외교에 대한 청의 주권 행사를 허용하는 수준까지 강화되었다는 점에 있다. 이것은 일본의 입장에서 본다면, 청의 조선 속국론이 보아소나드의 조선 반독립국론의 범위를 넘어서 근대적인 주권론에 근접하게 되는 것을 의미하며, 청의 입장에서 본다면 속방 대우의 실(=근대적 속국주의)이 현실화되는 것을 의미한다. 따라서 야마가타가 이 경우에는 청의 개입을 단호히 배격해야 한다고 주장한 것은 당연하였다. 야마가타의 논리는 청조종속관계의 실체를 속방의 실의 입장에서 해명하던 청의 주장조차도 조일수호조규에 의해 사실상 붕괴된 상태에서, "이번 담판은 청이 인수하겠다"고 나서는 것은 언어도단이라는 것이다.

두 번째의 경우에 대해서 야마가타는, 만국공법에 의하면 청의 중재가 성립하기 위해서는 조선과 일본 쌍방이 그 필요성을 인정할 때만 가능하다면서 일본은 중재를 요청할 생각이 없다는 점을 분명히 밝혔다. 이것은 청이 일본의 조선 독립론을 인정한 상태에서 조선 문제에 개입할 경우에 대한 대처 방안이다.

세 번째의 경우에 대해서, 야마가타는 청이 조선에 대해서 충고하고 진력한다면 이에 대해서는 일체 관계하지 말고, 조선과의 직접 담판에 주력하면 된다고 주장하였는데, 이는 사실상 기도가 주장한 바 있는 중보대판 허용론이라고 할 수 있다. 그러나 이러한 대처 방법은 조일수호조규의 성과를 형해화할 위험성을 내포하는 것이었다. 야마가타도 이 점을 충분히 인식하여, 조선 독립론이 침해당하지 않도록 최대한의 배려를 하였다. 예를 들면 청조관계를 표현할 때는 속방이나 속국과 같은 말을 피한 채 "종래의 관계"라는 구절을 사용하였고, 일본의 대처 방법에 대해 언급할 때는 "조선과의 직접 담판"이라는 구절을 명기하였던 것이다. 그러나 이러한 야마가타의 노력에도 불구하고, 세 번째의 내용은 조선의 외교에 대한 청의 간섭을 적극적으로 부정하고 있지 못하다는 점에서 중보대판 허용론의 범위를 벗어났다고는 할 수 없다. 그러한 의미에서 일본의 조선 독립론은 조일수호조규 체결 전의 상태로 후퇴할 수도 있는 심각한 위기에 빠졌다고 할 수 있다.

한편 마지막 경우에 대해서는 개전도 불사하겠다는 강경한 자세를 나타냈는데, 확대 해석한다면 이것은 전쟁이라는 수단이 청조종속관계와 관련한 청일 간의 대립을 근본적으로 해소하기 위한 현실적인 방법으로 상정되고 있었음을 증명해 준다는 점에서 주목할 만하다. 단, 야마가타는 아직 8월 7일의 단계에서는 조선 속국론과 관련하여 청일 간의 갈등을 증폭시킬 생각은 없었으며, 조선과의 직접 담판을 통하여 조선 독립론을 관철시키는 일에만 주력할 생각이었던 것으로 보인다. 야마가타는 의견서의 말미에서, "공사(公使)는 단순히 조선에 대해 우리가 만족할 수 있는 배상을 얻어내는 일에 그쳐야 하며, 조선 소속론과 관련하여 지나(支那)의 출장관(出張官)과 목적 이외의 갈등에 빠지지 않도록 해야 한다"고 주의를 환기시키고 있다.

그러나 이후 속방 대우의 실을 현실화하려는 청의 대조선 정책은 더욱 가속화되고 증폭된다. 청국 공사 여서창은 본국에 보내는 8월 8일자 보고서에서, 임오군란이 수습된 후에는 청이 조선의 "사무"(事務)를 "선도"할 필요가 있다고 보고하였으며, 9일에는 총리아문의 지시에 따라,

조선에 병대를 파견하여 "부속국"(附屬國)인 조선은 물론 조선과 "조약국의 관계"에 있는 일본을 "보호하는 것은 우리의 의무"라고 일본 측에 대해 주장하였다. 이러한 태도는 청의 조선 속국론이 이미 근대적 속국주의로 전환된 상태임을 말해주며, 뿐만 아니라 속국이 맺은 근대적 조약체제를 근대적 속국주의 속으로 포섭하려는 의도를 청이 갖고 있음을 암시해 준다고 하겠다.[19]

이에 대해 일본정부의 이노우에 가오루(井上馨) 외무경은, 청의 목적은 일본의 사절 및 군대가 조선에 진입하지 못하도록 차단하고 아울러 "기선을 제압하여 조선 내정에 깊숙이 개입해서 속방의 실을 유지"함으로써 일본의 조선 독립론을 부정하는 데에 있다고 판단하였다.[20] 여기에서 말하는 속방의 실이 청이 말하는 속방 대우의 실을 의미한다는 점에 대해서는 더 이상 부연 설명을 요하지 않을 것이다. 이노우에 외무경은 임오군란 이후의 청의 조선 속국론과 관련하여 속방의 실과 속방 대우의 실을 구별해서 사용하고 있지는 않지만, 그러나 청의 전통적인 조선 속국론이 내용의 면에서 이미 근대적 속국주의로 전환하고 있다는 사실을 간파하고 있었던 것이다. 그리고 이러한 사정은 일본정부 내에 공통된 것이었다.

일본정부는 즉시 청의 간섭을 거절하는 한편, 이노우에 외무경의 주도 아래 청의 조선 속국론을 근본적으로 타파하기 위한 방책을 모색하였다. 그 결과 8월 10일에 열린 각의에서 청이 조선 속국의 실을 현실화하려고 획책하는 이상 대청 개전이 불가피하다면서, 이노우에 외무경이 주장하는 속방비속방(屬邦非屬邦)론을 대외 명분으로 한 대청 개전책을 결정하였다. 당시 일본정부는 청국정부와의 담판을 통하여 조선 속국론을 부정할

19) 「井上馨 외무경에게 보내는 8월 8일자 鹽田三郎 外務小輔의 報告 제11호」, 『明治十五年朝鮮事變(1)』, 外務省外交史料館, 1-1-2-3-14 ; 「井上馨 外務卿에게 보내는 8월 9일자 吉田淸成 外務大輔의 電文」, 『明治十五年朝鮮事件』.
20) 『伊藤博文關係文書(1)』, 178쪽.

생각도 있었지만, 청이 속국론을 포기할 가능성은 사실상 없다는 판단 하에 서둘러 군비 조달에 착수하였다. 그러나 이러한 개전책은 만국공법을 들먹이면서 청의 속국론을 지지하는 열강의 여론과 "공법상 이른바 반독립"국인 "공속국"(貢屬國) 조선은 "외교 교제에서만 자주권"을 갖기 때문에 일본의 개전 명분은 설득력이 없다는 정부 내의 반론에 밀려 실행에 옮겨지지는 못하였다.[21)]

임오군란 직후의 시점에서 일본정부 내에 조선 독립론을 부분적으로 부정하는 조선 반독립국론이 등장하였을 뿐만 아니라, 이러한 주장이 조선 속국론을 부정하기 위한 대청 개전책을 견제하는 역할을 하였다는 것은 일본의 조선 독립론이 큰 동요에 빠졌다는 사실을 반증해 주는 것이다. 단, 이때 등장한 이노우에 고와시(井上毅)의 조선 반독립국론은 내정 면에서는 자주권을 부정하고 있지만 외교 면에서는 인정하고 있다는 점에서 보아소나드의 그것과는 내용을 달리한다는 점에 주의할 필요가 있다. 즉 이노우에 고와시에 의하면 반독립국인 조선은 외교 교제에서 자주권을 가지므로 스스로의 책임 하에 일본과 담판할 수 있으며, 일본도 조일수호조규의 제1조에 의거하여 청의 간섭을 거절하고 조선과 단독으로 담판하는 것이 당연하다는 것이었다. 다만 조선 비속방론을 주장할 경우에는 청과 불필요한 논쟁을 불러일으키게 될 가능성이 있을 뿐만 아니라, 만국공법에 근거하여 조선 독립론을 주장하기도 쉽지가 않아서 결국 국제 여론의 지지를 받지 못할 가능성이 크다는 것이었다. 따라서 대청 개전책을 밀고 나가고자 한다면 속방비속방론보다는 요상문죄론(要償問罪論)을 대외명분으로 하는 것이 유리하다는 주장이었다. 이상에서 명확하듯이, 이노우에 고와시의 조선 반독립국론은 동아시아의 국제

21) 井上毅傳記記念編纂委員會 編, 『井上毅傳・史料編(4)』, 國學院大學圖書館, 1966, 658～659쪽 ; 『伊藤博文關係文書(8)』, 159～160쪽 ; 『伊藤博文關係文書(7)』, 107～109쪽.

사회가 청의 조선 속국론을 지지하는 상황 속에서, 조선은 독립국이라는 조일수호조규 체결 당시의 일본의 기본 입장을 고수하기 위한 궁여지책이었다.[22)]

일본정부는 즉각 조선의 국제적 지위에 대한 법리적 해석에 착수하여 조선은 독립국이라는 결론을 내리기는 하였으나, 국제 여론을 무시할 수는 없었던 관계로 일단은 청국이 먼저 속국론을 언급하더라도 일체 대응하지 말 것과 속불속론(屬不屬論)은 사건이 종결된 후에 만국공법에 입각하여 담판을 짓기로 하였다. 이후 일본정부에서는 야마가타의 요상문죄론을 대외 명분으로 한 대청 개전책에 동조하는 세력이 급부상한 가운데, 이러한 명분에 부정적이던 이노우에 가오루 외무경을 중심으로 한 피전론이 등장, 대항하였다.[23)]

당시 이노우에 외무경은 한편에서는 야마가타의 개전책이 실행에 옮겨질 가능성에 대비하여 군사적인 준비에도 만전을 기하였지만, 가능하다면 외교적인 노력을 통해 조선 문제를 마무리지으려 하였다. 이노우에 외무경은 청의 "조정 매개"를 위한 노력이 "호의권해"(好意勸解)의 범위에 한정된 것이라면 이를 묵인하여 조일 담판을 조속히 타결지을 생각이었던 것이다. 이노우에 외무경이 말하는 호의권해란 조선과 일본의 직접 담판 및 이에 대한 청의 간섭의 배제, 즉 조선의 외교 자주권의 확보가 대전제였다는 점에서 알 수 있듯이, 앞서 언급한 8월 7일자 야마가타의 의견서 가운데에 등장하는 세 번째 내용과 거의 동일한 것이었다. 다만 이노우에는 조선에 대한 청의 충고를 "간친 상"(懇親上) 묵인한다는 표현을 사용함으로써 "조선과의 종래의 관계" 상 청의 충고를 묵인한다는 야마가타의

---

22) 『井上毅傳・史料編(4)』, 658～659쪽.

23) 彭澤周, 『明治初期日韓清關係の研究』, 塙書房, 1969, 223쪽 ; 『日韓外交資料集成(7)』, 97～98쪽 ; 「花房義質 조선 주재 공사에게 보내는 8월 20일자 이노우에 외무경의 훈령」, 『明治十五年朝鮮事件』 ; 「對清國開戰ノ建議」, 『三條家文書』 書類 76-6, 國立國會圖書館憲政資料室.

표현과 차별화를 시도하였지만, 기도의 중보대판 허용론의 범주를 벗어나지 못한다는 점에서는 마찬가지였다.[24)]

이노우에 외무경과 야마가타의 대립은 구미 열강에 대한 일본의 국가체면을 중시한 이노우에가 야마가타의 개전책에 적극적으로 동조함으로써 해소되었으나,[25)] 청의 호의권해적 조정에 의해 예상보다 빨리 제물포조약이 체결되었기 때문에 청일전쟁의 위험성은 소멸하였다. 청의 입장에서 본다면 제물포조약의 체결은 속방 대우의 실이 상당 부분 현실화된 결과였으며, 반대로 일본의 입장에서 본다면 중보대판 허용론의 수준에서 임오군란이 마무리되기는 하였지만 최악의 경우에라도 조선의 외교자주권만은 확보하겠다던 임오군란 직후의 조선 독립 정책을 관철시켰음을 의미하였다. 제물포조약은 조선 독립 문제와 관련한 청일 양국의 타협의 산물이었던 것이다. 그러나 이러한 결과는 조일수호조규 체결 당시의 조선 독립론을 외교의 면에서 부분적으로 고수하는 데 그쳤다는 점에서, 일본의 입장에서는 심각한 타격이 아닐 수 없었다.

임오군란을 수습하는 과정에서, 일본은 전통적인 청조종속관계가 근대적 속국주의로 실질화하는 사태를 봉쇄하려던 최초의 목표를 달성하기는커녕, 청의 발빠른 대응에 밀려 조선의 외교 자주권을 확보하는 선까지 후퇴하였다. 더구나 제물포조약 이후의 상황은 청조종속 부정 정책을 본격화하려는 일본정부를 더욱 곤란하게 만들었다. 청은 9월 30일자 조회를 통해 일본은 물론 구미 열강에 대해 "조선은 우리 대청(大淸)의 속국"이라는 점을 정식으로 천명한 후, 10월 3일 조청상민수륙무역장정을 체결하고 조선이 청의 속국임을 명문화하였다. 또 각국에 대해 대원군 납치의 정당성을 주장하는 한편, 조선에 대해서는 군대의 조련을 위한

---

24) 「花房義質 조선 주재 공사에게 보내는 8월 20일자 이노우에 외무경의 훈령」, 『明治十五年朝鮮事件』.

25) 「花房義質 조선 주재 공사에게 보내는 8월 27일자 이노우에 외무경의 훈령」, 『明治十五年朝鮮事件』.

청군 사관의 수용을 강요하였다. 아울러 조선에 파견된 청군의 장기 주둔을 결정하는 등, 조선에 대한 종주권을 강화하는 정책을 전개하였다. 청의 대조선 정책은 근대적 속국주의로 완전히 탈바꿈하였던 것이다.[26)]

이러한 사태에 대해, 일본정부는 청국정부가 "착착 조선 속방의 실을 들어, 사실로써 각국에 이를 조회"하는 방법을 통하여, "연전에 일본정부가 류큐에 대해 지나(支那)의 이론이 있음에도 불구하고 폐번치현(廢藩置縣)의 처분을 거행한 것과 같이, 이번에 조선에 대해 이와 같은 처분을 시행하고자 하는 것 같이 보인다"고 판단하였다.[27)] 즉 청의 정책은 조선에 대한 전통적 속국론을 영토의 소유까지를 포함하는 근대적 속국주의로 재편하려는 데에 그 저의가 있다고 보았던 것이다.

그러나 이에 대한 일본정부의 대응은 제물포조약 전과는 반대로 대단히 소극적이었다. 1882년 10월 말 이노우에 외무경은 조선의 독립을 원조하는 문제를 논의하는 과정에서, "<청국으로 하여금 속국의 실을 들게 해서 조선의 조약을 청정(淸政)과 직접 체결하고> [조선은 단지 통상조약에 머물러야 한다]"고 주장하였던 것이다.[28)]

문구 자체에만 매달린다면, 조선과의 조약을 청과 체결한다는 < > 부분은 조선의 외교적 자주권을 마비시키는 것으로, 조선의 외교에 대한 청의 근대적 주권을 용인하는 것을 의미한다고 할 수도 있다. 그러나 이노우에가 당시 청의 속국주의에 입각하여 체결되었다고 일컬어지던 1882년의 조・미, 조・영, 조・독조약에 대해, 이들 조약은 조선의 독립국으로서의 지위를 손상시키지 않는다는 명확한 판단을 내리고 있었다는 점에 주의할 필요가 있다. 이노우에는 이들 조약이 내용 면에서 조선의 독립을 조금도 부정하고 있지 않으며, 독립을 위태롭게 하는 조선 국왕의

26) 『日本外交文書-明治年間追補(1)』, 285~289쪽 ; 『伊藤博文關係文書(1)』, 180~181쪽.
27) 『伊藤博文關係文書(1)』, 181쪽.
28) 『岩倉具視關係文書』, 國立國會圖書館憲政資料室, 362.

친서가 첨부되어 있기는 하지만 이것도 청의 압력에 의한 것으로 조약의 성격 자체를 뒤집을 수 있는 것은 아니라고 보았다.[29] 즉 < > 부분에는 비록 내적인 판단의 영역을 벗어나지 못한다는 한계는 있지만, 조선의 외교 자주권을 지켜내려는 이노우에의 전략이 투영되어 있었던 것이다.

이러한 전략은 [ ] 부분을 설정한 점에서도 알 수 있다. 앞에서도 언급했듯이, 당시의 국제법에 의하면 독립국(=자주국)은 화친조약을 체결할 수 있는 권리를 갖지만, 반독립국(=半自主之國)은 통상조약을 맺을 수 있는 권리밖에는 보유하고 있지 못하였으며, 이러한 인식은 청일 양국에게도 공유되고 있었다. 말하자면 이노우에는 표면적으로 조선을 반독립국으로 대우함으로써 전통적 종속관계를 근대적 속국주의로 재편하려는 청의 욕구를 일정 부분 만족시키면서, 내면적으로는 < > 부분과 보완하면서 조선은 독립국이라는 조일수호조규 체결 당시의 기본 입장을 지켜내려 했던 것이다. 이노우에 외무경의 이러한 조선 반독립국론은 제물포조약 전에 등장했던 이노우에 고와시의 조선 반독립국론과 일맥상통한다고 할 수 있다.[30]

이상과 같은 이노우에 외무경의 궁여지책은, 비록 청을 군사적으로 지원하면서 청일전쟁을 선동하는 열강의 식민지 정략에 대한 경계에서 나온 것이기는 하였지만, 그리고 미국이 조선과의 조약(1882년)을 비준하려는 움직임을 보이면서 현실화될 위기를 벗어나기는 하였지만,[31] 임오

29) 廣瀨靖子,「日清戰爭前イギリス極東政策の一考察」,『國際政治』51, 1974, 145쪽.

30) 또 한 가지 주목해야 하는 것은 이노우에 외무경이 말하는 청과의 조약 체결이 어떠한 종류의 조약인지에 대해서는 설명이 없다는 점이다. 이미 일본이 조선과 화친조약인 조일수호조규를 체결한 상태라는 점을 감안한다면, 설사 장래 청과의 교섭을 통해 조선과 어떤 조약을 체결한다고 하더라도 이것으로 인해 일본의 조선 독립론이 손상되리라는 생각은 하지 않았을 가능성이 크다. 더구나 앞에서 말한 바와 같이, 이노우에 외무경이 1883년 단계에 이르러서도 여전히 만국공법에 입각하여 청의 조선에 대한 주권론을 실체가 없는 것으로 간주하고 있었다는 사실은 이러한 가능성을 더욱 강화시켜 준다.

31) 당시 일본정부는, 청국 및 일본에 주재중인 구미 열강의 공사들이 청일전쟁을

군란 이후 일본의 조선 독립론이 얼마나 심각한 위기에 봉착하였는가를 단적으로 나타내준다고 하겠다.

3. 천진조약과 청조종속 부정 문제의 타결

청의 조선에 대한 근대적 속국주의에 대항하기 위하여, 일본정부는 조선이 독립국이라는 사실을 국제적으로 공인화시키는 정책과 조선에 주둔중인 청국의 군대를 철수시키는 정책을 추진하였다.

전자의 조선 독립국 공인화 정책은 주로 임오군란 이후에 위기에 봉착한 조선의 외교 자주권을 유지하고 아울러 조청상민수륙무역장정을 형해화하기 위한 것이었다. 이 정책은 1883년에서 84년에 걸쳐 조선이 미국, 영국, 독일, 이탈리아, 러시아 등과 조약을 체결함으로써 일단락되었다. 당연히 일본정부 내에서는 조선의 독립은 국제적으로 공인되었다는 인식이 정착하여, 예를 들면 조영조약에 대해서, 이것은 일본과 조선의 국제적인 지위를 동일시하는 것이라며 강한 불만을 토로할 정도였다. 한편 청도 조선의 조약체제에의 돌입을 무시할 수는 없었다. 청은 조영조약에 대한 균점을 통하여 보다 유리한 조건의 조선 내지통상권을 획득하는 등, 더 이상 조선을 속국으로 명문화한 사실만으로는 조선에 대한 자신의 권익을 지킬 수 없다는 점을 자각하기 시작하였다. 이후 청은 기회가 닿을 때마다 조선이 청의 속국이라는 점을 열강에게 인식시키기 위한

선동하면서 상업 상의 이익을 꾀할 뿐만 아니라 전쟁 자체에 대한 간섭까지 기도하고 있는 상황에서, 청과 전쟁하는 것은 이들의 식민지 정략에 농락당하는 결과가 된다고 판단하고 있었다. 한편 이노우에는 조미조약(1882)에 부속되어 있는 조선 국왕의 친서에 "청국에 進貢"한다는 말은 있지만 "屬國 운운"하는 말은 없다는 점에 용기를 얻어, 임오 수신사절에 동행한 급진개화파의 요청을 받아들여 조선의 독립을 원조하는 방침을 확정하였다. 그리고 조선이 독립국임을 국제적으로 공인화시키기 위한 공작을 본격화하였다. 『伊藤博文關係文書(1)』, 179~181쪽.

공작을 되풀이하게 되는데, 그 이유는 바로 여기에 있었다.32)

한편 후자의 철병문제는 조선의 내치 자주권을 확보하기 위한 정책이었다. 조선에 주재중인 청국 관헌들은 군사력을 배경으로 조선의 내정에 대한 간섭을 강화하였는데, 이것은 조선의 내치 자주권을 유명무실하게 만드는 행위였다. 예를 들면 1884년 1월 오장경(吳長慶)이 청불전쟁에 대한 대비를 명목으로 조선의 서해안에 대한 해방권(海防權)을 요구한 사실이나, 갑신정변 직후 원세개 등이 조선 속국론을 명분으로 조선의 내정과 외교를 신속히 장악한 사실 등을 지적할 수 있다. 이에 대해 일본정부는 "오장경의 간섭은 조선의 사활에 관련된 일"이라며 민감한 반응을 보였고, 갑신정변 후의 사태에 대해서는 후술하듯이 대청 개전문제를 놓고 격론을 벌일 정도로 강하게 반발하였다. 특히 청국 병대의 조선 주둔 문제에 대한 이노우에 외무경의 우려는 심각했다. 이미 청군의 조선 주둔이 단행된 시점부터 일본 공사관 경비대와의 공동 철병을 모색하고 있던 이노우에 외무경은 청군의 조선 주둔을 계속 묵인하는 것은 조선 독립론을 포기하는 행위라고 간주할 정도였다. 청일 공동철병을 달성하여 조선의 독립체제를 완전히 정돈한다는 일본정부의 전략은 갑신정변(1884. 12)의 수습 과정에서 체결된 천진조약(1885. 4)을 통해 달성되게 된다.33)

1884년 12월에 발발한 갑신정변은 청조 종속 문제와 관련한 청일 간의 대립을 다시금 격화시키는 계기가 되었다. 조선에 주둔중인 청군은 급진개화파가 일으킨 갑신정변을 제압함과 동시에 조선의 내정과 외교를 장악하였다. 일본의 입장에서 본다면, 이러한 상태가 지속된다는 것은 곧 조선에 대한 청의 근대적 속국주의가 달성됨과 동시에 일본의 조선

---

32) 『日本外交文書(17)』, 130쪽 ; 中央硏究院近代史硏究所 編, 『淸季中日韓關係史料(3)』, 臺北, 1972, 831文書, 1344～1347쪽.

33) 『日本外交文書(17)』, 508～509쪽 ; 『伊藤博文關係文書(1)』, 183쪽.

독립론이 완전히 붕괴되는 것을 의미하였다. 이에 일본정부는 조선독립국 공인화 정책의 성과를 토대로 조선의 외교 자주권을 확인하고 아울러 청일 양국 병대의 공동 철수를 실현시킴으로써 조선의 내치 자주권을 회복시키고자 움직이기 시작하였다.

12월 18일 프랑스 공사관을 찾은 이노우에 외무경은 청에 대한 프랑스의 군사 행동에 대해 상세한 정보를 요청하였다. 그리고 조선에 청의 세력이 확대된다면 이는 일본에게는 일대 위협이 될 것이라고 지적하고 자신은 청일 양국의 병대를 조선에서 철수시킬 방침이라고 말하였다. 이어서 20일에는 조선 및 청과의 담판에 필요한 전권위임장을 정부에 요청하고, 에노모토 다케아키(榎本武揚) 주청 공사에게 타전하여 일본은 조선 및 청과의 담판을 별도로 가질 방침이라는 점을 청 측에 전하도록 지시하였다. 이노우에는 내정과 외교에서 조선의 독립체제를 완전히 정돈할 생각이었던 것이다.[34)]

이러한 이노우에 외무경의 방침에 호응하여, 일본정부는 21일 이노우에에게 조일 및 청일 담판에 필요한 전권위임장과 훈령(이하 '21일 훈령'으로 약술함)을 각각 전달하였다. 이 가운데 청일 담판에 대한 훈령은, 첫째 청군의 선제 공격에 관한 사실이 밝혀질 경우 관련자의 처벌을 요구할 것, 둘째 장래 조선에서 청일 양국의 화호(和好)를 깨뜨리는 사건이 일어나지 않도록 양국 군대의 철수에 관한 협정을 맺을 것 등이었다.[35)]

그러나 전권대사에 임명된 이노우에 외무경은 24일 시모노세키(下關)에 도착한 후, '21일 훈령'의 실현 방법을 놓고 이토 히로부미(伊藤博文)와 격론을 벌이게 된다. 처음부터 '21일 훈령'의 취지와 관련하여 일본정부 내부에는 심각한 견해의 차가 존재하고 있었던 것이다.[36)] 이노우에는

---

34) 『日韓外交資料集成(3)』, 73～75쪽, 91～92쪽 ; 彭澤周, 「甲申政變をめぐる井上外務卿とフランス公使との交涉」, 『歷史學硏究』 282, 1963, 38쪽.
35) 『日韓外交資料集成(7)』, 259～263쪽.
36) 『井上馨關係文書』, 國立國會圖書館憲政資料室, 書類 669-2.

청군을 철수시키기 위해서는 우선 청의 조선 속국론에 대한 논파가 전제되어야 하며, 만약 청이 이에 반발하여 담판이 결렬된다면 즉시 대청 개전을 단행해야 한다는 강경한 입장이었다. 이것은 조선 독립론을 명분으로 삼아 청일전쟁까지를 구상하고 있는 점에서 알 수 있듯이, 임오군란 직후에 이노우에 자신이 주장한 바 있던 속방비속방론을 대외 명분으로 한 대청 개전책의 부활을 의미한다. 말하자면 이노우에는 정공법을 통해서 청의 근대적인 조선속국주의를 격파하고 청조종속 문제와 관련한 청일 간의 대립을 근본적으로 해소시키려고 하였던 것이다.

이에 대해 이토는 단순히 장래 청일 양국의 화호에 방해가 되는 양국 군대를 철수하기로 협정을 맺으면 되며, 만약 청이 이에 반대하더라도 곧바로 개전에 돌입해야 하는 것은 아니라는 온건한 태도를 취하였다. 청일 양국의 화호의 보전을 공동 철병의 명분으로 삼고 있는 점에서 알 수 있듯이, '21일 훈령'은 이토의 주장과 부합하는 것이었다.

이토는 갑신정변 전에는 조선 독립론을 관철시키기 위해서라면 대청 개전도 불사해야 한다고 주장하던 강경론자였다. 이토가 이처럼 소극적인 자세로 돌아선 이유는 헌법 제도의 조사를 마치고 유럽 출장(1882. 3~1883. 8)에서 돌아온 이후 동아시아의 국제 정세를 보다 냉철하게 분석한 결과였다. 특히 이토는 일본의 출병에 반대하는 일본 주재 영국 및 러시아 공사의 견제를 강하게 의식했으며, 청국과의 담판을 성공시키기 위해서는 갑신정변의 빌미를 제공한 일본의 외무당국을 처벌하는 문제가 선결되어야 한다는 입장이었다. 또 청국이 철병을 거절할 경우 이것은 일본에게는 치욕임에는 틀림없지만 그렇다고 해서 만국공법 상 이를 이유로 청에 대해 선전포고를 할 수는 없다는 생각이기도 하였다.[37]

태정대신(太政大臣) 산조 사네토미(三條實美) 및 요시다 기요나리(吉田清

---

37) 伊藤博文 編,『秘書類纂-朝鮮交涉資料(上卷)』, 468~470쪽 ;『井上毅傳・史料編(5)』, 65쪽 ;『日韓外交資料集成(3)』, 103~106쪽, 114쪽.

成)는 이러한 이토의 온건책을 지지하였다. 일본정부는 강경책이든 온건책이든 간에 청국이 일본의 철병 요구를 수용할 가능성은 거의 없다는 판단 하에, 당장 청국에 대한 철병 요구를 무리하게 관철시키려 하기보다는 일단 청국과의 평화를 유지하고 아울러 조일 간의 직접 담판을 통해 조선의 독립을 확인하는 문제에 집중하고자 하였던 것이다. 이것이 바로 '21일 훈령'의 취지였다.

앞에서 말한 것처럼, 이노우에 전권대사와 이토의 대립은 이노우에가 시모노세키에 도착하면서 폭발하게 된다. 이 곳에서 이노우에는 조선의 정황이 아직 진정되지 않은 관계로 앞서 파견했던 이노우에 고와시 의관(議官)은 한성으로 들어가지 못하고 있으며, 조선정부는 청 측의 수중에 완전히 떨어졌다는 사실, 그리고 청국정부는 500명의 호위병과 함께 오대징(吳大澂)을 조선에 급파하기로 결정하였다는 정보 등을 입수하였다. 이노우에는 즉시 사쓰마파(薩摩派)의 다카시마 도모노스케(高島鞆之助) 육군중장 및 가바야마 스케노리(樺山資紀) 해군대보와 의논하여, 호위병 증파에 대한 동의를 이끌어 낸 다음, 일본정부에게 조기에 담판을 타결시키기 위해서는 700~800명의 호위병이 더 필요하다고 타전하였다. 그러나 이토 및 일본정부는 호위병 증파 문제를 일임하겠다던 처음의 입장을 번복하고, 청국과의 무력 충돌을 회피하기 위해 호위병 증파를 허락할 수 없다는 의사를 전해 왔다. 그러자 이노우에 전권대사는 26일 아침 이토에게 보내는 전신을 통해 다음과 같이 강하게 반발하였다.[38]

> 조선을 독립국으로 만들 것인지 아닌지 하는 문제에 대해 정부가 명확한 입장을 표명해 주지 않는 한 앞으로 조선 및 청과의 담판에 임하여

---

38) 『日韓外交資料集成(3)』, 103~106쪽, 199쪽 ; 吉田清成關係文書硏究會 編, 『吉田清成關係文書(1)』, 思文閣出版, 1993, 70쪽 ; 「樺山日記」, 『樺山資紀文書』 268, 國立國會圖書館憲政資料室, 1884년 12월 24일 및 26일 ; 『三條家文書』, 國立國會圖書館憲政資料室, 書類 34-18.

전권대사인 본인은 매우 곤란한 입장에 처할 수밖에 없다. 만약 청국이 전권대신을 파견하여 "조선은 독립국이 아니다"라는 논제를 전개한다고 가정해 보라. 이럴 경우 본인은 청국 전권에 대해 이 문제와 관련하여 정부로부터 아무런 명령도 받은 바 없다고 말할 수밖에 없을 것이다. 뿐만 아니라 조선에서 청일 양국의 화호를 유지하기 위해, 공동 철병에 관한 어떤 협약을 맺도록 하라던 앞서의 훈령까지도 애매해질 수밖에 없다. 또 조선 현지에 도착했을 때, 조선정부가 "오로지 청국의 주권을 받들 뿐"이라고 주장하거나 혹은 조선이 이미 무정부 상태에 빠져 있을 경우에도, 본인으로서는 "우리와 담판을 할 수 있는 조선정부를 확립해야 하는지 아니면 조선을 청의 수중에 던져버려야 하는지" 아무런 행동도 취할 수가 없을 것이다. 조선 독립 문제에 대한 정부의 훈령이 불완전한 이상 본인은 그저 허무하게 귀국할 수밖에 없다. 그러니 조선을 독립국으로 볼 것인지 아니면 그 독립을 포기해야 할 것인지에 대해 신속히 결정하여 알려주기 바란다.

이노우에 전권대사가 대청 강경책의 입장에서, 이토 및 일본정부의 대청 온건책을 청국의 조선 속국론에 대한 승인 행위라고 몰아부치면서 이들의 연약한 자세를 맹렬하게 비판하고 있음을 알 수 있다. 이노우에의 논리는 이미 근대적 속국주의로 무장한 청이 조선을 군사적으로 장악한 상태에서, 일본이 이러한 속국주의를 논파하는 과정을 거쳐 공동 철병 문제를 해결하지 않는다면, 이것은 곧 조선의 영토화까지를 의미하는 청의 근대적 속국주의에 대한 굴복이라는 것이다. 이노우에는 어떻게 해서든지 자신의 강경책을 관철시키기 위해, 같은 날 산조에게도 의견서를 보내, 호위병의 증파를 요청한 이유는 청불전쟁을 틈타 대청 국지전을 감행하여 조선 독립 문제와 관련한 청일 간의 대립에 종지부를 찍기 위해서라는 점을 명확히 밝혔다.[39]

이노우에 전권대사가 이처럼 청일전쟁에 적극적일 수 있었던 이유는

39) 『日韓外交資料集成(3)』, 103～106쪽.

이노우에 고와시 의관의 적극적인 개전 권유와 주청 영국 공사 파크스의 친일적인 태도 때문이었다. 이노우에 고와시는 청의 조선 지배를 저지하고 조일수호조규 이래의 조선 독립 정책을 완수하기 위해서는 대청 국지전이 필요하며, 또 이는 만국공법에 저촉되지 않는다는 견해를 거듭 전하였다. 한편 당시 동아시아 국제 사회에 절대적인 영향력을 행사하던 파크스는 일본 주재 영국 및 러시아 공사와는 달리, 일본군에 의한 조선 도서(島嶼)의 일시적인 점령이나 한성에의 주둔뿐만 아니라, 조선정부에 내정개혁을 종용할 것까지 적극 권유하고 있었다.[40)]

그러나 이노우에 전권대사의 반발에 대한 일본정부의 반응은 차가웠다. 각의를 거듭한 일본정부는 우선 현재 대동중인 2개 대대는 호위에만 국한한다는 점을 명시하였다. 또 조선을 독립국으로 볼 것인지 아닌지 하는 문제를 결정하여 청과 전쟁을 해야 하는지 말아야 하는지를 지금 당장 결정할 수는 없지만, 일본정부로서는 종전과 같이 조선을 독립국으로 인정하지 않을 수 없다는 점도 명확히 하였다. 그리고 만약 청이 조선 속국론을 근거로 철병을 거절한다면 그 논리를 받아들이지 말 것과 청과 공동으로 주병하는 길을 선택할 수밖에 없다고 전하면서, 어디까지나 '21일 훈령'의 취지에 따라 행동해 줄 것을 요구하였다.[41)]

그러나 이노우에 전권대사는 이러한 일본정부의 방침을 수용하지 않았다. 이노우에는 조선에 도착한 후, 사쓰마파 군부와 대청 개전에 관한 밀약을 맺었던 것이다. 그리고 나서 바로 얼마 전에 결론이 난 바 있는 조선 독립론에 대한 일본정부의 태도를 다시금 문제시하였다. 즉 이노우에 전권대사는 조선에 대한 "독립 정략을 장래에 유지할 것인지, 아니면 청국에 모두 속하게 할 것인지" 결단을 내릴 것을 촉구하였던 것이다.

---

40) 『日韓外交資料集成(3)』, 42쪽 ; 『井上毅傳・史料編(1)』, 442~447쪽 ; 『井上毅傳・史料編(4)』, 303~304쪽.
41) 『日韓外交資料集成(3)』, 114~115쪽.

그리고 청불전쟁의 추이를 주시하면서, 프랑스와의 동맹을 통한 대청 전면 전쟁을 구상하였다. 이노우에는 아오키 슈조(靑木周藏) 독일 주재 공사에게 보낸 전신에서, 프랑스와 동맹을 맺고 청과 일전을 벌여 아시아 대륙에 일본의 국위를 떨칠 생각임을 전하였는데, 이는 다시 말하면 조선 독립론과 관련한 청과의 대립에 종지부를 찍음과 동시에 동아시아의 국제질서를 일본을 중심으로 재편하겠다는 의사의 표현이었다고 할 수 있다. 그러나 이러한 이노우에의 구상은 일본의 대청 개전을 견제하는 영국의 반발 앞에 맥없이 좌절되고 말았다.42)

한편 이노우에 전권대사는 1월 4일부터 조선 측과 담판을 거듭한 끝에 1월 9일에 이르러 한성조약(漢城條約)을 체결하였는데, 이 과정에서 무엇보다도 중점을 둔 것은 조선의 독립이 국제적으로 공인된 상태라는 사실을 내외적으로 확인하는 일이었다. 이노우에는 조일 담판에 대한 간섭을 시도하는 오대징에 대해, 전권위임장을 소지하지 않은 점을 추궁하고, 또 조선은 독립국이라는 명분을 들어 대항하였다. 뿐만 아니라 오대징의 간섭을 활용하여, 조선정부에 대해서 조선은 일본을 비롯한 구미 열강과 조약을 체결하고 있는 독립국이라는 사실을 확인시키는 계기로 삼았다. 이노우에 전권대사는 1월 중순에 귀국하여 외무경에 복귀하였다.43)

일본정부에게 남은 과제는 청과의 담판을 통해 공동 철병 문제를 실현시키는 일이었다. 이러한 중임을 맡은 것은 다름 아닌 이토 히로부미였다. 이토 특파대사에게 부여된 이노우에 외무경의 2월 25일자 훈령은 갑신정변 당시 청국의 군대를 지휘한 장관의 처벌과 조선에 주둔중인 청군의 철수를 청국정부에 요구하라는 내용이었다. 그러나 일본정부 내에서조차

---

42) 「樺山日記」(12월 30일) ; 『吉田淸成關係文書(1)』, 105~107쪽 ; 「이노우에 외무경에게 보내는 1885년 3월 12일자 아오키 슈조 駐獨 공사의 편지」, 『井上馨關係文書』 ; 原敬文書硏究會 編, 『原敬關係文書(1)』, 日本放送出版協會, 1984, 284쪽 ; 坂根義久 校注, 『靑木周藏自傳』(東洋文庫 168), 平凡社, 1970, 86~87쪽.

43) 『日韓外交資料集成(3)』, 190~193, 206~207쪽.

청국에 대해서 군대의 철수를 요구하는 것은 곧 조선을 버리라고 요구하는 것과 같은 논리가 되는 이상, 철병 요구는 평화적으로 해결되기 어렵다는 전망이 지배적이었다.[44)]

이에 일본정부는 담판을 유리하게 진행시키기 위해, 영국에 협조를 요청하는 한편 청국 장관의 처벌 문제를 회담 초에 제시하기로 하였다. 그런데 예상과 달리 청은 청일 공동 철병에 대한 영국의 권유를 순순히 받아들였다. 그 이유는 군대를 조선에 장기적으로 주둔시키는 과정에서 일어나는 여러 가지 부작용을 감안하여 해군을 이용한 조선 보호책으로 정책을 전환하였기 때문이다. 이러한 청의 움직임을 간파한 이토는 대청 담판의 성패를 공동 철병이 아닌 장관 처벌 문제에 두고, 개전을 통해서라도 이 문제를 해결하겠다는 의사를 일본정부에 전달하였다. 이토의 폭주에 의해 청일 담판은 예상치 않은 위기에 봉착하였던 것이다.[45)]

일본정부는 즉시 이토에게 타전하여, 청 측이 공동 철병에 동의한다면 장관 처벌 문제를 억지로 강요하지 말라는 훈령을 전하였다. 이홍장과의 담판에 임한 이토는 처음에는 정부의 훈령을 무시한 채 이 문제를 주요 사안으로 다루었다. 그러나 이토가 공동 철병 문제를 먼저 처리하자는 이홍장의 제안을 받아들임으로써 담판은 본궤도에 진입하게 된다. 공동 철병 문제와 관련한 이홍장과 이토의 대립의 핵심은 청의 조선 속국론에 입각한 대조선 파병권을 봉쇄하는냐 혹은 허용하는냐에 달려 있었다. 우여곡절 끝에 4월 18일 천진조약이 체결되었다.[46)]

청일전쟁 당시의 외무대신이었던 무쓰 무네미쓰(陸奥宗光)가 지적했듯

---

44) 『日韓外交資料集成(3)』, 223～226쪽 ; 『井上毅傳・史料編(1)』 449쪽 ; 『井上毅傳・史料編(4)』, 84쪽.

45) 『秘書類纂-朝鮮交涉資料(上卷)』, 468～470쪽 ; 『井上毅傳・史料編(1)』, 448～450쪽 ; 『伊藤博文關係文書(1)』, 191쪽 ; 『井上馨關係文書』 書類 669-4 ; 金正起, 「兵船章程의 강행(1882.2)에 대하여」, 『韓國史硏究』 24, 1979.

46) 『井上馨關係文書』 書類 669-4 ; 『日清戰争への道程』, 128～131쪽.

이, 이 조약은 청의 조선 속국론에 대한 커다란 타격이었다. 왜냐하면 청은 지금까지 자신의 속국이라고 주장하던 조선으로부터 조약의 규정(천진조약 제3조)에 입각하여 군대를 철수하지 않을 수 없게 되었을 뿐만 아니라, 행문지조(行文知照) 조항에 구속되어 장래 어떠한 경우에도 조선에 다시금 군대를 파견할 때는 먼저 일본에 이를 알려야 하는 의무를 지게 되었기 때문이다. 반면 일본은 제물포조약에 규정된 공사관 경비대의 주둔권을 온존시키는 데에 성공하였다. 한편 외국인 교관의 파견을 조선 측에 권유한다는 조항은 청일 양국에 의한 교관의 파견을 부정한 것으로, 일본의 입장에서 본다면 임오군란 후의 청의 근대적 조선속국주의의 일각을 분쇄하는 의미를 갖는 것이었다.[47)]

4. 조선 변법 8개조와 조선 보호 문제

천진조약이 체결된 이후 일본정부에서는 조선 독립국 공인화 정책 및 천진조약에 의해서 강화도사건 이래의 청조종속 부정 정책이 결착을 보게 되었다는 인식이 정착하기 시작하였다. 일본정부는 천진조약을 단순히 조선에서의 청일 양국 권력의 균형을 보장하는 장치로서만 보지 않고, 조일수호조규 이래 꾸준히 추진해 온 조선 독립 정책의 귀결점으로 평가하였던 것이다. 그러한 의미에서 야마가타가 조일수호조규는 다른 나라에 앞서 조선의 독립을 인정한 조약이었으며, 이후 조선 독립 정책을 꾸준히 전개한 결과 천진조약을 맺기에 이르렀다면서 천진조약의 의의를 설파한 것은 상징적이라고 하겠다.[48)] 비록 조청상민수륙무역장정이 여전히 존재하기는 하였으나, 천진조약에 의해 조선 속국론에 근거한 청의

47) 陸奥宗光, 『蹇蹇錄』, 岩波文庫, 1992, 34~36쪽 ; 『日清戰争への道程』, 131쪽.
48) 大山梓 編, 『山縣有朋意見書』, 原書房, 1966, 199쪽.

파병권을 반신불수에 빠뜨렸다는 점에서 본다면 이러한 일본정부의 인식은 어떤 의미에서 자연스러운 것이었다고 하겠다.

그러나 천진조약에 대한 일본정부의 이상과 같은 인식은 어디까지나 일본의 내재적인 차원에서의 문제였지 동아시아 국제 사회에서 공감을 얻은 것은 아니었다. 다시 말하면 천진조약은 청조종속 부정 문제 즉 조선의 독립 문제에 대한 현실의 외교 정책과 내적 인식과의 사이에 본격적인 괴리를 초래하는 계기가 되었던 것이다. 이후 일본정부의 동아시아 정책은 여러 가지 면에서 모순에 가득 찬 성격을 띠게 되는데, 이는 바로 이러한 괴리가 현실의 정책에 반영된 결과였다.

이러한 사정을 적절하게 보여주는 것이 바로 1885년 6월 이노우에 외무경이 이홍장에게 제안한 조선 변법 8개조이다. 이노우에는 에노모토 주청 공사에게 보내는 6월 10일자 훈령을 통해서, 조선 변법 8개조의 내용을 전하고 아울러 이에 대해 이홍장과 교섭할 것은 지시하였다. 조선 변법 8개조는 갑신정변 직후 표면화되기 시작한 조선과 러시아의 접근(제1차 조러밀약사건)에 대해 청과 일본이 공동으로 대응하는 방안을 제안한 것이었다. 또 같은 해 4월에 일어난 영국의 거문도점령사건에 대해 청과 일본이 공동으로 대응할 수 있는 토대를 구축한다는 의미를 갖는 것이기도 하였다. 그 주요 내용은 다음과 같다.[49)]

제1조, 대조선 정책은 이홍장과 이노우에가 비밀리에 협의한 다음에 이홍장이 시행한다.

제2조, 국왕 측근이 국정에 참여하는 것을 배제한다.

제3조, 국왕은 중신을 등용할 때 반드시 이홍장과 상의해야 하며 이홍장은 이를 다시 이노우에와 상의한다. 일급의 중신이란 김홍집, 김윤식, 어윤중 등을 말한다.

제4조, 위의 세 사람에게 외교, 군사, 회계에 관한 정무를 위임한다.

---

49) 『日本外交文書－明治年間追補(1)』, 358～359, 380～381쪽.

제5조, 묄렌도르프를 해임하고 대신에 미국인을 조선의 고문에 임명한다.

제6조, 무능한 진수당(陳樹棠)을 파면하고 재간 있는 인물을 파견한다.

제7조, 이홍장은 진수당의 후임 및 미국인 고문에게, 장래의 정책에 대한 충분한 훈령을 부여한 후에 부임하기 전 이노우에에게 면회시킨다.

제8조, 진수당의 후임은 조선에서 일본의 대리공사와 만사를 협의해서 대처한다.

이상의 내용은 언뜻 보기에는 일본이 대조선 정책에 대한 주도권을 청에게 양보하는 것으로 보여질 수도 있다. 뿐만 아니라 청의 조선 속국론에 대한 지지를 의미하는 것으로 받아들여질 가능성도 있다. 그러나 이러한 이해는 조선 변법 8개조가 천진조약의 성과를 그 출발점으로 하고 있다는 사실을 염두에 두지 않은 결과라고 할 수 있다.

조선 문제에 임하는 이노우에의 기본 자세는 어디까지나 조선 독립론의 견지에 있었으며, 청의 조선 속국론에 대해 지지는커녕 양보할 생각도 없었다. 이러한 자세는 위에서 언급한 6월 10일자 훈령에 잘 드러나 있다. 여기에서 이노우에는 에노모토에게, 일본에 주재하는 각국 공사들 사이에 천진조약은 청일 양국에 의한 조선 독립의 부정을 의미하는 것이 아니냐는 의문의 목소리가 비등하는 것에 대해 커다란 우려를 표명하였다. 또 조선을 독립국으로 인정하는 일본이 이를 속국으로 간주하는 청과 공공연하게 공동으로 보호하는 정책을 추진할 경우, 자칫 다른 나라로부터 일본이 청의 조선 속국론에 찬성한다는 오해를 살 수 있다면서, 에노모토가 제안한 바 있는 청일 공동주병에 의한 조선 보호 구상을 일축하기도 하였다. 이와 같은 자세는 조선 변법 8개조가 천진조약의 성과를 그 출발점으로 하고 있다는 사실을 명확히 입증해 주는 것이라고 하겠다.

그렇다면 이노우에가 조선 변법 8개조를 제안하게 된 배경은 무엇이었을까? 이에 대해서 이노우에는 다음과 같이 설명하고 있다. 청일 양국이 조선 속국론이나 조선 독립론을 되풀이 주장하는 것만으로는 현재 벌어지고 있는 거문도점령사건이나 조러밀약사건에 대해 유효하게 대처할 수 없다. 따라서 일단은 조선의 독립문제와 관련한 청일 간의 소모적인 논쟁을 잠시 접어둔 상태에서, 조선 변법 8개조와 같은 공동전략을 마련하여 추진할 필요가 있다는 것이다.

그러나 여기에서 주의해야 하는 점은 이노우에가 이러한 청일 양국의 공동전략에 대한 주도권까지 스스로의 손에 장악하려고 하였다는 사실이다. 조선 변법 8개조의 주요 조항이 마련된 배경을 살펴보면서 이 점을 확인해 보기로 하자. 우선 묄렌도르프는 주지하는 바와 같이 조선을 친러정책으로 유도한 핵심 인물로서 청일 양국으로부터 강한 반감을 사고 있었다. 진수당의 경우는 거문도사건 및 조러밀약사건과 관련하여 청으로부터 그 무능함이 문제가 되었을 뿐만 아니라, 일본이 조영조약에 대한 균점을 시도했을 때 이를 방해한 일로 인하여 일본으로부터도 기피되고 있던 인물이다. 따라서 이노우에가 이들에 대한 교체를 주장한 것은 당연했다. 한편 묄렌도르프를 대신할 인물로서 미국인을 지정한 것은 일본에 대한 미국의 호의적인 태도를 높이 평가했기 때문이다. 미국은 임오군란 직후 일본이 본격적으로 추진하던 조선독립국 공인화 정책이 벽에 부딪혔을 때 조미조약(1882)에 대한 비준을 결정함으로써 일본의 동아시아 정략에 긍정적인 영향을 주었다. 뿐만 아니라 갑신정변 당시 조선 주재 미국 공사 후트는 조선 정세에 대한 상세한 정보를 이노우에에게 전달하는 등 일본으로부터 호감을 사고 있었다. 이처럼 이노우에는 일본이 대조선 정책을 전개해 나가는 데에 방해가 되는 인물을 제거하고 그 자리에 친일적인 성향을 갖는 인물을 기용함으로써 청일 협조라는 명목 하에 일본의 주도권 확립을 꾀했던 것이다.[50]

---

50) 『日韓外交資料集成(2)』, 466쪽 ; 『日韓外交資料集成(3)』, 332~333쪽 ; 『井上毅

그러나 조선 변법 8개조의 핵심은 무엇보다도 제3조 및 제7조에 있다고 할 수 있다. 이들 조항에는 일시적인 청일 협조에 대한 주도권을 겉으로는 청에 양보하는 듯한 형태를 취하면서도 속으로는 이를 자신의 손으로 조정할 수 있는 권한을 청으로부터 공인받으려는 이노우에의 의도가 명확히 반영되어 있다. 특히 이 부분과 관련하여서는 이노우에가 6월 5일 서승조(徐承祖) 청국 공사와 회담하는 자리에서,[51] 설사 묄렌도르프에 대신한 외국인 고문을 새로이 임명한다 하더라도 결과는 마찬가지가 될 것이라면서 이홍장의 외교 수완을 낮게 평가한 사실에 주목할 필요가 있다. 또 이들 두 개 조항에 대해 이홍장이 이것은 사실상 자신을 이노우에의 지휘 하에 두는 것을 의미한다면서 크게 반발하여 조선 변법 8개조를 일축한 사실, 그리고 이노우에가 이러한 이홍장의 반응에 대해, 이들 두 개 조항을 제외한다면 아무런 실익이 없을 뿐만 아니라 조선에 대한 "청의 주권 확장"을 일본이 인정하는 셈이 되어 장래 커다란 지장을 초래하게 될 것이라면서 강한 불만을 토로한 사실 등에 대해서도 주목해야 할 것이다. 이노우에는 조선 변법 8개조에 대한 실질적인 주도권을 장악하려 했던 것이다.[52] 요컨대 이노우에는 동아시아의 국제 정세를 이용하여, 천진조약의 성과를 바탕으로 조선 문제에 대한 간섭 내지는 보호권을 청의 동의 하에 확보함으로써, 조선에 대한 청의 일방적인 주권 확장을 차단하려고 했던 것이다.

한편 조선 변법 8개조의 조항 중 또 한 가지 주목해야 하는 점은 온건개화파의 요인인 김윤식 등에게 정무의 주요 사안을 집중시킬 것을 의도한 제3조 및 제4조의 관련 부분이다. 김윤식 등은 이노우에 가쿠고로(井上角五郎)를 매개자로 하여 일본의 조야로부터 지원을 받아 『한성순보』(漢城旬

傳・史料編(4)』, 272～273쪽.

51) 『日本外交文書-明治年間追補(1)』, 353～356. 여기에는 회담 일자가 6월 15일로 기록되어 있지만, 6월 5일이 맞다.

52) 『日本外交文書-明治年間追補(1)』, 382～384쪽.

報)의 발간사업을 비롯하여 조선의 근대적 문화사업을 추진한 일이 있다. 그리고 이러한 과정을 통해 형성된 일본정부와의 대화통로는 일본이 조영조약에 대한 균점을 시도했을 때는 물론 한성조약을 체결할 당시에 커다란 힘을 발휘한 일이 있다. 뿐만 아니라 이러한 대화통로는 조러밀약과 관련한 조선 측의 정보를 일본정부에 전달하는 통로로서도 중요한 의미를 갖고 있었다. 한편 김윤식은 청국 군대의 철수를 희망하는 등 조선의 독립체제를 정돈하는 일에 힘을 쏟고 있었는데, 이는 말할 것도 없이 일본의 조선 독립 정책에 부합하는 것이었다. 즉 이들 조항은 장기적인 관점에서 조선정부를 친일화하기 위한 전략에서 마련된 것이었다.[53)]

이상에서 알 수 있듯이, 조선 변법 8개조는 천진조약에 의해 조선 독립 정책이 일단락되었다는 판단 하에, 다음 단계로서 청과 대등한 입장에서 조선을 보호할 수 있는 권한을 획득하려 한 것이었다. 그러나 조선 변법 8개조는 근대적 보호권의 획득을 지향하면서도 그 방법에서는 청의 조선 속국론에 의존한다는 모순을 내포한 정책이었다는 점에서, '근대적 종주권'의 추구를 기도한 것이라고 평가할 수도 있을 것이다. 그러나 역으로 설명하면, 이와 같이 일본이 청의 조선 속국론에 의존한 채, 군사력을 활용하는 수준의 더욱 적극적인 조선 보호 정책을 전개하지 못한 이유는 청의 조선 속국론을 붕괴시켰다는 천진조약의 성과를 해치지 않으려 했기 때문이기도 하다. 요컨대 천진조약은 일본의 대조선 정책을 독립국 공인화 정책으로부터 보호정책으로 탈바꿈하게 한 토대가 됨과 동시에, 완전한 보호정책으로 탈바꿈할 수 없게 만드는 브레이크 역할을 하였던 것이며, 조선 변법 8개조는 바로 이러한 모순의 표출이었던 것이다.

천진조약이 만들어 놓은 이러한 모순은 이후의 대조선 정책에 보다 명확하게 투영되기 시작한다. 일본정부는 현실의 외교의 측면에서는

---

53) 『日清戰爭への道程』, 60~77쪽 ; 『日韓外交資料集成(7)』, 323쪽 ; 『秘書類纂-朝鮮交渉資料(下卷)』, 124~126쪽.

천진조약의 성과를 고수하면서도, 내적 인식의 차원에서는 조선 보호 문제를 보다 적극적으로 모색하였던 것이다. 전자의 천진조약 고수 문제와 관련하여서는, 이노우에 외무경이 1885년의 오사카(大阪) 사건과 관련하여, 조선으로 숨어들어간 자유당계 장사(壯士)들의 체포를 시도하는 과정에서 천진조약을 의식하여 조선에 파견하는 소규모 병대의 신분을 한시적으로 순사로 하려 했던 점을 지적할 수 있을 것이다. 또 청이 천진조약의 개정을 계획한다는 정보에 접한 야마가타 아리토모가 이를 결코 좌시하지 않겠다는 단호한 입장을 천명한 일, 그리고 구로다 기요타카(黑田淸隆) 내각(1888. 4~1889. 10)의 외무대신이었던 오쿠마 시게노부(大隈重信)가 주일 러시아공사와 대담하는 자리에서 천진조약의 견지가 조선 독립 정책의 기조임을 재천명한 일 등을 지적할 수 있다.54)

후자의 조선 보호 문제는 일본정부의 전체적인 동아시아 정략 속에서 이를 바라볼 필요가 있다. 예를 들어 이노우에 외무경은 1885년 7월에 구미 열강이 연합 전선을 형성하여 일본의 조약개정 요구에 대해 부정적인 자세를 견지하는 것과 관련하여, 이를 맹렬하게 비판하는 과정에서 조만간에 일본이 문명 강국으로 등장하게 되면 피차 간에 오늘날과 같은 동아시아 정략으로는 불편을 느끼게 될 것이라면서 조약개정을 촉구한 바 있는데, 이는 일본의 장기적인 동아시아 정략을 시사한다는 점에서 주목된다. 일본은 적어도 내적 인식의 차원에서는 이미 동아시아를 대상으로 한 구미 열강과 일본의 식민지 경쟁 관계를 전망하고 있었던 것이다. 그러한 의미에서 이노우에의 대청 외교가 청일수호조규의 개정을 통해, 청과의 대등관계를 불평등관계로 재편하고 나아가서 이러한 불평등관계를 고착화하는 쪽으로 본격화하기 시작했다는 사실은 의미하는 바가

---

54) 『日本外交文書(19)』, 522, 527, 529쪽 ; 『日本外交文書(21)』, 46쪽 ; 『山縣有朋意見書』, 179쪽 ; Andrew Malozemoff, *Russian Far Eastern Policy 1881~1904*, University of California Press, 1958, 35쪽.

크다고 할 것이다.[55)]

뿐만 아니라 일본정부는 조선을 어떠한 형태로 일본의 세력권 내에 포섭시킬 것인가 하는 문제에 대해서도 구체적으로 논의하기 시작하였다. 이와 관련하여서는 특히 1885년 말에서 다음 해 초에 걸쳐 이루어진 이노우에 가오루와 데니의 회담 내용이 주목된다. 이때 비록 이노우에는 이홍장의 조선속국주의에 대한 견제 내지는 비판을 의도하여 일본이 조선을 식민지화할 생각도 능력도 없다는 점을 강조하기는 하였지만, 그 과정에서 조선을 지배하는 방법을 여러 가지 각도에서 구체적으로 설명하였는데, 이 점에 특히 유념할 필요가 있다. 왜냐하면 거꾸로 말하면 이것은 일본정부 내에서 조선을 일본의 세력권 내에 포섭시키는 문제가 논의되고 있었음을 반증해 주는 것이기 때문이다. 그러한 의미에서 1885년 말에 개최된 각의에서 사쓰마파의 거두인 구로다 기요타카가 "속취조선"(速取朝鮮)하여 부국강병의 기초를 세워야 한다고 주장한 점, 그리고 1887년 중엽에 이노우에가 조선에 주재중인 일본 공관원들에게, 구미열강이 펼치고 있는 조선에 대한 식민지 정략에 정면에서 맞설 것을 지시한 점 등은, 시사하는 바가 크다고 하겠다. 조선을 보호하는 문제는 이제 조선 변법 8개조의 단계를 넘어서 일본정부 내의 광범한 지지 속에서 보다 밀도있게 모색되기 시작했던 것이다.[56)]

5. 외교정략론과 조선 보호 문제

55) 졸고, 「일본의 근대화와 동아시아질서의 재편 문제」, 『日本歷史硏究』 7, 1998, 78~83쪽.

56) 「高平小五郎 조선 주재 임시대리 공사에게 보내는 1886년 2월 10일자 이노우에 가오루 외무대신(외무경에서 외무대신으로의 호칭 변경은 1885년 12월의 내각제도 창설에 따른 것임)의 기밀신」, 『各國ニ於ケル外國人傭聘關係雜件』, 外務省外交史料館 3-9-3-20-1 ; 『淸季中日韓關係史料(4)』, 1107文書, 附件(2), 2007~2010쪽 ; 『日本外交文書(20)』, 253~254쪽.

그러나 조선 독립 정책에 대한 일본정부의 입장에 근본적인 전환이 일어나는 것은 제1차 야마가타 아리토모 내각(1889. 12~1891. 5)이 성립하면서부터이다. 야마가타 내각이 들어서기 전까지 일본정부의 내정과 외교를 리드한 것은 이노우에 가오루를 중심으로 하는 긴축파의 외교주의 국가 노선이었다. 이 노선의 특징은 군사 면에서는 소수정예화를, 그리고 대외 정책의 측면에서는 외교 교섭에 의존하여 조약개정 문제를 타결지으려 한 점에 있다. 야마가타 내각은 이러한 정책을 대외 굴종주의라고 비판하면서 국력주의에 입각한 국가 노선의 채용을 표방하였다. 국력을 바탕으로 한 조약개정 문제의 해결과 대규모 군비확장 정책을 추진하기 시작하였던 것이다.[57]

국력주의 국가 노선은 야마가타 내각 이후의 대조선 정책에도 획기적인 전환을 가져오게 되는데, 이러한 내용은 야마가타의 '외교정략론'(外交政略論, 1890. 3)[58]에 명확히 투영되어 있다. '외교정략론'의 핵심은 다음과 같은 네 가지 사항을 주장한 점에 있다.

첫째, 주권선인 일본과 이익선인 조선을 보전하기 위해서는 대규모 군비확장을 추진해야 한다.

둘째, 조선의 독립을 위협하는 러시아에 의한 조선 침략을 저지하기 위해서는 영국, 독일, 청국, 일본의 4개 국이 연합하여 조선을 중립국으로 만들어야 한다.

셋째, 조선의 독립을 보전하기 위해서는 천진조약의 파병 금지 조항을 폐지해야 한다.

넷째, 조선중립국화 구상이 실현된다면 청일 양국은 조선에 대한 "공동의 보호주(保護主)"가 되어 조선 문제는 물론 류큐 문제와 관련한 양국의

57) 졸고, 「日本政府의 동아시아질서 재편 정책과 淸日戰爭」, 『東洋史學硏究』 65, 1999, 215~236쪽.
58) 『山縣有朋意見書』, 196~200쪽.

대립이 근본적으로 해소될 것이다.

이들 네 가지 핵심 내용은 물론 서로 개별적인 의미를 갖는 것이 아니라 상호 밀접한 연관 하에 제시된 것이지만, 아울러 상당한 모순을 내포하고 있는 것도 사실이다. 예를 들면 조선의 독립을 보전한다는 명목 하에 제시된 두 번째의 조선중립국화 구상은 조선에 대한 특정 국가의 일방적인 주도권을 보장하는 네 번째의 조선 보호주 구상과 서로 모순되고 있음을 알 수 있다. '외교정략론'이 이와 같이 모순된 내용이 될 수밖에 없었던 이유는 어디에 있었던 것일까? 또 조선 독립 문제에 대한 야마가타의 의중은 어디에 있었던 것일까? 이하에서 신중히 검토해 보도록 하자.

야마가타가 조선 중립국화 구상을 들고나온 이유는 진정으로 조선을 중립국화하려는 의지가 있어서가 아니라 조선 독립 문제와 관련한 일본의 고립적 상황을 탈피하고 아울러 이러한 과정을 통해 러시아의 조선 침략을 차단하기 위해서였다. '외교정략론'이 등장할 당시 조선의 독립문제와 관련한 일본의 위기의식은 상당히 심각한 것이었다. 이러한 사실은 천진해관(海關)의 조선 속국 발언 문제와 관련한 각국의 대응을 통해 확인할 수 있다.

1889년 9월 천진 해관은 조선이 청의 속국이라는 이유를 들어, 독일상사 세창양행(世昌洋行)이 수입한 조선산 종이에 대한 수입세를 반감하는 조치를 취했는데, 이에 대해 1890년 6월에 이르기까지 각국이 보여준 반응은 조선 속국론과 관련한 일본의 외교적 고립을 여실히 폭로해 주는 것이었다. 처음에 독일은 청이 조선을 속국시하는 태도를 문제삼아 즉각 청에 항의하는 한편 일본에 대해서도 협력을 요청하였다. 그러나 독일은 얼마 지나지 않아서 일본이 예상한 대로 조선 독립 문제에 대한 관심을 멀리하였다. 한편 여타 국가들의 반응은 처음부터 더욱 냉담하였다. 프랑스와 미국은 거의 관심을 보이지 않았다. 러시아는 한때 최혜국 조관에 의거하여 수입세 반감에 대한 균점을 요구하는 등, 청의 조선 속국론에 대항하는 자세를 취하기도 하였으나, 일본은 이러한 러시아의 태도를 정략적인 것이라고 간주하였다. 만일 조선 독립 문제가 본격적으로 논의된다면 러시아는 종래의 지론에 따라 청의 조선 속국론을 승인하게 되리라고 예측하였다. 영국은 청국에 재류하는 영국 상인들의 불만을 아랑곳하지 않고 청의 조선 속국론을 지지하였다.[59)]

청의 조선 속국론에 대한 영국과 러시아의 지지 표명은 바로 동아시아 국제 사회에서의 일본의 외교적 고립을 의미하였다. 아오키 슈조(青木周藏) 외무대신 앞으로 전달된 1890년 2월 8일자(3월 7일 도착) 오토리 게이스케(大鳥圭介) 주청 공사의 보고서는, 영국과 러시아의 반응으로 보아 일본이 조선 독립 문제를 놓고 청국과 논쟁을 벌일 경우에는 완전히 "고립무원"의 상태에 빠질 가능성이 크다는 점을 경고하였다. 그리고 이에 대한 4월 25일자 아오키 대신의 훈령은 오토리의 의견을 충분히 참작한 내용으로 되어 있다. 아오키는 청의 조선 속국론을 견제할 필요성을 느끼면서도 구미 열강이 일본에 대해 이 문제와 관련한 협조를 요청하기 전에는 앞에 나서서 청과 조선속국 문제를 놓고 논쟁하지 않도록 주의를 환기시켰다.[60)]

이상과 같이 청의 조선 속국론을 지지하는 동아시아의 국제 정세는 일본으로 하여금 조선 독립론을 적극적으로 주장할 수 없게 만드는 심각한 장애 요인으로 작용하고 있었다. 천진조약의 성과를 바탕으로, 대조선 정책의 중심을 조선 독립 문제에서 조선 보호 문제 쪽으로 서서히 옮겨가려던 일본정부의 야심은 청의 조선 속국론을 지지하는 국제 여론에 밀려 좌절될 위기에 봉착한 것이다. 뿐만 아니라 이러한 사태는 조선 독립 문제와 관련한 청일 간의 대립을 천진조약 이전의 상태로 되돌릴 수 있는 요인이 될 가능성마저 내포하였다. 야마가타의 4개국 연합에 의한

59) 『日本外交文書(22)』, 446~462쪽.
60) 『日本外交文書(22)』, 451~462쪽.

조선 중립국화 구상은 바로 이러한 국제 정세에 대한 대응책이었다. 청의 조선 속국론을 지지하는 동아시아 국제 사회의 분위기를 조선 중립국화 쪽으로 유도함으로써 일본의 조선 독립론에 대한 호응을 불러일으키려는 전략이었던 것이다.

4개국 연합에 의한 조선 중립국화 구상에 내포된 또 한 가지 중요한 사실은 이것이 일본의 친영반러 정책의 본격적인 출발을 의미한다는 점이다. 러시아에 대한 일본의 적대감은 비록 유신 초기까지 거슬러 올라갈 만큼 뿌리가 깊은 것이었지만, 적어도 1880년대 중엽의 일본의 대외 정략은 영일동맹은 물론 러일동맹의 가능성까지도 열어둔 것이었다. 이는 임오군란 후의 일본의 군사 정책이 대륙작전용 군비의 정돈뿐만 아니라 영청연합군에 대한 대항까지 염두에 둔 것이었다는 점, 그리고 1885년 이후의 소수정예화 군사 노선이 영국 또는 러시아와의 군사동맹을 시야에 둔 것이었다는 점 등을 감안한다면 쉽게 이해가 갈 것이다.[61]

일본의 대외 정략이 친영반러 쪽으로 기울기 시작한 결정적인 계기는 특히 1880년대 후반에 들어와서 입수되기 시작한 시베리아 철도 건설에 관한 정보였으며, 이에 대한 일본의 위기의식은 심각하였다. 그 후 '외교정략론'의 등장에 즈음하여 러시아에 의한 절영도(絶影島) 조차설이 불거져 나오면서 일본의 러시아에 대한 경계는 극에 달한다. 일본정부에서는 일본의 인후에 해당하는 조선의 절영도가 러시아에 넘어갈 경우 조선은 물론 동아시아의 세력 판도에 막대한 영향을 끼쳐 결국에는 러시아가 패권을 장악하는 사태가 초래될 것이라는 우려의 목소리가 분출하였던 것이다. 따라서 '외교정략론'이 4개국 연합에 의한 러시아 배제책을 들고 나온 것은 당연하다고 하겠다.[62]

---

61) 졸고, 「松方財政期의 육해군 확장 문제」, 『中央史論』 10 · 11합집, 1998.
62) 『日本外交文書(23)』, 539쪽 ; 海軍大臣官房 編, 『山本權兵衛と海軍』, 原書房, 1966, 59~60쪽.

한편 청일 양국이 조선에 대한 공동의 보호주가 된다는 네 번째의 조선 보호주 구상은 조선 중립국화 구상의 주도권을 일단 청일 양국의 수중에 넣고자 하는 의도에서 제기된 것이며, 세 번째의 천진조약 개정론은 이를 군사적인 측면에서 뒷받침하려는 것이다. 이러한 조선 보호주 구상 및 천진조약 개정론 또한 조선 중립국화 구상과 같이 동아시아 국제 정세의 변동에 민감히 대응한 결과였다.

1890년에 접어들면서 조선에서 갑작스럽게 부각된 철잔(撤棧) 문제는 앞에서 언급한 천진 해관의 조선 속국 발언 문제와 함께 일본의 조선 독립론을 위기에 빠뜨린 또 다른 요인이었다. 철잔 문제란 한성 내의 조선 상인들이 정부에 대해, 청일 양국 상인의 철잔을 요구한 데에서 비롯된 사건을 말한다. 일본은 이 사건이 곧 폭동으로 번질 가능성이 있으며, 뿐만 아니라 민씨파와 대원군파 간의 알력을 격화시켜 조만간에 정변으로 발전할 가능성도 있다고 보았다. 당시 조선정부는 상인들의 요구를 수용하여 청에 대해 철잔을 요구하는 과정에서 원세개를 제쳐둔 채 청국정부와의 직접 담판을 시도하였는데, 이에 대해 일본은 사실상 전통적인 청조종속관계를 무시하는 파격적인 태도라고 평가하였다. 그리고 그 배후에는 데니와 러시아 공사 웨베르의 선동이 있다고 보았다. 나아가 일본은 청이 조선정부의 요구를 거절함은 물론 사태를 수습하기 위해 군함을 파견할 가능성이 높으며, 이렇게 될 경우에는 러시아도 이를 좌시하지 않을 것이라고 판단하였다.63)

임오군란 및 갑신정변을 통해 확인했듯이, 조선에서의 정변 발발은 일본에게는 곧 청의 조선 속국주의의 강화와 직결될 수 있는 사안이었다. 더욱이 청이 군함을 파견하고 이에 대항하여 러시아마저 군함을 파견하는 사태가 초래된다면 조선 문제는 청과 러시아의 대립을 중심으로 전개되어 자연히 일본은 조역의 위치로 전락할 수밖에 없는 상황이 연출될 가능성

---

63) 『日本外交文書(23)』, 158～169, 176～179쪽.

도 있었다.

이러한 위기적 상황을 극복하고자 일본이 선택한 대응책 중의 하나가 청일 연합함대의 구축안이다. 1890년 2월말 조선에 파견된 야마모토 곤베에(山本權兵衛)는 원세개에게 접근하여, 절영도 조차설 등을 예로 러시아에 대한 위기감을 부추기면서 연합함대의 구축 가능성을 탐색하는 한편, 정부의 훈령에 따라 철잔 문제가 내란으로 발전할 위험성이 있는지를 조사하였다.64)

이러한 야마모토의 움직임은 일본의 청일 연합 함대 구축안이 '외교정략론'의 조선 중립국화 구상은 물론 천진조약 개정론 및 이를 토대로 한 청일 공동의 조선 보호주 구상과 일맥상통하는 것이었음을 말해준다. 다시 말하면 일본정부는 청일 연합 함대의 구축을 통해 러시아 배제책을 더욱 철저화하고, 조선의 내란을 미연에 방지함으로써 청의 조선 속국주의가 강화될 가능성을 차단하며, 아울러 천진조약의 개정을 통해 군사력을 바탕으로 한 조선 보호 구상을 제도적으로 뒷받침하고자 한 것이다.

이상의 경과에서 명백하듯이, 일본정부의 주안은 조선 중립국화에 있었던 것이 아니라 이의 형해화를 의미하는 조선 보호주 구상의 실현에 있었다. 따라서 일본정부가 '외교정략론'에서는 영국의 친청반일적 자세를 의식하여 4개국 연합에 의한 조선 중립국화 구상을 표방하면서도, 이면에서는 청일 연합함대의 구축을 실현시킴으로써 청일이 대립할 경우에 예상되는 영청의 군사 연합을 사전에 차단하려 한 것은 당연하였다고 하겠다.65)

그러나 '외교정략론'에서 무엇보다도 주목해야 하는 것은 일본이 천진조약의 사실상의 형해화를 의미하는 파병 금지 조항의 폐지를 조선 독립보전의 전제 조건으로 내세우기 시작했다는 점이다. 즉 일본은 지금까지

---

64) 『山本權兵衛と海軍』, 45～64쪽.
65) 「日本政府의 동아시아질서 재편정책과 淸日戰爭」, 224～236, 240～241쪽.

의 조선 독립 정책의 기축이었던 조선 독립론을 스스로 부정한 것이다. 일본은 천진조약을 과감하게 부정함으로써 청의 승인 하에 조선에 대한 무력 간섭권을 확보하고, 뿐만 아니라 청과 대등한 입장에서 조선에 대한 보호주가 되려는 정책을 선택하였던 것이다.

그러나 더욱 주의해야 하는 것은 청일 공동에 의한 조선 보호주 구상이 실은 조선에 대한 일본 단독의 보호권 확립을 전망하는 것이었다는 사실이다. 왜냐하면 일본은 한때 청일 연합함대의 구축을 제안하기도 하였으나, 기본적으로는 영청 연합 함대에 대항할 수 있는 대규모 군비확장 정책을 정착시켰을 뿐만 아니라, 이를 발판으로 열강의 주력군에 대한 대항까지를 염두에 둔 군비확장을 지향하였기 때문이다. 또 조약개정 면에서는 청과의 조약개정을 중단한 채, 구미 열강과의 조약개정이 곧 동아시아에 대한 패권 장악을 의미한다는 자기 인식의 전환 하에, 이에 전념하였기 때문이다.[66)]

이상에서 명확하듯이, '외교정략론'은 단기적으로는 러시아에 의한 조선 침략의 차단, 조선 독립 문제와 관련한 일본의 고립무원 상태로부터의 탈피, 그리고 철잔 문제로 야기된 조선 내정 불안의 해소를 목적으로 한 것이었으며, 장기적으로는 국력주의의 실현 즉 동아시아에 대한 패권 확보의 방안 및 절차를 설파한 것으로, 일본 단독의 조선 보호주 구상을 전망하는 것이었다. '외교정략론'은 조선을 이익선으로 규정한 첫 번째 내용을 중핵으로 하는 대외 팽창주의였다고 하겠다.

제1차 야마가타 내각에 의한 조선 독립의 부정은 제2차 이토 내각(1892. 8~1896. 8)에 이르러 서서히 정착하게 된다. 이토는 이미 1891년에 조선의 방위를 목적으로 하는 청일동맹을 청 측에 제안한 적이 있다. 이것은 조선의 현상 유지 및 불가침 그리고 공동 방위를 내용으로 한 점에서 알 수 있듯이,[67)] 천진조약의 파병 금지 조항의 폐지를 전제로 한 것으로,

---

66) 「日本政府의 동아시아질서 재편 정책과 淸日戰爭」, 244쪽.

이토가 '외교정략론'의 취지를 충분히 수용하기 시작했음을 암시해 준다. 또 천진조약의 폐기 문제와 관련하여 1892년 10월에 『시사신보』(時事新報)와 『동경일일신문』(東京日日新聞) 간에 논쟁이 벌어졌을 때, 이토가 보여 준 태도는 일본을 주권선으로 그리고 조선을 이익선으로 규정한 야마가타의 논리에 대한 찬성이었다. 이러한 과정을 거쳐 이토는 1894년에 접어들게 되면, 천진조약을 폐기하고 조선에 청일 양국의 보호병을 주둔시키는 문제를 더욱 적극적으로 모색하게 된다.[68] 단 여기에서 주의해야 하는 것은, 이토가 이처럼 조선 문제와 관련하여 청과의 협조를 모색한 이유는 어디까지나 "이홍장과 절충하여, 청국이 자칫 조선을 속방시하고 나아가서 동양 평화의 화근을 배태하는 것과 같은 태도"를 고쳐주기 위해서였다는 사실이다.[69] 이토가 추진한 청일 협조에 의한 조선 보호책도 결국은 '외교정략론'의 경우와 같이, 조선에 대한 일본 단독의 보호권을 확립하기 위한 토대 구축이라는 의미를 갖는 것이었다.

맺음말

일본정부가 단독으로 조선에 대한 보호권 확립에 본격적으로 착수하는 것은 청일전쟁기에 들어서면서부터의 일이다. 이전 단계에서는 야마가타와 이토의 경우를 통해 확인하였듯이, 내적으로는 조선에 대한 일본 단독의 보호권 획득을 지향하면서도, 외적으로는 청일협조를 외치는 차원에서 머물렀다. 그러나 청일전쟁기에 접어들면서 이러한 일본의 태도는 전환되기 시작한다.

---

67) Synn, Seung-Kwon, *The Russo-Japanese Rivalry over Korea, 1876 ~1904*, Seoul : Yuk Pbub Sa, 1981, 78쪽.

68) 『日清戰爭への道程』, 제4장.

69) 春畝公追頌會 編, 『伊藤博文傳(中)』, 原書房, 1970, 822쪽.

우선 일본정부가 1894년 6월 15일에 개최된 각의에서, 청일 공동의 조선 내정 개혁안을 청측에 제안할 것을 결정하였지만, 동시에 이에 대한 청의 거절을 필연적으로 보고 일본 단독에 의한 조선 내정 개혁의 추진까지 결정하였다는 사실에 주목할 필요가 있다. 이것은 일본정부가 사실상 청과의 전쟁을 예정한 체제에 돌입했음을 의미하는 한편, 조선보호국화가 일본정부의 공식 정책의 차원에서 논의되기 시작했음을 의미한다. 그 후 1894년 8월 17일에 열린 각의에서, 일본정부는 일본의 국력을 감안하여 당장 조선을 보호국으로 만들 것을 확정하지는 못했지만, 조선의 보호국화가 대조선 정책의 목적임을 공식적으로 확인하고 결정하였다.70)

이상에서 살펴보았듯이, 메이지 전기의 일본정부의 조선 독립 정책은 청의 전통적 내지는 근대적 조선 속국주의를 부정함으로써 조선의 독립체제를 정돈시키고, 나아가 조선에 대한 보호권을 획득하려는 것이었다. 다만 이러한 조선 독립 정책은 청일전쟁이 발발하기 직전까지 조선 속국을 명문화한 조청상민수륙무역장정을 적극적으로 부정하지 못했다는 점, 그리고 조선 변법 8개조 및 '외교정략론'의 경우에서 알 수 있듯이 청의 조선 속국론을 활용하는 형태로 추진되었다는 점에서 불철저할 수밖에 없다는 한계를 갖는 것이었다. 그 결정적인 이유는 조선 독립 문제에 대한 일본의 내적 인식의 전환, 즉 조선 독립국 대우에서 출발하여 독립국의 공인화, 독립의 부정을 거쳐 보호권 획득의 기도에 이르기까지의 내적 인식의 단계적 전환이 동아시아의 국제 사회에서 거의 공감을 얻지 못한 상태에서 이루어졌기 때문이다. 그러한 의미에서, 일본정부의 입장에서 본다면 청일전쟁은 조청상민수륙무역장정을 공식적으로 폐기시킴으로써 조청 간의 전통적 내지는 근대적 종속관계를 완전히 해소하고

---

70) 『日本外交文書(27-1)』, 646~649쪽, 『日本外交文書(27-2)』, 206~207쪽 ; 『蹇蹇錄』, 158~160쪽.

아울러 조선에 대한 일본 단독의 보호권을 국제적으로 공인받기 위한 절차였다고 할 수 있다.

후 기

앞에서 이 책은 중국근대사학회의 제1회 연구토론회가 바탕을 이루고 있음을 밝혔다. 이 토론회는 1999년 11월 27일과 28일 이틀 동안 숭실대학교 사회봉사관에서 개최하였다. 발표와 지정토론, 질의 응답을 거쳤고 마지막으로 박혁순 사회로 종합토론을 실시하여 정리를 시도하였었다. 지역별 지정 토론자는 조선 : 최희재, 류큐 : 하정식, 타이완 : 김영진, 베트남 : 송정남, 몽골 : 박강, 티베트 : 김호동, 일본 : 김민규였다.

한편 발표문은 토론의 결과를 반영하여 수정과 보완을 거친 후에『근대중국연구』 창간호(2000년 4월, 중국근대사학회)에 특집으로 실었다. 수정과 보완 과정에서 토론의 결과에 대한 반영의 정도는 하나같지는 않았다.

1998년 초에 출범한 중국근대사학회는 근대중국 연구자들의 활발한 토론 마당을 마련하여 건설적인 상호 비판과 격려의 풍토를 조성하고, 개인 연구를 심화하여 그 완성도를 높임으로써 연구 수준을 제고하자는 의도에서였다. 연구발표회에서는 발표보다는 토론에 더 많은 시간을 할애하였다. 연구토론회는 전공자들만으로 이루어진 규모 작은 학회의 응집력을 살려 주제를 집중적으로 탐구하는 한편, 이 성과를 연구총서로 묶어 토론의 장을 넓히면서 연구를 심화하고 시야를 확대하고자 하였다. 이 책의 교정작업이 진행되고 있던 올해 4월, 중국근대사학회는 중국현대사연구회와 통합하여 새로운 출발을 하게 되었다. 따라서 근대중국연구총서의 첫 책으로 기획했던 이 책은 일반 단행본으로 수정하였다. 통합된 학회는 새로운 모색이 필요할 것이기 때문이다. 우리의 작은 노력이 활발한 토론과 연구의 심화로 이어지는 계기가 되기를 바란다.

크지 않은 책이지만 많은 사람들의 정성과 노력을 통하여 엮어졌다. 우리의 뜻에 기꺼이 동참하여 발표와 집필을 맡아주신 필자들, 관련된 주제에 대하여 진지하면서도 열띤 지적과 비판을 주신 토론자들에게 감사한다. 출판계의 어려움을 내색하지 않고 역사책 만들기에 정진해 온 혜안의 오일주 사장은 우리의 노력을 책으로 꾸며 주셨다. 김현숙 편집장과 편집실 식구들은 엮은이의 게으름과 자잘한 주문을 내색 않고 꼼꼼하게 일을 처리해 주었다. 이에 고마움을 전한다.

2002년 12월
엮은이

하정식 河政植 숭실대학교 사학과 교수
유장근 兪長根 경남대학교 인문학부 교수
강판권 姜判權 계명대학교 인문학부 강사
박장배 朴章培 서강대학교 · 한남대학교 강사
김선호 金鮮浩 부산외국어대학교 국제통상지역원 교수
손준식 孫準植 중앙대학교 사학과 조교수
양수지 楊秀芝 건국대학교 중어중문학과 강의전담교수
한규무 韓圭茂 광주대학교 관광학과 조교수
최석완 崔碩莞 대진대학교 일본학과 부교수

근대 동아시아 국제관계의 변모

하정식 | 유장근 엮음

1판1쇄 인쇄 | 2002년 12월 22일
1판1쇄 발행 | 2002년 12월 28일

발행처 도서출판 혜안
발행인 오일주

등 록 1993년 7월 30일 제22-471호
주 소 서울시 마포구 서교동 326-26번지 102호
전 화 3141-3711～3712
팩 스 3141-3710
이메일 hyeanpub@hanmail.net

값 12,000 원
ISBN 89-8494-174-3 93910